Gerhard Oberlin
Die letzten Mythen

Für Lotti, den
Ingenieur der
Maschinen, von dem
Ingenieur der Seelen.

In Liebe

Dad

Jan. 2012

IMAGO
Psychosozial-Verlag

Gerhard Oberlin

Die letzten Mythen

Untersuchungen zum Werk Franz Kafkas

Psychosozial-Verlag

Bibliografische Information der Deutschen Nationalbibliothek
Die Deutsche Nationalbibliothek verzeichnet diese Publikation in der Deutschen Nationalbibliografie; detaillierte bibliografische Daten sind im Internet
über http://dnb.d-nb.de abrufbar.

Originalausgabe
© 2011 Psychosozial-Verlag
Walltorstr. 10, D-35390 Gießen
Fon: 06 41 - 96 99 78 - 18; Fax: 06 41 - 96 99 78 - 19
E-Mail: info@psychosozial-verlag.de
www.psychosozial-verlag.de
Umschlagabbildung: Albert Müller: »Porträt Ernst Ludwig Kirchner«, Holz-
schnitt, 1925
Umschlaggestaltung & Satz: Hanspeter Ludwig, Wetzlar
www.imaginary-art.net
Druck: Majuskel Medienproduktion GmbH, Wetzlar
www.majuskel.de
Printed in Germany
ISBN 978-3-8379-2046-8

Inhalt

Für Friederike, Johannes, Lorenz und Lisa

»Der Grundmythos ist nicht das Vorgegebene, sondern das am Ende sichtbar Bleibende, das den Rezeptionen und Erwartungen genügen konnte. Das rein literarische Phänomen ist uns vertraut, daß gerade an den geschichtlich ›erfolgreichsten‹ Mythologemen Gewalttätigkeit und Kühnheit der Berichtigungen und Torsionen ihren ausgezeichneten Anreiz finden. Hätten es sich Kafka oder Gide leisten können, in ihren entschlossenen Veränderungen mythischer Themen etwa auf das Mythologem des Prometheus zu verzichten? Können wir uns noch vorstellen, daß es aus unserem Traditionsschatz irgendwann verloren gegangen wäre? […] Prometheus und Orpheus – diese Namen vergegenwärtigen zugleich, daß es falsch sein muss, die Bedeutsamkeit des Grundmythos daran zu messen und dadurch zu erklären, daß er Antworten auf Fragen zu geben hätte. Trotzdem wird der Grundmythos an der Reichweite seiner Leistung einzuschätzen sein: indem er radikal ist, wird er fähig, total zu sein. Das bedeutet aber nur, daß er die Suggestion mit sich führt, durch ihn und in ihm bleibe nichts ungesagt. Das Ungesagte ist eine andere Kategorie als die des Ungefragten. Was Totalität hier heißt, wissen wir überhaupt erst, seitdem auf sie verzichtet wurde und verzichtet werden mußte, um wissenschaftliche Erkenntnis haben zu können.«

Hans Blumenberg: Arbeit am Mythos (AM, S. 193)

Vorwort

Am Anfang des dritten Kapitels von *Totem und Tabu* lässt Sigmund Freud keinen Zweifel daran, dass die Anwendung der Psychoanalyse auf Themen der Geisteswissenschaften stets mit dem Mangel verbunden ist, »daß sie dem Leser von beiden zuwenig bieten müssen«. Wenn ein solcher »notwendiger Mangel« angesichts der transdisziplinären Forschung an komplexen Gegenständen nicht zum Verzicht auf diese Forschung führen soll, dann gibt es vermutlich nur drei Möglichkeiten: Man kann erstens daran zweifeln, dass der Mangel »notwendig« sei, und sich entsprechend fachwissenschaftlich aufrüsten; man kann zweitens die Forschungsbürde von Anfang an interdisziplinär aufteilen; oder aber drittens: »Sie [die Forschungen, Vf.] beschränken sich darum auf den Charakter von Anregungen, sie machen dem Fachmann Vorschläge, die er bei seiner Arbeit in Erwägung ziehen soll« (StA IX, S. 364).

Verglichen mit Freuds Situation der Jahre 1910–13, in denen er an *Totem und Tabu* arbeitete, ist beim vorliegenden Projekt manches zwar anders. Sieht man jedoch in der Tatsache eine Parallele, dass der Verfasser so wenig von Haus aus Psychoanalytiker ist, wie Freud Literaturwissenschaftler, Ethnologe oder Kulturanthropologe war, so ist die Anzahl der Leihwissenschaften mit mindestens drei (die Teilwissenschaften nicht mitgerechnet) auch in dieser Studie erheblich. Ein Zweifel an der Unvermeidlichkeit des Mangels wäre daher genauso wenig angebracht, wie zu verhindern ist, dass »[d]ieser Mangel [...] sich aufs äußerste fühlbar machen« wird.

Dazu kommt bei Kafka ohnehin, dass in dem Grenzraum, den dieser Autor betritt, »viel Schutt und Abfall steckt, viel wirkliche Geheimniskrämerei«, wie Benjamin gegenüber Brecht äußerte (BGS, S. 1164). Wer Mythen schreibt gegen die Mythisierung – Mitchell Morse (2000, S. 106) nannte Kafka zurecht »a mythographer against mythicization« – muss mit der Mythisierung (oder »Mythifizierung«), wenn nicht der Mystifizierung seiner Mythen rechnen. Der Forschung ist damit – und immer zuerst der eigenen! – ein Warnschild vorgehalten, das zur Disziplinierung und zur intensiven Diskursteilhabe in dem Maße zwingt, wie die extensive notwendig eingeschränkt bleibt. Man möchte hier noch einmal in Bacons (1962, S. 57) Warnung vor den Konstrukten eigener oder anderer Zurechtlegung einstimmen, die einem das Denken so viel angenehmer machen, als die häufig verborgene Natur der Dinge dies erlaubt: eine Mahnung, die sich allerdings auch auf die Repräsentationen des Diskurses erstreckt.

Umso mehr Grund habe ich, vor überhöhten Erwartungen zu warnen, als ich glaube, nach Abschluss meiner Untersuchung einer schmalen Auswahl von Kafkas Werken unter »mythopoetischen« Gesichtspunkten gerade erst am Anfang der Arbeit zu stehen, die man vielleicht in Analogie zu Blumenbergs *Arbeit am Mythos* schon längst eine »Arbeit an Kafka« hätte nennen sollen. Das liegt gewiss nicht nur daran, dass der stupende Reichtum an (Be-)Funden in der internationalen Kafka-Forschung – mehr als 17.000 Titel wiesen die bibliografischen Datenbanken bis 2006 aus[1] – für ein temporäres Projekt nur sehr partiell abgeschöpft werden kann. Vielmehr reicht aus den oben genannten Gründen die Frage der mythischen Denk- und Sageweisen, die sich bei einem Autor wie Kafka stellt, so tief in die Kultur- und Religionswissenschaften hinein, dass eine befriedigende Bearbeitung trotz des vitalen, nun bald 100-jährigen Diskurses nur als langfristiges Forschungsunterfangen denkbar erscheint. Dies ist umso mehr der Fall, als Wissenschaften wie die Kulturanthropologie, Psychologie und Ethnologie seit kaum mehr als einem halben Dutzend Forschergenerationen methodisch betrieben werden – das illustrieren z. B. Ernst Haeckels *Welträtsel*, ein Buch, das den jugendli-

---

1 Davon verzeichnete das *Quellenlexikon zur deutschen Literaturgeschichte* bis 1998 über 5.000 Titel und die Bibliografie der *Modern Language Association* (MLA) von 1998–2006 weitere 12.000 (vgl. Liebrand 2006, S. 8).

chen Kafka faszinierte. Indessen veränderte und verzweigte sich die noch weit jüngere Psychoanalyse rasant, um ihrem Gegenstand, der Psyche, im Fluss der Zeiten und im Andrang der Fragen gerecht zu werden. Der einzelne Autor muss hier um Nachsicht bitten und den Wunsch hegen, dass mit der interdisziplinären Arbeit fortgefahren werde.

Der Dilettantismus als solcher ist kein Grund »Fachfremdheit« zu scheuen. Ich halte es mit Northrop Frye (1963, S. 17), der ihn als unvermeidlichen Ausweg betrachtete: »Again, because psychology and anthropology are more highly developed sciences, the critic who deals with this kind of material is bound to appear, for some time, a dilettante of those subjects.«

»Es sind nur Proben«, sagt Freud,

> »und Sie mögen sich vorstellen, um wie viel reichhaltiger und interessanter eine derartige Sammlung ausfallen würde, die nicht von Dilettanten wie wir [sic!], sondern von den richtigen Fachleuten in der Mythologie, Anthropologie, Sprachwissenschaft, im Folklore angestellt wäre. Es drängt uns zu einigen Folgerungen, die nicht erschöpfend sein können, aber uns viel zu denken geben werden« (StA I, S. 174).

Ich schließe mich dem an.

Zürich, im Sommer 2011

Gerhard Oberlin

1 EINLEITUNG

»Sie [die Mythen] sind kollektiv geschrieben, von Leuten mit rauhen, harmlosen Seelen. Sie sind stabil, bis zur Formel gemeißelt und inhaltlich kompromisslos. Man kann sie nicht individualisieren und schon gar nicht psychologisieren. Sie wollem immer auf Großes hinaus.«

Peter Hacks (2002, S. 118)

Ist Kafkas Werk vielleicht einer der letzten Versuche, den Menschen, insbesondere das mit »Psyche« bezeichnete Unbewusste, als Pandämonium zu beschreiben, bevor dieses nicht nur als Teil der Welt, wie Max Weber sagte, »entzaubert«, sondern – *horribile dictu!* – »entanthropologisiert« wird? Ist im Ringen um ein Menschenbild dieses Werk mitbeteiligt am »Aushandeln dessen, was das Artefakt der anthropologischen Maschine zwischen Animalität und Humanität zu sein vermag«, wie es Gerhard Neumann (2004, S. 292) mit den Worten Giorgio Agambens formulierte? Geht es darin um eine »Remythisierung« der menschlichen Vorstellungswelt angesichts der Entmythologisierung einstiger Kosmologien? Rührt daher seine archaisierende Formensprache, die sich sträubt »psychologische Literatur« zu sein, und das, obwohl beim Schreiben »mit solcher vollständigen Öffnung des Leibes und der Seele« (T, S. 461) doch zwangsläufig auch »der ganze unbekannte Mensch heraus[tritt]« (T, S. 712), mithin eine psychologische oder psychosensible Lesart kaum zu umgehen ist? Geht es ihm um die Rückversicherung der Imagination als solcher, die Anwesendes im Abwesenden behauptet, Grenzen im Grenzenlosen zieht, Perspektiven zeichnet ohne Fluchtpunkt und deren ästhetischer Bearbeitung eine Harmonielehre eignet, die alle »Disharmonien« einschließt? Deuten sich in der Vielfalt der Mythologeme (die noch keine Mythologien sind) Reste einer naturkosmischen Einheit an, vergleichbar jenen, von denen Roger Caillois (1986, S. 142) sagt:

»Wenn ein Geheimnis aufwühlen, wenn Ungewöhnliches fesseln kann, wenn die Poesie möglich ist, dann vielleicht aufgrund der komplexen, verwirrenden Entsprechungen, in die die Einheit des Kosmos zerfallen ist. Alles, was an diese erinnert, ruft im Empfinden Einverständnis und Entgegenkommen, ein im vorneherein zustimmendes Echo und Sehnsucht nach Einstimmigkeit hervor.«

Liegt im Horizont dieser Geschichten jener (forcierte) Monismus der Haeckel'schen *Welträtsel,* die Kafka als Primaner so faszinierten?

Wenn der Mythos die Begleitmusik der jüngeren Phylogenese beim Verlassen des Naturzustands im Anbruch der Art- und schließlich der Ich-Bewusstheit war, kultische Riten immer vorausgesetzt, dann wäre es im Augenblick der größten Naturferne nur konsequent, wenn an ihn mit elegischer Kraft gemahnt würde; wenn also jemand im Anbruch des Anthropozäns, das wir schreiben, mit der Gabe jener Höhlenkünstler das literarische Spiel als Reminiszenz einer heiligen Handlung betriebe und damit an die Zeit gemahnte, als die Stimme des Menschen ein Naturlaut unter anderen war, lange bevor sie zur Sprache fand.

Fasziniert vom Archaisch-Menschlichen, greifen bis zur Gegenwart Autoren auf mythische Überlieferungen und Formen zurück. Durs Grünbein (2002, S. 97ff.) sieht in ihnen eine »Rhetorik der Anthropologie« am Werk; für Christa Wolf (2002, S. 347) stellt sich in ihnen »auf besondere Weise die Frage nach dem Humanum«, um nur zwei Beispiele zu nennen. Am Mythos, am Geschichtenerzählen, an der Literatur insgesamt entzündet sich offenbar besonders die Frage nach der anthropologischen Ausstattung des bewusstseinsbegabten Menschen. Ganz offensichtlich geht es dabei um mehr als um Worte oder Texte. Wer sich wie Wolfgang Iser (1993) mit dem verbalen Überlieferungsgut unter anthropologischen Gesichtspunkten beschäftigt und es ernst meint mit der Wissenschaft, muss sich das heuristische Instrumentarium dazu um lebensweltliche Phänomene wie Fantasie, Imagination, Fiktion herum organisieren, auch wenn noch keines dieser Phänomene schon Bedingung für Literatur ist. So sehr jemand darum bemüht sein mag, keine gegenstandsfremde Heuristik zu beleihen (wie Iser), so wenig kann er dies letzten Endes vermeiden, und sei es »nur« (wie gleichwohl Iser) in Anlehnung an psychoanalytische Modelle, die erklären, was Fantasie, Imagination und Fiktion funktional und psychodynamisch eigentlich seien. Darüber hinaus ist eine über die methodologische Zusammenarbeit hinausgehende, institutionale Brücke von und zu den Kulturwissenschaften seit dem als »semiotic turn« bezeichneten Paradigmenwechsel in der Ethnologie – das von Clifford Geertz (1983) auf die Formel »dichte Beschreibung« gebrachte Konzept der hermeneutischen Anthropologie sei hier erwähnt – gewiss vorgezeichnet.[1]

Als einer seiner ersten und luzidesten Leser brachte Benjamin zehn Jahre nach Kafkas Tod im Mai oder Juni 1934 gerade das Archaische in dessen Werk zur Sprache. Dieser Autor denke »in Weltaltern« (BGS, S. 410), sagte er und formulierte den Eindruck, dass »die vorweltlichen Gewalten, von denen Kafkas Schaffen beansprucht wurde; Gewalten, die man freilich mit gleichem Recht auch als weltliche unserer Tage betrachten kann« (BGS, S. 426f.), auf eine steinzeitliche, matriarchalische Welt verwiesen:

> »Das Zeitalter, in dem Kafka lebt, bedeutet ihm keinen Fortschritt über die Uranfänge. Seine Romane spielen in einer Sumpfwelt. Die Kreatur erscheint bei ihm auf der Stufe, die Bachofen als die hetärische bezeichnet. Dass diese Stufe vergessen ist, besagt nicht, dass sie in die Gegenwart nicht hineinragt« (BGS, S. 428).

In ihrem Nachruf auf den einstigen Geliebten am 6. Juni 1924, drei Tage nach Kafkas Tod, scheint Milena Jesenskà diesen Gedanken zu annotieren: »Er kannte die Welt auf ungewöhnliche und tiefe Art, selbst war er eine ungewöhnliche und tiefe Welt.« Im Weiteren charakterisiert sie seine Literatur dann als Binnenwelt, wie man sie sonst nur einer geschlossenen mythologischen Kosmologie zuspricht: als »Bücher, die, zu Ende gelesen, den Eindruck einer so vollkommen inbegriffenen Welt hinterlassen, dass sich jedes weitere Wort erübrigt« (MI, S. 380).

Kafka selbst hat das Bild gefunden, welches sein Standortdilemma (und freilich auch das der Rezeption) veranschaulicht, wenn er sich als den »Mittelpunkt des imaginären Kreises« bezeichnet und schildert, wie er ein Leben lang nach dem »entscheidenden Radius« suchte, den die ihm zugemessene Kreislinie hätte haben müssen (T, S. 403f.). Das

---

[1] Darauf hat vor etlichen Jahren bereits Uwe Spörl (2000, S. 205ff.) auf dem Germanistenkongress in Wien hingewiesen.

Bild illustriert das Problem der künstlerischen Verortung, beispielsweise der Schwierigkeit, Überlieferungen zu beerben, ohne sie reproduzieren zu können, ja ohne sie gar »brechen« zu müssen. Doch geht es diesem Autor auch darum, dem Sog Nietzsches entgegenzuarbeiten, ohne auf die bewegende Kraft jener mythisierenden Strömung zu verzichten. Für Nietzsche war der »mythenlose Mensch« ein Zeitsymptom, das es zu kurieren galt. Von seiner Frage: »Worauf weist das ungeheure historische Bedürfniss der unbefriedigten modernen Cultur […], wenn nicht auf den Verlust des Mythus, auf den Verlust der mythischen Heimat, des mythischen Mutterschooßes?«, geht ein Appell besonders an die Kunst aus, »grabend und wühlend nach Wurzeln [zu suchen]« (KSA I, S. 146). Es versteht sich, dass Kafkas Antwort auf die Konkretisierungen Nietzsches, besonders natürlich seine »Arisierungen« nicht eingehen konnte, einer der Gründe, weshalb Max Brod die Nähe Kafkas zu Nietzsche stets entschieden bestritt.

Was für den im Juli 1883, im Erscheinungsjahr von Nietzsches *Also sprach Zarathustra*, geborenen Autor selbst gelten mag, nämlich, mit den Worten Rainer Stachs (2008, S. 456), »dass es eine Welt der Menschen gibt, die er irgendwann verlassen hat und in die er sich vergeblich zurücksehnt, und eine andere, nichtmenschliche Welt, der er von jeher zugehörig ist und in der er mit Würde bestehen muss«, charakterisiert nicht nur seine existenzielle Navigationsschwäche. Sichtbar wird darin auch (neben der Ratlosigkeit des Biografen!) das Dilemma eines Avantgardekünstlers, der seine eigene Bilderwelt weder in ein verstehendes Kollektiv- noch Individualbewusstsein heben kann. Daher hat er nur die Wahl, das Gestaltete entweder zu verwerfen oder aber es gelten zu lassen, ohne selbst die Gesetze zu kennen, denen es gehorcht. Sein ambivalentes Verhältnis zum eigenen Werk, ein, wie die beiden hinterlassenen Verfügungen für den Todesfall zeigen, tragisch gespanntes zwischen Zweifelsfreiheit und vernichtender Ungewissheit oder Selbstkritik, macht deutlich, dass er Phänomene gestaltet, deren Erklärung noch ebensowenig bewusstseins- wie gesellschaftsfähig sind, und das unter Einsatz seiner Gesundheit. Das Handhaben der imaginären Zahlen ohne mathematisches System, um ein Bild zu gebrauchen, charakterisiert nicht nur Kafkas geistige Situation als Künstler und seine avantgardistische Position, sondern macht auch seine Einsamkeit und Selbstzerfallenheit, mit einem Wort: sein Lebensdrama, verständlich. Benjamin hätte mit seinen Sätzen über Johann Peter Hebel auch Kafkas Lebensanalphabetismus meinen können: »Daß Hebel nicht imstande war, Großes, Wichtiges anders zu sagen und zu denken als uneigentlich – diese Stärke seiner Geschichten macht in seinem Leben das Planlose, Schwache« (BGS, S. 636). Verständlich wird angesichts dieser Not der Uneigentlichkeit auch bei Franz Kafka, dass seine Furcht vor Introspektion, sein »Haß gegenüber aktiver Selbstbeobachtung« und »Seelendeutungen« (T, S. 608) nur durch Schreiben zu bezwingen war, weil dieses ihm das Ausagieren der Artikulationsnot (die mehr ist als bloße Seelennot!) in traumnahen, dennoch auch überindividuellen Szenarien erlaubte:

> »Merkwürdiger, geheimnisvoller, vielleicht gefährlicher, vielleicht erlösender Trost des Schreibens: das Hinausspringen aus der Totschlägerreihe Tat – Beobachtung, Tat – Beobachtung, indem eine höhere Art der Beobachtung geschaffen wird, eine höhere, keine schärfere, und je höher sie ist, je unerreichbarer von der ›Reihe‹ aus, desto unabhängiger wird sie, desto mehr eigenen Gesetzen der Bewegung folgend, desto unberechenbarer, freudiger, steigender ihr Weg« (T, S. 892).

Die Furcht vor Introspektion ist dabei keineswegs, wie gelegentlich gesagt wurde, mit »Furcht vor der Wahrheit des Inneren« gleichzusetzen; vielmehr hängt sie mit Kafkas Angst vor der Pathologisierung des Seelenlebens zusammen und damit mit seinen Vorbehalten gegenüber der Psychologie, vor allem der Psychoanalyse, wenn sie den Eindruck erwecke, die Phänomene der Psyche in intakte und morbide differenzieren zu können, statt sie in ein Konzept anthropologischer Grundtatsachen zu integrieren und damit einer »gesellschaftlichen« Wertung vorzubeugen: »Ich nenne es nicht Krankheit und sehe in dem therapeutischen Teil der Psychoanalyse einen hilflosen Irrtum. Alle diese angeblichen Krankheiten, so traurig sie auch aussehen, sind Glaubenstatsachen, Verankerungen des in Not befindlichen Menschen in irgendwelchem mütterlichen Boden« (N II, S. 341f.).

Am humanistischen, anthropologisch forcierten Ton dieser Formulierung lässt sich schon erkennen, dass diese Angst nicht nur eine Folge der »Psychiatrisierung« seelischer Erscheinungen ist, die als Echo des 19. Jahrhunderts noch sehr lange nachwirkte und die auch durch die

Rehabilitierung der Neurosen als Selbstheilungsversuche der Psyche nicht sogleich gemindert wurde. Sie schuldet sich darüber hinaus der seit der Geniezeit wachsenden Tendenz, Kunst als Produkt gesteigerter, ja übersteigerter Subjektivität zu erklären und die Analyse der Künstlersubjektivität zum hermeneutischen Sprungbrett zu machen. Dass ein solcher Zugang, zumal aus Künstlersicht, im Verhältnis zum Gegenstand »inkompatibel« ist, weil es eine »subjektive Kunst« ebensowenig gibt wie – Musil hat es gesagt – eine »psychologische Literatur«, wird bei der Lektüre von Kafkas Geschichten deutlich. Denn das Bemühen eines Autors, anthropologische Fakten in mythischen Fabeln sichtbar zu machen, bedarf einerseits eines disponiblen Unbewussten (womit der Innenweg eingeschlagen ist), andererseits aber einer hohen Bewusstheit ästhetischer und sozialer Strukturen, die vom Subjekt weg in die Gegenrichtung, zu Fragen des ästhetischen Handwerks und in globale Zusammenhänge führt. Insbesondere die globalen Fragen sind es dann auch, die Lesarten am entgegengesetzten, dem »Objektpol« begünstigen, wie es die philosophische und vor allem die theologische, aber auch soziologische Vereinnahmung Kafkas in der Rezeptionsgeschichte beweist.

Vor diesem Hintergrund ist der luzide Ärger von Gilles Deleuze und Félix Guattari (1976, S. 62f.) zu verstehen, die in den 70er Jahren die Kafka-Rezeption der »Dummheit«, wenn nicht gar der Irreführung, bezichtigten und gänzlich neue Töne im akademischen Diskurs anschlugen:

> »So sind die drei ärgerlichsten Themen vieler Kafka-Interpretationen gerade die Transzendenz des Gesetzes, die Innerlichkeit der Schuld und die Subjektivität der Aussage. Sie hängen mit sämtlichen Dummheiten zusammen, die über die Allegorie, die Metapher und den Symbolismus bei Kafka geschrieben worden sind.«

Kafkas Szenarien zu würdigen (wenn wir das Wort »verstehen« einmal aus der Schussrichtung nehmen wollen), ist nach wie vor eine Frage der genauen Lektüre, die Teilnahme am fachlichen und transdisziplinären Diskurs und die Offenheit für menschliche Grundfragen immer vorausgesetzt. Dabei wird man sich den Satz von der Literatur als Expedition ins Logbuch schreiben müssen, wie er von Janouch überliefert ist: »Dichtung ist immer nur eine Expedition nach der Wahrheit« (J,

S. 112). Der Autor sieht sich unterwegs auf dem Weg zu neuen Ufern, will sagen: neuen Formen, neuen Tönen, wobei es immer wieder zu kulturgeschichtlichen *déjà-vus* kommt, die die neuen plötzlich in alte, ja uralte Töne verwandeln. Ästhetik und Poetologie erweisen sich als das Terrain, dem das *incognita* für den Autor vielleicht am schwersten zu entreißen war. Es ist dann kein Zufall, dass die merkwürdigen Beschreibungen, die Kafka von seinen Expeditionen mitbringt, das Neue und Alte, Ferne und Nahe in Zerrbildern überblenden, die uns Schemen statt Figuren, Töne statt Worte, Gesten statt Begriffe erkennen lassen. Alles scheint mit verbotenen und sehr schnellen Blicken gesehen, die sich ihres Voyeurismus bewusst sind. Im Hinsehen und Wegsehen gleichzeitig entsteht ein stockendes Daumenkino, eine archaische Vorführung im Flackerlicht. Zur »Vorstellung« gehören Effekte, die radikal wie in der Oper die Melodie über den Text stellen, die (ganzheitliche) Gestalt über die Geschichte: die Performanz über die Mitteilung. In solchen »Stücken« agieren dann keine Bühnenfiguren vom alten Schlag, deren Interaktionen ein Regisseur Schritt für Schritt erklären könnte – dann wären sie ja nicht »unerreichbar [...] von der ›Reihe‹ aus«. Es ist vielmehr, sagt Dora Diamant, die Gefährtin der letzten Jahre, »eine absolute, komprimierte Logik, in der man nur ein paar kurze Augenblicke leben kann« (E, S. 205). Doch bleibt es eine noch ausreichend verstehbare Welt, eine Bewusstseinsbühne, die der Zuschauer recht bald beginnt, als seine eigene zu begreifen. »Das Theater«, soll Kafka gesagt haben, »wirkt am stärksten, wenn es unwirkliche Dinge wirklich macht. Dann wird die Bühne zum Seelenperiskop, das die Wirklichkeit von innen beleuchtet« (J, S. 42). Den Figuren dieser Bühne ist entsprechend gemeinsam, dass sie sich nicht materialisieren, weil sie ihren Status in der Innen- und Außenwelt, in der Vergangenheit und Gegenwart gleichzeitig haben. Sie bleiben Schemen, Schattenbilder, Zitate aus einem unbekannten, urzeitlichen Kontext. Kafka erreicht hier sein Vorbild Flaubert (1980, S. 31), der von einem Text träumte »über nichts« (»un livre sur rien«) und das ästhetische Maximum in Werken erreicht sah, »die die wenigste Materie enthalten« (»où il y a le moins de matière«). Das hier beschrittene Feld der »Abstraktionen« nennt er offen beim Wort. Ob man nun eine Analogie zum Schattentheater herstellt oder nicht – Kafka selbst habe, so Dora Diamant, eine »außerordentliche Geschicklichkeit« im Schattenspiel besessen (E, S. 196) –, seine kontrastreichen Kunstformen können die anthropologischen Tatsachen genauso wenig spiegeln, wie sie ihrem vornehmlich performativem Ansatz nach Realitäten überhaupt abbilden oder nachahmen wollen.[2] Sie erlauben indes szenische Abdrücke im weichgehaltenen Material der Schrift, die der Leser intuitiv begreifen kann, auch wenn er sich darüber keine Rechenschaft ablegt. Die Abstraktionen der Seele geben oft keinen Aufschluss darüber, wovon sie eigentlich abstrahieren. Diese Abdrücke sind Prägungen von Prägungen, Symbole von Symbolen, Transformationen von Transformationen, die sich beim Leser in weiteren Prägungen, Symbolen, Transformationen fortsetzen. Hermann Broch (BKW IX/2, S. 230) hebt die »untheoretische Abstraktheit« hervor, die den Prager Autor vor allen anderen Modernen auszeichne, damit wohl auch seine metonymische Fiktionalität. Und wenn Kurt Wolff, Kafkas Verleger, dessen »Bedeutung als denkerische, philosophisch-mythische Erscheinung« würdigt (E, S. 106), dann zielt er in dieselbe Richtung, während der Autor hingegen schlicht von »Essenz« spricht (J, S. 35).

»Etwas«, schreibt Benjamin, »war immer nur im Gestus für Kafka faßbar. Und dieser Gestus, den er nicht verstand, bildet die wolkige Stelle der Parabeln. Aus ihm geht Kafkas Dichtung hervor« (BGS, S. 427). An die Rolle der Gestik auch im Gesprächsverhalten des Autors erinnert sich Gustav Janouch:

> »Franz Kafka liebt Gesten und darum geht er mit ihnen sparsam um. Seine Geste ist keine das Gespräch begleitende Verdoppelung des Wortes, sondern Wort einer gleichsam selbständigen Bewegungssprache selbst« (J, S. 16).

Dass die Geste in der heutigen anthropologischen Forschung onto- wie phylogenetisch als der Ursprung der Sprache ausgemacht wird (Tomasello 2009, S. 121ff.), bringt Kafkas Werk einmal mehr in den Mittelpunkt eines aktuellen Diskurses. Wenn darin das Performative, sprich die »Körpersprache« oder das Rituelle vor dem Mimetischen rangiert, muss es im Licht der *Ursprünge der menschlichen Kommunikation* gese-

---

2 Erinnert sei an Thorlbys Aufsatz über Kafka und Wittgenstein: Thorlby (1976).

hen werden. Indem dieses Werk bei aller Sprachmächtigkeit des Autors (und seiner Interpreten) im vor- oder nichtsprachlichen, ja sprachlosen Medium, wie es der Domäne der Psyche inhärent ist, wichtige Anteile hat, sorgt das Mythische darin für eine gleichsam rituelle Form der kosmologischen Bestimmtheit. Die Lektüre wird zum identifikatorischen »Vorstellungsritual«, das seelische Energien freisetzt und eben jene *déjà-vus* oder *déjà-racontés* ermöglicht.

Auch wenn mit seinem Roman *Das Schloß* Kafka selbst *die* Parabel von der Unaufschließbarkeit des »Schlosses« geschrieben hat und man angesichts der psychoanalytischen Übertragungstheorien ohnehin zögert, das Wort »Schlüssel« noch in den Mund zu nehmen, wird man an dieser Stelle Walter Sokel (1983, S. 599) zustimmen müssen, dass »nur die Verbindung der Begriffe ›Mythos‹ und ›innere Existenz‹, nicht aber Mythos allein, den Schlüssel zu Kafkas Kunst liefern« kann. Gewiss ist heute nicht mehr die Rede von einer »Parabolik, zu der der Schlüssel entwendet ward«, wie noch bei Gabriel Marcel oder Theodor W. Adorno (2003, S. 255). Das setzte ja voraus, dass es *überhaupt* einen »Schlüssel« und dass es vor allem nur *einen* Schlüssel gegeben hat und womöglich immer noch gibt. Sieht man aber in Mythos *und* Psyche die beiden elliptischen Brennpunkte einer Kafka angemessenen Verstehensarbeit, sind doch Ergebnisse zu erwarten, die das Wort »Deutung« noch verdienen, verstanden als Eröffnung eines Arbeitshorizonts, der einer fortlaufenden »Arbeit am Mythos« die Richtung gibt.

Die Einschränkungen in Sachen Deutung sind inzwischen *opinio communis*. Wenn Vogl (1990, S. 213, S. 225) von der »Auslöschung« oder »Abwesenheit und [...] Unterbrechung einer symbolischen Ordnung« in Kafkas Geschichten spricht, wiederholt er im Grunde nur, was bereits in den 50er Jahren geklärt wurde. Günther Anders (1951), Wilhelm Emrich (1958) und Fritz Martini (1961) hatten bereits mit einer Deutungspraxis abgeschlossen, die dem literarischen Zeichen ein »Bezeichnetes« in der bekannten physikalischen oder ideellen Welt zuordnete und damit bei Kafka notwendig scheitern musste. Emrichs Annahme des leeren oder negativen Symbols, das etwa Karl Barths »Negativer Theologie« entspricht, fußt auf der Konstruktion eines inversen Sinns, zu der allerdings eine Theorie des mystischen Symbols nachzutragen bleibt. Die gänzliche Abrede von Sinn oder der Verzicht auf Sinnaussagen etwa in den konstruktivistischen Versuchen der »Nichtdeutung« sind für die Kafka-Forschung von außerordentlichem Wert, weil sie die Beliebigkeit zahlloser Deutungsversuche decouvrieren. Sie halten aber aber nicht davon ab, »Sinn« zu erwarten, wenn dieser sich auf eine anthropologische Matrix, insbesondere eine Logik der Psyche abstützen kann.

Dankenswerterweise hat Sokel (2005) den Mimesisbegriff für die Kafka-Forschung schließlich reklamiert (oder soll man sagen: »rehabilitiert«) und damit die Goethe'sche Symboltheorie wieder ins Spiel gebracht. Mimesis gibt es hier in der Tat, wenn man im aristotelischen Sinn von einer *Darstellung* im Unterschied zur *Abbildung* des Wirklichen spricht, wobei auch die Handlung, der Mythos selbst in seiner Geschehensdynamik (im Sinne einer Entwicklung) das Leben imitiert. Analog dem Freud'schen Traumsymbol »mimt« das Dargestellte die Wirklichkeit der Psyche und bildet in der mythischen Interaktion mit anderen Symbolen ein Geflecht von Bedeutung, das sich aus deren Bedeutsamkeit für den Träumenden ergibt. Deshalb scheint mir eine psychologische und psychoanalytische Zugangsweise zu ergänzen zu sein, die sowohl den primär- und sekundärprozesshaften Strukturen in der oneiropoetischen Umsetzung als auch den mythischen Spurenelementen in Kafkas Sprachritualen Rechnung trägt, wobei die Frage nach der *Bedeutung* dieser Geschichten durch die nach ihrer *psychischen Bedeutsamkeit* zu ersetzen ist. Da hiermit weder die – unverifizierbare – Bedeutsamkeit für den Autor noch die für den Interpreten gemeint sein kann, habe ich ein Verfahren entwickelt, das es erlaubt, psychische Signifikanz an der theoretischen Person des für jeden Text eigens zu konstruierenden »auktorialen Subjekts« festzumachen (vgl. Oberlin 2007a, S. 30ff.). Das Verfahren übernimmt Ansätze des Konstruktivismus und schlägt unter dem Begriff »intermediäre Hermeneutik« eine Methode vor, die der jeweiligen Gestalt des literarischen Kunstwerks im virtuellen Textsubjekt eine kreative Wurzel und damit ein generatives Fundament zuordnet, dieses objektbeziehungspsychologisch analysiert und so versucht, es in seiner Dynamik zu verstehen. Die Psychoanalyse dient hier nicht wie bei Freud dazu, eine Brücke zwischen Textfiktion und Autorwirklichkeit zu schlagen und mit ihrer Hilfe Deutung zu ermöglichen, eine Brücke, über die bis auf den heutigen Tag mit und ohne Psychologie immer noch »ein geradezu unendlicher Verkehr« geht

(U, S. 29). Vielmehr dient sie dem Verständnis eben jener generativen Psychodynamik.[3]

Da die künstlerische Ausdruckssprache bei diesem Modell also nicht auf ein mögliches Signifikat, sondern auf die psychische Relevanz für das Textsubjekt untersucht wird, erscheint dieses als generativer Ausgangspunkt ebenso wie als Zielobjekt, als Urheber ebenso wie als Adressat des Textes. Das Zusammennehmen der beiden Pole mag trivial erscheinen, erlaubt es aber, die Erzähl-»Ursache« im Erzähl-»Zweck« zu sehen und die »Bedeutung« in der Funktion aufgehen zu lassen. Die Frage »Warum?« lässt sich durch die Frage »Wozu?« ersetzen. Hermeneutik geht in der Beobachtung teleonomischer Strukturen auf, die das Signifikat ersetzen. Wenn wir dann von textgenetischen Zusammenhängen sprechen, weil wir einen Text kreatologisch verstehen wollen, beziehen wir uns immer auf Wirkzusammenhänge, die z. B. in einem rituellen Zweck liegen können, der dann über seine psychische oder soziale Signifikanz zu bestimmen ist. Die Person des Autors spielt dabei ähnlich wie im *New Criticism* gar keine oder nur eine marginale, rein illustrative Rolle. Das Werk wird ja nicht von der Person des Autors, sondern vom theoretischen Textsubjekt aus analysiert. Im Übrigen ist beim Mythos die Autorschaft (wenn das Wort hier noch Sinn macht) ohnehin eine kollektive. Diese Methode, die, um mit Benjamin (1969, S. 187) zu sprechen, das Kunstwerk »aus der Mitte seiner Bildwelt« zu verstehen ermöglicht, benötigt als Werkzeug mythopoetische Erklärungsinstrumente. Da Kafkas Bilderwelt, so beredt sie daherzukommen scheint, im Grunde genommen »stumm« ist, lässt sich ihr nur durch ihre ureigene Medialität, also z. B. ihre vielberufene Sprachkörperlichkeit, etwa ihre »Gestik« im Sinne Benjamins und Adornos beikommen. Es ist inzwischen ein Gemeinplatz: Kaum eine Geschichte Kafkas lässt sich nacherzählen, geschweige denn durch einen diskursiven Text ersetzen. Beides müsste einem Gesetz der Vernunftlogik gehorchen, was ja schon die häufig unter- oder abgebrochenen epischen Fluchtlinien sabotieren. Benjamin (1968, S. 189) dürfte der erste und für lange Zeit einzige gewesen sein, der genau darin die enorme Erhellungs- und Durchschlagskraft dieser als dunkel bekannten Texte erkannte:

---

3 Dies sei u. a. Kaus (2002, S. 17) erwidert, der den hermeneutischen Verwendungszweck der Psychoanalyse einzig in der Errichtung einer solchen Brückenkonstruktion sieht.

»Daß das Gesetz als solches bei Kafka sich nirgends ausspricht, das und nichts anderes ist die gnädige Fügung des Fragments.«

Im ersten Teil (Kapitel II) soll daher unter der Überschrift »Die letzten Mythen« zunächst die hermeneutische Ausgangssituation dargelegt, der transdisziplinäre Forschungsansatz erläutert und im exemplarischen Anwendungszusammenhang skizziert werden. Im zweiten Teil, »Mythos und Psyche« sowie »Mythos und Kunst« (Kapitel III und IV), kommen maßgebliche Stimmen zu Wort, die sich zur Sache der Mythen im Allgemeinen und zu Kafkas Werk unter mythopoetischen Gesichtspunkten im Besonderen geäußert haben. Sie werden eingeordnet, kommentiert, reflektiert und gewichtet. Aus den ausführlichen Darlegungen dieser Kapitel soll eine Übersichtssituation entstehen, die es erlaubt, die Vielzahl der Ansichten unter dem Aspekt ihrer faktischen oder potenziellen Leistungen für die Kafka-Forschung zu verstehen und zu würdigen. Gleichzeitig wird eine Theorie des Mythos vorgeschlagen, die wichtigen Forschungen aus Psychologie und Psychoanalyse folgt. Der dritte Teil schließlich widmet sich dem Werk selbst in zwei Schritten, die sich aus der Logik des Ansatzes, aber auch aus der von anthropologischer Seite vorgenommenen Einteilung der Mythen in zwei Gruppen von »Monomythen« ergeben. Ich folge damit Northrop Frye (1963), der die Jahreszeiten- oder auch Regenerationsmythen (»Seasonal Myth«) einerseits und die Heldenmythen (»Myth of the Hero«, »Quest Myth«) andererseits als die beiden (zuweilen vermischten) Archetypen seinen Literaturbetrachtungen zugrunde legte. Im ersten Schritt stehen unter dem Titel »Orpheusvariationen« (Kapitel V) metapoetische Texte vor allem aus dem Spätwerk zur Untersuchung: Geschichten, in denen der Schriftsteller Kafka etwa ab dem Sommer 1917 das »Schreiben« selbst, die Art des Geschriebenen bzw. zu Schreibenden und die Rolle des Schreibenden dichterisch bearbeitet und implizit zum poetologischen Modell formt: »Ein Hungerkünstler«, »Erstes Leid«, »Das Schweigen der Sirenen« und »Josefine, die Sängerin« (mit einer längst überfälligen Brücke zu Heinrich von Kleists »Cäcilien«-Novelle). Diesem Teil kommt unter dem Aspekt der Mythopoetik eine herausragende Rolle zu, da darin die Grundzüge von Kafkas Ästhetik zu erkennen sind, für die es ja außer einigen seiner Rezensionen, Buchkommentaren und gelegentlichen Notaten keine Textgrundlage gibt. In dem nachfolgenden Kapitel »Prometheusvariationen« (VI) werden dann einige weitere zu Lebzeiten und posthum veröffentlichte Schriften in ihrem mythischen und ästhetischen Substrat analysiert, darunter »Beim Bau der chinesischen Mauer« und »Ein altes Blatt«: Texte, die in der Kafkaforschung bisher zu kurz gekommen sind; aber auch *Das Urteil* und die Skizzen zum »babylonischen Turmbau« sowie die »Poseidon«-Skizze. Auch dabei wird zu erkennen sein, dass das Spätwerk sich in erster Linie Antworten auf poetologische Grundfragen erhofft. Im abschließenden Rückblick (Kapitel VII) stelle ich die wichtigsten Erkenntnisse dieser Arbeit zusammen, ohne Anspruch auf Vollständigkeit zu erheben.

Diejenigen, die in diesem der Mythopoesie gewidmeten Buch ein Kapitel »Sisyphosvariationen« oder »Ödipusvariationen« vermissen, mögen sich zunächst fragen, warum sie überhaupt fragen. Ich bin mir bewusst, dass Ödipus und Sisyphos die Gemüter im 20. Jahrhundert mehr bewegten als andere Mythen, während in den zwei Jahrhunderten davor Prometheus der unangefochtene Favorit war. Die Mehrheitsentscheidungen dazu sind in der Kafka-Rezeption offenbar zugunsten von Ödipus und Sisyphos gefallen, weswegen andere mythologische Leitfiguren vernachlässigt wurden. Während aber mit der Wahl auf Prometheus lediglich eine Akzentverschiebung innerhalb der Gruppe der Heldenmythen stattfindet, fällt mit Orpheus die Wahl auf die zweite Gruppe der Monomythen, die archetypisch von der Regeneration handeln. Dieser Ansatz ist in der Kafka-Forschung neu. Er wird seine Stärken hier zu erweisen haben. Insbesondere lassen sich mit ihm auch ästhetische Strukturen erhellen, die man Kafkas ungeschriebener Poetik wird hinzuschlagen müssen.

Als meine Leser wünsche ich mir den verständigen Laien ebenso wie den Fachwissenschaftler jedweder Provenienz. Besonders freuen würde ich mich über Resonanz in den Wissenschaftsgebieten, die hier (und in der Literaturwissenschaft fast notorisch) unterrepräsentiert sind, sei es durch den unvermeidlichen Mangel an enzyklopädischer Kompetenz oder durch Einschränkungen in Umfang oder Vertiefung. Das gilt vor allem für die Kulturwissenschaften, die Anthropologie und die Psychologie bzw. Psychoanalyse. Wenn diese Arbeit Anstoß zu weiterer Forschung gäbe, wäre sie ein Erfolg.

II Die letzten Mythen: Erbe und Kontrafaktur

> »Grenzbegriff der Arbeit am Mythos wäre, diesen ans Ende zu bringen, die äußerste Verformung zu wagen, die die genuine Figur gerade noch oder fast nicht mehr erkennen lässt. Für die Theorie der Rezeption wäre dies die Fiktion eines letzten Mythos, eines solchen also, der die Form ausschöpft und erschöpft.«
>
> *Hans Blumenberg (AM, S. 295)*

Wenn Kafkas Geschichten in eine Reihe mit dem *Mythos*[1] gestellt werden, so sei freilich nicht unterstellt, es handele sich dabei um Mythen im volkskundlichen oder kulturgeschichtlichen Sinn, sprich um überlieferte Erzählungen als Teil, Episode oder Reminiszenz einer welterklärenden Kosmologie oder Kosmogonie im kultischen, häufig auch rituellen Kontext. Auch die geschichtsstiftende oder geschichtsbewältigende Funktion vieler Mythen wird in diesen Geschichten kaum

---

1 μῦθος, ὁ: Wort, Rede; ποῖον τὸν μῦθον ἔειπες, was sprachst du da für ein Wort; πρὸς μῦθον ἔειπε, c.acc., zu einem ein Wort sagen, zu ihm sprechen, sehr geläufige Verbindung, wie μύθων ἦρχε, er fing an zu sprechen, sowohl von einer öffentlichen Rede in der Volksversammlung, als von einem Gespräche, einer Unterhaltung zwischen mehreren; μῦθον κούειν, ein Wort, eine Rede, das Gesagte hören; ἑκάστου μῦθον ἄκουεν, hörte eines jeden Rede; μῦθος παιδός, die Erzählung vom Sohne, die von ihm handelt, ihn betrifft. Oft bestimmter: Auftrag, Geheiß, Versprechen, Beschluss, Anschlag; οὐδέ τιν' ἄλλην μύθου ποιήσασθαι ἐπισχεσίην ἐδύνασθε, der Anschlag. Begriff des Wortes im Gegensatz zur Tat; μῦθον τελεῖν, ein Wort erfüllen, zur Tat werden lassen. Erzählung, μῦθον δ' ὡς ὅτ' οιδὸς ἐπισταμένως κατέλεξας, wo noch nicht an Erdichtung zu denken ist; Gespräch; Gerücht, Meldung, Botschaft; der Inhalt der Rede, Geschichte; Nebenbegriff des Fabelhaften, Erdichteten, bes. im Gegensatz von λόγος; Geschichten, wie man sie Kindern erzählt; bes. auch Göttergeschichten; die Tierfabel des Aesop; zuweilen auch ausführliche Untersuchungen; μύθους λέγειν, so viel wie fabeln, die Unwahrheit sagen. Auch die Fabel, die einer Tragödie zugrunde liegt. Die Rhetoriker, bei denen das Verfertigen eines μῦθος eine gewöhnliche Übung war, erklären oft λόγος ψευδὴς εἰκονίζων λήθειαν. Ein Garten des Hiero bei Syrakus hieß μῦθος, vielleicht wegen seiner fabelhaften Schönheit (vgl. http://www.operone.de/griech/wad158.html, Zugriff am 8.7.2011).

zu erwarten sein. Wohl aber verfolgen diese gelegentlich einen ätiologischen Zweck, z. B. wenn in ihnen eine bestimmte Anbahnungslogik entwickelt wird, die eine scheinbar grundlose Schuld *(Der Prozeß)*, eine scheinbar grundlose Unzulänglichkeit und Versagung *(Das Schloß)*, eine scheinbar grundlose Bestrafung *(In der Strafkolonie)* erklären soll. Sie wären dann mythenanalog in dem Sinn, dass sie in ihrer Ablauflogik gewissermaßen von hinten zu lesen sind, also eine Unheilsgeschichte als umgekehrte Heilsgeschichte erzählen. Die von Jauß (1991, S. 437) vorgeschlagene Definition ist daher auch für Kafka zutreffend, wenn nämlich unter einer

> »Mythe […] nicht nur eine denkwürdige geschichtliche Tat, sondern eine Erzählung verstanden wird, die ein Ereignis vor aller Geschichte verewigen soll, das in seinem Ausmaß das Ganze der Welt betrifft, das Verhältnis des Menschen zu Gott oder höheren Mächten einschließt und eine elementare Frage damit beantwortet, daß sie durch jenes anfängliche Ereignis ein für alle Mal vorentschieden worden sei«.

Auch Walter Sokel (1983, S. 24f.) hat recht, wenn er sagt: »Kafkas mythisches Werk ist nicht der Mythos eines Kulturkreises oder einer Volksgruppe«. Andererseits lässt sich seine These, dieses Werk biete »keine Variationen der überlieferten Mythenwelt«, es gälte stattdessen vornehmlich der »Darstellung des Mythos seiner eigenen inneren Existenz«, so nicht halten, da sie weder in der Sache stimmt, wie ich in diesem Buch ausführen werde, noch genau definiert, was sie unter Mythos versteht. Wie stark Kafka die alte mythische Welt tatsächlich beleiht, von den ausdrücklichen Mythenbezügen wie in »Schweigen der Sirenen«, »Poseidon« und »Prometheus« einmal abgesehen, wird im Einzelnen zu zeigen sein. Darüber hinaus aber soll der Versuchsaufbau dieser Arbeit die Augen für Analogien schärfen, wie sie lange vor Ovid im Prozess der Literarisierung des Mythos präfiguriert wurden.

So wenig sich nämlich trotz wegweisender Vorstöße auf diesem Gebiet (Frye 1976, 1963; Burke 1960) die literaturwissenschaftliche Anleihe beim Mythosbegriff der Ethnologie, der kontextuellen Archäologie und der Anthropologie von selbst versteht – zuletzt wies Wolfgang Iser (1993) sie im Namen einer autonomen Literaturanthropologie zurück, freilich ohne sich selbst gänzlich von Anleihen (z. B. bei der Psychoanalyse) fernzuhalten –, so sicher ermöglicht sie eine transdisziplinäre Teilhabe an den einschlägigen Forschungen der Kulturwissenschaften, (Ethno-) Psychoanalyse, Psychologie und Semiologie, die für die Einordnung Kafka'scher Texte befruchtend sein kann.

Es ist nämlich nicht damit getan, Kafkas Texte in einem Buchtitel als *Travestien des Mythos* zu bezeichnen (Weinberg 1963) oder auch nur beiläufig, wie Rainer Stach (2008, S. 457), von »all diesen kleinen Mythen und großen Metaphern« zu sprechen; schließlich gar, wie jüngst im neuen Kafka-Handbuch des *Metzler Verlags* (KHM, S. 497) »Züge einer neuen Mythologie« zu attestieren, ohne die Verwendung des Mythenbegriffs theoretisch abzustützen, wenn es sich denn nicht nur um metaphorische Rede handeln soll. So kann es auch nicht angehen, die von so vielen Autoren des 20. Jahrhunderts gesuchte »Kontinuität Mythos – Legende – Heldenlied – moderne Literatur« (Eliade 1961, S. 36) in den Mittelpunkt einer Untersuchung zu stellen, ohne Rechenschaft darüber abzulegen, was Mythen, mythische Formen oder mythologische Archetypen in philosophischer, kultur- und geisteswissenschaftlicher Hinsicht überhaupt seien und warum sie bis heute mit Namen wie Joyce, Hofmannsthal, Eliot, Döblin oder Thomas Mann fester Bestandteil der literarischen Lektüre geblieben sind.[2]

Es geht also »einerseits um die mythische Struktur und den mythischen Ursprung der Literatur, andererseits um die mythologische Funktion, welche die Lektüre im Bewußtsein derer, die sich von ihr nähren, erfüllt« (ebd.). Literarhistorische und zivilisationsgeschichtliche Traditionslinien müssen für den geschichtlichen Zeitabschnitt dieser Entwicklung zusammen gesehen werden, schließlich ist die Literatur ja ein Teil der Zivilisation. Von Joseph Campbells und Claude Lévi-Strauss' strukturalem Verständnis der Mythen als Universalsprache der Menschheit bis zum Nachweis universaler Inhalte, Formen und Symbole in Kafkas Ge-

---

2 Frye (1963, S. 21) hält die literaturwissenschaftliche Verwendung des Mythosbegriffs allein dadurch für gerechtfertigt, dass Mythen einen integralen Bestandteil der Literatur bildeten: »Why did the term [myth] ever get into literary criticism? There can be only one legitimate answer to such a question: because myth is and has always been an integral element of literature, the interest of poets in myth and mythology having been remarkable and constant since Homer's time.«

schichten ist es ein langer Weg. Wer ihn begeht, wird rasch gewahr, dass er nicht zuletzt den Nachweis psychischer Universalien, transkultureller wie überzeitlicher Denkmuster und symbolischer Archetypen zu erbringen habe: ein schier unmögliches Unterfangen, zu dem Erich Fromm (1951) zwar den Symbolbegriff lieferte, das aber nicht ohne grobe Spekulationen auskäme. Nicht zuletzt ist der Weg durch die Jahrtausende der jüngeren menschlichen Naturgeschichte einfach zu lang und zu dunkel, um jemals abgeschritten zu werden auf der Suche nach einem »universal symbol«, von dem Fromm sagt:

> »[It] is rooted in the properties of our body, our senses, and our mind, which are common to all men and therefore, not restricted to individuals or to specific groups. Indeed, the language of the universal symbol is the one common tongue developed by the human race, a language which it forgot before it succeeded in developing a universal conventional language« (zit. n. Burrows et al. 1973, S. 40).

Dieser Weg müsste sich demnach bis in menschliche Frühzeiten zurückverfolgen lassen, zu Urkulturen, die außer versteinerten Knochen, primitiven Steinwerkzeugen und einigen Jagdwaffen kaum Zeugnisse ihrer Existenz hinterlassen haben, geschweige denn Spuren einer mündlichen Überlieferung. Zwar gab es Bestattungsriten – die möglichen Künder der ersten Mythen – sehr wahrscheinlich bereits in Urgesellschaften des Mittelpaläolithikums in der Spätzeit des Neandertalers und der Frühzeit des Cro-Magnon-Menschen, wie man aus den diversen Grabbeigaben bis hin zu Blumenfunden schließen kann. Dorthin aber führt kein streng wissenschaftlicher Weg mehr zurück, der uns erlaubte, Riten und Kulte ohne allzu hohen hypothetischen Anteil zu rekonstruieren. Erst recht sind wir auf spekulativem Gelände, wenn es um die in ihnen möglicherweise agierten oder aus ihnen hervorgehenden »Mythen der Steinzeit« als »kognitive[n] Teil zur kultischen Praxis« geht (Jamme 1999, S. 21).

Wie von anthropologischer Seite noch einmal unterstrichen wurde (Reichholf 2010, S. 152) und wie auch ein eigens der Mythenrekonstruktion gewidmeter Versuch von religionswissenschaftlicher Seite jüngst einräumte (Vierzig 2009), müssen gerade Deutungen vorgeschichtlicher Kulturzeugnisse ihrer eigenen kulturellen Voraussetzungen in besonderem Maße eingedenk sein. Nicht zuletzt bedeutet die zeitliche Distanz zu unseren Vorfahren, wenn wir uns auch »nur« auf die mindestens 200.000 Jahre des anatomisch modernen Menschen oder die höchstens 500.000 Jahre des (Prä-)Neandertalers beschränken und frühere Spezies der Gattung *homo* ganz außer acht lassen wollen, einen durch Vorstellungs- oder gar Einfühlungsvermögen nicht mehr zu überwindenden Abstand (vgl. Bolus/Schmitz 2006, S. 52ff., S. 146). »Weder körperlich noch geistig bewohnen wir die Welt jener Jägervölker der paläolithischen Jahrtausende, deren Leben und Lebensweisen wir selbst die Form unseres Körpers und die Struktur unseres Geistes zu verdanken haben« (Campbell 1989, S. 79).

Eine gewisse Annäherung ermöglichte die Ethnografie zwar dort, wo es ihr bei der Dokumentation indigener Kulturen in Australien, Neuguinea oder auf Feuerland vergönnt war, Kultpraktiken und Symbolen zu begegnen, die Parallelen zu jungpaläolithischen Erscheinungen nahelegten, darunter auch einer reichen Mythenüberlieferung, der allerdings, sieht man von der vergleichsrelevanten Ikonografie ab, keine Überlieferungsbelege aus der Steinzeit gegenüberstehen können. Während Abbé Henri Breuil als erster bedeutender Archäologe und Prähistoriker diesen Ansatz verfocht, haben indes Lévi-Strauss (1975, S. 573) und Campbell vor Analogiebildungen beim Vergleich ur- oder frühgeschichtlicher mit rezenten Kulturen gewarnt, da auf diesem Feld Hypothesen nicht überprüfbar seien.

Was über eindeutiges Beweismaterial in der Archäologie, der Kulturanthropologie und der Urgeschichtsforschung hinausgeht, bleibt zunächst Sache der Hermeneutik in der vergleichenden Religionswissenschaft und philosophischen Anthropologie, die uns auch immer wieder mit psychoanalytischen Einsichten versorgen, wie z. B. bei Mircea Eliade (1961), der Sigmund Freud verpflichtet ist.

Kafka selbst hat die Schwierigkeiten dieser Aufgabe möglicherweise durch eine Denkfigur illustriert, die uns helfen könnte, die persönlich-auktoriale und die unpersönlich-traditionale Ebene mythischer Formen miteinander zu verbinden und den diachronen Vergleich als sekundär zu erachten. Er hat den Erschließungsweg vom Text zu seinem psychischen Substrat als »kurz«, den umgekehrten Weg der Werkgenese jedoch – und wir denken hier analog an die Entstehung mythischer Überlieferung – als »weit« bestimmt. Als eigenes Beispiel dient ihm die Herrenhofszene im

Schloß, vielleicht ist aber auch die Eingangsszene der *Landarzt*-Erzählung gemeint: »Wie weit ist der Weg von der inneren Not etwa zu einer Szene wie der im Hof und wie kurz ist der Rückweg« (T, S. 914). Der Prozess der Mythenbildung selbst kann als solch ein »weiter« Weg von der »Not« des Ausdrucks zur »Szene« (hier haben wir den performativen Aspekt des Rituals) konzeptualisiert werden, den es in seinem Verlauf besser zu verstehen gilt. Die Ausdrucksformen des Erlebnissubstrats oder des psychischen Urhebers mussten sich dabei nicht nur als solche im Lauf der Überlieferung entwickeln, sondern auch einen Prozess der öffentlichen Akzeptanz und Kollektivierung durchlaufen haben, bis sie sich als *Mythen*, als »erzählende Worte«, etablieren konnten. Denn es versteht sich,

> »daß von der ihm eigenen Seinsweise her der Mythos nicht teilbezogen, privat, persönlich sein kann. Er kann sich als Mythos nur in dem Maß begründen, als er das Dasein und das Wirken übermenschlicher Wesen offenbart, die sich in vorbildhafter Weise verhalten, was – auf der Ebene des primitiven Geistes – heißt: sich in allgültiger Weise verhalten; denn ein Mythos wird Modell für die ›ganze Welt‹ (als diese versteht man die Gesellschaft, zu der man gehört) und Modell für die ›Ewigkeit‹ (weil er in illo tempore geschehen ist und nicht an der Zeitlichkeit teilhat)« (Eliade 1961, S. 13).

Zu diesem Prozess der Vergesellschaftung menschlicher Grunderfahrungen ist ein relativ ausgeklügeltes System der Symbolbildung nötig, entsprechende Kultpraktiken als Kommunikationswege und eine sich herausbildende kulturelle Identität, wie sie in gemeinsamen Glaubensvorstellungen und Lebensformen gefestigt wird. Selbstverständlich muss der psychische Kern des Mythos, der neben der physischen Weltbildkomponente die (rituelle) Identifikation bewirkt, jederzeit neu als Konflikt- und Traummatrix erfahrbar sein. Der »Rückweg«, von dem Kafka spricht, mag dann nicht allen als so »kurz« erscheinen wie einem Autor nach dem Augenblick seines persönlichen »Heureka«. Bei diesem erscheint es uns ja selbstverständlich, dass er, als sein eigener Leser, Momente der Produktion, sprich den unbewussten Lösungsweg der kreativen Aufgabe, in die Rezeption einbringt, dass er also in jedem Fall, zumindest dunkel, »weiß«, was er liest.

Das rezeptive Vorfinden eines Symbols ist zwar gegenüber dem langwierigen Schaffensakt, der nicht erst mit der Werkkonzeption beginnt, gewiss der »kürzere« Weg, doch kann man auch beim Leser nicht von einem »reinen« Rezeptionsvorgang ausgehen. Was auf der einen Seite nämlich wie ein Makel aussieht – »Bei Fremden [fremden Lesern, Vf.] geht gewöhnlich das Eigentümliche mit verloren, weil die Gabe so selten ist völlig in eine fremde Idee hineinzugehen« –, hat auf der anderen Seite durchaus produktive Konsequenzen. Denn, so Novalis (1969, S. 352) weiter:

> »Der wahre Leser muß der erweiterte Autor sein. Er ist die höhere Instanz, die die Sache von der niedern Instanz schon vorgearbeitet erhält. Das Gefühl, vermittelst dessen der Autor die Materialien seiner Schrift geschieden hat, scheidet beim Lesen wieder das Rohe und Gebildete des Buchs – und wenn der Leser das Buch nach seiner Idee bearbeiten würde, so würde ein zweiter Leser noch mehr läutern, und so wird dadurch daß die bearbeitete Masse immer wieder in frischtätige Gefäße kömmt die Masse endlich wesentlicher Bestandteil – Glied des wirksamen Geistes.«

Jeder Leser »schreibt« daher bis zu einem gewissen Grad an dem mit, was er liest. »Der Leser – als aktives Prinzip der Interpretation – gehört zum generativen Rahmen ein und desselben Textes« (Eco 1998, S. 8).
Man findet diesen Produktionsaspekt in jedem Akt des Textverstehens sowohl als Re-generation der Bedeutungsgestalt durch empathisches Verstehen wie auch als Erzeugung der eigenen Bedeutung, indem das Symbol des Autors zum Symbol des Lesers wird. Kreative Energien springen vom Kunstwerk auf den Betrachter über, ebenso vom Text auf den Leser. Wenn wir daher von einem mythischen Kern, einem Erlebnissubstrat am Grund des Gehörten oder Gelesenen ausgehen, dann nehmen wir an, dass der Rezipient in gewissem Maße in die Lage versetzt ist, den Prozess der Mythisierung dieses Substrats in einem kreativen persönlichen Akt nachzuerleben. Gerade in der Mitautorschaft als Teilhabe am Schaffensvorgang besteht die Faszination des Lesens. Denn der Leser schickt seine Entwürfe laufend der Lektüre voraus, um sie dann lustvoll im Text wiederzufinden. Die Überraschung und das Erschrecken bleiben ihm gleichwohl vergönnt, ist doch das eine wie das andere eine Funktion der angespannten Erwartung, vergleichbar dem gewollten Erschrecken des Kindes, wenn im Spiel der Gesuchte plötzlich aus seinem Versteck hervorbricht oder dort aufgespürt wird.

Um zur Rekonstruktion eines solchen Substrats zu finden, wird, wie zuvor näher ausgeführt, erneut das Instrument der intermediären Hermeneutik angewandt, das ich für die Analyse surrealistischer Textmerkmale anlässlich meiner Kleist-Forschungen und anderer Projekte eigens entwickelt habe (Oberlin 2007a, 2007b). Dabei geht es um das Auffinden werkgenetischer Strukturen am psychischen Entstehungsgrund des jeweiligen Texts, den wir einem (theoretischen) auktorialen Subjekt zuordnen. Das Verfahren geht von einem Symbolbegriff aus, der das eigentliche Signifikat in der Signifikanz, der seelischen Bedeutsamkeit vermutet und den äußeren »Eindruck« dem inneren »Ausdruck« unterworfen sieht. Die entsprechende Psychologie stützt sich auf Piagets Entwicklungs- und Symbolfunktionstheorie und Donald W. Winnicotts Theorie der Übergangsobjekte bzw. -phänomene (Winnicott 2002). Der Vorteil des Verfahrens mag wie ein Nachteil klingen: es fußt auf einer Deduktion, nämlich der eines auktorialen Textsubjekts, das rein theoretischer oder virtueller Natur ist. Wenn einerseits angenommen wird, dass in diesem zu konstruierenden Textsubjekt die generativen (und damit kreatologischen) Wurzeln des Texts liegen, und andererseits der Zweck des mythischen Symbols in seiner Bedeutsamkeit gesehen wird, dann lässt sich die unbeantwortbare Frage des »Warum« durch die Frage nach dem »Wozu« ersetzen. Man könnte dann auch sagen, der Grund des Textes sei sein Zweck, wie er in der Bedeutung für den Autor, Zuhörer oder Leser besteht.

Hans-Thies Lehmann (2006) hat überzeugend dargelegt, welch enorme Bedeutung dem Wortspiel bei Kafka als künstlerischem Antriebsmotor zukommt und wie die äußerste Bedeutsamkeit des Schreibens dieses als Selbstzweck und damit die Bedeutung als sekundär erscheinen lässt. Das »Spiel« an sich (wir kommen darauf zurück) habe solche Relevanz erlangt, dass der Autor sich angesichts der ausgelebten sprachlichen Eigendynamik selbst misstraut habe und einem inneren Dualismus verfallen sei: »Der innere Dualismus, mit dem Kafka sich immer wieder quälte, dürfte nichts anderes sein als der Widerspruch, das Spiel mit höchstem, unabgelenktem Ernst zu betreiben. In dieser Tätigkeit stellt sich Sinn als *Effekt* der Schrift ein, nicht als Vorgabe« (Lehmann 2006, S. 100).

Dieser Ansatz erlaubt es also, die Frage nach der Bedeutung durch die Frage nach der Bedeutsamkeit zu ersetzen und mit der Antwort auf die zweite Frage auch die erste zu beantworten. Angesichts der sekundären

Entstellungsstrategien, denen primärprozesshafte Imaginationen in einer Art »simultaner Nachbearbeitung« unterworfen sind, ist dies ein beachtlicher Vorteil, wie sich noch zeigen wird. Bezieht man nämlich wie üblich den Werkimpuls auf das Endresultat, so stößt man auf eine Differenz wie etwa auf die zwischen »Traumgedanken« und »Trauminhalt«, die Freud erstmals in der *Traumdeutung* von 1900 aufwies. Doch so raffiniert sich der latente im manifesten Gehalt eines Werks auch verbergen mag, so wenig – und das kommt als Erschwerung der hermeneutischen Arbeit noch dazu – können die Freud'schen Strategien der »Traumarbeit«, beispielsweise Verdichtung, Verschiebung, Rücksicht auf Darstellbarkeit und Schlaf sowie Sekundärbearbeitung, bei den mythischen Formen als reine und ausschließliche Entstellungsstrategien bewertet werden.

Ist mit Darstellungsmitteln zu rechnen, die es entweder einem Zuhörer bzw. Leser nicht erlauben, sich durch einfaches Fragen zurechtzufinden, oder die sich fragender Annäherung bzw. fragender Entfernung geradezu verschließen – »Mythen antworten nicht auf Fragen, sie machen unbefragbar« (AM, S. 142) –, so genügt es nicht, sie als solche zu bestimmen und zu benennen, sondern sie müssen in ihrem Einfluss auf den Gehalt respektive in ihrer Bedeutsamkeit gewichtet werden. Als »Deformationen«, wie Roland Barthes (1964) sie nennt, sind sie keine Verbergemittel mit dem Ziel des Unsichtbarmachens, sondern sie haben unter dem Gesichtspunkt der Bedeutsamkeit enthüllende, ja ostentative Funktion, indem sie soviel über den Stellenwert des Bedeuteten verraten, dass sie Bestandteil des Signifikats sind. Sie gehören zur Kunst, etwas zu sagen, indem man es nicht sagt, und zeichnen dadurch nach Kleist (1993, S. 757) den Wortkünstler aus. Dieser nämlich »hat die ganze Finesse, die den Dichter ausmacht, und kann auch das sagen, was er nicht sagt«.

Grundsätzlich ist deshalb auch beim Mythos von einem Entstellungsvorgang auszugehen, der das Bedeutete so verbirgt, dass seine Bedeutung implizierbar wird. Dafür sorgt schon die Form selbst:

> »So paradox es auch erscheinen mag, der Mythos verbirgt nichts. Seine Funktion ist es, zu deformieren, nicht etwas verschwinden zu lassen. Es gibt keinerlei Latenz des Begriffes [des Bedeuteten, Vf.] in Bezug auf die Form, man bedarf durchaus nicht eines Unbewußten, um den Mythos zu erklären« (Barthes 1964, S. 102).

Bereits Francis Bacon (1990, S. 12) sah in seiner Schrift *De sapientia veterum* von 1609 gerade in der Doppelfunktion von Verhüllung und Enthüllung das Hauptmerkmal der frühantiken Sagen, die er auf weit ältere mündliche Überlieferungen zurückführte. Für ihn sind sie »Allegorien«, »Tropen«, »Parabeln« und als solche »auf zweierlei Weise und (was eigenartig ist) zu entgegengesetzten Zwecken verwendet worden. Denn sie dienen ebenso dazu, die Bedeutung zu verhüllen und zu verschleiern, wie sie zu erhellen und zu verdeutlichen.«

Die Krux bei Kafkas Geschichten ist stets, dass sie in ihrer Untergründigkeit viele Fragen aufwerfen und schon deswegen besonders ausgeklügelte, ja chiffrierte Antworten auf eben diese Fragen zu sein scheinen. Weil sie eben keine Mythen *par excellence* sind, sondern, wie Benjamin weise feststellte, »eine Erkrankung der Tradition«,[3] wartet der Leser auf solche Antworten, die gerade nicht wie kultische Riten oder pagane Mysterien esoterisches Geheimwissen voraussetzen, also keine fraglosen Wahrheiten, sprich nichthinterfragbare Tatbestände postulieren, sondern vernünftiges, erwerbliches Wissen. Dennoch erhält nun nicht der Erzähler (der vielleicht eher dem Mystagogen gleicht, einen Autor scheint es wie in der Mythenüberlieferung nicht zu geben) eine Beweisschuld gegenüber dem Zuhörer zugesprochen, sondern dieser scheint in eine Verstehensschuld gegenüber dem Text einzutreten, die nur durch gläubige Teilhabe und – noch wichtiger – eine rituelle Funktion zu tilgen ist. Von vornherein muss er sich vom Autor sagen lassen: »Aber arbeiten und Fragen beantworten kann man nicht gleichzeitig. Wer zu sehn versteht muß nicht fragen« (N II, S. 338).

Allerdings mag sich in dieser Schuld der »Deutungswiderstand« verbergen, der nach Freud (StA I, S. 152) »nur die Objektivierung der Traumzensur« ist. Nichtverstehen heißt nicht notwendig Nichtbegreifen. Das durchaus »Begriffene« bleibt zuweilen vorzugsweise in der (etymologisch noch sichtbaren) Domäne des Tastsinns und scheut den Weg zum Bewusstsein. Viele von Kafkas Parabeln veranschaulichen eben genau dies, wobei der sich als »Trojanische Frage« einschleusende »Deutungswiderstand« allerdings das gesamte hermeneutische System sabotieren kann.

---

3 Walter Benjamin im Brief an Gershom Scholem vom 12. Juli 1938 (zit. n. Schmidt 2004, S. 368).

»Die Menschen«, wusste Barthes (1964, S. 133), »stehen zum Mythos nicht in einer Beziehung der Wahrheit, sondern des Gebrauchs«, und das heißt des imaginativen *enactment*, bei dem jeder seine Rolle spielt, als sei der Mythos von ihm neu hervorzubringen.

Es sind dann vor allem die Ununterscheidbarkeit von Rezipieren und Hervorbringen, die Gleichzeitigkeit von Tradieren und Innovieren, die Frage und Antwort kurzschließen und in diesen Eigenschaften die »mythische Erzählung als Mitteilung von Praktizierenden an Praktizierende im Rahmen derselben Tradition« (Burkert 1997, S. 44) ausmachen. Es ist das *gebotene* Einverständnis mit dem *verbotenen* Mysterium, das Gemeinschaft mittels gemeinsamer Gesinnung ausdrückt. Die im esoterischen Handeln (des Kults oder des Rituals) erfahrene Erlebnisgemeinschaft lebt von einem nonverbalen Kontextwissen, das ein extrem sparsames Kodierungssystem ermöglicht: eine Chiffrensprache, die im Kreis der Eingeweihten keinerlei Deutung bedarf. So kann sich beispielsweise Willy Haas verwundert fragen, weshalb die Geschichten des Jugendfreunds überhaupt einer Deutung bedürften:

> »Kafka hat alles gesagt, was wir zu sagen hatten und nicht gesagt haben, nicht sagen konnten. […] Ich kann seine Bücher wie im Traum lesen. Ich begreife nicht, was es an ihnen zu erklären gibt. Hinter diesen Geschehnissen stehen immer wieder nur sie selbst, nichts anderes« (E, S. 83).

Der Glaube als eines der psychischen Phänomene, die sich auf Bindungsbereitschaft und Imagination stützen, schafft bereitwillig eine innere Realität *sui generis*, die der äußeren zwar gleichwertig, aber von unbemerkter Widersprüchlichkeit sein kann. Geht man davon aus, dass »die mythische Benennung, die der ursprünglichen Richtung folgend ins Leere stößt, eine Quasi-Wirklichkeit [schafft], die nicht sinnenhaft zugänglich ist und doch im Ritual unmittelbar erlebt wird« (Burkert 1997, S. 44), so erscheint nicht nur der Konnex von Glaube und Gemeinschaft, Fürwahrhalten und Bindung, Frage und Antwort plausibel, sondern auch die feste Konsistenz der Glaubensvorstellung selbst, die sich als scheinbar widerspruchsfreie seelische Wirklichkeit darstellt. Sie ist Folge der Identifikation mit dem rituell Agierten und wird insofern verständlicher, als die mythische Erzählung die psychischen Tendenzen imaginativ zu Ende bringt und dabei in der Lage ist, Widersprüche und logische Ungereimtheiten (also auch den Unterschied zwischen Frage und Antwort) zu nivellieren:

> »Der Mythos zieht die Linien zu Ende: die Drohgebärde wird zum Mord, die gespielte Klage zur echten Trauer, die angedeutete Erotik zur Geschichte von Liebe und Tod. So wird das Als-Ob des Ritus zur mythischen Wirklichkeit, wie umgekehrt der Ritus dem tradierten Mythos seinen Wirklichkeitsgehalt bestätigt« (ebd.).

Beides also bedingt das Fürwahrhalten, wobei eines vom anderen abhängt: Bindungsbereitschaft auf der einen Seite – Lactantius leitet Religion von *religare* = zurückbinden ab – wurzelt in archaisierten Objektwünschen, die jederzeit nach einem die Wahrheit verbürgenden, ja verkörpernden Idealwesen oder einem Idealgegenstand verlangen, wie es oder er nur in der mit einem Übergangsobjekt korrelierenden Vorstellung repräsentiert werden kann, sei dieses ein Idol, ein Fetisch, eine Reliquie, der Schamane selbst oder der (göttliche) Name einer als kosmisch aufgefassten Naturkraft jenseits der Erscheinung. Diese Bindungsbereitschaft ist es, die Glaubensgemeinschaften entstehen, Kulträume abgrenzen, sakrale Zeremonien feiern lässt. Sie schafft ein organistisches Kollektiv, das jedem Einzelnen (illusionäre) Gefühle der Macht, Stärke, Geborgenheit und Weltvertrautheit gibt, oft in Abgrenzung von anderen Kulten und Kulturen.

Vermutlich geht es bei den kultischen Riten und ihren Vorformen seit der Jungsteinzeit um nichts anderes, als über die Anlehnung an Bindungsobjekte »Entängstigung« zu erreichen (AM, S. 18) und »ein lebenssicherndes Weltbild bereitzustellen« (Vierzig 2009, S. 176). Die begleitenden Mythen als Errungenschaften des Meso- oder womöglich erst Neolithikums leisten entweder eine »unbewußte künstlerische Verarbeitung der Natur«, wie Karl Marx es formulierte (Janssen-Zimmermann 2001, S. 4), oder aber eine bewusste Zusammenfassung des kosmischen Wissens (De Santillana/Deckend 1977). Und wenn Burke (1966) in der narrativen Dynamik des Mythos ein »entelechisches« Selbstvollendungsideal wirken sieht, so ist darin der ästhetische Ausdruck des quasireligiösen Verlangens nach einem solch schützenden, »entängstigenden«, ja die Angst »naturalisierenden« Objektideal zu erkennen, mit dem das Subjekt sich identifizieren will. Gerade der Mythos kann in seiner kosmologischen Symbolik eine rituelle

Handlung choreografieren – »The verbal imitation of ritual is myth« (Frye 1963, S. 53) –, die das Bild eines perfekten Kunstwerks abgibt, verwandt oder identisch mit kultischer Liturgie.

Zu diesem Gesamtkunstwerk gehört nun der Anspruch auf Naturhaftigkeit jenseits des Zufalls und jenseits des Machbaren.

> »Myth seizes on the fundamental element of design offered by nature – the cycle, as we have it daily in the sun and yearly in the seasons – and assimilates it to the human cycle of life, death and (analogy again) rebirth« (ebd., S. 32).

Der Mythos reiht sich also nicht nur in ein kultisches Wertesystem ein, das ihm immer recht gibt, sondern konkurriert auch mit der Natur, von der er sich die »Natürlichkeit« leiht, und das, obwohl es in ihm scheinbar alles andere als »natürlich« zugeht und Mimesis zwar im Schema der Bedeutung, nicht aber in der referenziellen Signifikation stattfindet. Barthes (1964, S. 113) spricht vom »eigentlichen Prinzip des Mythos: er verwandelt Geschichte in Natur«:

> »Auf allen Ebenen der menschlichen Kommunikation bewirkt der Mythos die Verkehrung der Antinatur in Pseudonatur. [...] Indem er von der Geschichte zur Natur übergeht, bewerkstelligt der Mythos eine Einsparung. Er schafft die Komplexität der menschlichen Handlungen ab und leiht ihnen die Einfachheit der Essenzen, er unterdrückt jede Dialektik, jedes Vordringen über das unmittelbar Sichtbare hinaus, er organisiert eine Welt ohne Widersprüche, weil ohne Tiefe, eine in der Evidenz ausgebreitete Welt, er begründet eine glückliche Klarheit. Die Dinge machen den Eindruck, als bedeuteten sie von ganz allein« (ebd., S. 130ff.).

Die Imagination auf der anderen Seite, um nun zum zweiten, dem instrumentellen Faktor des Fürwahrhaltens zu kommen, ermöglicht diese Vorstellungen, indem sie solche Objektwünsche zu Realitäten der Innenwelt ausstattet, die denen der Außenwelt in nichts nachstehen oder ihnen sogar an psychischer Bedeutsamkeit überlegen sind. Arnold Gehlen (1950, S. 35ff.) hat den »état imaginaire« als Zustand charakterisiert, der besonders dem frühen beziehungsweise jungen Menschen helfe, seine Instinktarmut zu kompensieren und dem enormen

Entwicklungsdruck der Außenwelt standzuhalten. Wenn Bindungskonstrukte im Sinne Winnicotts hierin ein Zusätzliches leisten, dann entspricht das ihrer herausragenden Rolle im Entwicklungsprozess. Zum Bedürfnis nach Bindung gehören dann auch die Wünsche, diese Objekte der Innenwelt mit anderen, den Kultmitgliedern zu teilen und eine »Gemeinde« zu bilden. Von den pragmatischen Vorteilen einmal abgesehen, wirkt sich das gemeinsame Band auch auf die Stärkung der Imagination aus, die statt einer persönlichen nun eine kollektive Legitimation erhält. »Denn die Phantasien des einzelnen werden vom Ritual unterstrichen und gelenkt« (ebd., S. 89).

Das alles gelingt desto besser, je weniger das häufig bizarre Ritual mimetische oder analogische Eigenschaften besitzt, die die psychische und kognitive Dynamik des Primärprozesses aufbrechen könnten. Wenn »das Ritual sich definieren [läßt] als das *Aufführen* eines Mythos« (Campbell 1989, S. 208), so macht es nicht nur den Mythos in der erwachsenen Welt gesellschaftsfähig, sondern auch die imaginative Rezeptibilität für Mythen insgesamt und damit das Primärprozessdenken als solches zum anthropologischen Standard. Und je mehr der Mythos zum Gemeinschaftsbesitz wird und damit eine Art überindividuelles Bewusstsein konstituiert, desto weniger wird auch der Einzelne seine persönliche von der kollektiven Bewusstseinsarbeit unterscheiden können: »Der Mythos kommt aus der Imagination, und er führt zu ihr zurück. Die Gesellschaft bringt einem bei, was die Mythen sind, und dann entbindet sie einen, damit man in seinen Meditationen den Pfad direkt hinein verfolgen kann« (ebd., S. 69).

Aus der Partizipation am spirituellen Gemeinschaftseigentum der Gruppe resultiert für den Einzelnen ein Einheitserleben, das seinem Bindungsverlangen entgegenkommt und ihm eine kollektive Identität *trotz* seiner (in der Frühzeit des Menschen wohl kaum bewusst empfundenen) Individualität ermöglicht. Damit verbunden ist die Erfahrung der identifikatorischen Energiezufuhr von innen wie von außen und die des Größenselbstwachstums, die das Ritual desto mehr vermittelt, je mehr es auf Heldenmythen zugreifen kann.

Campbell sieht »das Hauptmotiv im Ritual« in der »Anbindung des Einzelnen an eine größere morphologische Struktur als die seines eigenen physischen Leibes« (ebd., S. 82). Er spricht damit die Wurzel jeder Religiosität an. Und Frye (1973, S. 106f.) erkennt in der strukturellen

Kompatibilität von Ritus, Mythos und Traum geradezu die Voraussetzungen für ein Zweckbündnis, das dem Einzelnen zur Teilhabe am Ganzen und dem Ganzen zur Teilhabe am Individuellen verhilft:

> »The myth accounts for, and makes communicable, the ritual and the dream. Ritual, by itself, cannot account for itself: it is pre-logical, pre-verbal, and in a sense pre-human. [...] Myth therefore, not only gives meaning to ritual and narrative to dream: it is the identification of ritual and dream, in which the former is seen to be the latter in movement.«

Fiktionen werden am Bewusstsein leichter vorbeigeführt, wenn sie auch von anderen imaginiert werden. Die Realitätsprüfung kann so unbemerkt ausgesetzt, ja sogar als Sakrileg gebrandmarkt werden, findet aber doch bis zu einem gewissen Grad allein durch Verhaltensreflexion statt. Was viele für wahr halten, macht sich als Wahrheit verbindlich. Die Verifikation ist letztlich eine Folge der Kollektivierung, die den Eindruck zur Folge hat, dass ein Mythologem auch dem eigenen Kopf entstammen könnte, ja dass man selbst im mythologischen Spiel agiert: »Indem man an einem Ritual teilnimmt, macht man im Grunde die Erfahrung eines mythologischen Lebens. Und aus dieser Teilnahme heraus kann man geistig leben lernen« (Campbell 1989, S. 208).

Gleichzeitig wird aber das Eigene auch als Spiel der anderen erlebbar, was eine gewisse »wahndämmende« Relativierung mit sich bringen kann. Georges Devereux (1986, S. 285f.) leitet aus der Überlegung, dass Mythen die Konfrontation mit eigenen unbewussten Inhalten erlauben, indem sie die Distanzierung von ihnen als etwas nicht selbst Erlebtes ermöglichen, seine »mythopoetische Position« ab:

> »Solche Erfindungen werden von der Zuhörerschaft angenommen und dann der folgenden Generation überliefert, weil das Unbewußte desjenigen, der den Mythos hört (oder liest), dem latenten Inhalt des Mythos ein Echo liefert, während der manifeste Inhalt des Mythos – daß das, was man hört (oder liest) ein Mythos ist – dem Hörer (oder Leser) erlaubt, den betroffenen *insight* auf sich selbst *nicht* anzuwenden.«

Ähnliches gilt auch für eine »Lesergemeinde«, wie sie sich um Literatur als eine der genealogischen Nachfolgerinnen der Mythen zuweilen bildet. Das Werk eines erfolgreichen Autors wird als Mythenschöpfung buchstäblich *wahr*genommen. Es wird zum imaginativen Kollektivbesitz und knüpft scheinbar nahtlos an jene »vorliterarische Arbeitsphase« an (AM, S. 133), die Blumenberg in der kulturgeschichtlich frühesten Phase der »Arbeit am Mythos« sieht. In ihm vermag der Einzelne sich vom Gemeinschaftsbewusstsein nicht mehr zu trennen, andererseits ist es ihm aber erlaubt, sich auf die »mythopoetische Position« zurückzuziehen, welche lautet: »Das ist die Wahrheit, aber es ist nicht mir passiert, sondern jemand anderem« (Devereux 1986, S. 286).

Im selben Maße, in dem diese schonungsvolle Auseinandersetzung mit dem eigenen Unbewussten gelingt, tritt der Autor des Werks – den es nun nicht mehr zu geben scheint – in eine imaginäre Überlieferung zurück, und der Leser wird Teil der literarischen Figurenwelt, der er eine kosmologische Bedeutung verleiht. Mythologie erscheint nun ebenso als Quelle der Literatur wie Literatur als Quelle der Mythologie: »Ich denke mir die Mythologie als die Heimat der Musen, der Inspirationsquellen für Kunst und Dichtung. Das Leben als Dichtung und sich selbst als Person in einer Dichtung zu begreifen, das ist es, was der Mythos einem erlaubt« (ebd., S. 64).

Im rituellen Mythos wird durch eine *participation mystique* des Einzelnen am imaginären Gemeinschaftsbesitz einer radikaleren Transzendierung in die Sphäre des Übernatürlichen gerade vorgebeugt. Ein dialektisches Übersinnliches wie in den monotheistischen Hochreligionen, das mit der Sinnenwelt konkurriert und sie als makelbehaftet depraviert, gibt es in der eher nichtdualistischen archaischen Welt nicht. Es ist eine der mythopoetischen Errungenschaften, dass ausschließlich die sinnfällige Welt, obzwar fiktiv, das Material für die Spiritualisierung des Lebens zur Verfügung stellt. Das, was wir »übersinnlich« nennen, schließt hier also in hohem Maße die Empirie ein. Erst Kunst, ob Literatur, Musik oder Malerei, vermag der Versuchung zu rein metaphysischer Weltbildkonstruktion – z.B. in Religionen, die keine Naturreligionen sind – *natürliche* Welten entgegenzusetzen, die nicht weniger faszinierend sind als die »übernatürlichen«. Dies ist gerade auch dann der Fall, wenn es sich um sakrale Kunst handelt, die das »Übersinnliche« auf höchst irdische Weise versinnlicht und damit der ausschließlichen Transzendierung entzieht. Hierin liegt sowohl der Erfolg der Sakralkunst begründet als auch der Antrieb der Ikonoklasten, wenn sie eben diese Kunst als religionsfeindlich denunzieren und zerstören.

Alle Mysterien sind *per se* eine Attraktion, weil sie die Eingeweihten durch die gleiche Enthaltsamkeit im Fragen verbindet, der ein nicht mehr bewusster Verzicht auf Antworten entspricht, und weil imaginative Konstruktionen schöpferische Energien freisetzen, die wiederum Bindungsenergie mobilisieren und zugleich befriedigen. Um die Rätsel der Sphinx scharen sich die Deuter wie die Thronfolger vor dem heiligen Orakel. Wenn, wie im Fall von Kafkas Texten, die zwar nicht rituell agiert, sondern individuell gelesen werden, die Fülle an Fragen eigens spezialisierte Hermeneuten auf den Plan ruft, die wesentlich zu einer »Rezeptionsindustrie« beitragen, dann gilt am Ende schon keine Frage mehr als unbeantwortbar, keine Antwort als nicht zu erfragen. Sobald die Deuter und ihr zu Deutendes im Diskurs zu einer Frage-Antwort-Symbiose verschmelzen, entsteht die Zunft der Exegeten, deren Fach, die Kunst der Auslegung, fast so bedeutsam wird wie die Texte selbst. Ob solche Diskursivität dem Werkverständnis förderlich ist, mag dahingestellt bleiben. Walter Muschgs Verdikt, »Kafkas Weltruhm beruh[e] auf groben Missverständnissen« (2009, S. 43), lässt sich nicht von der Hand weisen, allerdings sind auch Missverständnisse noch Exegesen, die (kollektives) Unbewusstes belichten. Susan Sontag (1982, S. 16) kommt in einem denkwürdigen Apodiktum gar zu folgendem Schluss: »Das Werk Kafkas ist zum Opfer einer Massenvergewaltigung durch nicht weniger als drei Armeen von Interpreten geworden.« Sie bekundet mit dem Befund eines »Kulturverbrechens« eine geradezu physische, jedenfalls persönliche Betroffenheit.

So unvereinbar Mythos und Exegese sind, so paradox finden wir beides in der Kafka-Rezeption vereint. Das ist gewiss auch ein Indikator dafür, dass wir es einerseits mit literarischen Texten und eben keiner mythologischen Überlieferung zu tun haben, andererseits aber mit einer »schöpferischen Mythologie«, wie Campbell (1996, S. 14) sie von der traditionellen unterscheidet:

> »Im Rahmen einer traditionellen Mythologie werden die Symbole in gesellschaftlich festgeschriebenen Riten vorgeführt, und vom Einzelnen wird erwartet, daß er durch sie die Erfahrung bestimmter Erkenntnisse, Gefühle und Bindungen macht oder jedenfalls so tut, als hätte er sie gemacht. In der ›schöpferischen Mythologie‹, wie ich sie nenne, kehrt sich das Verhältnis dagegen um: Hier hat der Einzelne eine eigene Erfahrung – der Ordnung, des Grauens, der Schönheit oder auch nur eines überschwenglichen Gefühls –

gemacht und ist nun bestrebt, sie durch Zeichen mitzuteilen; und wenn sein Erlebnis eine gewisse Tiefe und Tragweite hatte, wird seine Mitteilung den Wert und die Kraft eines lebendigen Mythos haben – für diejenigen nämlich, die sie von selbst, ohne Zwang annehmen, sich davon betroffen fühlen, sich darin wiedererkennen.«

Kafkas Texte wollen sich scheinbar schon allein deshalb erklären lassen, weil sie sich mysteriös verrätseln. Sie verletzen mindestens so viele Schweigeregeln, wie sie Tabugebote mobilisieren. Nimmt man sie als Antworten auf prämeditierte Fragen oder Fragwürdigkeiten des Seelenlebens, dann reicht freilich der linguistische Fakt der Frage-losigkeit schon aus, um einen Zustand der Frag-losigkeit zu konstruieren, wie ihr Autor ihn mit dem Begriff der »Zweifellosigkeit der Geschichte« (T, S. 463) gemeint haben könnte. Wenn dann tatsächlich einmal Fragen gestellt werden, etwa die berühmte Frage des Manns vom Lande in »Vor dem Gesetz«, dann »kommt gerade die richtig gestellte Frage immer schon zu spät; sie hat eine Antwort zur Folge, die sich dem Fragenden wie eine Schlinge um den Hals legt« (Jauß 1991, S. 409).

Erst wenn Texte in solcher Weise zum Gegenstand allgemeinen Interesses werden, verwandeln sie sich in Kultschriften, Quasiüberlieferungen, die nach einem öffentlichen Austragungsort suchen. Der »Kafka-Kult« ist seit mehr als einem halben Jahrhundert mit gewissen intellektuellen Ritualen verbunden, zu denen heute gehört, dass dem »Eingeweihten« nach der Verneigung vor dem Polysymbolismus der Eid auf die psychologische Dimension dieser Texte abgenommen wird. Von »Magie« zu sprechen, scheint in der profanen Welt der Exegeten verfehlt. Jedoch lässt sich bei aller aufgebotenen Rationalität die gläubige Teilhabe nicht übersehen, die scheinbar – durchaus nur scheinbar, denn gerade Kafka erinnert an den kosmologischen Monismus im Immanenzanspruch der archaischen Mythen! – etwas von der einstigen Macht der Fantasie verrät. »Die Kunst«, schreibt Freud in *Totem und Tabu*, »stand ursprünglich im Dienste von Tendenzen, die heute zum großen Teil erloschen sind. Unter diesen lassen sich mancherlei magische Absichten vermuten« (StA IX, S. 376).

III Mythos und Psyche

>»Wirkliche Realität ist immer unrealistisch‹, sagte Franz Kafka.«
Gustav Janouch (J, S. 103)

1 Fiktion der Wahrheit – Wahrheit der Fiktion

>»Every thing possible to be believ'd is an image of truth.«
William Blake (1975, S. 19)

Die Struktur des mythischen Zeichens wurde bereits angesprochen. An dieser Stelle gilt es, den zugrunde liegenden Wahrheitsbegriff näher zu betrachten und seine psychischen Funktionen zu erörtern. Kafka begegnet uns in zahlreichen Bemerkungen als reflektierter Kenner der mythischen Symbolcharakteristik und somit auch der Semiotik mythischer Sprechweisen. Seine Geschichten sind auf Zweidimensionalität angelegt. Eine Tiefenkoordinate, die den Raum eröffnete, lässt sich nicht finden. Man könnte von einem reduzierten Kosmos sprechen, der keinerlei Hoffnung auf erfüllende Entdeckungen macht, aber gerade deshalb alle Hoffnung des Lesers entzündet. Für diesen ist es ein Starren in die Welt seiner eigenen Imaginationen, wo alles relevant und alles wahr erscheint, ohne dass eine Wahrheit konkretisierbar wäre. Am Ende seiner Lektüre hat er die doppelt paradoxe Erwartung einer vorgefundenen Wahrheit, die jeder erst selbst finden muss. Mit dieser Erwartung geht er an den Text zurück – *ad infinitum*. Wenn der Autor selbst diesen Prozess reflektiert, dann drängt sich ihm die auf den ersten Blick wiederum rätselhafte Einsicht auf, dass Frage und Antwort einander innewohnen oder dass doch der Eingeweihte auf seine Fragen selbst eine Antwort finden muss: »Es gibt keine Entfernung zwischen Fragesteller und Antwortgeber« (T, S. 755).

Dem gehen offenbar nicht nur die monistische Einsicht in die Immanenz der Erklärungshorizonte, und die Überzeugung voraus, dass eine Frage entweder bereits *in actu* den Stoff als das heuristische Rohmaterial für ihre Antwort enthält (etwa durch bewusstmachende Isolierung einer möglichen Unbekannten) oder aber eine Antwort nicht zu erwarten und daher die Frage nicht zu stellen ist, sondern auch die Annahme eines sprichwörtlich »sagenhaften« Wahrheitsgehalts, der dem Mythischen *a priori* innewohnt: »Fragen aber die sich nicht selbst im Entstehen beantworten werden niemals beantwortet« (T, S. 755).

Kafka kommt in dieser Eintragung des Jahres 1915 zu einem Schluss, der in Formulierung und Axiomatik an Wittgenstein (2003, S. 110, Nr. 6.5) erinnert. Dieser allerdings bestreitet in seinem drei Jahre später verfassten *Tractatus logico-philosophicus* die Existenz offener Fragen: »*Das Rätsel* gibt es nicht. Wenn sich eine Frage überhaupt stellen läßt, so *kann* sie auch beantwortet werden.« Umso erstaunlicher ist Kafkas Apodiktum deshalb, weil es denselben Anspruch an die Literatur formuliert, wie er gemeinhin an den Mythos gestellt wird, der nach Blumenberg »die Suggestion mit sich führt, durch ihn und mit ihm bleibe nichts ungesagt« (AM, S. 193). Geht man aber wie Jauß (1991, S. 385) davon aus, dass die poetische Arbeit am Mythos »nicht länger monologisch sich behaupten und als allmähliche Offenbarung eines in anfänglicher Reinheit und Fülle vorgegebenen Sinns verstanden werden« kann, wirkt Kafkas Formulierung geradezu anachronistisch. Denn eigentlich müsste »der von Haus aus monologische Diskurs des Mythos in den unendlichen Dialog der Dichter hereingezogen« werden, sodass

> »sich der Mythos nunmehr befragen lassen und seine Geschichte als die von Werk zu Werk fortschreitende Aneignung der Antwort auf eine große, Mensch und Welt im ganzen betreffende Frage faßbar werden [muß], wobei die Antwort mit jeder Neuformulierung der Frage einen noch anderen Sinn erlangen kann«.

Diesem Anachronismus bei Kafka liegen weder ein hypostasierter Logosbegriff, wie man vermuten könnte, noch eine metaphysische Sinnerwartung an das Wort zugrunde, sondern ein Wörtlichnehmen der imaginierten Welt als »letzte irdische Grenze« (T, S. 878), an die der Mystagoge den Eingeweihten heranführt. Angedeutet ist darin eine Poetologie der Parabel, die im Rätsel des Rätsels Lösung ebenso induziert wie sabotiert. Dabei erscheint die Heuristik der Kunst aufgeboten, um ausgerechnet das Inkommensurable zum Maß des Sinns zu machen, die Möglichkeit des Nicht-Sinns als des einzig legitimen »Sinns« inbegriffen. Offenbar weicht Kafka also auf »Gattungsmuster« aus,

> »in denen eine hilfreiche mythische Instanz die Not des Fragens erspart und die richtige Antwort zur rechten Zeit garantiert. Es sind dies vor allem das Rätsel und das Märchen, die gegen die Übermacht der allzu großen Fragen nach Schuld und Unschuld, Verantwortung von Menschen oder Göttern, Sinn oder Absurdität der Weltordnung aufgeboten werden können – gegen das unbeantwortbare Warum, aus dem die Erschütterung der Tragödie entspringt« (Jauß 1991, S. 409).

Wenn es so ist, wie Barthes sagt (1963, S. 129), dass die Essenz der Tragödie vor allem darin besteht, Fragen unbeantwortet zu lassen, um den Geschmack an Versagensleistungen zu steigern (»choisir des questions sans issue, de façon à alimenter d'une façon sûre l'appétit de l'échec«), rücken die Register der Latenz, sprich Metasprache und -struktur, Sub-, Inter- und Supratext, in den Deutungshorizont. Damit wird auch der psychogenetische und psychosoziale Zusammenhang relevant, ergänzt um – wir sind bei den mythischen Formen – die Wirkungseigenschaften von Erzählperformanz im Ritual des Sprechens, Hörens, Lesens und Schreibens.

Der von Ferenczi (1984, S. 102f.) noch einmal pointiert zusammengefasste psychoanalytische Symbolbegriff, der gerade das Nichtgesagte zum Wesensbestandteil des Signifikats macht, scheint hier, neben dem der Religionsanthropologie, für ein Verständnis unerlässlich zu sein:

> »Symbole im Sinne der Psychoanalyse sind nur solche Dinge (resp. Vorstellungen), denen im Bewußten eine logisch unerklärliche und unbegründete Affektbesetzung zukommt und von denen analytisch festzustellen ist, daß sie diese affektive Überbetonung der unbewußten Identifizierung mit einem anderen Dinge (Vorstellung) verdanken, dem jener Affektüberschuß eigentlich angehört. Nicht alle Gleichnisse sind also Symbole, sondern nur jene, bei denen das eine Glied der Äquation ins Unbewußte verdrängt ist.«

47

Später pointiert Ernest Jones (1978, S. 82) die Essenz dieser Beobachtung in dem Satz: »Nur was verdrängt ist, wird symbolisch dargestellt; nur was verdrängt ist, bedarf der symbolischen Darstellung.« Hermeneutik zielt *per se* auf progressiv zyklisches Lesen der Schrift an der Wand in der Erwartung von Sinn. Mit »[g]ewogen und für zu leicht befunden« (Dan. 5, 27), wie der Prophet Daniel das nächtliche Menetekel zu Babylon deutet, entziffert er den Text zwar auf der Zeichenebene und gibt ihm einen – recht mutwilligen – metaphorischen Sinn. Er entziffert aber weder das Symbolische im Ereignis der wundersamen Schrift als solcher, die im szenischen Kontext der Tempelschatzschändung signifikant wird, noch das Symbol selbst, dessen Bedeutung als Untergangsorakel Belzazar verborgen bleibt. Ebenso wenig ermöglicht er dem Tempelplünderer eine persönliche Identifikation (es sei denn, man liest seinen anschließenden gewaltsamen Tod als sich selbst erfüllende Prophezeiung und damit als das eigentlich Symbolisierte, das sich erst im Vollzug aktualisiert).

Bei Kafka und seinen Exegeten wird der hermeneutische Progressionszyklus zum regelrechten Abarbeiten sowohl an der Fiktion der Wahrheit als auch an der Wahrheit der Fiktion. Bei Ersterem begegnet der Interpret sich selbst, bei Letzterem dem Mythos. Der Ort, wo Mythos und (unbewusstes) Selbst sich begegnen, ist die Fantasie, die den Unterschied zwischen Wahrheit und Lüge nicht kennt – im antiken Konzept der φαντασματα zugleich der Traumbereich, welcher Reminiszenzen und Gegenwart in der Geisteswelt des Schlafenden ins Groteske verzerrt, z. B. zum Alptraum.[1] Was für das Märchen gilt, sollte auch für den Mythos gelten: »Die Wahrheit des Märchens ist die Wahrheit unserer Phantasie, nicht die der normalen Kausalität« (Bettelheim 2008, S. 136). Die Pointierung in Benns Gedicht *Verlorenes Ich*, »die Mythe log«, kann deshalb nur wiederum eine »Lüge« sein, dazu ersonnen, »Raum und Zeiten/ Und was die Menschheit wob und wog« zu leugnen und statt dessen »Unendlichkeitschimären« zu errichten.

---

1 Freud (StA II, S. 31) bezieht sich am Anfang seiner Traumdeutung auf die Traumlehre von Makrobius und Artemidoros, in der die Träume nach zukunftsweisenden und vergangenheits- resp. gegenwartsbezogenen unterschieden sind. Die φαντασματα gehören neben den ενυπνια zur Kategorie der letzteren, da sie Momente der Vergangenheit und Gegenwart des Träumenden aufgreifen und erweitern.

Über die Symbolsprache, die womöglich der Dichtung, dem Mythos und dem Traum gemeinsam ist, hat Freud sich ab 1914 ausführlich geäußert. Die innovativste Schrift zu diesem Thema ist die zehnte der *Vorlesungen zur Einführung in die Psychoanalyse* aus den Jahren 1915–16 mit dem Titel »Die Symbolik im Traum«. Hier gelangt er über die Untersuchung der zunächst als speziell angenommenen Traumsymbolik schließlich zur Auffassung, dass es eine Art »Grundsprache« geben könne, die dem Traum, der Dichtung und dem Mythos gemeinsam sei:

> »Wir haben ja erfahren, derselben Symbolik [wie im Traum, Vf.] bedienen sich Mythen und Märchen, das Volk in seinen Sprüchen und Liedern, der gemeine Sprachgebrauch und die dichterische Phantasie. Das Gebiet der Symbolik ist ein ungemein großes, die Traumsymbolik ist nur ein kleiner Teil davon; es ist nicht einmal zweckmäßig, das ganze Problem vom Traum aus in Angriff zu nehmen. Viele der anderswo gebräuchlichen Symbole kommen im Traum nicht oder nur sehr selten vor; manche der Traumsymbole finden sich nicht auf allen anderen Gebieten wieder, sondern, wie Sie gesehen haben, nur hier und dort. Man bekommt den Eindruck, daß hier eine alte, aber untergegangene Ausdrucksweise vorliegt, von welcher sich auf verschiedenen Gebieten Verschiedenes erhalten hat« (StA I, S. 174f.).

Im Anschluss an diesen Text zitiert Freud den Senatspräsidenten Schreber, dessen Fallgeschichte er analysiert hatte. Dieser hatte die Idee einer »Grundsprache, [...] von welcher all diese Symbolbeziehungen die Überreste wären« (ebd.). Das Äquivalent einer solchen Universalsprache bzw. deren Reminiszenzen glaubt dann Carl Gustav Jung in seinen »kollektiven Archetypen« zu finden.

Kafkas Feststellung einer Einheit von Frage und Antwort impliziert offenbar eine Symbolauffassung, in der das Bedeutete nicht mehr zu erfragen sei, also im Grunde eine Konstruktion, in der das Symbol nicht weiter auflösbar ist, möglicherweise, weil es einem solchen »kollektiven Archetyp« entspricht, der sich indessen nicht objektivieren lässt, also selbst Symbol bleibt. Novalis (1969, S. 483) hat dies in seiner Schrift *Allgemeines Brouillon* angedeutet, wo er lapidar notiert: »Jedes Symbol kann durch sein Symbolisiertes wieder symbolisiert werden – Gegensymbole. Es gibt aber auch Symbole der Symbole – Untersymbole.«

In diesem Modell wird Bedeutung nicht erst hergestellt, sondern ist immer schon vorhanden, aber nicht als nicht-symbolische, objektivierbare Essenz, sondern als neues bzw. anderes (archetypisches) Symbol. Eine Auflösung des Symbols zum nichttropischen Klartext und damit ein Verlassen der symbolischen Ebene ist demnach nicht möglich. Novalis hält »den Glauben an wahrhafte, vollst[ändige] Repräsentation« u. a. deshalb für »Aberglaube« (ebd.). Und auch Jung denkt in diese Richtung, ja er definiert das Symbol geradezu über dessen semantische Unersetzlichkeit:

> »Solange ein Symbol lebendig ist, ist es der Ausdruck einer sonstwie nicht besser zu kennzeichnenden Sache. Das Symbol ist nur lebendig, solange es bedeutungsschwanger ist. Ist aber sein Sinn aus ihm geboren, d. h. ist derjenige Ausdruck gefunden, welcher die gesuchte, erwartete oder geahnte Sache noch besser als das bisherige Symbol formuliert, so ist das Symbol tot« (zit. n. Nyborg 1981, S. 58).

Kafkas Denkfigur, die »Fragesteller« und »Antwortgeber« in eins setzt, scheint auf eine solche Konstellation abzuheben, wo das subjektiv Bedeutete, weil es stets nur unter Subjekten bleibt, nie in einem Objektiven aufgehen kann oder aber doch in eine Dimension weist, in der jede materialisierende Objektivierung des Bedeutungswerts einem Substanzverlust gleichkäme. Die Psyche kann nur dann sinnvoll über Inhalte kommunizieren, wenn diese nicht abstrakt und absolut, sondern empathisch, also relativ im Sinne eines Rollentauschs verstanden werden. »Liebe«, »Angst«, »Schmerz« sind Begriffe, die wir nicht verstehen können, ohne die bezeichneten Körperzustände zu erleben, ja zu *sein*. Der zugrunde liegende Wahrheitsbegriff geht von der Unteilbarkeit des Bewusstseins bzw. einem vorbewussten Zustand vor aller »Erkenntnis« (ganz im biblischen Sinne verstanden) aus. Wenn Wahrheit unteilbar ist, schreibt Kafka, kann sie nicht über sich selbst reden, daher auch anderen sich nicht mitteilen.

Ob Mythos, Traum oder Dichtung: Alles, was mittels Symbolik zum intersubjektiven Bedeutungsgeschehen und damit psychisch bedeutsam wird, ist zugleich die Domäne der frei flottierenden, nach innen gerichteten Aufmerksamkeit, des imaginierenden Spiels, von dem Huizinga (1987, S. 15) sagt: »Das Spiel liegt außerhalb der Disjunktion Weisheit – Torheit, es liegt aber ebensogut außerhalb der von Wahrheit und Unwahrheit und der von Gut und Böse.« Das Spiel, will man es wiederum in einen biblischen Kontext stellen, ist in diesem Sinne nichts anderes als ein Synonym für den Paradieszustand. An Giambattista Vico als Vertreter des Evolutionismus erinnernd, projiziert Hans Blumenberg diesen Ort ins Phylogenetisch-Zeitliche: Es habe »nicht nur Finsternis und Grauen über der Frühzeit gelegen, sondern auch und vor allem reinste Kindhaftigkeit des Ununterschiedenseins von Wahrheit und Lüge, Wirklichkeit und Traum« (AM, S. 69). Assistiert wird er von der Verhaltenspsychologie Jean Piagets, nach welcher die Kognition des Kleinkindes als hypothetisches Modell für die Denkformen der frühen Menschheit herangezogen werden kann.

Mag hier auch Novalis (1969, S. 389) mit seinem Satz, »Was sind Kinder anders, als erste Menschen?«, romantische Spuren hinterlassen haben und Haeckels »Biogenetisches Grundgesetz« nicht ganz schuldlos gewesen sein, Piagets Erklärungsansatz erinnert an die antike, von Pascal wieder aufgefrischte Auffassung der Menschheit als Organismus, der die Stadien Kindheit, Jugend, Reife und Alter durchläuft:

> »Am Beginn des Symbolspiels kann also keine Rede vom Bewußtsein der Fiktion im Sinne von dramatischen und poetischen Darstellungen sein. Das Kind von 2 bis 4 Jahren fragt sich nicht, ob seine Spielsymbole wahr sind oder nicht. In einem Sinne weiß es wohl, daß sie nicht wahr sind, nämlich für die andern, und es versucht auch nicht ernstlich, die Erwachsenen seiner Umgebung zu überzeugen. Aber es stellt sich auch nicht die Frage nach der Wahrheit, und es hat auch kein Bedürfnis, sich diese Frage zu stellen, weil das Symbolspiel eine unmittelbare Befriedigung des Ich bedeutet und eine Glaubwürdigkeit hat, die eine subjektive Wahrheit ist« (Piaget 1969, S. 216).

Noch nicht mit der Instrumentalität des Logos versehen, erscheint der Mythos als die unabdingbare psychische Funktion, die der Anthropogenese als einer ihrer Grundvoraussetzungen innewohnt. In seinem Ursprung erzählt er keine Geschichte, die auf eine Wirklichkeit außerhalb ihrer selbst verweist, sondern ist, was er erzählt; er erzählt, was er ist; er bedeutet sich selbst, indem er psychisch bedeutsam ist:

> »Man sieht, daß die Bedeutung der Mythos selbst ist [...], daß die Bedeutung des Mythos durch ein unaufhörliches Kreisen gebildet wird, bei dem der Sinn des Bedeutenden und seine Form, eine Objektsprache und seine Metasprache, ein rein bedeutendes Bewußtsein und ein rein bilderschaffendes miteinander abwechseln« (Barthes 1964, S.102ff.).

Wenn der Mythos dieser frühen Stufe, der sich, wie Blumenberg sagt, nicht in den Logos einholen lässt, zur »absoluten Metapher« wird, dann ist er kein Element zeichenhafter Referenz (eben keine relationale Größe), sondern das Äquivalent eines intrapsychischen Zustands, in dem wie beim halluzinatorischen Wahn oder im Traum die Imagination die sinnliche Wahrnehmung ersetzt. Kein Vergleich nimmt in diesem Fall mehr an der Objektwelt Maß, obwohl Analogien, etwa in der anthropomorphen Signifikanz des Gottesbegriffs (nicht seiner Denotation), durchaus angelegt und, wie Frye (1963, S. 32) betont, die Grundlage von Identifikationen sind.

In der »absoluten Metapher« kommt also das imaginierte Bild über das Medium des Sagens (die »Sage«) zu sich selbst. Dieses Konzept geht über den Freud'schen Symbolbegriff in der Traumdeutung hinaus.[2] Dort bezeichnet das Geträumte den Traumgedanken zwar nicht, sondern verbirgt ihn, aber gerade durch seine Entstellungsstrategien behält es seinen spezifischen Symbolcharakter (allerdings fungiert es lediglich als chiffriertes Zeichen, wenn der »Traumgedanke« nicht als psychische Entität verstanden wird).

Erst die »absolute Metapher« behauptet also Wirklichkeit im Material des Zeichens selbst und bindet dieses an psychische Realität, indem sie anstelle von Bedeutung die (seelische) Bedeutsamkeit setzt. Diltheys Bedeutsamkeitskonzept, an das sich auch Blumenberg in der *Arbeit am Mythos* anlehnt (AM, S. 77ff.), konzeptualisiert das Phänomen der Symbolprägnanz, wie es sich vor allem im Mythos findet, als eine der Willkür entzogene Qualität des identifikatorischen Verstehens, das weder gänzlich subjektiv noch gänzlich objektiv ist und stets den Anschein einer

---

2 Wenn Freud vom »Traumsymbol« spricht, dann findet er den Urbild-Bereich in den Traumgedanken, die der Traum bekanntlich in spezifischer Traumarbeit zum Schutz des Schlafes zensieren und damit u. U. bis zum Gegenteil verzerren, ja pervertieren muss. Traumsymbolik konstituiert sich in Freuds Konzept der Traumdeutung gerade nicht durch eindeutige Analogie zur ursprünglichen Wunschvorstellung, sondern durch paralogische oder alogische, stets vieldeutige Umwandlungen. Rhetorisch ausgedrückt – und die Analogie zur Rhetorik wurde seit Freud mehrfach betont, u. a. durch Paul Ricœur – schlagen sich symbolische Verdichtungen im Traum in der polysemen Metapher, Verschiebungen dagegen in der vieldeutigsten Metonymie nieder. Zur Diskussion der Symbolik in der Psychoanalyse Freuds vgl. Ricœur 1974, S. 111ff; S. 507ff.

gewachsenen Natursache erweckt. Was in diesem Sinn bedeutsam ist, kann es in keinem anderen Sinn sein; eine Transformation in ein anderes, gleich bedeutsames Symbol ist daher unmöglich.

Indem er seine Fiktionen nicht begründet, sondern statuiert und mit der psychischen Aneignung rechnen kann, hat der Mythos zur Verifikation des Gesagten nur immer sich selbst. Auf die Frage »warum« antwortet er lapidar mit »darum« oder »weil es *bedeutsam* ist« und beginnt seine Geschichte von vorn. Wenn dies aus Kindermund ertönt, lachen wir. Aus dem Mund von Erwachsenen überzeugt uns jedoch allenfalls die Wiederholung der Verweisgeste durch andere Rezipienten, weil diese dem Symbol kulturelles, allem voran anthropologisches Gewicht verleiht. Kafka selbst hat im Kontext seiner Prometheusvariationen die *petitio principii* für die »Sage« ganz bewusst zum Strukturprinzip erhoben und damit die hermeneutische Blickrichtung auf »das Unerklärliche« gelenkt, das nun im Unbewussten als einem paradoxen menschlichen Apriori aufgehen mag: »Die Sage versucht das Unerklärliche zu erklären. Da sie aus einem Wahrheitsgrund kommt, muß sie wieder im Unerklärlichen enden« (N II, S. 69).

Es gehört zu den Merkwürdigkeiten und Einzigartigkeiten dieser Form, dass sie am Schnittpunkt zwischen Geschichte (als Ereignis *in illo tempore*) und Geschichte (als *narratio*) siedelt. Der Mythos »schreibt« Geschichte. Er tut dies buchstäblich, indem er sie erzählt, wobei die Stimme, die erzählt, die der Überlieferung ist, also keine persönliche Erzählerstimme, an deren Autorität jemand zweifeln könnte. Damit nähert er sich einer Naturform und erinnert sowohl an Novalis' Satz »Alle dichterische Natur ist Natur« (1969, S. 566) als auch an Goethes Konzept der »geprägte[n] Form«, wie er es in *Urworte, orphisch* unter dem Titel ΔAIMΩN formuliert: »Und keine Zeit und keine Macht zerstückelt/Geprägte Form, die lebend sich entwickelt.«

Gehen wir davon aus, dass der ursprüngliche Mythos der Grundtext oder das Komplement eines Rituals ist, dann ist der aktuelle Erzähler ein Funktionsträger des Kultes, vielleicht der Schamane oder Mystagoge selbst. Die vorgetragene Geschichte erhält den Status eines sakralen Geheimnisses unter Mysten, das bereits wegen seiner Geheimhaltung von hohem Wert ist, zumal die einzig befugte Erzählerstimme eine omnipotente Mitwisserschaft suggeriert. Wirksam wird sie dann aber nicht allein wegen ihres Charakters als esoterische Verschlusssache, sondern weil sie unbewusst entzifferbare Symbole bietet, denn »natürlich kann nicht jede beliebige Parole, jedes beliebige Zeichen zum Mysteriengeheimnis werden, sondern nur was die Dynamik der menschlichen Seele zu entbinden, zu formen und zu leiten vermag« (Burkert 1997, S. 281).

Mythologischer Symbolismus ist im tiefenpsychologischen Verständnis nichts anderes als psychischer Realismus, der im Grunde, da er seelischen Tatsachen einen Kristallisationkern bietet, jedwede Deutung erübrigt und, obwohl er intellektuell dazu führen kann, erst recht keinen Deutungspluralismus erlaubt. Im inneren Kreis gibt es keine Deutung – nicht weil Esoteriker unter sich bleiben möchten, sondern weil die psychischen Tatsachen, um die es geht, in keine anderen Worte zu fassen sind; nicht in Worte, die nicht rituell festgelegt wären. »Präsentative Symbole«, wie die Cassirer-Schülerin Susanne Langer (1965, S. 88) die Kunstsymbole nennt (im Unterschied zu den »diskursiven Symbolen« der logischen Sprache), konnotieren oder denotieren keine Tatsachen der Objektwelt, sondern Imaginationen. Sie sind also affektiv wirksam und durch keine noch so differenzierte Exegese einzuholen. Wilhelm Wundt kann daher im zweiten Band seiner *Völkerpsychologie* von 1904 den Mythos geradezu als »in Vorstellung und Handlung gewandelte[n] Affekt« definieren (zit. n. AM, S. 27). In archaischen, mythozentrischen Traditionen käme aus diesem Grund die Homilie, wie wir sie aus christlichen Kirchen kennen, einer Profanierung oder gar einem Sakrileg gleich, so wie die Theologie als Versuch gelten könnte (und immer wieder auch gegolten hat), dem Glauben die »Lesart« und damit den Zweifel zuzugesellen. Erst wenn der mythische Bann einer zunehmenden Intellektualisierung weichen muss, sind »Auslegungen« denkbar, die allerdings die Faszination des Erzählstoffs nicht mindern müssen:

> »Once established in their own right, they [myths, Vf.] may then be interpreted dogmatically or allegorically, as all the standard myths have been for centuries, in innumerable ways. But because myths are stories, what they ›mean‹ is inside them, in the implications of their incidents. No rendering of any myth into conceptional language can serve as a full equivalent of its meaning. A myth may be told and retold: it may be modified or elaborated, or different patterns may be discovered in it; and its life is always the poetic life of a story, not the homiletic life of some illustrated truism« (Frye 1963, S. 32).

Der wirkliche Glaube braucht keine Theologen, so wie der echte Mythos keines »Mythologen« bedarf. Wenn es sich semiotisch so verhält, um noch einmal Barthes (1964, 104) zu zitieren, »daß die Bedeutung des Mythos durch ein unaufhörliches Kreisen gebildet wird, bei dem der Sinn des Bedeutenden und seine Form [...] miteinander abwechseln«, dann folgt doch daraus, dass der Mythos, gewissermaßen androgyn, aus sich selbst schöpft, sich selbst befruchtet und nur sich selbst meint. Deshalb werden sich mythische Kulte immer eine esoterische Verfassung geben, wissend, dass die Stimme, die »innen« als sakrosankt gilt, »außen« ohne Wert sein kann: »Das Mysteriengeheimnis, auf der Straße erzählt, ist also keine Beglückung, kein Gewinn, sondern ein Nichts, wie Geistergold, das sich bei Tageslicht in Kohlen verwandelt« (ebd., S. 278).

Insofern die »absolute Metapher«, von der die Rede war, eine kanonische oder sogar sakrale Größe ist, die die uneingeschränkte Herrschaft über das Denken oder, seien wir genauer, über die Psyche, beansprucht, liegt darin freilich auch das Potenzial zur Magie begründet. Im Innern des kultischen Bedeutungsraums kann das Symbol zu reiner Buchstäblichkeit gerinnen und damit zum Fetisch degenerieren, wenn anstelle der intermediären, rein imaginativen Bedeutsamkeit die Selbstrepräsentanz tritt. Es kann somit zu einer gewissen Identität von Zeichen und Bezeichnetem kommen. Der »Tier-Vater« indianischer Mythen oder der «Löwenmensch« der jungsteinzeitlichen Höhle erhalten dann ein idolatrisches Eigenleben, das über das psychische Inbild hinaus physikalische Eigenschaften besitzt, die freilich halluzinatorische Energien freisetzen können und sich damit in ihrer Wirkmächtigkeit zu bestätigen scheinen. Der Mythos hört hier auf, eine lediglich Bedeutsamkeit ermöglichende Form zu sein, »die lebend sich entwickelt«, und erstarrt zum Instrument der Beschwörung. Mit dem Verlust des rein imaginären Charakters verliert er auch die Wesenseigenschaft des Symbols, die in dessen vermittelnder Wirkung gründet. Novalis (1989, S. 567) spricht von »Selbsttätigkeit«: »Das Symbolische affiziert nicht unmittelbar, es veranlasst Selbsttätigkeit.«

Wenn zur Symptomatik gewisser psychotischer Erkrankungen Symbolisierungsstörungen gehören (Klein 1930), bei denen die Fähigkeit, Symbole als virtuelle Bedeutungsträger zu erkennen, nachlässt oder

aufhört, dann haben wir hier eine pathologische Parallele, die die Bandbreite der Erscheinungen bei der Rezeption bzw. Funktionalisierung des
Mythos erahnen lässt. »Wie anders wirkt dies Zeichen auf mich ein!«,
sagt Goethes Faust (Goethe 2000, V. 460) und rührt unmittelbar über
die Formel, die er »ausspricht«, an die Substanz des Erdgeists, die im
magischen »Zeichen« (das kein Symbol mehr ist) nur auf ihre Befreiung lauerte. Der Name, um es mit Cassirer (2009, S. 24) zu sagen, ist,
»mythisch genommen, niemals ein bloß konventionelles Zeichen für
ein Ding, sondern ein realer Teil desselben – und ein Teil, der nach dem
mythisch-magischen Grundsatz des ›Pars pro toto‹ das Ganze nicht nur
vertritt, sondern wirklich ›ist‹«.

Das mythische Symbol verlangt nach kollektiver Einbettung und,
wenn man so will, »Normalisierung« nicht zuletzt deshalb, weil seine
psychische Bedeutsamkeit sonst ausschließlich der mentalen Dynamik
des Subjekts überlassen wäre und die sozialisierende, ja kulturstiftende
Wirkung damit ausbleiben könnte. Ist die Nähe zur Magie gewollt,
überwiegen also die denominatorischen Vektoren, die die bekannte physikalische Welt transzendieren. Wird in der Folge kultische Handlung
überwiegend zum Beschwörungsritual, dann sorgt das gemeinsame Tun
zwar einerseits für eine Steigerung der Wahnillusionen, andererseits liefert
es aber auch Voraussetzungen für ein selbstbespiegeltes Bewusstsein der
eigenen Tätigkeit: »Gemeinschaftlicher Wahnsinn hört auf Wahnsinn zu
sein und wird Magie. Wahnsinn nach Regeln und mit vollem Bewußtsein«
(Novalis 1969, S. 386).

Im »Normalfall«, so scheint es, sollten Naturgesetze bei den Ritualen
der Steinzeit eher nicht beeinflusst oder pervertiert, sondern eher zelebriert, phänomenistisch oder animistisch gedeutet, vielleicht wohlgesonnen gemacht und im Bewusstsein der Menschen angstfrei »geschaltet«
werden. Bezeichnet Metaphysik eine abstrakte Übernatürlichkeit, die
einen dialektischen Gegenpol, wie z. B. das »irdische Jammertal«, hat,
dann bilden Mythos und Metaphysik durchaus ein Gegensatzpaar, bei
dem die Rollen allerdings leicht vertauschbar sind, zum Schaden des einen
wie des anderen. Der frühe Mythos hat offenbar noch keine Affinitäten
zu metaphysischen Abstraktionen. Seine Fiktionen sind enkodierte
Botschaften, denen eine latente Realität im Medium der Psyche und eine
manifeste im Medium der Zeichen entsprechen. Mythische Welten sind

Bewusstseinswelten, die nicht erdacht, sondern imaginiert und mit enthemmten Projektionsneigungen verbunden sind. Die Arbeit des Traums wird in ihnen zur Kulturarbeit. In dieser Eigenschaft erweckt sie den Anschein einer intelligiblen Manifestation, einer kognitiven Leistung, die als solche auch objektivierbar erscheint.

Mythen täuschen also über ihre wahre Beschaffenheit als Metasprache des Psychischen hinweg, der ursprünglich keinerlei kommunikative Absicht innewohnt, sodass im Grunde weder der Begriff »Sprache« noch »Metasprache« wirklich zutrifft. Ihre Bilder sind transitorische Signale, Selbstreflexe des Seelenlebens, die eine Welt *sui generis* bilden. Werden sie nicht als Symbole des Psychischen, sondern als visionäre Vernunftleistungen gewertet (und missverstanden), müssen sie in eine qualitativ andere, dann rein metaphysische Welt verschoben werden, weil sie in der physischen Welt so nicht vorkommen. Metaphysische Konstruktionen sind, wie wir gesehen haben, depotenzierte Symbole, erstarrte Innenbilder, die Wirklichkeit jenseits des Traums und der Fantasie beanspruchen. In ihnen materialisiert sich die Psyche in einer Weise, in der sie vorgeben muss, »Geist« zu sein, vernünftige Kognition. Paradoxerweise sind ausgerechnet metaphysische Setzungen Kreationen, die zwar erdacht, aber als Entwürfe immaterieller Welten gar nicht »denkbar« sind. Blumenberg (AM, S. 31) hält den Umbau des mythischen Bilds zum Abbild für eine Ablösungserscheinung, die »aus dem Überdruß am Mythos und der Abwehr mythischer Regression entstanden« ist, in der sich also die Entwicklung zu größerer geistiger Autonomie und damit freilich auch Beliebigkeit abzeichnet.

In der Magie und zuweilen in der Religion (die damit eine größere Nähe zur Magie als zum Mythos verrät) werden Zeichen zu Auslösern oder gar Trägern metaphysischer Fiktionen, wobei sich ihr Zeichencharakter auch völlig auflösen kann. Das Bezeichnete gibt seine Substanz an das Zeichen ab und bindet in absurder Symbiose metaphysische an physische Wirklichkeit. Man denke an wundertätige Heiligenbilder, Reliquien oder andere Kultgegenstände. Novalis (1969, S. 385) definiert Magie geradezu als die »Kunst, die Sinnenwelt willkürlich zu gebrauchen«. Ihr ursprünglich spiritueller Zeichencharakter materialisiert sich in ihrer (wundertätigen) Wirkung und hebt sich damit auf, während dagegen im Mythos ein stets okkulter, dem Unbewussten gewidmeter

Psycho-Realismus vorherrscht. Dessen Imaginationsleistung korreliert Mikro- und Makrokosmos und bildet einen psychosozialen Mesokosmos *sui generis*. Dort werden keine Wunder erwartet, weil diese Welt in sich autark und offenbar schon wunderbar genug ist. Die Fantasie braucht keine anderen Götter, als die sie sich erfindet. Das sind im Grunde immer Gottmenschen, Halbgötter: Wesen, die, wie Barthes (1964, S. 112) sagt, einen »Kompromiß« darstellen:

> »Der Mythos verbirgt nichts und stellt nichts zur Schau. Er deformiert. Der Mythos ist weder eine Lüge noch ein Geständnis. Er ist eine Abwandlung. [...] Unter der Bedrohung zu verschwinden, wenn er der einen oder anderen der ersten beiden Einstellungen nachgibt [entweder ist die Intention des Mythos zu dunkel, um wirksam zu sein, oder sie ist zu deutlich, um geglaubt zu werden], zieht er sich durch einen Kompromiß aus der Affäre, er ist selbst dieser Kompromiß.«

Eine Verbindung zur äußeren Faktenwelt besteht bei Mythen, die lebensweltliche, also z. B. biologische, geschichtliche, soziale oder topografische Tatbestände ansprechen, vor allem durch die symbolische Brücke. Der Stiermann von Gabillou oder der gehörnte Vogelmann von Trois Frères – Abbé Breuil nannte ihn noch im Sinne der religiösen Hypothese *Dieu cornu* – sind psychische Verbindungsstellen zu Tieren der steinzeitlichen Jagdgründe. Sie sind Fantasiefiguren mit spirituellen Wurzeln. Zu ihrem Bedeutungsspektrum gehört neben dem konkret Bedeuteten (Stier, Hirsch, Vogel, Bär, Pferd, Mann mit erigiertem Geschlechtsteil etc.) ihre psychische Bedeutsamkeit als Symbol. Diese kennen wir heute nicht mehr, ahnen allenfalls, dass der Künstler der Höhlenmalereien des mittleren Jungpaläolithikums sich noch *eins* mit dem (höheren) Tierreich fühlte, sodass ein symbolisches »Meinesgleichen« ausgesagt sein mochte: »Der Mensch der Steinzeit erlebt sich offenbar nicht als das herausgehobene Wesen, das sich von allen anderen unterscheidet, vielmehr scheint er sich in einer Reihe mit den Tieren zu sehen« (Vierzig 2009, S. 154). Dabei mag ihn vor allem die Analogie im Fortpflanzungs- respektive Begattungsverhalten angesprochen haben. Denn die Männer in den Darstellungen jener Zeit sind kopulationsbereit und in einer dynamischen Aktionshaltung, die eine gerichtete Bewegung verrät. Allem Anschein nach erlebt sich die Spezies *homo* in jener Zeit noch Seite an Seite mit der für sie relevanten

Natur der Säugetiere, und es ist vorstellbar, dass ein empathischer Identitätstausch jederzeit zu den imaginativ andrängenden Bildern gehörte:

> »Diese uranfängliche Religion – die freilich einige zehntausend Jahre herrschend war – gehörte wohl zum Typus einer mystischen Religion. Mystik ist ein Bestandteil aller Religionen. Ihr Ziel ist immer, ein wie immer geartetes Erleben von Einheit, Einssein, Vereinigung, die unio mystica herzustellen. Dieses Einheitsbedürfnis, aus dem heraus sich die gesamte Symbolik der steinzeitlichen kultischen Kunst erklärt, ist auf den Kosmos gerichtet« (ebd., S. 177).

Die Formulierung »jemanden ins Bild setzen« beschreibt die Funktion des Mythos vielleicht am besten: Der Mythos nimmt den Zuhörer, das Kultmitglied in seine imaginäre Handlungswelt auf, die stets eine Bildwelt ist und als solche Spiegel seiner Seele bzw. Mittlerin zwischen Spiritualität und Körper. Als Teil des kulturellen Mesokosmos harmonisiert er Mikro- und Makrokosmos derart, dass kein unterscheidendes Denken mehr nötig ist:

> »Die alten Mythen waren dazu ersonnen, Geist und Körper zu harmonisieren. Der Geist kann auf sonderbare Weise abschweifen und Dinge tun, die der Körper nicht will. Die Mythen und Riten waren Mittel, den Geist in Einklang mit dem Körper und die Lebensführung in Einklang mit dem Gebot der Natur zu bringen« (Campbell 1989, S. 80).

Nachgerade mythenspezifisch ist ein therapeutischer Effekt, der im intuitiven Wiedererkennen der eigenen Seelenlage gründet ohne das Erfordernis, diese auch verstehen zu müssen. Das Hineinwachsen in das individuell dehnbare Kleid des Mythos, das auch andere tragen, bedingt, dass dieser nicht nur »kommunikativ und identitätsbildend« (Leikert 2008, S. 52), sondern auch in höchstem Maße kulturstiftend ist. Dabei ist die menschliche Form dieses Kleids das Entscheidende. Es ist die natürliche Beschaffenheit, die es erlaubt, gerade auch das allzu Menschliche zur eigenen Identität zu rechnen. Der Mythos impliziert

> »eine Anerkennung natürlicher Konflikte, menschlichen Wünschens, dem nicht-menschliche Gewalten, feindliche Unterdrückung oder konträre Wunschregungen die Erfüllung versagen; er erzählt von Geburt, Leiden und dem Besiegtwerden durch den Tod, von dem also, was das gemeinsame

Schicksal der Menschen ist. Sein letzter Sinn ist nicht eine wunschgeborene Entstellung der Welt, sondern eine ernste Anschauung ihrer fundamentalen Wahrheit, nicht Flucht, sondern sittliche Orientierung« (Langer 1965, S. 178).

2 KOGNITION »AM RANDE VON SCHERZ UND ERNST«

»Kafkas ganze Welt verlangt nach einer älteren Sprache; in ihm steckte ein uraltes Bewußtsein, alte Dinge und alte Furcht. Sein Gehirn kannte feinere Nuancen, als sie das moderne Gehirn überhaupt fassen kann. Er ist so wenig der Repräsentant eines Zeitalters wie er Repräsentant eines Volkes und seines Schicksals ist. Sein Realismus gibt auch nicht das Leben des Alltags wieder: es ist eine absolute, komprimierte Logik, in der man nur ein paar kurze Augenblicke lang leben kann.«

Dora Diamant (E, S. 205)

Welche Rolle spielt der Mythos in der menschlichen und menschheitlichen Entwicklung? Welche Kognitionsstufe bringt ihn hervor, welche spricht er an? Lassen sich onto- und phylogenetische Prozesse überhaupt vergleichen? Um mit der letzten Frage zu beginnen: Gerade weil uns die Malereien, Gravuren, Rohrflöten, Skulpturen und Schmuckgegenstände des Jungpaläolithikums oder gar die frühesten uns bekannten Grabbeigaben aus der Zeit des späten Mittelpaläolithikum (120.000–37.000 v.d.Z.), die auf Totenbestattungskulte hinweisen, kaum etwas über mögliche Mythen jener Zeit erzählen können – Lévi-Strauss hat den Zweifel an jeglicher Deutung diesbezüglich zur Methode gemacht, Joseph Campbell (1989, S. 81) pflichtete ihm bei[3] –, sind wir gehalten, in aller Vorsicht an ontogenetischen Prozes-

---

3 Vierzig (2009) hat indes jüngst einen sehr beachtlichen Rekonstruktionsversuch unternommen. Seine (vorsichtigen) Spekulationen basieren auf der Materiallage der urgeschichtlichen bzw. prähistorischen Archäologie und Anthropologie. Sie kristallisieren sich zu den Grundzügen eines Regenerationsmythos, der nach einem eher naturreligiösen Kontext verlangt, in dem die zyklischen Naturprozesse zum Gegenstand eines Kults und zum kosmologischen Welterklärungsmodell werden. Eine poly- oder gar monotheistische Tendenz lässt sich nach Meinung des Religionswissenschaftlers bis in frühneolithische Zeiten nicht erkennen. Die Interpretation der paläolithischen Venusidole als Muttergottheiten hält er für widerlegt.

sen Maß zu nehmen. Dabei gehen wir jedoch nicht von einem simplen evolutionistischen Modell aus, das die Menschheitsgeschichte als viergliedrigen Lebenslauf versteht. Wenn Lévi-Strauss (1975, S. 376) polemisiert, dass »[es] in Wirklichkeit gar keine kindlichen Völker [gibt]; alle erwachsen [sind], auch diejenigen, die keine Chronik ihrer Kindheit und Jugend verfaßt haben«, dann ist ihm zuzustimmen, insofern der Ausdruck »kindliche Völker« ein eher volkstümliches Konzept verrät, das von einer (eurozentrischen) Ideologie des Fortschrittssuprematismus getragen scheint. Allerdings kommen wir nicht umhin, gleichwohl vom Modell einer Entwicklung auszugehen, wie es sich mit dem Begriff des »kulturellen Lernens« am Beispiel der zunehmenden Ausdifferenzierung der Sprache und entsprechender Kognitionsleistungen verbindet. Michael Tomasello (2003, S. 10) stützt diesen Begriff für die Anthropologie auf die These, dass die Entwicklung der Kulturtechniken eine Funktion der Kognitionsleistung und diese wiederum eine Funktion des soziokulturellen Lernens sei: »Die menschliche Gemeinschaft stellt die adaptive Umgebung dar, in der sich die menschliche Kognition phylogenetisch entwickelte.« Sein Paradigma, die Sprache als System mit logischen Implikationen für das Verstehen der Welt, verdeutlicht er an der Ontogenese. Letztlich erklärt also auch er die Phylogenese am Modell der individuellen Entwicklung. Wenn aber die einzige Brücke zur Frage der archaischen Mythenrezeption über die infantile Bewusstseinseigenschaft führt, dann ist an Konzepten des Primärprozesses nicht vorbeizukommen, wie sie Piaget (1969) für die kognitive Entwicklungspsychologie, Freud (1900), Kernberg (1981), Holt (1989), Leichsenring (1996) und Meier (2005) für die Psychoanalyse beschrieben haben. In diesem Zusammenhang stellte sich der Begriff des *Spiels* in Psychoanalyse (Winnicott), Psychologie (Piaget), Kulturgeschichte (Huizinga) und Philosophie (Agamben) als ergiebiges Erklärungsinstrument heraus.

Wie es ist, in einer »mythischen Welt« zu leben, erfuhren wir alle einmal, als wir etwa ab der Mitte des zweiten Lebensjahres anfingen, unsere Lebensumwelt mit prälogischen Erkenntnismitteln zu erfassen, ihr als noch kaum distinktes Selbst gegenüberzutreten, um sie uns in einem langen Prozess der »Adaptation« (Piaget) zu eigen zu machen, ebenso wie wir ihr zu eigen wurden. Ob die Abwesenheit der Mutter mit jenem »Fort-Da-Spiel« überspielt[4] oder Unbelebtes in seiner Bewegung animistisch erklärt werden musste, immer war die Umgebung voller Phänomene, die in ihrem Bezug zum Selbst irgendwie eingeordnet, jedoch aus Mangel an empirischem Weltwissen aus dem affektiven Augenblick heraus gedeutet werden mussten. Aber auch später noch, als wir bereits mit Begriffen operieren lernten – Piaget (1969, 253) spricht von »frappierenden Ähnlichkeiten zwischen den Anfängen des begrifflichen Denkens bei Kindern zwischen sieben und zehn Jahren und dem Denken der Griechen« –, erklärten wir uns die Welt vorzugsweise noch »mythisch« und gaben unseren Fiktionen den Vorzug vor der Wirklichkeit. Abgesehen von generellen »Konvergenzen zwischen dem kindlichen Denken und historischen Denkformen«, wie Freud (StA IV, S. 224) sie konstatiert, sind es insbesondere »[k]leine Ereignisse im Leben eines Kindes, die eine unzufriedene Stimmung bei ihm hervorrufen« und zu »feindseligen Regungen« gegen die Eltern führen, die mythische Erfahrungsstrukturen ausprägen. In seiner Schrift »Der Familienroman der Neurotiker«, die er 1909 in Otto Ranks *Mythus von der Geburt des Helden* aufnehmen lässt, schreibt er: »In diesen bewußt erinnerten Seelenregungen der Kinderjahre finden wir das Moment, welches uns das Verständnis der Mythen ermöglicht« (ebd.).

Obwohl der Traum einer intrapsychischen Bewusstseinswelt ange-

---

4 Freud (StA III, S. 224ff.) schildert dieses Spiel in *Jenseits des Lustprinzips* aus eigener Anschauung am Beispiel eines 18 Monate alten Jungen, der eine Garnspule über den Rand eines Bettchens wirft, um sie darauf am Zwirn wieder zurückzuholen und ihr Wiedererscheinen durch den Ausruf »Da« zu begrüßen. Ricœur (1974, S. 293ff.) widmet dieser Episode einen ausführlichen Kommentar und gelangt zur Feststellung: »Aber auch alles Symbolische, alles Spielerische wiederholt die Unlust, wenngleich in nicht-zwanghafter Form: aus Abwesenheit wird Symbolik geschaffen.« Hier merken wir freilich kritisch an, dass das 18 Monate alte Kind allenfalls Spuren des Primärprozesses, also auch der Symbolfähigkeit zeigen kann. Folgt man Piagets kognitionspsychologischem Entwicklungsschema, dann besteht der Reiz des »Fort-Da-Spiels« im (zu überspielenden) Mangel an Objektpermanenz. Das wieder auftauchende Objekt wird also gerade deshalb jubelnd begrüßt, weil es davor vollständig verschwunden ist. Womöglich aber hat sich bei dem 18 Monate alten Kleinkind bereits eine Art kausallogischer Hypothesenbildung über den Verbleib vollzogen, sodass die Freude über das Wiederauftauchen in Wirklichkeit die Freude über die Richtigkeit der Hypothese ist.

hört, während der Mythos als die soziokulturelle Bewältigungsform die hermetische Selbstdomäne aufsprengt und diese der Objektwelt öffnet, erwies sich die Annahme als hilfreich – lange vor Freud hatte Nietzsche Traum und Mythos korreliert[5] –, diese seien in ihrer Symbolcharakteristik analoge Ausdrucksformen. Eine Verbindung zwischen Traum und Mythos zog auch Rank in seiner bahnbrechenden Arbeit *Kunst und Künstler* von 1932 (vgl. Rank 2000, S. 130f.; 251f.). Unter anderem legte er dort individualgeschichtliche Spuren der Selbstwerdung in den Mythen frei, in denen er früheste Prozesse der Subjektbildung dargestellt sah, wie sie insbesondere mit dem Prozess der Versprachlichung der Welt einhergehen.[6]

Wie latent mythische Formen aber auch noch das erwachsene Unbewusste dominieren können, zeigt sich geradezu mustergültig in Kafkas »Darstellung meines traumhaften innern Lebens« (TB, S. 300). »Der so blicken will«, kommentierte Adorno (2003, S. 266), ebenfalls die Brücke zum Kind schlagend, »muß sich ins Kind verwandeln und vieles vergessen«. Bei Kafka trete »der kindliche Blick des Schreckens ganz isoliert« in Erscheinung, verrate sich in der Untersichtsperspektive des Erzählers, der »mit schräger Kamera« die Erwachsenenwelt »mit riesigen, zertretenen Beinen und fernen, winzigen Köpfen« porträtiere.

Nicht nach dem Nachempfindenkönnen von »Schrecken«, sondern von »Wundern« beurteilt Nietzsche (KSA I, S. 145) den »wahren ästhetischen Zuhörer«, der sich dadurch auszeichne, dass »er mit einer wohlwollenden Concession gleichsam das Wunder als ein der Kindheit verständliches, ihm entfremdetes Phänomen zuläßt«. »Daran nämlich wird er messen können, wie weit er überhaupt befähigt ist, den Mythus, das zusammengezogene Weltbild, zu verstehen, der, als Abbreviatur der Erscheinung, das Wunder nicht entbehren kann.«

---

5 Für Nietzsche (KSA I, S. 26), dem generell »[d]er schöne Schein der Traumwelten [...] die Voraussetzung aller bildenden Kunst, ja auch [...] einer wichtigen Hälfte der Poesie« zu sein scheint, ist Homer »nur als der vollkommene Sieg der apollinischen Illusion« zu begreifen. In dieser Eigenschaft gilt ihm als derjenige, »der sich, als Einzelner, zu jener apollinischen Volkscultur verhält, wie der einzelne Traumkünstler zur Traumbefähigung des Volks und der Natur überhaupt« (ebd., S. 37).

6 Deshalb sind gerade die Schöpfungsmythen für Rank (2000, S. 211) »eigentlich Sprachmythen, welche die menschliche Eroberung (d.h. aber Schöpfung) der Welt durch Benennung der Objekte, also durch die Sprache ›metaphorisch‹ darstellen«.

Was Kafkas Geschichten mit allen verbindet, denen die »Schrecken« oder »Wunder« der Kindheit noch in den Knochen stecken, ist neben dem Affektgeschehen der ersten Lebensjahre auch das Primärprozesshafte in den »bizarr-idiosynkratischen« Denkmustern, wie sie Harrow und Quinlan (1985, S. 337f.) für die schizophrene Kognition aufgewiesen haben. Dazu gehört auch eine gewisse »Stillosigkeit«. Huizinga (1987, S. 146) erkennt sie in den »zum Lachen reizende[n] Begebenheiten und Wunderdinge[n]« des Mythos mit »seinen Absurditäten und Enormitäten, mit seiner maßlosen Übertreibung und Verwirrung der Verhältnisse, mit seinen unbekümmerten Inkonsequenzen«. Er will nicht das Genre diskreditieren – im Gegenteil:

> »Mit allem, was die Grenzen des logisch abwägenden Urteils überschreitet, bewegen sich Poesie und Mythus beide im Gebiet des Spiels. Das will jedoch nicht besagen: in einem niederen Gebiet. Es kann sein, daß der Mythus sich spielend zu Höhen erhebt, wohin ihm der Verstand nicht folgen kann« (ebd.).

Kafka selbst sah bekanntlich in seinen »Schilderungen im geheimen ein Spiel« (T, S. 708), das ihn zumal beim Vorlesen zum Lachen reizen konnte, manchmal so sehr, »daß er weilchenweise nicht weiterlesen konnte«, wie sein Freund Max Brod (1966, S. 156) berichtete.[7] Das Clowneske ist durchaus im Archaischen enthalten, zeigt dieses doch die ersten Gehversuche der Zivilisation, ein Stadium also, in dem die Zivilisation noch gegen sich selbst kämpft und beginnt, sich über das Frühere als das Primitivere zu mokieren. Weinberg (1963, S. 28f.) scheint dies vor Augen zu haben, wenn er das Mythische bei Kafka in einem gewissen »Primitivismus« erkennt, etwa darin, dass seine Geschichten »fast nur das Tierische der menschlichen Natur« enthüllten und der »Darstellung von Zartgefühlen und zivilisiertem Gebaren« keinen Raum ließen. Zu dieser Beobachtung zählt übrigens die bemerkenswerte Feststellung, dass »der Kafkasche Held […] eine geradezu tierische Unfähigkeit zur Selbstbeobachtung [zeigt]«. Dass in diesem »Primitivismus« freilich auch eine Methode der Verfremdung steckt, erhellt allein aus der Tatsache, dass Kafka die Alterität braucht, um im Fremden, Verunglückten,

---

7 Zu Kafkas Vortragsstil vgl. Koch (2006, S. 171ff.).

Schiefgegangenen der *Comédie humaine* das eigentlich Menschliche zu rehabilitieren.

Die Rezeption Kafka'scher Texte über bald ein Jahrhundert hin lässt nicht zweifeln, dass trotz und gerade wegen der »Entzauberung« der Wirklichkeit, von der Max Weber (1995, S. 19) sprach, die verzaubernde Kraft des Mythos ebenso wenig schwindet wie manche der bewusstseinsgeschichtlich frühesten Reminiszenzen im Erwachsenengehirn. Verzauberung und Entzauberung sind die beiden Pole, die einander im Kognitionsgeschehen nicht nur einer frühen Entwicklungsstufe des Menschen bedingen. In ihrer Wechseldynamik bilden sie eine Grundfigur der psychischen Weltbegegnung, bei der das Selbst sich der Perzeption der Sinne vermittelt und umgekehrt. Dass dies vor allem im »Spiel« geschieht, wo die Frage nach dem Realitätsgehalt so lange offen bleibt, bis der Prozess der Aneignung bzw. Adaption abgeschlossen ist, gehört seit Langem zu den psychologischen Tatsachen. Jede Form der Weltverarbeitung ist anthropogenetisch ein Vorgang der Anverwandlung der Welt, d. h. der Gewinnung einer symbolischen Objektvorstellung, die einerseits an die Realität, andererseits an das imaginierende Subjekt angepasst ist. Das, was das Kind, was den frühen Menschen in den Stand setzt, die Welt als Objektzusammenhang zu realisieren und den invasiven »Input« von außen zu ertragen, ist eine Art spielerischer Selbstaufklärung. Doch anders als bei der Aufklärung der Philosophen geht es dabei nicht um ein Trachten nach Wahrheit im Sinne objektivierbarer Erkenntnis, sondern, wie wir gesehen haben, um die mythisierende Zurechtlegung des Wirklichen auf dem Wege seelischer Bewältigungsschemata, deren Repräsentationen die Ansätze zur Symbolisierung enthalten. Die Beobachtung von Horkheimer und Adorno, der Mythos sei im Grunde ein »Anthropomorphismus, die Projektion von Subjektivem auf die Natur« (2008, S. 12), bezeichnet diesen psychologischen Sachverhalt recht genau. Novalis' berühmtes Wort von der Welt als »Universaltropus des Geistes«, das im Übrigen Rank (2000, S. 197) dem Kapitel »Mythos und Metapher« voranstellt, präjudiziert diese Einsicht mit einem rhetorischen Fachausdruck, der den symbolbildenden Prozess in der Kognitionsentwicklung unterstreicht.

Was dieser Entwicklungsschritt psychisch wie kognitiv leistet, ist letztlich nichts anderes als die Überwindung der Unmündigkeit aus dem Drang heraus, nach der körperlichen nun auch die geistige Unabhängigkeit zu gewinnen. Nach Piaget (1969, S. 339) geht es bei diesem Schritt darum, »das Gleichgewicht zwischen Assimilation und Akkommodation« dauerhaft zu erlangen und damit Teil der empirischen Welt zu werden. Das wird als möglich erfahrbar nicht zuletzt durch die Überwindung der kreatürlichen Angst durch die projektive, sinnstiftende Imagination, durch welche die als feindlich erfahrene Lebensumwelt wenn nicht gebändigt, so doch seelisch integriert wird.

> »Durch den Mythus sucht der frühe Mensch das Irdische zu erklären, und durch ihn gründet er die Dinge im Göttlichen. In jeder dieser launenhaften Phantasien, mit denen der Mythus das Vorhandene bekleidet, spielt ein erfindungsreicher Geist am Rande von Scherz und Ernst« (Huizinga 1987, S. 13).

Aufklärung, in diesem Sinne verstanden, ist also ein psychisches Entbindungs- und Äquilibrierungsgeschehen, das jedes gesunde Bewusstsein durchlaufen muss, will es autonom funktionsfähig werden. Sie geschieht gerade nicht mit den Mitteln des Verstandes: »Wenn man dem Kind das rationale Denken als Hauptinstrument zur Klärung seiner Gefühle und zum Verständnis der Welt anbietet, fühlt es sich nur verwirrt und eingengt« (Bettelheim 2008, S. 138). Vielmehr geht sie vor allem mit den Mitteln der imaginativen Arbeit vonstatten (um das vielstrapazierte Wort »Fantasie« hier einmal zu vermeiden), die Teil ihres Wirkmechanismus' ist und umso effektiver arbeitet, je mehr sie ihre Repräsentationen auf eine Kultur der Benennung und Symbolisierung gründen kann. Insofern sie im Dienst der progressiven Entwicklung des Denkens – wahrhaft einer *mens sana* – steht, geht sie im dynamischen Modell der »Dialektik der Aufklärung« nicht auf, das als Movens »die radikal gewordene, mythische Angst« benennt und auf dessen Reversseite affektive Überflutungen und Triebentladungen stehen.

Dem (geschichts-)philosophischen Konzept Horkheimers und Adornos (2008, S. 22) entsprechen also in einer gesunden Entwicklung keine psychologischen Tatsachen, da dort die Dynamiken der Extrembildung und des dialektischen Umschlags zugunsten einer operationalen Funktionstüchtigkeit abgewendet sind. Allerdings ergeben sich aus dem Zusammenspiel von Fantasie und Wirklichkeit beim Kleinkind Weltzugangsweisen, die bei gestörtem Entwicklungsverlauf die Dialektik im Sinne einer bipolaren Schaukeldynamik jederzeit in Gang setzen können oder laufend in Bewegung halten. Die *Dialektik der Aufklärung* ist nicht am Beispiel einer harmonischen Gesellschaft, sondern angesichts von Terror, Krieg und Völkermord entstanden und will »nichts weniger als die Erkenntnis, warum die Menschheit, anstatt in einen wahrhaft menschlichen Zustand einzutreten, in eine neue Art von Barbarei versinkt« (ebd., S. 1). Sie ist nicht zuletzt kulturkritisch in dem Sinne, dass sie psychische Fehlentwicklungen anspricht, die sozialpsychologische Fakten schaffen, welche ihrerseits politische und menschliche Entgleisungen begünstigen.

Folgt man Donald W. Winnicotts (1971, 1976, 2002) Untersuchungen über »Übergangsphänomene« im »intermediären«, d. h. zwischen Ich und Realität vermittelnden, psychischen Entwicklungsgeschehen, entscheidet sich an der Intensität von Nachahmung und imaginativem Spiel die Fähigkeit zur Realitätsprüfung. Aufbauend auf der Erkenntnis, »daß eine Widersprüchlichkeit, die akzeptiert wird, positiven Wert haben kann«, während die »Auflösung von Widersprüchlichkeiten« innere und äußere Welt zu Gegnern macht und neurotische Abwehrorganisationen begünstigt, erscheint das Modell der dialektischen Umschlagdynamik in einem psychologischen Licht. Auch wenn »die Akzeptierung der Realität als Aufgabe nie ganz abgeschlossen wird« (Winnicott 2002, S. 23), so erscheint doch klar, dass eine gesunde Kalibrierung von psychischer Innen- und physischer Außenwelt durch »»Kreativität‹ als Tönung der gesamten Haltung gegenüber der äußeren Realität« (ebd., S. 78) dem Teufelskreis die dynamische Spitze nimmt:

> »Ich gehe hier von der Annahme aus […], daß kein Mensch der Anstrengung enthoben ist, die innere und die äußere Realität zueinander in Beziehung zu setzen, und daß ein Zwischenbereich des Erlebens, der nicht in Frage gestellt wird (Kunst, Religion usw.), Befreiung von dieser Anstrengung bietet […]. Dieser Zwischenbereich steht in direktem Zusammenhang mit dem Spielbereich des Kleinkindes, das in sein Spiel ›vertieft‹ ist« (Winnicott 1976, S. 309).

Offenkundig ist der von Horkheimer und Adorno (2008, S. 18) beschriebene Mechanismus, »Wie die Mythen schon Aufklärung vollziehen, so verstrickt Aufklärung mit jedem ihrer Schritte tiefer sich in Mythologie«, auf der kindlichen Stufe wie auch im künstlerischen

Schaffen auf psychischen Gewinn und persönlichkeitsstiftende bzw. -erhaltende sowie therapeutische Momente gerichtet. Mythenbildung als der Abdruck seelischer Inhalte in narrativen Materialien gehört zu den Alltagsphänomenen des ganz normalen Erwachsenenbewusstseins, das neue Anpassungsleistungen umso erfolgreicher vollzieht, je intensiver es das jeweils Neue in der Imagination und im symbolischen Spiel erprobt. Sie ist fundamental nicht nur an der Entwicklung bzw. Erhaltung des Realitätssinns beteiligt, bei welcher Imagination als Bollwerk und »check-point« gegen das invasive Eindringen der Objektwelt fungiert, sondern sie ist auch ein entscheidender Schritt zu begrifflichem Denken und ermöglicht das Funktionieren abstrakter Denkoperationen insgesamt. »Um die Aufgaben des Lebens zu bewältigen, braucht die Gesamtpersönlichkeit die Unterstützung einer reichen Phantasie zusammen mit einem gefestigten Bewußtsein und einer klaren Sicht der Realität« (Bettelheim 2008, S. 137).

In diesem Sinne kann das Mythische als Beitrag der Imagination zur Versöhnung von Innen- und Außenwelt, Idee und Materie, Fiktion und Tradition, persönlichem Ausdruck und Kunst gesehen werden. Mit ihrem Sitz an der Schnittstelle von Innen und Außen, Mensch und Natur, Individuum und Gesellschaft kommt der mythischen Bild- und Handlungswelt deshalb eine enorme psychische, ja eine »psychagogische« Rolle zu. So wie der Mythos Abdruck der Seele ist, wirkt er auch formativ auf die Gestalten, die Emotionen annehmen können und dürfen. Novalis' 19. Spruch aus den *Blütenstaub*-Aphorismen könnte sowohl Beispielmaterial wie heuristischer Ursprung für Winnicotts Psychologie der intermediären Weltbewältigungsfunktion von Kunst und Kreativität sein: »Der Sitz der Seele ist da, wo sich Innenwelt und Außenwelt berühren. Wo sie sich durchdringen, ist er in jedem Punkte der Durchdringung« (Novalis 1969, S. 326).

Gerade also in der Berührungszone von Subjekt und Objekt als dem Ort der größtmöglichen wechselseitigen Durchdringung erhält das Mythische seine spezifische Gestalt, die es einerseits jeder Realitätsprüfung entzieht, andererseits diese aber umso glanzvoller bestehen lässt. Blumenbergs Beobachtung (1979, S. 89f.), dass sich das Symbol durch die »Indifferenz gegen die Anwesenheit« des Vorgestellten auszeichne, macht gerade den Mythos zum paradigmatischen Symbol, bei dem die »freie Verfügung über das Ungegenwärtige« exzessive Züge erreicht und die Assimilation um der Assimilation willen als Movens der mythischen Weltbegegnung erscheint. Mit erkenntnistheoretischen Mitteln hat Hermann Broch (BKW 10/2, S. 173) den Sachverhalt der wirklichkeitsautonomen symbolischen Zwischenwelt auch auf den psychologischen Punkt gebracht, wenn er das welthaltige Bewusstsein aus der »mythische[n] Einheit« von »Erkenntnissubjekt und Erkenntnisobjekt« hervorgehen sieht. Kafka bescheinigt er übrigens vor allen anderen, darunter Joyce und Thomas Mann, die größte Nähe zum Mythischen, an der sich die künstlerische Qualität entscheide: »entweder vermag Dichtung zum Mythos vorzustoßen, oder sie hat ihren Bankrott zu erklären« (BKW 9/2, S. 230f.).

Es gehört zu den lange unverstandenen Paradoxa der menschlichen Entwicklung, dass erst vermittels der »Subjektivierung« der Welt diese als »Objekt« überhaupt perzipierbar und bewusst werden kann. Ein »realistischer« Weltzugang ist ohne die intensiven Vorarbeiten der die Wirklichkeit assimilierenden Imagination nicht möglich, weshalb es ein weit verbreiteter »irrige[r] Schluß [war], ein überreiches Phantasieleben mache es unmöglich, erfolgreich die Realität zu bewältigen« (Bettelheim 2008, S. 137).

Das Oszillieren des kindlichen Geistes zwischen »Phänomenismus und Egozentrismus«, Akkommodation und Assimilation, wie Piaget (1969, S. 253f.) dies ausführlich beschrieb, dient der Arbeit an einem letztlich angstfreien Weltbezug, der ebenso natur- wie artgerecht ist. *Ardipithecus* und *Australopithecus* waren aufgrund der veränderten Lebensweise, die sie vom geschützten Lebensraum ihrer waldbewohnenden Verwandten, den Schimpansen und Bonobos, entfernte, lange nicht an die Umweltbedingungen der Savanne adapiert. *Homo habilis* auf afrikanischem Boden, dann *homo erectus* bzw. *homo ergaster* auch in Eurasien, schließlich der archaische und noch der anatomisch moderne *sapiens* kämpften weltweit Jahrtausende täglich um Nahrung und Überleben. Angesichts dieser Tatsache kann das Ausmaß an zu bewältigendem Versorgungsstress und elementarer Angst kaum groß genug erscheinen.

Piaget, der sich die Kognition stets auch als menschheitsgeschichtliche Entwicklung vorstellte, ging von der Formel aus: »Je primitiver eine Gesellschaft ist, umso dauerhafter ist der Einfluß des kindlichen Denkens auf die Entwicklung des Individuums« (ebd.). Dies mag zwar so sein, es erklärt aber gewiss noch nicht die aufzubietende Intelligenz, die nötig war, die adaptiven Artdefizite zu kompensieren. In der Entwicklung des frühen wie des jungen Menschen sieht Piaget jedenfalls allein bis zum Ende der Kleinkindphase drei Zustände alternieren, denen er »animistische«, »artifizialistische« und »magisch-phänomenistische« Verhaltensweisen zuordnet:

> »Entweder gibt es momentane Gleichgewichtszustände zwischen Assimilation und Akkommodation (die ständig »Verschiebungen« unterworfen sein können), oder wir haben ständig wiederholte, aber nicht kontinuierliche Akkommodationen, die jedesmal das vorher erreichte Gleichgewicht verschieben, oder wir haben schließlich Assimilation der Wirklichkeit an das Ich, d.h. Assimilation an genau den Bereich des Denkens, der wegen fehlender korrelativer Akkommodation auf sich selbst zentriert bleibt. Folglich ist die Assimilation der Wirklichkeit an das Ich wegen des Ungleichgewichtes seines Denkens für das Kind eine vitale Bedingung für Kontinuität und Entwicklung. Das Symbolspiel erfüllt aber diese Bedingung, sowohl vom Gesichtspunkt der Bedeutungen (oder der bezeichneten Gegenstände) wie von dem des Zeichens aus« (ebd., S. 214).

Wenn »Dichtung wie der Tagtraum Fortsetzung und Ersatz des einstigen kindlichen Spielens ist« (StA X, S. 178), wie Freud sagt, dann gründet das im Charakter dieses assimilierenden Spiels als Übergangsphänomen, das eine Symbolsprache von einzigartiger Qualität schafft. Es ist eine Sprache, die in ihrer mythischen Dimension tiefer reicht als ein sprachliches Zeichen, insofern nämlich »das Symbolobjekt ein wirkliches Substitut des bezeichneten Gegenstandes ist« (Piaget 1969, S. 215). Wie alle anderen Spielformen der Fantasie auch nehmen die Mythen auf diesem Weg offenbar eine herausragende Rolle ein. Huizinga (1987, S. 145), für den ebenfalls »der Mythus in der Sphäre des Spiels [entspringt]«, sieht dessen Spielcharakter umso mehr hervortreten, je weniger die erzählten Inhalte auch tatsächlich geglaubt werden:

> »Je nachdem das Glaubenselement aus dem Mythus schwindet, klingt der spielhafte Ton, der ihm von Anbeginn an anhaftet, wieder stärker durch. Schon Homer ist nicht mehr gläubig. Trotzdem behält der Mythus als poetische Ausdrucksform des Göttlichen, auch nachdem er seinen Wert als adäquate Wiedergabe des Begriffenen verloren hat, noch immer eine wichtige Funktion außerhalb des rein Ästhetischen, nämlich eine liturgische Funktion.«

Benveniste (1974) hatte diesen Zusammenhang von linguistischer Seite konstatiert. Davon ausgehend, dass die ursprüngliche »heilige Handlung« des Kults aus Mythos und Ritus bestanden habe, hatte er das Spiel als Restritus definiert, aber auch dem reinen Mythos, also dem Mythos ohne rituelle Funktionen, Spielcharakter zugesprochen.

Auch Robert A. Segal (2007, S. 186) hat jüngst mit Bezug auf Winnicott die Nähe der Mythen zum kindlichen Spiel festgestellt und betont, dass diese wie andere internalisierte Objekte den Menschen dazu befähigen, »sich mit einer sehr viel umfassenderen Welt auseinanderzusetzen« als plane Realitätsprotokolle, wobei er davon ausgeht, dass viele Mythen »Wunschvorstellungen« seien, die die Realitätsprüfung umgehen, ohne als irreal zu gelten. Vollends paradox scheint es, wenn sie, statt »Wunschvorstellungen« zu sein, »vermutlich nur als unwiderlegbare Wahrheiten angesehen werden«, worin sich ihre Überlegenheit über die faktische Wirklichkeit erweise. Das deutet wiederum auf eine psychische Relevanz, die sich Armstrong (2007, S. 20) damit erklärt, dass gerade bei den Mythen die etymologische Wurzel des συμβαλλειν (zusammensetzen) wörtlich zu nehmen ist: »[Z]wei bis dahin getrennte Dinge verbinden sich unzertrennlich wie Gin und Tonic in einem Cocktail. Betrachtete man einen irdischen Gegenstand, befand man sich daher in Gegenwart seines himmlischen Gegenstücks. Dieses Gefühl der Teilhabe war grundlegend für die mythische Weltsicht.«

Man muss nur daran denken, wie Geschichten auch noch in Kindern jenseits des Kindergartenalters begeisterte Zuhörer finden, auch und besonders dann, wenn sie das Erzählte explizit nicht mehr »glauben« und sich sogar damit brüsten, dass sie dessen Fiktionalität durchschauen. Gerade in der Illusion (von *in-ludere*) liegt der Kern des Spiels.

Ein besonderes exponierter Vertreter des paradoxen »Spiels« zum Zweck der imaginären Weltschöpfung ist Kafka, der offenbar zuweilen Mühe hatte, sich in dieser Tätigkeit selbst ernst zu nehmen. In seiner glänzenden Untersuchung zu Spielverfahren in Kafkas Werk konnte Hans-Thies Lehmann (2006) zeigen, dass und wie das spielerische Schalten und Walten im physischen Milieu der Sprachkörperlichkeit dem Autor über die »Simulation der Aussage« und den »Entzug der Referenz« (ebd., S. 88) den »Sinn« ersetzen konnte. Wie sehr es bei diesem Spiel eigentlich um Kosmologie, um die Schaffung einer eigenen Welt ging, eines symbolischen Sprachinnenraums, der sich nur aus Mangel an Außenreferenz als rein oder wahr erweisen konnte, erhellt aus zahlreichen Texten Kafkas. In der Schrift, so Lehmann, sei das Ideal einer »klanglosen Sprache« erreicht, deren Reinheit sich nun also nicht einmal mehr durch eine musikalische Referenz verraten konnte. Doch belegt Kafkas notorische Angst vor »Konstruktionen« (T, S. 594ff.) die Gefährdung der ästhetischen Autonomie durch die Macht der Realitätsprüfung.

Die sich über die psychischen Objektfunktionen ergebenden Qualitäten verlangen deshalb auch nach einer neuen Symboldefinition, die psychische Signifikanz zum Bestandteil des Signifikats oder gar zum Signifikat selbst macht, also identifikatorische Erlebniswerte in der Übertragung seelischer Energie auf das Objekt dem Bedeutungsspektrum hinzuschlägt. Innerhalb der Übertragungsprojektion ist es so z.B. auch möglich, über die fiktive Heldenfigur als modellhaftes »Er« zum Ich und damit im Bewusstwerden des *Anderen* zu sich selbst zu kommen. Der einst populäre Mythen(nach)erzähler Michael Köhlmeier (2002, S. 209) fasst das in folgende, noch einmal das Spiel pointierende Worte: »Mythen spielen immer in der Gegenwart.« Und Peter Sloterdijk (1993, S. 34f.) annotiert im Grunde das *»tua res agitur«* des Horaz, indem er den Gedanken der »Aktualisierung« aufnimmt:

> »Wenn die Krise die Bewußtseine erhitzt, erzeugen die Geschichten bei ihren Hörern einen Sog, ihr Ich in die Position des Subjekts, von dem die Rede ist, einzusetzen. Im Drama der Aktualisierung soll das erzählte Subjekt zum real anwesenden Täter werden; quasi von innen her springt das Subjekt auf die Seinsbühne – das Theater der größten Taten und Bedeutungen. Wo Er war, soll Ich werden.«

3 DIE SUCHE NACH DEM NICHTS

In seiner intensiven Auseinandersetzung mit C.G. Jung betont Piaget (1969, S. 250f.) noch einmal die Bedeutung der Affektbindung für die Symboldefinition und die assimilatorische Funktion der psychischen Arbeit. Wo sich deren Ausprägungen in mythische Formen gießt, entsteht ein Instrument zur Bildung und Regulierung des »kollektiven Unbewußten«, eine gleichsam imaginative Brille für das innere Auge:

»Nach Jungs Überzeugung entspricht das kollektive symbolische Denken einer Frühphase des menschlichen Denkens, einer Epoche, in der die Kultur, die noch nicht mit Untersuchungen der äußeren Welt beschäftigt war, sich dem Inneren zuwandte und versuchte, die psychischen Entdeckungen bei dieser Introversion durch den Mythos zu formulieren. Die großen allgemeinen Symbole sind also vererbbar: ›Vorgeformte oder archaische Typen der Apperzeption‹, ›angeborene Bedingungen der Anschauung‹, ›die a priori jede Erfahrung determinieren‹, sagte er [C.G. Jung, Vf.] früher. ›Ausdruck der Archetypen‹, sagt er heute, d.h. Systeme, die zugleich affektiv und repräsentativ sind und die die ›Paläopsyche‹ konstituieren.«

Kafka mag eine solche »Introversion« als Spielmodus kreativer Arbeit und Weltbewältigungsweg im Sinn gehabt haben, als er im Tagebucheintrag vom 15. November 1920 das Laurenziberg-Erlebnis erinnert, das er als 15- oder 16-jähriger Jugendlicher hatte. In ihm zeichnet sich bereits die Absicht ab, das psychische Erleben »durch den Mythos zu formulieren«, und zwar durch Parazeichen, die er auf den Begriff »Nichts« bringt: ein erkennbar spielerisches Nichts, das leicht und heiter daherkommen soll. Ich halte diesen Eintrag, der in der Kontroverse zwischen Gershom Scholem und Walter Benjamin im Mittelpunkt steht, für einen der aufschlussreichsten, wenn es um die spezielle Funktion von Kafkas Kreativität geht. In ihm rekapituliert er den »Wunsch, eine Ansicht des Lebens zu gewinnen […] in der Leben zwar sein natürliches schweres Fallen und Steigen bewahre aber gleichzeitig mit nicht minderer Deutlichkeit als ein Nichts, als ein Traum, als ein Schweben erkannt werde«. Einschränkend korrigiert er: »Aber er konnte gar nicht so wünschen, denn sein Wunsch war kein Wunsch, es war nur […] eine Verbürgerlichung des Nichts, ein Hauch von Munterkeit, den er dem Nichts geben wollte« (T, S. 855).

Joachim Unseld (2008, S. 125) hielt diesen Eintrag mit Recht für eine programmatische Absichtserklärung schriftstellerischer Tätigkeit, die sich ihrer gesellschaftlichen Problematik bewusst sei. Er beschrieb Kafkas Ziel als eines, das »diese im Erwachsenwerden naturgemäß auseinanderstrebenden Gegenpole [von Traum und Wirklichkeit, Vf.] in einem vitalen Kompromiss friedlich miteinander zu verbinden« suche. In der Tat formuliert Kafka einen Zusammenhang, der nicht nur als Erwerbs- und Erhaltungsformel für psychische Selbstkongruenz gelten mag. Mehr noch als der von Sloterdijk beschriebene Vorgang des Hörens (oder Lesens) hätte das »Schreiben« demnach die Funktion, den apriorischen Ernst der Wirklichkeit mit spiritueller Essenz in der Qualität des Spiels zu parieren, um damit fremd-feindliches Terrain in den eigenen Bewusstseinshorizont zu stellen und sich assimilatorisch anzuverwandeln. Er pointiert das Moment der »Aufhebung« des zur Übergefügigkeit pervertierten Realitätsprinzips durch eine gegenbürgerliche Zwischenwelt, die den (mystischen) Status des »Nichts« für sich reklamiert und das Spiel propagiert. Er scheint den Verlust der extrovertierten Psyche an die Außenwelt und damit das Schicksal jener zu befürchten, die, wie Winnicott (2002, S. 79) schreibt, »so tief in der objektiv wahrnehmbaren Realität verwurzelt sind, daß sie in entgegengesetzter Richtung krank sind, d. h. den Kontakt zur subjektiven Welt und die kreative Haltung gegenüber den Dingen verloren haben«.

Das »Nichts« ist also kein »Nichts an Wirklichkeit«, sondern die pointierte Antithese zum weltlich (Vor-)Gesetzten, zum subjektfremden »Gesetz«. Es bezeichnet eine Bewusstseinswirklichkeit, die an psychosomatischer Intensität dem Traum gleicht: eine intermediäre Erlebniswelt, die man als Mythenraum betrachten kann, der auf die Außenwelt mit Entgegensetzungen und ordnungsstiftenden Fiktionen reagiert. Kafka selbst exemplifiziert seine Gleichung von »Nichts« und »Traum« im selben Tagebucheintrag

> »als Wunsch einen Tisch mit peinlich ordentlicher Handwerksmäßigkeit zusammenzuhämmern und dabei gleichzeitig nichts zu tun und zwar nicht so daß man sagen könnte: ›ihm ist das Hämmern ein Nichts‹ sondern ›ihm ist das Hämmern ein wirkliches Hämmern und gleichzeitig auch ein Nichts‹, wodurch ja das Hämmern noch kühner, noch entschlossener, noch wirklicher und wenn Du willst noch irrsinniger geworden wäre« (T, S. 855).

Traum und Mythos haben in ihrer Übergangsweltlichkeit beide diesen spezifischen Aggregatzustand des »wirklichen Nichts‹« oder der »nichtigen Wirklichkeit«, weil sie Bewusstseinsarenen sind, in denen das Dargestellte in der Darstellung aufgeht und Mimesis immer nur den Kompromiss zwischen Innen und Außen abbildet. Dass der Mythos sich in der Sprache, im Akt des Erzählens und des Schreibens materialisiert, scheint seinem eigentlichen Charakter als Vehikel des Imaginären daher nur auf den ersten Blick etwas Wesensfremdes hinzuzufügen.

Seine Sprachlichkeit ist bereits Teil dieses Kompromisses als der außenweltliche Stoff, der ihn zum habhaften Objekt macht, das die ersten Schritte in den Subjektstatus erlaubt. Kafkas »Tisch«, um im Bild zu bleiben, will und kann nicht als ein stoffliches »Nichts« gebaut werden; lediglich das Bauen selbst soll ein »Nichts«, gleichzeitig aber auch etwas Wirkliches sein. Im Bauen selbst soll sich die Architektur der Seele entfalten, wie sie im Wechselspiel mit dem Realen der Subjektkonstruktion zugrunde liegt.

Wer das »Nichts [...] als sein Element fühlte«, nachdem er sich »durch die Reden aller Autoritäten rings herum [hatte] täuschen lassen«, nun aber die »Scheinwelt der Jugend« durchschaute (T, S. 855), der wird in jedem Stoff, in dem er sich ausdrückt, den Mangel an Nichtmaterialität (und »Nichtverbürgerlichung«) spüren, den er dann vielleicht wie Kafka durch eine Ästhetik der Negativität zu kompensieren versucht. Scholem sprach sogar von einem »Nichts an Offenbarung«, welche eben zugleich anwesend und abwesend sei (Schweppenhäuser 1981, S. 74).

In seiner Schrift »Der Dichter und das Phantasieren« nimmt Freud eine »Gleichstellung des Dichters mit dem Tagträumer, der poetischen Schöpfung mit dem Tagtraum« (StA X, S. 177) vor, sodass man das Moment der »ungehemmten« sekundären Bearbeitung, das in der »Traumarbeit« (StA II, S: 473ff.) für den Tagtraum geltend gemacht worden war, auch für den bewussten kreativen Vorgang behauptet findet. Bemerkenswert ist in Analogie dazu Wilfred Bions (1992, S. 22) Begriff der »Reverie« als Endzustand eines kollektiv affirmierten individuellen Affekts, der die schöpferische Arbeit z.B. mit Sprache ermöglicht. Bion geht in seinem Container-Contained-Modell davon aus, dass Sprache als »Container« fungieren kann, in dem der auf sie projizierte elementare Affekt sich im wahrsten Sinne des Wortes »aufgehoben« fühlen, durchgearbeitet und (re-)introjiziert werden kann. Allgemein auf die Kunst bezogen, beschreibt Schneider (2009, S. 91) diesen Vorgang so: »Dieses psychisch-materiale Zur-Verfügung-Stehen von Kunst hat eine quasi mütterliche Container-Funktion in der Hinsicht, dass es den unstrukturiert-magmatischen Rohstoff einer potenziell schöpferischen, spannungsvollen psychischen Zuständlichkeit (das Contained) in ein strukturiert(er)es Kommunikat zu transformieren erlaubt.«

Bereits lange davor hatte William Knight (1936, S. 91) in Analogie hierzu von Mythen als einem mentalen Aufbewahrungsgefäß gesprochen und diesem archetypische Musterhaftigkeit zuerkannt, wobei er darin vor allem eine Art kollektives Gedächtnis sah: »Myth [...] is used as a mental container to hold the facts of some new event. The container can be called an archetypical pattern.« Frye (1973, S. 118) sekundierte mit ähnlichen Worten, indem er die Brücke zum Ritual auf der einen und zum Traum auf der anderen Seite schlug:

> »In the archetypal phase the word of literary art is a myth, and unites the ritual and the dream. By doing so it limits the dream: it makes it plausibel and acceptable to a social waking consciousness. Thus as a moral fact in civilization, literature embodies a good deal of the spirit which in the dream itself is called the censor.«

Bemerkenswerterweise klingt in Kafkas »Hauch von Munterkeit, den er dem Nichts geben wollte«, eine solch »mütterliche«, ja mystische Qualität an, wie sie Bion (1970, S. 74) auch dem Künstler als »Mystiker« zuspricht. Die Spiritualisierung der Lebensziele geht mit einer versöhnlichen Integration der Gegensätze einher und einer relativierenden Heiterkeit. Es ist augenscheinlich, dass in dem stofflichen Nichts des tagträumend-imaginierenden Bewusstseins ein psychisches Bedürfnis Ereignis wird, das seine Erfüllung in der Spiritualität der Kunst findet – Kunst verstanden als im Kern spielerische, professionell verfeinerte Kreativität, die, indem sie auf eine intersubjektive Archetypik zurückgreift, zum kollektiven Gemeinschaftsbesitz wird und sich in dieser Eigenschaft legitimiert.

Walter Benjamin hat diesen Zug des Spirituellen am Beispiel eines Textes aus dem *Verschollenen* erhoben: »Vielleicht sind diese [Karl Rossmanns, Vf.] Studien ein Nichts gewesen. Sie stehen aber jenem Nichts sehr nahe, das das Etwas erst brauchbar macht – dem Tao nämlich« (BGS, S. 435). Es ist nicht zuletzt ein Bedürfnis nach Einheitserleben, nach der Aufhebung des Unterschieds zwischen dem Eigenen und dem Anderen. So wie das Spiel der Fantasie sich ein Objekt schafft, dem das Selbst (des Kindes, des Künstlers) ohne Subjektverlust anhaftet und das in dieser Eigenschaft dennoch zum Platzhalter des Realen werden kann, verbinden sich im Kunstwerk Inneres und Äußeres, Individuelles und Kollektives, Vergangenes und Gegenwärtiges zu einer spannungsvollen und zuweilen paradoxen Einheit. Ihretwegen ist es nach Freud dann möglich, »daß uns der Dichter in den Stand setzt, unsere eigenen Phantasien nunmehr ohne jeden Vorwurf und ohne Schämen zu genießen«, so »daß der eigentliche Genuß des Dichtwerkes aus der Befreiung von Spannungen unserer Seele hervorgeht« (StA X, S. 179). Der Soziologe Emile Durkheim (1960, S. 610) nannte das »entretenir et reaffirmer, à intervalles réguliers, les sentiments collectifs et les idées collectives qui font son unité et sa personnalité«.

4 DAS LOGOS-MYTHOS-BÜNDNIS: KOSMOLOGIE UND AUFKLÄRUNG

> »Die Vergeblichkeit der Aufklärung läßt sich kaum erklären, ohne daß man die Leichtfertigkeit ihrer Hypothesen über Herkunft und Haltbarkeit dessen, was sie zu überwinden für nötig und möglich hielt, ins Auge faßt. So sind Annahmen über Ursprünge des Mythos nicht ohne Folgen für die Vermeintlichkeit der Triumphe über ihn. Aber auch nicht für die Einschätzung der Möglichkeiten seiner gewünschten oder gefürchteten Wiederkehr, wie für die Erkennung seiner Funktionsweisen und Rezeptionsformen.«
>
> *Hans Blumenberg (AM, S. 53)*

Wie stellt sich nun das Verhältnis von Mythos und Logos bei Kafka dar? Die Geschichten dieses Autors synthetisieren Mythos und Logos im Sinne einer vollendeten Dialektik, sprich »Aufhebung« der (psychischen) Gegensätze. Das Mythische in ihnen, ihre »Mythifikationen« – der gelegentlich verwendete Begriff (Barthes 1964; Ruhs 2009, S. 234; Devereux 1986) vermag das *factum* der »[r]everie«-artigen Bewusstseinsarbeit besser zu akzentuieren – belegen das heuristische Miteinander von Sprachintellekt und Fantasie zum Zweck der Angst- und Krisenüberwindung. Sie bestätigen so auch Blumenbergs Kritik an einem Mythos-Logos-Dualismus: »Denn hinsichtlich der die menschliche Geschichte umspannenden Anstrengung, die Angst gegenüber dem Unbekannten oder gar noch Unbekannten zu überwinden, stehen Mythos und Aufklärung in einem zwar leicht einsehbaren, aber ungern eingestandenen Bündnis« (AM, S. 180). Gerade das Zusammenspiel von

Verbalität *und* Imagination im »intermediären Erfahrungsbereich« des Geschichtenerzählens (Winnicott 2002, S. 24) ermöglicht Aufklärung im Sinne psychischer Bewältigungsarbeit, die eine gewisse Freiheit des Handelns mit sich bringt, da sie den »Absolutismus der Wirklichkeit« (AM, S. 18) überwindet. Aufklärung bedeutet in diesem Sinn nicht unbedingt Steigerung der Rationalität, sondern vor allem Zunahme der Handlungsfähigkeit durch subjektive Erweiterung der bekannten und durch Distanzierung der unbekannten Welt. Gerade das Subjekt in seiner Erlebnisfähigkeit bedarf der Unterstützung durch eine weltkluge mündliche Überlieferung, die es strukturiert und stärkt.

Der Vorstoß ins Unbekannte ist dabei einer der Symbolbildung, nicht der Abbildung. Nicht Gleichung oder Spiegelbild ermöglichen also Wiedererkennen, sondern das im Symbol vermittelte Analogiespektrum, in dem der Einzelne sich wiederfindet und in seiner explorativen Welterkundungsarbeit festigt. Dafür sorgt in Mythik oder Kunst die Metapher. Ihre Übertragungsbrücke ermöglicht einen regen Austausch der Eigenschaften, die sich schließlich zu einer gemeinsamen Menge formieren können. Leikert (2008, S. 61f.) weist angesichts der durch Kunst vermittelnden Subjektkonstitution noch einmal darauf hin, dass es dabei gerade nicht um die Steigerung der Rationalität geht:

> »Die semantische Unbestimmtheit des Mythos, die Tatsache also, dass die Bedeutung der Metapher nicht selbst ausgesagt, sondern eben durch die Analogie evoziert wird, hat vor allem den Effekt, dass sich der Mythos nicht an das rationale, sondern an das erlebende Subjekt wendet.«

Das »Inkommensurable«, das Goethe mit der Vieldeutigkeit des Symbols verbindet – erinnert sei an sein *Märchen*, von dem Schiller sagte, man könne sich nicht enthalten, in allem eine Bedeutung zu suchen –, ist das maximal Mögliche, in dem sich jemand wiederfindet, ohne an Grenzen gemahnt zu werden. Zum Zweck der psychischen Weltverarbeitung und kosmologischen Sinnstiftung gehen Mythe und Sprache ein Bündnis ein, zu welchem beide ihre genuine Schöpferkraft beitragen, nicht anders als – Paul Valéry hat die Kosmologie als eine der ältesten literarischen Kunstformen bezeichnet – in jeder Art Literatur. Dabei entstehen nicht nur höhere Welt- und Selbstvertrautheit, größere Intentionalität im Handeln, sondern auch Gruppensinn und

Gemeinschaft. Das mythische Symbol lebt von seiner intersubjektiven Verständlichkeit und von der Interaktion im Austausch der Reaktionen. Die Kultgemeinschaft scheint *unisono* zu rezipieren, in Wirklichkeit aber ist jede Reaktion individuell und lediglich in ihrem Kern mit der Reaktion anderer Mitglieder vereinbar. Die unübertroffene Stärke des Kunstsymbols besteht gerade in der Individualisierung der Bedeutung bei deren gleichzeitigen Vergesellschaftung. Goethes »Inkommensurable« verdient diesen Namen erst recht, wenn man sich klar macht, dass es ebenso gemeinschaftsbildend ist, wie es individualisiert.

Burkert (1997, S. 25ff.) wies auf die enorme, artselektive Bedeutung der von Mythen begleiteten Riten (bzw. der von Riten begleiteten Mythen) bei der Bildung von Sozialität in den jungpaläolithischen Jägerkulturen hin. Diese Funktion war überlebenswichtig nicht nur, weil die »Selbstvernichtung des Menschen durch den Menschen« eine stets lauernde Gefahr war und Aufzucht und Jagd Solidargemeinschaft und Synergie erforderten, sondern weil sie erlaubte, das eigene Tun und Denken am *Andern* als Objekt zurückzuspiegeln. Bereits Durkheim (1960, S. 598) hatte darauf hingewiesen, dass erst das gemeinsame (rituelle) Tun die Gesellschaft zu einem Bewusstsein ihrer selbst führt: »c'est par l'action commune quelle [la société] prend conscience de soi«.

Ist die Funktion des archaischen Mythos als »Seelenarbeit« im Dienst einer sozialisierten Subjektwerdung bestimmt, so drücken sich in den Mythologien der großen Ependichtungen in erster Linie die Kehrseiten einer schon rationalistischen Welterklärung aus, die es zu keiner Kosmologie mehr gebracht hat. Das gilt im Grunde für alle mythopoetischen Versuche bis heute. Fast zwangsläufig ist damit eine Psychologisierung verbunden, die das Augenmerk auf die Bewältigungsschwierigkeiten des metaphysisch sinn-entleerten (aber noch nicht sinn-entwöhnten) Existenzalltags lenkt, ein Aspekt, den Sloterdijk (2011, S. 100ff.) jüngst gerade auch in Bezug auf Kafka vertieft hat. Die Ödipus-Sage, von Freud als Krisenmodell der kindlichen Entwicklung gelesen, mag als Beispiel für die Verlagerung des Themenfokus von makro- zu mikrokosmischen Bezügen stehen, wobei der Makel – Ödipus hat einen »Klumpfuß«, den er auch im Namen trägt – zum anthropologischen Bestimmungsmerkmal wird.

Kafkas Versuch einer solchen Mikrokosmologie des menschlichen Bewusstseins als Schauplatz einer ausgestandenen und ausgelebten *con-*

ditio humana, welche die kindlichen Reminiszenzen im Erwachsenen umfasst und die Seelenwelt zum öffentlichen *agendum* macht, bedarf des Mythos, weil eine Entmythologisierung in diesem Bereich noch gar nicht erfolgen konnte. Das beweist wiederum die Freud'sche Nomenklatur, die mit den Mythen eher aufschließt, als sie hinter sich zu lassen. Hierbei geht es um den Mythos als Form *und* Gehalt: als Form, weil er aus einer scheinbar beliebigen Fabelkonstruktion bestehen kann; als Gehalt, weil das Konstrukt als solches nur ein Minimum an analogischer Sinnhaftigkeit aufweist und daher jederzeit Gefahr läuft, sich *ad absurdum* zu führen bzw. führen zu lassen. Barthes (1964) hat diesen Vorgang als Explizit-werden der immanenten Bedeutungsleere beschrieben. Da ihr traditionell die Nagelprobe des Hermeneuten oder Mythologen erspart bleibt, eignet sich die mythische Form besonders gut für die narrative Inbesitznahme kosmologischer *Terrae incognitae*. Sie speist die Fantasie, ohne sie zu sättigen, bietet Wiederspiegelungsmuster für Affekte und Defekte; sie bildet im eigentlichen Sinne Persönlichkeit, indem sie zu kollektiv moderierten Gefühlsäußerungen erzieht und einen dogmatischen Anspruch erhebt, ohne doch mehr zu sein als ein Identifikationsangebot.[8]

Während Winnicotts Modell der »Übergangsphänomene« (2002, S. 25) die psychologische Funktion des Mythos für Autor und Rezipient erklärbar macht und somit alle weiteren (sozialen, kultischen, religiösen) Funktionen erhellt, macht das philosophische Modell der Aufklärung dessen dynamische Rolle im Welterklärungsdiskurs transparent. Kein wissenschaftliches Weltbild, und sei es noch so umfassend und unbestreitbar, kann mit den Bildern der Seele konkurrieren. Keine noch so unbestreitbare Evidenz kann sich an psychischem Nährwert mit dem Mythischen messen. Es gibt schon lange keine Kosmologie als »Weltbild«, als Gesamtdarstellung der universalen mikro- *und* makrokosmischen

---

8 Hans Robert Jauß (1991, S. 244–292) hat die ästhetische Identifikation in fünf Typen eingeteilt, auf die ich hier nicht näher eingehen kann. Er unterscheidet assoziative, admirative, sympathetische, kathartische und ironische Identifikation. Es wäre gewiss den Versuch wert, die fünf historisch begründeten »Interaktionsmuster« auf die Mythen im Allgemeinen und die Kafka'schen Texte im Besonderen zu beziehen. Bei Letzteren mag die Nähe zu dem von Kafka vielbewunderten Flaubert zu Buche schlagen, dessen *Madame Bovary* ein sowohl sympathetisches als auch ironisches Identifikationsangebot macht, das, wie mir scheint, Kafka in den Romanen und vielen Geschichten übernimmt.

Tatsachen mehr. In vorkopernikanischen Zeiten, als es sie noch gab, bildeten Wissenschaft und Theologie eine vom Standpunkt des Mythos außerordentlich mächtige Arbeitsgemeinschaft, in der erstere freilich dem Reich der spekulativen »Universalien« verhaftet blieb.

Für die Mythengläubigkeit als anthropologische Konstante sorgt womöglich schon die Tatsache, dass seit dem Erscheinen der ersten (kleinen) Hominidenpopulationen vor vielleicht schon 2,5 Millionen Jahren bis zum Ende des Neolithikums vor 5–6.000 Jahren eine enorme Zeitlang Unkenntnis über die meisten Naturzusammenhänge herrschte. Die Funktionen des Mythos, »die numinose Unbestimmtheit in die nominale Bestimmtheit zu überführen und das Unheimliche vertraut und ansprechbar zu machen« (AM S. 32), waren Jahrtausende vakant, bevor sie übernommen werden konnten. In seiner Eigenschaft »als permanente Überwindung des Ursprungs, der Schrecken in der Urzeit wie der Ängste in der unbewältigten Geschichte der Menschheit« (Jauß 1991, S. 382), ist er eine Errungenschaft, deren Altersbestimmung uns so lange versagt ist, bis wir die Anfänge des logozentrischen Sprechens zuverlässig bestimmen können. Lassen wir die naturwissenschaftlich aufgeklärte Zeit im engeren Sinn vor etwa 500 Jahren beginnen, so ergibt sich eine verschwindende Zahl von 0.02% unserer Gesamtzeit auf dem Planeten, die wir im »Licht der Vernunft« verbringen durften. Bei einer Rechnung ab der frühen Antike kommen wir auf 0.1%. Beschränken wir uns auf das Erscheinen des anatomisch modernen Menschen in Eurasien vor frühestens 100.000 Jahren, ergibt sich eine Zahl von 0.5% bzw. 2.5%, die sich allerdings noch erhöht, wenn wir unsere Rechnung bei archaischen Formen des *sapiens* schon wesentlich davor auf afrikanischem Heimatboden beginnen lassen. Kaum erstaunlich wirkt da die Tatsache, dass die genetische Schnittmenge von *homo sapiens sapiens* und *pan troglodytes* bzw. *pan paniscus*, dem Steppen- bzw. dem Waldschimpansen (Bonobo), bei »ungefähr 99 Prozent« liegt (Tomasello 2002, S. 13).

Jeder Weltbildanspruch, wie er einer Kosmologie innewohnt, beschäftigt allerdings nicht nur die Imagination, sondern beansprucht auch das Inventar der Vernunft, die sich zum Schöpfer aufschwingt, gleichzeitig aber zum Demiurgen, der das (nichtige) Werk seiner Hände wieder *ver-nichten* will. Hier ist also die Dialektik der Aufklärung, wenn man so will, auf Form und Sinn verteilt. Die Form als gewissermaßen archäologischer Rest der chthonischen Mythe stellt die Statik für die apriorische Sinnarchitektur. »[D]er Sinn ist eine Form«, sagt Roland Barthes (1964, S. 118). Je näher die Mythe am Epos ist, umso mehr verschärft sich die nunmehr »einge-baute« Frage nach dem Sinn dieser Konstruktion respektive nach ihrer tatsächlichen Tragfähigkeit. Wo der Mythos gar »geschwätzig« wird – vom Mythendichter als »Maulheld« spricht Rank (2000, S. 254), wenn er die homerischen Epen charakterisiert –, kann er am Ende nur noch als seine eigene Parodie für seine Abschaffung eintreten. Gemessen am wahrhaft existenziellen Gewicht des Mythos, ist bereits das Epos eine Dekadenzer-scheinung, weil dort der sprachliche Gestus der *narratio* den schöpferischen Gestus der kosmologischen Einheitsstiftung überwiegt und die Form nurmehr auf sich selbst verweist. Der Ependichter, schreibt Rank,

> »erweist sich […] als ein Nachkomme des Helden selbst, der einesteils wirklich sozial schöpferisch wirkte, indem er Ideologien in Realitäten umsetzte, andererseits aber auch selbst schon ein Lügner oder eigentlich ein Schwindler war, indem er die Herkunft der Tat aus dem Wort verleugnete und auf einer späteren dichterischen Stufe sich weigert, das Gesagte auch wirklich auszuführen« (ebd.).

So kann der neuere und ganz besonders der moderne Mythos in seiner schillernden Ambivalenz zweierlei: bauen *und* zerstören. Er *de-konst-ruiert* sich, indem er sich konstruiert. In dieser Eigenschaft benötigt ihn Kafka für seine Kunst, die sich jede narrative Suade, jede epische Wort-seligkeit verbietet. Jeder seiner Texte wird im performativen Vollzug des Lesens zu einem frugalen »Sprach-Happening«, das im Augenblick seines Entstehens die Sehnsucht nach dem Unumstößlichen und zugleich die Unmöglichkeit des kosmologischen Schaffens durch Mimesis eines my-thologisch Vorhandenen dokumentiert. Erübrigt sich für gewöhnlich im Sein der Sinn, indem das eine das andere enthält, so ist in dessen Nega-tion die Frage nach dem Sinn und in dieser wiederum die Destruktion des Sinns angelegt. Kosmologie vollzieht sich also hier performativ im Moment des Textereignisses und widerruft sich im selben Augenblick. »Die Performanz muß kompensieren, was die Mimesis durch ihre Einbet-tung in Weltordnungen sowie durch die Würde des großen Gegenstands an Fraglosigkeit verloren hat« (Iser 1993, S. 490). Hans Lösener (2000) konnte am Beispiel der Erzählung »Beim Bau der chinesischen Mauer«

zeigen, dass die tragenden Sinnmomente vollzugsmetaphorisch auf die Performanzebene gelegt sind, während gleichzeitig das dargestellte Prozedere beim Bau der Mauer die Lückenhaftigkeit der zivilisatorischen Weltbewältigung durch Sprache symbolisiert. Archaisch-mythisches und logozentrisches Weltbild prallen so aufeinander und heben einander auf. Das visionäre Ineinander der großen menschheitsgeschichtlichen Ären macht den künstlerischen Entwurf als Kosmogonie im Keim zunichte.

Im Grunde aber wiederholt sich bei Kafka nur, was in aller Kunst geschieht. Horkheimer und Adorno (2008, S. 67) haben dies für die Musik formuliert: »Seit der glücklich-mißglückten Begegnung des Odysseus mit den Sirenen sind alle Lieder erkrankt, und die gesamte abendländische Musik laboriert an dem Widersinn von Gesang in der Zivilisation, der doch zugleich wieder die bewegende Kraft aller Kunstmusik abgibt.« Wie »[f]ast alle Versuche von Remythisierung [...] aus der Sehnsucht nach der zwingenden Qualität jener vermeintlichen frühen Sinnerfindungen [entstanden]« und »scheitern [werden] an der Unwiederholbarkeit der Bedingungen ihrer Entstehung« (AM, S. 178), so steht Kafkas Werk unter dem Zeichen des Scheiterns, das allerdings gerade aus dieser Qualität und dem Ringen ums Überleben seine Faszinationskraft schöpft. Das Werk macht den Augenblick erlebbar, in dem noch einmal aufblüht, was schon verwelkt war, das Ende, wenn man so will, der sinnvollen Geschichte (im Doppelsinn), wo alles noch in einem mythologischen Kosmos verwebt war. Kafkas Mythen entstehen in einem Augenblick, da die kosmologischen Horizonte gerade noch in Erinnerung, aber faktisch längst verschwunden sind. Sie sind Reminiszenzen der großen Einheit, aber nichts an und in ihnen will und kann diese Einheit wiederherstellen. Die Freude am Kosmos ist einer Klaustrophobie gewichen, in der die Enge sich nostalgisch als Raum, als Welt-Raum gestaltet. Nicht zufällig fällt dieser Raum mit dem Erlebnisgebiet der Psyche zusammen. Man könnte an dieser Stelle sagen, dass Kafkas Monumentalität im Experiment seiner Mythenfortschreibung besteht, während gleichzeitig der Mythenverlust das eigentliche »quod erat demonstrandum« dieses Experiments ist.

Angesichts solcher Erschütterungen wähnt sich der Leser nicht nur gleichsam auf einem Vulkan vor dessen Ausbruch, sondern er steht vor der heraufkochenden Lava und ist fasziniert von dem Ereignis des Naturschaupiels, das ihm sein eigenes Urgestein heraufspült. Im Bewusstsein, mit diesem Anblick unterzugehen und nichts zu bereuen, ist Kafkas Leser gefangen. Nur die Qualität des lesenden Augenblicks entschädigt ihn für seine Irritation, nur der Ausblick in die kosmische Tiefe des Bewusstseins für deren Entzauberung. Im Grunde entscheidet aber gar nicht der Leser über das zu Lesende, sondern das zu Lesende entscheidet über den Leser. Kafka liest man nicht, sondern von und durch Kafka »wird man gelesen«. Der Leser ist das offene Buch, aus dem der Autor seine Geschichten liest: wahrlich ein *»tua res agitur«*! Barthes (1964, S. 106) hat diesen Vorgang allgemein für den Mythos beschrieben: »Der Mythos hat einen imperativen und einen interpellatorischen Charakter. [... D]irekt aus der Kontingenz auftauchend [...], sucht er *mich*: er ist mir zugewandt, ich erleide seinen intentionale Kraft, er mahnt mich, seine (expansive) Doppeldeutigkeit entgegenzunehmen.«

Die brilliante Einordnung von Kafkas Werk als »myth in the ironic« durch Frye (1973, S. 42) erklärt dessen faszinierend-abhorreszierende Wirkung in einem anderen Gedankengang, lässt aber manche Frage offen, beispielsweise jene, die aus Blumenbergs Diktum folgt, der Mythos vertrüge keine Selbstironie (AM, S. 36), oder jene andere, die die ironische Brechung als Identifikationshindernis hinterfragt: eine Position, die Jauß (1991, S. 283ff.) historisch erläuterte und systematisierte. Nun kann man gegen die Parodiethese im Falle Kafkas mit Recht einwenden, dass es sich hier eben nicht um »echte« Mythen handele, sondern um ein Formenspiel, das lediglich an diese erinnere. Fryes Gedankenweg schließt diese Überlegung nicht aus, legt sie aber auch nicht nahe, geht es ihm doch bei seinen fünf »modes« nicht um kategoriale Gattungsunterscheidungen, sondern um Spezialisierungen der Heldenfigur auf einer Skala von »göttlich–menschlich« und »Macht–Ohnmacht« mit einigen typischen Durchmischungen und Übergängen:

> »Irony descends from the low mimetic: it begins in realism and dispassionate observation. But as it does so, it moves steadily towards myth, and dim outlines of sacrificial rituals and dying gods begin to reappear in it. Our five modes evidently go around in a circle. This reappearance of myth in the ironic is particularly clear in Kafka and in Joyce« (Frye 1973, S. 42).

Für Frye entsteht Ironie also aus einer Durchmischung der Heldenaspekte. Sie gerät desto weniger zu einer Relativierung der Form, je mehr

sie bewirkt ist durch Akzentverschiebung in Richtung auf Handlungs-
ohnmacht und »Allzumenschlichkeit« des Helden. Denn bereits in der
Grunddefinition ist der radikale Antiheld eine ironische Figur, die den
»fifth mode« charakterisiert:

> »If inferior in power or intelligence to ourselves, so that we have the sense
> of looking down on a scene of bondage, frustration, or absurdity, the hero
> belongs to the ironic mode. This is still true when the reader feels that he
> is or might be in the same situation, as the situation is being judged by the
> norms of a greater freedom« (ebd., S. 34).

Indem eine solche Heldenfigur in ihrer Hoffnungslosigkeit mythischen
Vorbildern in Funktion (Sündenbock) oder Person (Prometheus) ähnelt,
liegt für Frye ein »Kurzschluss« der Heldenaspekte vor, der wiederum
ironisierende Wirkung hat.

> »In Kafka, whose work, from one point of view, may be said to form a
> series of commentaries on the Book of Job, the common contemporary
> types of tragic irony, the Jew, the artist, Everyman, and a kind of sombre
> Chaplin clown, are all found« (ebd., S. 42).

In der demonstrativen Ohnmacht des Helden bricht sich ironisch
eine der *conditio humana* unangemessene Schicksalsmächtigkeit und
beleuchtet damit die Dynamik in den mythisch-religiösen Welterklä-
rungssystemen, deren Antrieb die Dialektik von Ohnmachtserfahrung
und Allmachtsfiktion ist. Die Hilflosigkeit des Josef K. impliziert – als
Gottverlassenheit gedeutet – eine kosmische *causa*, während jedoch
gleichzeitig die Immanenzhypothese als neues Glaubensbekenntnis be-
kräftigt erscheint. Kafkas Geschichten propagieren somit eine Religion
ohne Gott, eine säkulare Metaphysik und führen das Verlangen nach
Transzendenz ebenso *ad absurdum*, wie sie ihm nachgeben. Der ironische Bruch, den Frye konstatiert, wurzelt letztlich in dieser paradoxen
Tiefenstruktur, die jüngst auch Sloterdijk (2011) in seinem Essay über
Kafka brillant aufwies.

Es sind also die agonalen Kräfte in Kafkas Geschichten, die die
verborgene Anwesenheit von »Mächten« suggerieren und damit ein
titanisches Pantheon entstehen lassen, das allein schon den Vergleich mit
den okzidentalen Mythen nahelegt; vor allem auch deshalb, weil ganz

wie bei diesen die schiere Pluralität dieser Mächte deren überirdische Macht relativiert. Es ist ein Pantheon, das dieselben Mächte propagiert, die es entmachtet, ein Pantheon der Götterdämmerung, das die Unendlichkeitsperspektive in eine neue und zugleich alte Zeit hineinträgt: die Zeit des Menschen.

5 DER HELD DES INNENRAUMS: MYTHOS ALS ANTHROPOLOGIE DES SUBJEKTS

Kafkas Geschichten haben eine starke ethische Ausstrahlung, die nicht nur durch das ausgelöste Mitleid mit dem Antihelden, dem *Menschen*, erklärbar ist. Für einen intensiven Augenblick werden wir Eingeweihte eines anthropologischen Mysteriums, ohne genau zu wissen, um welches es sich handelt. Das einzige, was wir verstehen, ist, dass menschliches Leid noch lange kein Theodizeeproblem aufwirft – im Gegenteil; dass also die *conditio humana* mit keiner göttlichen Einmischung zum Guten rechnen kann. Weil sich alle Eindrücke wie Traumbilder wieder verflüchtigen wollen, haben wir das Gefühl, sie festhalten zu müssen, um alles zu verstehen; um uns selbst zu verstehen. Die Geschichten reden nämlich von uns, indem sich Ereignisse unseres eigenen Lebens in ihnen zu wiederholen scheinen.

In der Tat geht das Ephemere an Kafkas Geschichten auf ihren Charakter als *Jetzt-Ereignis* zurück, und dieser wiederum auf den übermenschlichen Versuch der mythischen Restauration und Kartografie der Seelenwelt *ex negativo*. Die nur für Momente aufscheinende Kosmologie ist dem Nichts abgetrotzt, der Verneinung, die die *ratio* einfordert. Kafkas Geschichten sind Blitzlichtaufnahmen, die für Sekundenbruchteile archaische Höhlenbilder aus unseren tiefsten Bewusstseinsschichten ans (künstliche) Licht heben, auf denen dann allerdings Monsterwesen statt anmutigen Gazellen, Lemuren statt Menschen, bizarre Traumepisoden statt Geschichten zu sehen sind. Im Grunde kann das schon nicht mehr »Litteratur« sein, so wenig der Mythos ursprünglich Literatur war, auch wenn man Jauß (1991, S. 386) womöglich konzedieren muss, »daß in der mythischen Erzählform die ästhetische Einstellung immer schon am Werk ist«. Indem Kafka, gleichsam ohne es zu wollen, auf die Stufe des

Mythos zurückfällt, vereitelt er alle Literatur. Seine fragmentarischen Formen sind weniger das Resultat einer nihilistischen Weltsicht – der Mythos greift ja nach sinnhafter Totalität, auch wenn er dabei an seine eigenen Grenzen stößt –, als vielmehr Spuren des Kampfes zwischen integrativem und analytischem Denken, komplexer und atomistischer Weltauffassung. Als solche sind sie nicht der genuinen Form des Mythos selbst geschuldet, dessen frühen Formen die Spuren der Abarbeitung am Chaos noch anhaften.

Wenn Haas (2009, S. 214) angesichts von Dürers *Melencolia I* sagt, »[a]lle großen Kunstwerke wurzeln im Archaischen, sind weit offen für die Zukunft und besitzen einen untrüglichen anthropologischen Realismus«, dann trifft das gewiss auch und besonders auf Kafka zu. Darüber hinaus aber ist dessen Ausdrucks- und Bildsprache bis an die Grenzen des »apollinisch« Möglichen (d. h. des Grotesken) bestrebt, Gestalten und Gestaltungen gegen einen dunklen Hintergrundsog zu behaupten und »realistisch« nur insofern zu sein, als sie die *imagines* als anthropologische Grundtatsachen abbilden. Das gesamte narrative Inventar aber, ja die Erzählbarkeit selbst scheinen gerade erst einem Numinosen abgetrotzt. So hat die Agonalität in seinen Werken eine ihrer Ursachen darin, dass sich eine Stimme in einem Erzählraum behaupten will, der von Tabuzäunen umgrenzt ist und somit als unbetretbar und unbegehbar gilt.

Was das Epos anlangt, das dem Mythos die Fabel einverleibt, so geht es dabei um heroische Ich-Konstitution durch imaginative Selbst-Erfahrung: »Die Irrfahrt von Troja nach Ithaka ist der Weg des leibhaft gegenüber der Naturgewalt unendlich schwachen und im Selbstbewußtsein erst sich bildenden Selbst durch die Mythen« (Horkheimer/Adorno 2008, S. 53). Die »Beschreibung der Fluchtbahn des Subjekts vor den mythischen Mächten« (ebd.) führt jedoch, was das Medium betrifft, nicht nur »durch die Mythen«, sondern mitten in sie hinein. Man mag das auch »[d]ie Flucht durch den Menschen hindurch ins Nichtmenschliche« nennen und als »Kafkas epische Bahn« apostrophieren (Adorno 2003, S. 262). Das pointiert die Tatsache, dass der psychische Schrecken, der sich beim frühen Menschen in Dämonenfratzen projiziert – »[d]ie Geister und Dämonen sind«, so Freud (StA IX, S. 380), »nichts als die Projektionen seiner Gefühlsregungen« –, der Frage seiner Verursachung ausweicht, sowie es in Mythen keine Kausalität im Sinne einer zwangsläufigen Ereignisfolge gibt, sondern lediglich eine

Zustandssukzession, eine gleichsam räumliche Ereignisschichtung: »Das Geschehen«, wie wir es in Mythen vorfinden, erhält nach Cassirer (2009, S. 37) »die Form des Übergangs von einer Dinggestalt in eine andere – es ist mythisch ›begriffen‹, indem alle diese sukzessiven Dingphasen einfach in ihrem Nacheinander erfasst und beschrieben werden«. Der Vorteil solcher Mythifikationen liegt auf der Hand, allerdings geht es dem epischen Kunstmythos bereits weniger um eine Verminderung der Angst als um die Beschwichtigung der mythischen Mächte durch Opferhandlungen. Selbst in ihrer säkularisierten Form kommt dem Ritual des Vortrags oder Vorspiels freilich ein psychischer Nutzen zu, der über die Angstbewältigung hinaus in der Weltbewältigung mittels Weltdeutung begründet liegt.

In diesem Ritual kann man recht klar den regressiven Schrittmacher in der Heldenentwicklung der homerischen Epen erkennen, die Horkheimer und Adorno (2008, S. 52) als den »Grundtext der europäischen Zivilisation« bezeichnet haben. Der Weg des Odysseus nach Ithaka ist eine Folge der ungeheuerlichsten Widerfahrnisse nämlich nicht deshalb, weil das Glück nun einmal wieder und wieder erkämpft werden musste, sondern weil der Selbstgewinn nur durch die Entsetzung der alten Naturmächte möglich ist, die dafür ihren Tribut fordern. Der Held verschuldet sich in dem Maße an der Natur, wie er ins Helle vorstößt und unabhängiges Subjekt wird. Desto größer werden dann auch, wahrhaft naturgemäß, seine Opfersteuern in Form neuer Hindernisse, deren Überwindung wiederum neue Schuld bedeutet – *ad infinitum*. Die im Kampf um das Selbst erlittenen Verluste werden so immens, dass an eine Wiedergutmachung nicht mehr zu denken ist. Es ist somit das größtmögliche Opfer, das für das im Überwindungskampf gewonnene Selbst in seiner Identitätsbildung konstitutiv wird: »Das identisch beharrende Selbst, das in der Überwindung des Opfers entspringt, ist unmittelbar doch wieder ein hartes, steinern festgehaltenes Opferritual, das der Mensch, indem er dem Naturzusammenhang sein Bewußtsein entgegensetzt, sich selber zelebriert« (ebd., S. 61). Bei der »Transformation des Opfers in Subjektivität« (ebd., S. 63) wird zwar die Rationalität in Form der »List« als Tauschmittel erfahren, welches das Letzte, das Opfer des eigenen Lebens erübrigt, doch ändert das nichts am Opfercharakter der Tat, die ohne Entsagungsleistung nicht denkbar wäre. Was das in jeder Heldentat geforderte Menschenopfer verhindern half, war die heroische Entsagung, aus der letztlich der eigentliche Selbstgewinn wird, der schließlich den Kulturgewinn ermöglicht: »Die Geschichte der Zivilisation ist die Geschichte der Introversion des Opfers. Mit anderen Worten: die Geschichte der Entsagung« (ebd., S. 62).

Teil dieser Entsagung ist gewiss auch, dass der Held auf seinem langen Weg permanent in Verzug gerät und also in Schuldigkeit verharrt. An der Massierung der Hindernisse gemessen, gerät jeder Erfolg wieder zum Misserfolg, aus jeder Schuld erwachsen neue Forderungen, jeder Schritt in die Zivilisation mobilisiert ein neues Quant Wildnis. Der Aufschub seines Untergangs per Stundung seiner Lebensschuld durch die Gläubigermächte wird narratologisch zum Prinzip der Suspension und damit zum Zwang für den Helden immer weiterzumachen, vergleichbar der zyklischen Dynamik der Spielsucht: jeder Verlust schafft neuen Gewinnzwang, der wiederum zum Verlust führt. Je weiter der mythische Held aus seiner einstigen Welt-verschmelzung in die Vereinzelung des Subjekts vorstößt, je mehr Wirk-lichkeitsraum subjektiv erobert und vermessen wird, damit das heroische Selbst sich darin orte und namentlich bestimme, umso erfindungsreicher werden die Wegelagerer, umso länger demgemäß auch der geschuldete Text, der narrative Aufschub des Endes. Jedes Hindernis entspringt dabei nicht einer äußeren Aktionsregie, sondern ist die Konsequenz einer inneren Entwicklungsschuld. Jedes neue Abenteuer ist, psychoanalytisch gespro-chen, eine *endopsychische* Folge des alten. Die *tour d'horizon* des odys-seeischen Heldentypus entspricht einer Bewusstseinsemanation, die das Universum kosmologisch *prä-stabiliert*, um die Individuation als radikale Objekttrennung zu überleben. Alle Kosmologie erscheint in diesem Sinne als »Weltfiktion«, alle Mythologie als archaisierende Entbindungs- und Bindungsfantasie, alles Erzählen als die Inszenierung einer Deprivation. Wenn Kafka beim Wiederlesen seiner Erzählung »Schakale und Araber«, die Martin Buber in der Zeitschrift *Der Jude* abdrucken ließ, seine Gefühlslage schildert, kommt die Gemengelage von Glück und Enttäuschung angesichts der kompensatorischen Fiktion deutlich zum Ausdruck. Zugleich wird die Abgeschlossenheit der Fiktion als kosmologische Leistung am Maß der empfundenen Genugtuung sichtbar:

> »Immer erst aufatmen von Eitelkeits- und Selbstgefälligkeitsausbrüchen.
> Die Orgie beim Lesen der Erzählung im Juden. Wie ein Eichhörnchen im
> Käfig. Glückseligkeit der Bewegung, Verzweiflung der Enge, Verrücktheit

der Ausdauer, Elend-Gefühl vor der Ruhe des Außerhalb. Alles dieses
sowohl gleichzeitig als abwechselnd, noch im Kot des Endes ein Sonnen-
streifen Glückseligkeit« (N II, S. 30).

Narratologisch gerät die Handlung der Geschichte also nach dem Domi-
noprinzip, eskaliert in Fallstufen aus der energetischen Mitte des Helden,
dessen psychischen »Bauplan« sie abwickelt. Es gilt demnach auch nicht,
dass das Selbst an seinen Aufgaben wächst, sondern umgekehrt: Die Aufgaben wachsen am Selbst. Mit dem Vorstoß in die Objektwelt ortet (und
ordnet) sich der Held an seinen Hindernissen, die er sich auf dem Weg
der sich selbst erfüllenden Prophezeiung in den Weg legt. In diesem Sinne
sind Helden »mit all ihrer Kraft nichts anderes als Helden des Ich-Seins,
Vorkämpfer der Selbsterhebung zum Können und zur Eroberung des
eigenen Namens« (Sloterdijk 1993, S. 23). Die Namensfindung steht für
Selbstfindung. Im Piaget'schen Modell der imaginativen Weltaneignung,
in dem Eindruck und Ausdruck buchstäblich zu einem *modus vivendi*
finden, lässt sich dieser Prozess der Selbstausprägung psychologisch
nachvollziehen, und es ist kein Zufall, dass die Bildersprache des Mythos
diesen Prozess sozusagen *in actu* vorexerziert.

In den verspielten Ondulierungen der Fabel offenbart das Epos seine
Differenz zum Mythos: sein Brettspielcharakter lässt ihn das Geschehen
der Individuation souverän *nach-spielen*, und dieses Nachspiel erlaubt die
vorherige Festlegung der Züge und Gegenzüge um der besseren Dramatisie-
rung und letztlich identifikatorischen Befriedigung willen. Sein Vorzug – und
darin besteht seine »Magie« – ist der Genuss jener auktorialen »Allmacht
der Gedanken«, die, wie Freud in *Totem und Tabu* ausführt, im Stadium des
Animismus an die Geister und Dämonen abgetreten, in der Kunst jedoch,
als Teil des Spiels, noch »erhalten geblieben« sind:

> »In der Kunst allein kommt es noch vor, daß ein von Wünschen verzehrter
> Mensch etwas der Befriedigung Ähnliches macht und daß dieses Spielen –
> dank der künstlerischen Illusion – Affektwirkungen hervorruft, als wäre es
> etwas Reales. Mit Recht spricht man vom Zauber der Kunst und vergleicht
> den Künstler mit einem Zauberer« (StA IX, S. 378).

Im besonderen Blick auf die Sprache und ihre sich im nacharchaischen
Epos ausweitende Auktorialität schlägt Freud die Brücke von jenem

illusionären Allmachtsglauben als »Überschätzung des Einflußes, den unsere seelischen [...] Akte auf die Veränderung der Außenwelt üben können«, zu frühen Stadien der Menschheitsentwicklung:

> »Im Grunde ruht ja alle Magie, die Vorläuferin unserer Technik, auf dieser Voraussetzung. Auch aller Zauber der Worte gehört hierher und die Überzeugung von der Macht, die mit der Kenntnis und dem Aussprechen eines Namens verbunden ist. Wir nehmen an, daß die ›Allmacht der Gedanken‹ der Ausdruck des Stolzes der Menschheit war auf die Entwicklung der Sprache« (ebd., S. 559)[9].

Anders oder zumindest dramatischer als im ästhetisch hochorganisierten Epos geht es im archaischen Mythos weniger um den Lohn der Angst als vielmehr um die Vermessung der Angstgründe mithilfe der Ritualsprache, welche die *vis imaginativa* weit stärker evoziert haben muss als die spätere Literatursprache. Es handelt sich also nicht um eine Teleologie der Überwindung, sondern um eine Ätiologie der Schreckensphänomene, die in Angstdeutung und schließlich Angstlinderung mündet. Die mythische Geschichte strebt noch keinem Schluss zu, sondern repetiert die Anfänge, um das Ende aufzuschieben und sich das *tremendum terribile* möglichst zu ersparen. Ihr Tempo ist noch von keinem eleganten »Redefluss« getragen, sondern, um im Bild zu bleiben, von kataraktischen Turbulenzen, deren Getöse die Beschwörungen übertönen will.

Der Held schreitet im nacharchaischen Epos ein Gelände ab, das seine eigene Seelenlandschaft ist, und meidet so bewusst das Entsetzen, wie die *gorgo medusa* ein Teil der unsichtbaren Welt ist, die er nur als inszeniertes Abenteuer schadlos präsentieren kann. Die Zeit tritt vor dem Raum zurück, »Handlung« vollzieht sich in Kreisen und mündet ins wiederholte Ritual bzw. ins Ritual der Wiederholung.[10] Das griechische

---

9 Paul Ricœur (1974, S. 357) hat zur wissenschaftlichen Ehrenrettung Freuds betont, dass es »mit Hilfe von Haeckels biogenetischem Gesetz möglich [ist], Phylogenese und Ontogenese in Übereinstimmung zu bringen«.

10 Diese Beobachtung macht auch Ernst Cassirer (2009, S. 49), wenn er feststellt, dass »im Mythos der Vorrang des räumlichen Anschauens vor dem zeitlichen durchaus gewahrt [bleibt]«. Abgeleitet ist diese Überlegung aus der Tatsache, dass im Mythos mikro- und makrokosmische Geschehnisse stets aufeinander bezogen sind, der Kosmos also als einheitlicher Raum aufgefasst ist, in dem es keine isolierten Phänomene gibt, die nach einem eigenen Gesetz funktionierten.

Wort αρχη bezeichnet sowohl den »Anfang« eines Prozesses als auch einen »archaischen«, im frühen Mythos noch greifbaren Zustand. Im Namen der frühesten Anfänge kann nur ein Garant ewiger Dauer sprechen. Ist Stagnation das bestimmende Grundgefühl eines Individuums oder Kollektivs, werden mythische Formen herangezogen, um den Zustand des zyklischen Kreisens vorzugeben und die Wiederholung zu gestalten. Kafkas Tagebucheintragung vom 16. Oktober 1921 scheint darauf abzuheben: »Das Unglück eines fortwährenden Anfangs, das Fehlen der Täuschung darüber, daß alles nur ein Anfang und nicht einmal ein Anfang ist« (T, S. 863).

Bereits zehn Jahre zuvor nach der Rezitation seiner Pariser »Automobilgeschichte« durch Max Brod hatte er festgestellt:

> »Es kommen [...] immer nur abreißende Anfänge zu Tage [...]. Würde ich einmal ein größeres Ganzes schreiben können wohlgebildet vom Anfang bis zum Ende, dann könnte sich auch die Geschichte niemals endgiltig von mir loslösen und ich dürfte ruhig und mit offenen Augen als Blutsverwandter einer gesunden Geschichte ihrer Vorlesung zuhören, so aber läuft jedes Stückchen der Geschichte heimatlos herum und treibt mich in die entgegengesetzte Richtung« (T, S. 227).

Zwar erklärt er diesen Sachverhalt damit, dass er »zu wenig Zeit und Ruhe habe um die Möglichkeiten [s]eines Talentes in ihrer Gänze aus [sich] zu heben«, doch liegen die Ursachen weit tiefer in den Zyklen des selbsterkundenden Schreibens, dessen Introspektionen – Kafka spricht von »Selbstbeobachtung« (T, S. 892) – im Grunde genommen Retrospektionen sind. Die vollendet abgeschlossene Geschichte bedeutete nicht nur das Ende eines lebensgeschichtlichen Prozesses (und damit ein »Heimkommen«), sondern auch die Geburt einer selbstständigen Entität, die alle Merkmale der personalen Ganzheit besitzt, möglichst also mit den Merkmalen einer »prästabilierten Harmonie« von Textes Gnaden versehen ist.

»Selbstfindungsgeschichten« nennt Sloterdijk (1993, S. 22) die vorhellenistischen Mythen. Geschichten solcher Art sind auch Kafkas Erzählungen als Folie unterlegt. Vor ihnen erst erscheint die *narratio* des modernen Helden als *aberratio*: als tragikkomische Travestie der alten Geschichte. Haben bei jener »die manischen Subjektwerdungen ihren kritischen Punkt am Übergang zwischen Er und Ich« (ebd., S. 30), so berichten Kafkas Geschichten eher vom Scheitern dieser Subjektwerdung, während sie elegisch an ihr Gelingen gemahnen. Der Weg geht nicht »vom Er zum Ich« und damit zur reiferen Bewusstheit (die Freud'sche Formel in der *Neuen Folge der Vorlesungen* lautet: »Wo Es war, soll Ich werden«), sondern umgekehrt vom Ich zum Er. Eine Täteridentität kann es so nicht geben, auch nicht eine partielle. In diesem Sinn könnte man bei Kafka nicht nur von »Travestien des Mythos« (Weinberg 1963), sondern von »Antimythen« sprechen, die freilich gerade in dieser Eigenschaft das Mythische inkorporieren, weil nur der mythische Gestus Mythen gegenspiegeln kann. Ist die Geschichte der Mythen generell die des Logos zu immer größerer Dominanz, so geschieht bei Kafka das Umgekehrte: Der Logos (wie der Melos) tritt hinter dem Mythischen zurück. Dieser künstlerische Schachzug ist für die Verstehensbarrieren verantwortlich, die sich vor dem wesentlich älteren, dunkleren Teil des Bewusstseins auftun.

Ich habe die Sukzession der Fabel im epischen Mythos als eine sich selbst erfüllende Prophezeiung beschrieben: als immanenten Ereigniszwang, der einem endopsychischen Ursachenkern bzw. einem unter Umständen weit zurückreichenden Anstoßimpuls entspringt. Nicht allein deshalb, »weil der Held am Anfang ein ausgesetztes Opfer war, besitzt er die motivationale Begabung, nachträglich zum selbstmächtigen Täter aufzusteigen« (Sloterdijk 1993, S. 22), sondern weil von Abenteuer zu Abenteuer neue Opfer nötig werden, ja weil jedes Hindernis wieder ein neues Opfer ist. Der Duktus der Begebenheiten folgt einem iterativen Prinzip: Ereignisse werden Erfindungen von Erfindungen von Erfindungen – *ad infinitum*. Das Prophetische, das Sloterdijk (ebd., S. 22) in den Mythen ausmacht – »In diesem Sinn sind auch die Mythen nicht selten prophetisch« – erwächst nicht nur aus dem Stigma des Ausgesetztseins oder der illegitimen Abstammung, sondern geht auf die perpetuierte Schuldigkeit des Helden gegenüber den abgesetzten Naturdämonen vom Schlage einer Skylla und Charybdis zurück, deren nachwachsende Köpfe sie zum (fast) unbesiegbaren Ungeheuer machen.

Wenn Homers Epen in ihrer wortverliebten Nähe zum Roman bereits als mythische Spätformen zu erkennen sind, so unterscheiden sie sich von diesem doch durch die Kartografie des Bewältigungswegs. Ihr Held entwickelt sich, wie wir gesehen haben, indem er sein Leben als eine Art epigenetisches Programm aus sich heraus *ent-wirft*, um (zu) sich selbst zu finden. Die Ereignisse fallen ihm nicht von außen zu im Sinne des *Zu-falls*, sondern drängen aus ihm selbst heraus, sind also, wenn man so will, verhängt von seinem eigenen Fatum. Sie *er-eignen* sich im Wortsinn, statt nur zu geschehen, sind also sein Eigenes und folgen aus seinem von Erfahrungen der Ohnmacht geprägten Wesen.

Zusammenfassend lässt sich sagen: Weder passt sich die Welt dem Helden an noch der Held der Welt. Die *Er-eignisse* des Epos sind vielmehr eine Projektion des Ich. Das Selbst wird in ihnen regelrecht *er*fahren. Man könnte es allgemein formulieren und sagen: Das heroische Subjekt der Zivilisation wird nicht in die Welt hineingeboren, sondern gebiert sich in der Not selbst:

> »Der Motor der heroischen Ichwerdung ist die völlige Selbsterhebung aus dem völligen Versinken in den Ozean der Hilflosigkeit. Der Held ist der Mann, der aus dem Meer der Verzweiflung an Land geht. In ihm beginnt das Abenteuer der Zivilisation als Kolonisierung des ichhaften Festlands« (ebd., S. 23).

Wenn wir dieses Prinzip des inneren Ereigniszwangs als Strukturprinzip des epischen Mythos betrachten, dann wird klar, dass das Selbst sich nicht bildet, indem es »den starren Gegensatz zum Abenteuer aus[macht], sondern in seiner Starrheit sich erst durch diesen Gegensatz [formt]« – den es, so füge ich diesem Gedanken von Horkheimer und Adorno (2008, S. 54) hinzu, aus sich selbst hervorbringt. Campbell (1989, S. 155) schreibt dazu Folgendes: »Das Abenteuer ist symbolisch eine Manifestation seines [des Helden, Vf.] Charakters. Selbst die Landschaft und die ganzen äußeren Bedingungen passen zu seiner Bereitschaft [zum Abenteuer, Vf.].«[11] Es entsteht heroische Identität als idealtypische »Einheit bloß in der Mannigfaltigkeit dessen, was jene Einheit verneint«. In der Addition der Ereignisse kommt es dann zu jener Summe, die den Helden wie den Leser – denken wir an Josef K. –

---

11 Campbell (1989, S. 155f.) fügt an dieser Stelle eine schöne Illustration dieser These aus Cervantes' *Don Quijote* bei: »[...] Quijote rettete sich in das Abenteuer [vor der mechanistischen Auslegung der Welt], indem er einen Zauberer erfand, der die Riesen, auf die er losgegangen war, just in dem Moment in Windmühlen verwandelt hatte. Das kann jeder machen, wenn er eine dichterische Phantasie hat.«

vor vollendete Tatsachen und nicht selten vor das Erwartet-Unerwartete stellt, das im eigentlichen Sinne präfiguriert war.

Das Epos soll also die Vorstellung eines schicksalhaften Automatismus desillusionieren und ein Lebenslaufkonzept einführen, das erst viel später das (idealistische) Etikett *self made* erhielt. Novalis (1969, S. 389) fasst das in folgende Überlegung: »Wer das Leben anders als eine sich selbst vernichtende Illusion ansieht, ist noch selbst im Leben befangen. Das Leben soll kein uns gegebener, sondern ein von uns gemachter Roman sein.« An anderer Stelle pointiert er dies philosophisch: »Jedes Individuum ist der Mittelpunkt eines Emanationssystems« (ebd., S. 348). Das geht in seinem Solipsismus klar über ein teleonomisches Entwicklungskonzept hinaus und lässt eher an ein vitalistisches Konzept der Entelechie denken.

Das Verständnis von Narrativität ist hier konstruktivistisch angedacht im Sinne einer Bewusstseinsfigur, die der Held auf seinem Lebensweg erfüllt, indem er sie in Sukzession auflöst. Ähnlich leitet Rank (2000, S. 253) den konsekutiven Zusammenhang des Kommenden mit dem Vergangenen und der Gegenwart des Helden im homerischen Epos davon ab, dass

> »der Held sich nicht mehr begnügt, seine phantastischen Abenteuer als wirklich vorgefallen zu erzählen, sondern auch gezwungen ist, sie teilweise in Handlung umzusetzen. In der Odyssee ist die naive Erzählung des bloß Gewünschten, Gedachten, Geträumten als etwas wirklich vom Helden Erlebten […] offenkundig.«

Hier wird freilich hinter dem Erzähler ein Subjekt der Geschichte (des Textes) vorausgesetzt, dessen insequenzielle, jedenfalls zeitindifferente Traumszenarien auf die chronologische Zeitleiste der *narratio* projiziert werden. So wird aus dem simultanen Nebeneinander der Bilder eine scheinbar kausal- und teleologisch eingefädelte Handlung. Sie erinnert in ihrer Rückführbarkeit auf ein simultan generatives Bewusstseinsgeschehen an Augustinus' Zeitaspekte, die stets auf die Gegenwart eines Subjekts perspektiviert sind, ob sie nun »Vergangenheit« oder »Zukunft« lauten.[12] Die faktische (unbewusste) Logik ist nun die der

---

12 Cassirer (2009, S. 183f.) würdigt den Zeitbegriff des Augustinus als »einen geschichtlichen Wendepunkt und einen geschichtlichen Höhepunkt der phänomenologischen Erfassung und Deutung«.

Wunscherfüllung, wie sie in der Traumarbeit zu Geltung kommt; keinesfalls also eine lineare, die schnellstmöglichst zum Ziel gelangt, sondern eine eher verstiegene, die vom Ziel ablenkt.

Auch Frye (1963, S. 18) erinnert wiederholt an den Zusammenhang von Mythos und Traum und sieht das Handlungsgeschehen darin als Synthese von Innen- und Außenwelt, als Herstellung einer Verbindung von Mensch und Natur – fast eine Antizipation des Winnicott'schen Konzepts der Übergangsphänomene. Anders als in der Traumarbeit scheint allerdings kein Grund zu bestehen, die Bedürfnisse (Freud würde sagen: die Traumgedanken) an ihrer vollen Manifestation zu hindern.

> »Hence art, which Plato called a dream for awakened minds, seems to have as its final cause the resolution of the antithesis, the mingling of the sun and the hero, the realizing of a world in which the inner desire and the outward circumstance coincide. This is the same goal, of course, that the attempt to combine human and natural power in ritual has.«

Nach dem Modell der Traumarbeit spielt bekanntlich die zensierende Kraft des Über-Ich eine entscheidende Rolle. Stellt man die Mythe neben das Märchen, so scheint werk- bzw. traditionsgenetisch die Differenz vor allem dieser Zensurrolle bzw. dem unterschiedlichen Einfluss des Über-Ich geschuldet zu sein:

> »Von der naiven Selbstsicherheit des Märchenhelden, dem nichts geschieht und dem alles gut ausgeht, weil er ja in Wirklichkeit nichts tut als seine Wunschregungen in der Magie der Sprache zu erfüllen, ist ein weiter Weg zum Helden der Tragödie, der an seinem eigenen, selbstgeschaffenen Schicksal zugrunde geht. In der Tragödie akzeptiert der Mensch nicht nur die Sterblichkeit, sondern er muss auch den von ihm aufgezwungenen Tod als etwas Selbstgewolltes hinstellen, wofür er die eigene Verantwortung übernimmt. War das Heroische zuerst die Geburt, oder besser gesagt die Selbstbefreiung des Menschen von den gegebenen Abhängigkeiten in seinem persönlichen Heldentum, so wird es schließlich zur Akzeptierung des Todes als seines selbstgewollten und tragisch akzeptierten Schicksals« (Rank 2000, S. 255f.).

Bruno Bettelheim (2008, S. 51) erinnerte vor geraumer Zeit daran, dass Mythen sich von Märchen durch ihren Pessimismus unterscheiden und dass sie sich daher nicht so wie diese zur moralischen Orientierung von

Kindern und zur Durcharbeitung ihres Unbewussten eigneten. Mythen handelten letztlich vom Scheitern an Über-Ich-Forderungen, während Märchen Es- und Über-Ich-Attribute in ihrer Konfrontation als Motor einer Ich-Entwicklung präsentierten, die zur Unabhängigkeit führt:

> »Die Mythen projizieren eine Idealpersönlichkeit, die auf der Grundlage der Forderungen des Über-Ich handelt, während Märchen eine Ich-Integration schildern, die Spielraum für die angemessene Befriedigung von Es-Wünschen enthält. Dieser Unterschied erklärt den Kontrast zwischen dem durchgängigen Pessimismus der Mythen und dem wesensgemäßen Optimismus der Märchen.«

Allerdings scheinen Mythen auf diesen optimistischen Luxus nicht deshalb zu verzichten, weil sie weniger zur Unterhaltung als zur pädagogischen Belehrung erfunden wären (das mag indes mit hoher Wahrscheinlichkeit so gewesen sein, z.B. in den Initiationszeremonien), sondern weil sie eine Periode der Selbstentwicklung einfangen, bei der es um Individuation durchaus im Sinne anthropologischer Menschwerdung, also um *Ent-bindung* aus der Animalität der Wildnis oder der Abhängigkeit des Kindes geht, die im blutigen Ernst mancher Initiationsrituale keinen Aufschub duldet. Auf einer archaischen Frühstufe der Zivilisation gibt es vielleicht noch keinen Grund, das Menschenkind als solches schon aufzuwerten; vielmehr ist dessen rudimentäres Selbst an sich schon zu überwindende Konfliktmasse und obendrein ständig bedroht von seiner Auslöschung.

Stellen wir uns die Anthropogenese als allmähliches Herauslösen aus dem amorphen Naturkontinuum vor, so spiegelt der Mythos einerseits die ständig gefürchtete Übermacht der Natur, andererseits die gewaltige Anstrengung des frühen Menschen, seine psychophysische Schwäche durch innovative Werkzeugtechnologien und Planungsstrategien (wie die sagenhafte »List« des Odysseus) zu überwinden. Vorerst noch scheinen nur die Götter die Lizenz zum souveränen Handeln zu besitzen, während die Sterblichen dieses Recht erst auf einem langen, mühsamen Weg durch die Geschichte sich erwerben müssen. Goethes Mephistopheles, am Rande gesagt, scheint da freilich nicht so optimistisch: »Glaub unsereinem, dieses Ganze/Ist nur für einen Gott gemacht!« (V. 1780f.) In Wirklichkeit aber präjudiziert er nur die Göttlichkeit des zukünftigen Menschen.

Da der archaische Mythos dieses Ziel jedoch nicht vor Augen hat, werden dort auch solche Werte noch nicht agiert. Laokoon ringt mit »ozeanischen« Urgewalten – die ihn tötenden Schlangen kommen aus dem Meer –, deren Energie so groß ist wie die Angst verschlungen zu werden bzw. in den chthonischen Urbrei hinabzusinken. Umgekehrt heißt das: »Je sicherer sich der Mensch in der Welt fühlt, um so weniger hat er es nötig, an ›infantilen‹ Projektionen – mythischen Erklärungen oder Märchenlösungen für die ewigen Probleme des Lebens – festzuhalten, und um so freier kann er rationale Erklärungen suchen« (Bettelheim 2008, S. 63).

Der jüngere Mythos erst wird Teil jener List und »läßt den Menschen leben, indem er die Übermacht depotenziert« (AM, S. 38). Wenn Walter Benjamin in seinem fulminanten Aufsatz von 1934 Kafkas Geschichten zuerst vom Mythos abhebt, um sie anschließend wieder in dessen Nähe zu rücken, dann unterstreicht er deren ästhetischen Schwellenstatus. Einerseits sei es in ihnen nicht möglich, »[v]on Ordnungen und Hierarchien zu sprechen«, wie das »[d]ie Welt des Mythos [...] nahelegt«; andererseits ist

> »[u]nter den Ahnen, die Kafka in der Antike hat [...] dieser griechische nicht zu vergessen: Odysseus steht ja an der Schwelle, die Mythos und Märchen trennt. Vernunft und List hat Finten in den Mythos eingelegt; seine Gewalten hören auf, unbezwinglich zu sein. Das Märchen ist die Überlieferung vom Siege über sie. Und Märchen für Dialektiker schrieb Kafka, wenn er sich Sagen vornahm. Er setzte kleine Tricks in sie hinein; dann las er aus ihnen den Beweis davon, ›daß auch unzulängliche, ja kindische Mittel zur Rettung dienen können‹« (BGS, S. 415).

Das wäre kein brauchbarer Gedanke, wenn Benjamin unterstellen wollte, die Märchen, zu denen Kafka Zuflucht nehme, enthielten im Unterschied zu den Mythen keine solchen »Ordnungen und Hierarchien«, die er zu vermeiden trachte. Gerade das Gegenteil ist bekanntlich der Fall. Benjamins »Märchen für Dialektiker« als Synthesefigur kann daher nur heißen, dass erst im traditionell der »Erlösung« (BGS, S. 415) gewidmeten Märchen der schärfste Kontrast zu jener unerlösten Welt des modernen Helden gefunden ist, wobei das Märchen hier nicht nur ironische Utopiefolie ist, sondern als Raum der Kunst und des

Spiels auch für die subversive Zielrichtung der Fiktion steht. Die in ihm entfalteten Belohnungsfantasien erlauben es, die Bedürfnis- und Begehrensstruktur des seiner genuinen Emotionalität deprivierten Menschen nicht nur zu zeigen, sondern auch *in actu* erleiden zu lassen. Der masochistische Kitzel ruft Fantasien der »Heimat« wach, deren Ubiquität sie in ein – nicht weniger utopisches – intermediäres *Netherland* verweist. Novalis (1969, S. 390) fasst die (mystische) Dialektik von Alles und Nichts, Fülle und Leere in seinen berühmten Satz: »Märchen sind nur Träume von jener heimatlichen Welt, die überall und nirgends ist.«

In Kafkas bezeichnender Umdeutung der Sirenenepisode entfällt mit dem »Schweigen der Sirenen« zwar einerseits die aktuelle Gefahr des Scheiterns, andererseits aber auch das Erlösungsversprechen und damit der authentische Anlass des Begehrens. Vielleicht ist das der Grund, weswegen von diesem Schweigen, wie es heißt, die noch viel größere Gefahr ausgehe als von dem Gesang. In diesem Licht erscheint die Rettung vor der physischen Gefahr als das entsagungsvolle Gegenteil einer »Erlösung« – und »Erlösung« erhält das Valeur einer lustvollen Selbstbefreiung.

IV MYTHOS UND KUNST

»Kunst war nie ein Mittel, die Welt zu ändern, aber immer ein Versuch, sie zu überleben.«

Thomas Brasch (1977, S. 61)

1 SPRECHEN IM MODUS DES SCHWEIGENS: ERZÄHLTE MYSTIK

Wenn ein Autor alle bisher bekannten Wege der Ästhetik verwirft, ja sich in einer Ästhetik der Antiästhetik versucht und Ausdrucksmittel findet, deren er sich selbst niemals sicher sein kann, muss der Leser mit einem hohen lebensphilosophischen Erkenntnisanspruch, jedenfalls einem schwierigen Entdeckungsexperiment rechnen. Kafkas Geschichten sprechen zunächst dadurch an, dass sie zu sich selbst sprechen. Sie murmeln Worte, die man *a priori* für wahr hält, weil sie nicht für einen bestimmt erscheinen oder jedenfalls für alle bestimmt sind, vor allem aber, weil sie wirken. Armstrong (2007, S. 15) sieht das Wesen des Mythos darin, dass er wahr sei, »weil er wirkt, nicht weil er uns faktische Informationen liefert«. Dasselbe gilt für diese Geschichten. Sie murmeln und *be*-sprechen bzw. *be*-schreiben die *andere* Welt in einer Weise, dass man in der Art der griechischen Mysterienkulte, für die Burkert (1997, S. 43) »eine Korrespondenz von Reden und Handeln« annimmt, den performativen nicht vom semantischen Aspekt trennen kann. So wie Liturgie und Handlung oder δρομενα (alles, was getan wird) und δραμα (was dargestellt wird) bzw. δρομενα und λεγομενα (was gesagt wird) gehören auch Wort- und Geschehensbedeutung untrennbar zusammen. Sie *be*-deuten vor allem, indem und solange sie sprechen oder schreiben, und sie bedeuten dem Sprecher oder Schreiber etwas, aber nicht notwendig (und *in statu narrandi* nur in der mündlichen Variante) auch anderen.

Gerne zählte man zu den Eingeweihten, die es etwas *an-geht*. Indem man diesem Wunsch verfällt, konstruiert man bereits eine Tabuzone für andere und ein Privileg für sich selbst. Allein die Nichtalltäglichkeit des Gehörten verlangt nach einem ritualisierten Rahmen. Zu den Modalitäten des Rituals gehört bei Kafka, abgesehen von der Lektüre als solcher, allein schon das Riesenausmaß der Rezeption, verbunden mit den Zeremoniellen der Forschung. Für den Mythos gilt, dass er »keine Geschichte [ist], die sich in einer profanen oder trivialen Umgebung erzählen ließe«, und so ist er »nur im feierlichen Kontext spiritueller und psychischer Transformationen zu begreifen«: »Einen Mythos ohne das mit ihm verbundene Transformationsritual zu lesen ist eine ebenso unvollständige Erfahrung, wie das Libretto einer Oper ohne Musik zu lesen« (Armstrong 2007, S. 36).

Es ist von Anfang an Teil dieser Wirkung, dass sich ein Verhältnis zu diesen Texten bildet, das entweder negativ oder positiv engagiert ist und von Verärgerung über Enttäuschung bis zur völligen Empathie alle Stufen des Affekts annehmen kann. Der Leser inkorporiert deren Fantasie wie bei jedem Kunstwerk, doch erlebt er die Identifikation mit ihnen tiefer, weil diese, ob positiv oder negativ gepolt, unbewusst wider Willen geschieht. Auch dieser Vorgang ist typisch für die Mythenrezeption:

> »Sie [die Mythologie, Vf.] half den Menschen nicht nur, ihrem Leben Sinn zu verleihen, sondern eröffnete auch den Zugang zu Regionen des menschlichen Geistes, die ansonsten unzugänglich geblieben wären. Sie stellte eine Frühform der Psychologie dar. Die Geschichten von Göttern und Helden, die in die Unterwelt hinabstiegen, Labyrinthe durchquerten und mit Ungeheuern kämpften, brachten die mysteriösen Vorgänge der Psyche ans Licht und zeigten den Menschen, wie sie mit ihren inneren Krisen umgehen konnten« (ebd., S. 15f.).

Der hermetische Kreis zieht in seinen Bann, vor allem, wenn er über die soziale Abgrenzung hinaus auch semiotisch als Selbstreferenz besteht, die sich durch rituale Materialität, sprich: gelebte Performanz, auszeichnet. Diese hat nach Lévi-Strauss' (1975, S. 298f.) Definition des Ritus die Funktion, die Kontinuität des Erlebten zu gewährleisten. Was an zensierenden Kräften in diesen dem Tabuzwang abgerungenen, von Verdrängungs- und Selbsterhaltungsenergien lebenden Geschichten wirkt, setzt sich im Leser fort als die geheime Scheu vor der Offenbarung, die als Wunder oder Schrecken imaginiert und unversehens zur eigenen Psyche korreliert wird. Der Augenblick der Epiphanie wird gleichzeitig erhofft und gefürchtet wie beim Erzählen in der Tradition der *Haggadah, Mischna* oder *Gemara*, den rabbinischen, chassidischen Geschichtensammlungen, die eine Einkreisung der Thora-Lehren versuchen.[1] Walter Benjamin hat den ergiebigen, dennoch auch leicht in die Irre führenden Vergleich zwischen der *Halacha* und Kafkas Parabeln vorgeschlagen, in denen »Kafka mit einer rein dichterischen Prosa gebrochen hat« (BGS, S. 679).[2] Wenn er ihren Autor mit den Worten Soma Morgensterns trotz seiner Vorbehalte gegen religionsphilosophische Auslegungen – sie bedeuteten eine »Abfertigung der Welt von Kafka« (BGS, S. 677) – kommentarlos den »großen Religionsstiftern« an die Seite stellt (BGS, S. 423), dann wird am Größenmaßstab schon deutlich, wie viel mythisch-welterklärende und hermeneutische Energie diese Geschichten mobilisieren, welche Widersprüchlichkeiten sie aufregen und wie wenig kosmologische Immanenz ihnen letztlich gelassen wird.

Kafka hat solchen Erwartungen allerdings Vorschub geleistet, wenn er sein Schreiben als »›Ansturm gegen die letzte irdische Grenze‹, und zwar Ansturm von unten, von den Menschen her«, bezeichnet und zu folgendem Schluss kommt:

> »Diese ganze Litteratur […] hätte sich […] leicht zu einer neuen Geheimlehre, einer Kabbala entwickeln können. Ansätze dazu bestehen. Allerdings ein wie unbegreifliches Genie wird hier verlangt, das neu seine Wurzeln in die alten Jahrhunderte treibt oder die alten Jahrhunderte neu erschafft und mit dem allen sich nicht ausgibt, sondern jetzt erst sich auszugeben beginnt« (T, S. 878).

---

1 Zu den chassidischen Geschichten äußert sich Kafka explizit: »[…] die chassidischen Geschichten im Jüdischen Echo sind vielleicht nicht die besten, aber alle diese Geschichten sind, ich verstehe es nicht, das einzig Jüdische, in welchem ich mich, unabhängig von meiner Verfassung, gleich und immer zuhause fühle, in alles andere werde ich nur hineingeweht und ein anderer Luftzug bringt mich wieder fort« (B III, S. 336).

2 Offenbar spielt Benjamin auf das Verhältnis der Kabbalisten zur *Halacha* an, für die das entmythisierte Gesetz des normativen rabbinischen Judentums eine Aufforderung zur Mythologisierung enthielt (vgl. Scholem 1973, S. 128).

Wenn »Litteratur« im 20. Jahrhundert im Zeichen einer solchen geradezu kosmologischen Programmatik steht, scheint der Augenblick der Wahrheit zunächst ausschließlich dem Logos überlassen, der dann allerdings ähnlich wie der *Koan* des japanischen Zen zu paralogischen Mitteln greift, um gewohnte Denkbewegungen auszuschalten, den Begriff des Wahren nicht zu verengen und auf das Numinose eines monistischen Prinzips hin zu perspektivieren. Darin zeigt sich – übrigens, was die Kabbala betrifft, auch historisch, ist dort doch »die Rache des Mythos an seinen Überwindern mit Händen zu greifen« (Scholem 1973, S. 132) – eine gewisse Analogie zum Mythischen, das »sich spielend zu Höhen erhebt, wohin ihm der Verstand nicht folgen kann« (Huizinga 1987, S. 143); eine Analogie ähnlich jener, die in den romantischen Visionen einer »neuen Mythologie« gesucht wurde, etwa denen eines Novalis.

Für Jung (JGW, Bd. 12, §18) war gerade das Paradox unabdingbar, damit »die Fülle des Lebens annähernd zu fassen« sei. Um »zur Ganzheit und zur Einheit der Persönlichkeit« zu gelangen, musste der Sinn eine Unsinnsfalle passieren und sich über die gewöhnlichen »Denkbarkeiten«, insbesondere das Denken in Oppositionen, aufschwingen. Die Operationen am Logos zeigen letztlich nichts anderes als dessen heuristische Überforderung, die durch performative Qualitäten wettgemacht werden muss. Die Wahrheit spricht demnach weniger aus dem Wort als aus dessen beschwörender Aura. Diese bereitet dann das für die Imagination geeignete Milieu. Das Signifikat trägt die Motivationen der Psyche und der Signifikant wird zur liturgischen Formel.

Caillois (1986) beschreibt in seinem *Versuch über die Logik des Imaginativen* die so entstandene semiotische Differenz als Auslöser einer extensiven Bilderflut, die gerade dadurch ermöglicht wird, dass das Bezeichnen *de-fokussiert* und das Bezeichnete *nicht* versprachlicht wird. Der mit der Differenz entstehende »Spielraum« – der Spielgedanke kehrt in der ästhetischen Theorie und Psychologie unaufhörlich wieder – fungiert als Aggregat für die selbstreferenzielle Signifikation und damit die Befreiung des Imaginativen zur psychischen Besetzung im Sinne einer motivational substanziierten Fiktion. In Anlehnung an Gregory Bateson (1981) spricht Iser (1993, S. 429f.) deshalb von einem »gespaltenen Signifikanten«:

»Wird das Bezeichnen durchgestrichen, dann ist das Nicht-mehr-Meinen des Bezeichneten doch ebenfalls ein Bezeichnen, wenngleich es einem solchen gilt, das noch nicht vorhanden ist. Zur Anwesenheit ist es nur durch die inzwischen aktuell gewordenen Implikationen zu bringen, die die suggerierte Besetzbarkeit des Ausgesparten [...] dirigieren. Der gespaltene Signifikant wird dann zu einem Spiel, indem er zwischen seiner Codebestimmtheit und dem Hervorbringen seines Signifikats hin- und herpendelt. [...] Das aber macht ihn zugleich auch zu einer Meta-Kommunikation, weil das Erzeugen seines Signifikats sich nur über das *Wie* seines Zustandekommens stabilisieren läßt. [...] Nur als Spiel ist Meta-Kommunikation über Sprachhandlung möglich, denn diese ist primär ein Vollzug, der im Erreichen angestrebter Zwecke verschwindet. Deshalb gilt es, den Vollzug zu inszenieren, soll in Sprache über Sprache geredet werden. Das Sprachspiel des gespaltenen Signifikanten präsentiert sich daher als Vollzug einer Sprachhandlung und einer Inszenierung zugleich. Daher muss der Signifikant vom Bezeichnen abgetrennt werden, um ausspielen zu können, was im Bezeichnen angelegt ist; auf diese Weise wird der Vollzug selbst sein eigener Gegenstand.«

Entsprechend inszeniert auch Kafka, z.B. in seiner Parabel »Vor dem Gesetz«, die Hindernisse des Denkens (und damit verbunden die »Logik des Imaginativen«) auf der Suche nach Wahrheit, übrigens auch gerade in Anlehnung an die kabbalistische Überlieferung, in welcher die Gottsuche als hindernisreiche Reise der Seele (u. a. an vielen »Torwächtern« vorbei) beschrieben ist.[3] Gerade wenn Wollen und Nichtwollen Hand in Hand gehen, das Nichtwollen aber antipodisch als Nichtkönnen erscheint, wird das Paradox zum schier unauflöslichen Rätsel. Zu dieser Einschätzung kommt auch Gillespie (2006, S. 267), wenn er sagt, »dass das Paradox der ultimativen Einheit von Suchendem und Wächter an der Tür des Gesetzes in Kafkas *Der Prozeß* keine aus moderner Existenzangst entstandene Erfindung, sondern ein metaphysisches Rätsel von ehrwürdiger Herkunft ist«.

Im Grunde geht es um eine (phänomenistische) Sabotage der Kausallogik, wie sie durch primärprozesshafte Strategien zu erreichen ist, welche dafür sorgen, dass sich das Latente hinter dem Manifesten mehr

---

3 Hierzu bei Grözinger (2003, S. 21ff.) die entscheidenden Funde. An ihn erinnert Gillespie (2006).

oder weniger abstrus, manchmal auch überraschend analogisch verbirgt. So wie aber die Geschichte des okzidentalen Logosbegriffs seit Heraklit eine der Transzendierung ist, so nutzten Kafka-Leser seit je die heuristische Energie seiner Sprache, um sich in exegetische Umlaufbahnen zu katapultieren und zuweilen sogar metaphysische Konkretionen zur Erde zu funken. Je größer die Differenz zwischen Wortsinn und Verstehen, umso wahrscheinlicher scheint die Präsenz des Numinosen, das man indes ohne christliche, kunstmetaphysisch Nietzsche'sche oder aber existenzialistische Namentlichkeit nicht belassen wollte. Es durfte offenbar nicht sein, dass ausgerechnet die Sprache wie im *Kensho* oder *Satori* des Zen, aber auch beispielsweise im Konzept der Joyce'schen »Epiphanien« gerade das Nichtsprachliche einfangen sollte, wobei die Maschen ihres Begriffsnetzes so groß sein mussten, dass sie den *Nicht-Fang* erlauben (vgl. Barthes 2008, S. 167ff.).

Kafkas Begriff von spiritueller Freiheit scheint gerne überhört und noch lieber als heuristisches Demontageprinzip übersehen worden zu sein: »Der Geist wird erst frei, wenn er aufhört, Halt zu sein« (N II, S. 130). Nur das Höchstmaß an Alterität scheint hier noch geeignet, Denkkonventionen umzustoßen und den Wahrheitsbegriff zu »anthropologisieren«, sprich menschengerecht, gemeinschaftsgerecht, naturgerecht und geschichtskohärent zu machen. Mit Romantik und Kunstmetaphysik hat das trotz der offensichtlichen Nähe zu Novalis, Schopenhauer und Nietzsche weit weniger zu tun, als das in der Nachfolge Sokels (1964) auch noch in letzter Zeit immer wieder behauptet wurde (vgl. Lauer 2006; Engel/Lamping 2006).

Kafkas Enigma »befreit« heuristische Energien zum Zweck der Montage geistiger »Konstruktionen« (T, S. 596). Dazu ist ihm (fast) jedes Mittel recht, auch das der ästhetischen Deprofessionalisierung, wie er sie in den (unfreiwilligen) Verfremdungen der jiddischen Kaffeehausbühne in Prag erlebte und liebte (vgl. Lauer 2006). Die vielbeschworene »Negativität« in seinem Werk ist eine ikonoklastische, die allerdings keine Altäre zerschlägt und rigoros plündert. Sie erzeugt ein Vorstellungsvakuum, das bestehende Denkgebäude zur Implosion bringt und so für eine Verstörung des Denkens sorgt. Seine neue mythische Bilderwelt zieht keine Konkretionen auf sich, die neue »Realitäten« mit Wahrheitsanspruch vorgaukeln. Vielmehr hält die »Unlösbarkeit« dieser Bilderrätsel die Frage der Wahrheit in der

Schwebe und verknüpft sie mit einem sinnfälligen Symbol wie etwa jenem »Schlag ans Hoftor« oder dem »Kaiserlichen Boten«.

Vielleicht ist »die Schwebe« der treffendste Ausdruck für die Grundintention der Kafka'schen Kunst überhaupt, führt sie doch in die Traumwelt des Menschen und damit zum anthropologischen Kern jenseits der Sprachlichkeit. An diesen Kern rührt nicht die durchgebildete Sprache der Philosophen, der Wissenschaften oder der »Literaten«, sondern die Sprache in ihrer genetisch frühesten Annäherung an die Wirklichkeit: der Gesten- und Lautsprache der Rituale, dem Erzählton der Mythen und Märchen.

Wenn kosmisches Bewusstsein als Widerspruch in sich selbst begriffen wird, weil individuelles Bewusstsein Partikularisierung bedeutet, kann »das Unzerstörbare in uns« nur auf einer reduzierten oder aber maximierten Bewusstseinsstufe erahnt werden, die wieder ein Ganzes zu sehen befähigt ist. »Die Wahrheit ist doch eine Angelegenheit des Herzens«, will Janouch aus Kafkas Mund gehört haben – und sodann: »Sehen Sie sich die Klarheit, Reinheit und Wahrhaftigkeit eines chinesischen farbigen Holzschnittes an. So sprechen zu können – das wäre etwas!« (J, S. 103)[4]

Zwei Zeilen aus dem *Tao-te-king* des Lao-tse (1982, S. 85) illustrieren diese Ästhetik, die ihm offenbar vorschwebt: »Des Himmels Netz ist sehr weitmaschig,/Es klafft, und doch verliert es nichts.« In diesem Zusammenhang ist eine Beobachtung Hans Blumenbergs von Interesse, der die Tatsache, »daß der Mythos sich unvereinbare Varianten in Fülle leistet, ohne je den Aggregatzustand des Widerspruchs, der Antinomie zu riskieren«, mit dem Fehlen engmaschiger Begriffsgewebe *(textus)* erklärt: »Wo der Begriff noch nicht die Grenzen bestimmt […], da kann der ganze Ernst des menschlichen Bewußtseins noch nicht in Funktion getreten sein« (AM, S. 145).

Man befindet sich hier auf einer Stufe, auf der Erkenntnis nicht Wissen des Wissens, sondern Wissen des Unwissens ist; auf der der Glaube an den Logos mit den Eigenheiten des Mythos nicht nur zu vereinen ist,

---

4 Gustav Janouch ist in der Kafka-Forschung keine unangefochtene, dennoch häufig genutzte Quelle. Wie sehr Distanz zu diesen Aufzeichnungen angebracht ist, hat nach Eduard Goldstückers berechtigten Zweifeln an deren Authentiziät erneut Eugenia Kazewa (2005, S. 190) an einem schlagenden Beispiel unterstrichen.

sondern diese komplementär ergänzt. Das Mythische soll gerade nicht überwunden, sondern in den Dienst der Welterklärung, ja sogar der Wissenschaft gestellt werden. Wie bereits lange zuvor schon Francis Bacon, betonte auch Lévi-Strauss die Proto-Wissenschaftlichkeit des Mythos, da dieser seine symbolischen Auffangsysteme auf das Ungewusste und Unbewusste richtet. Gerade sein Privileg, scheinbar ergebnislos mit mehreren Unbekannten gleichzeitig zu rechnen, ohne das Vertrauen der Gläubigen zu verlieren, macht ihn geeignet, dem Universum des Innern mehr als dem des Äußeren Geheimnisse abzulauschen; Geheimnisse, die ohne Namen sind und die sich zueinander so verhalten, dass jede Logik nur noch als Partikularismus des Denkens, ja als Anachronismus erscheint.

Kafkas Vision eines Literaturgenies, »das neu seine Wurzeln in die alten Jahrhunderte treibt oder die alten Jahrhunderte neu erschafft« (T, S. 878), ist Ausdruck dieses Bündnisses, bei dem es um die mythische, aber auch mystische Dimensionierung des Schreibens durch Anklänge an uralte Überlieferungen geht. So ist es kein Zufall, dass Kafka in die Nähe schamanistischer Praktiken gerät, die Übertritte in die Geisterwelt ermöglichen: »Dieses Hinabgehen zu den dunklen Mächten, diese Entfesselung von Natur aus gebundener Geister, fragwürdige Umarmungen und was alles noch unten vor sich gehen mag, von dem man oben nichts mehr weiß, wenn man im Sonnenlicht Geschichten schreibt« (GW, Bd. 9, S. 384).

Benjamin hat als Erster auch diese Dimension in Kafkas Werk beobachtet und sie bereits als mythische Qualität mit gewissen Parallelen zum Schamanismus bestimmt: »Unabsehbar wie die Welt der für ihn wichtigen Tatsachen aber war für Kafka auch die seiner Ahnen und gewiß ist, daß sie, wie die Totembäume der Primitiven, zu den Tieren hinunterführte« (BGS, S. 430). An anderer Stelle identifiziert er den mythischen Pol mit dem mystischen und beschreibt Kafkas Werk als »eine Ellipse, deren weit auseinanderliegende Brennpunkte von der mystischen Erfahrung (die vor allem die Erfahrung von der Tradition ist) einerseits, von der Erfahrung des modernen Großstadtmenschen anderseits, bestimmt sind« (Benjamin 1978, S. 760).

Angesichts solcher Programmatik wird nun das Schreiben in Bedeutungshöhen katapultiert, ohne dass nach den Bedeutungstiefen überhaupt zu fragen wäre. Man fühlt sich auch hierin an Nietzsche (1969, S. 1066f.) gemahnt, der in *Ecce homo* von seinem *Zarathustra* schreibt: »Dies Buch, mit einer Stimme über Jahrtausende hinweg, ist nicht nur das höchste Buch, das es gibt, das eigentliche Höhenluft-Buch [...], es ist auch das *tiefste*, das aus dem innersten Reichtum der Wahrheit heraus geborene.« Wir sind bei solchen Formulierungen bereits in der Nähe von Sakral- oder Sakramental-handlungen, bei denen nicht das Wort als gewöhnliches Zeichen, sondern als kosmologisches Symbol in seiner musikalischen Materialität zählt; und nicht nur das Wort an sich allein, sondern auch der priesterliche Akt und das rituelle Geschehen insgesamt. Dem Gestus nach ist das schon eine Annäherung an die Weltschöpfungsmythen, in denen die Welt vermittels des Wortes imitatorisch erschaffen wird wie etwa im Buch *Genesis*, das »nicht nur die Weltschöpfung und Menschwerdung *schildert*, sondern sie auch an Ausdruckskraft *beinhaltet*« (Rank 2000, S. 207).[5]

Solche Sakralität birgt indes die Gefahr der Degeneration des Mythos zur Zauberrune, die Sehnsucht nach der magischen Geschehensvoll-macht des Wortes: »Auch die Mythen stellen nur, ganz abgesehen von ihrem Inhalt, Versuche dar, die dem Individuum durch Profanierung des Sprachgebrauchs abhanden gekommene magische Sprachgewalt wenigstens metaphorisch zu retten, eine Tradition, deren Pflege später der Dichtkunst anheimfällt« (ebd., S. 230). Dabei fasziniert das Mythi-sche nicht nur durch den Gestus der schöpferischen Wortmächtigkeit, sondern es wird für den Schreibenden auch zum Aspekt des Ideal-Ichs,[6] indem es gleichsam als Inbegriff der *Schrift*, als »Buch der Bücher« zur Lebensform gerät.[7] Eine solche »absolute Idee vom Buch« (Barthes 2008,

---

5 Stellvertretend für viele Rituale sei hier ein Beispiel Huizingas (1987, S. 24) zitiert: »Der ganze altindische Opferdienst der Veden beruht auf dem Gedanken, daß die Kult-handlung – sei sie nun Opfer, Wettkampf oder Darstellung – dadurch, daß im Ritual ein gewisses gewünschtes kosmisches Ereignis vorgestellt, wiedergegeben oder ver-bildlicht wird, die Götter zwingt, dieses Ereignis wirklich geschehen zu lassen.«

6 Vgl. hierzu Barthes (2008, S. 254, S. 280ff.). Das »Idealich« ist für Barthes definiert als »die Form, in der das Subjekt auf Wunsch des Ichideals erscheint oder erscheinen möchte«, während das Ichideal als »Ort der Ansprüche« Instanz ist und eine gegen-über dem Über-Ich primäre Introjektion darstellt.

7 Goethe (1965, S. 249) hat diese Objektüberhöhung im Motto zum *Buch Hafis* in seinem *West-östlichen Divan* gestaltet. Dort entsteht die Schrift geradezu aus der »Hochzeit« von »Wort« und »Geist«: »Sei das Wort die Braut genannt/Bräutigam der Geist;/diese Hochzeit hat gekannt/wer Hafisen preist.«

S. 283) schwingt gewiss auch in Kafkas Ideal der »Bücher, die auf uns wirken wie ein Unglück, das uns sehr schmerzt, wie der Tod eines, den wir lieber hatten als uns, wie wenn wir in Wälder vorstoßen würden, von allen Menschen weg, wie ein Selbstmord« (B I, S. 36).

Die mythischen »Wälder« und »alten Jahrhunderte«: Kafkas urzeitliche Topo- und Chronografie beschwört, indem sie auf elementare Erlebnisintensität und blutige (Alb-)Traumszenarien verweist, onto- und phylogenetische Urzeiten herauf. Dabei scheint die »Wiedergeburt des Untergegangenen nicht nur im Inhalt, sondern auch in der metaphorischen Form« angestrebt:

> »Ist also das Wort in seiner ursprünglich magischen Bedeutung, wie sie in der Bibel noch zur Schöpfung führt, als solches imstande Wunder zu wirken, so hat die eigentliche Dichtkunst, wie sie uns in epischer, dramatischer und lyrischer Form entgegentritt, diese ursprünglich originale Schöpferkraft des Wortes gegen die Fähigkeit ausgetauscht, die verlorene Vergangenheit des einzelnen Individuums oder des Volks durch die sprachkünstlerische Verknüpfung mit der Gegenwart in der Metapher wiederzubeleben« (Rank 2000, S. 209).

Kafka ist selbst jenes »Genie«, solange seine Sprache in Aktion ist und der Prozess des Schreibens wie das Geschriebene selbst als das fungiert, was Barthes (2008, S. 280) als »Großes Heiliges Objekt« bezeichnet. Jenseits der Erzählung gibt es keinen Sinn, der anders als durch die Erzählung zu statuieren und zu kommunizieren wäre. Die Erzählung ist, objektpsychologisch gesprochen, ihr eigenes Selbstobjekt.

Dasselbe lässt sich nach Armstrong (2007, S. 9) auch von Mythen sagen: »Viele Mythen ergeben keinen Sinn außerhalb eines liturgischen Dramas, das sie mit Leben füllt, und lassen sich in einem profanen Rahmen nicht begreifen.« Das Dilemma jedes modernen Autors muss demnach darin bestehen, dass er an mythische Traditionen anknüpft, ohne die sakralen und kulturellen Rahmenbedingungen vorzufinden, deren seine Geschichten bedürfen. Daraus resultiert ein Paradox, an dem sein Werk, sein Selbstverständnis als Autor und womöglich er selbst zerbrechen müssen. Für ihn gilt Campbells Feststellung (1989, S. 94): »Der Mythos muss lebendig erhalten werden. Die Menschen, die ihn lebendig erhalten können, sind Künstler der einen oder anderen Art. Die Funktion des

Künstlers ist die Mythologisierung der Umwelt und der ganzen Welt.« Andererseits können Mythen nicht aus dem Nichts und erst recht nicht in einer Situation der sozialen Diffusion entstehen, die keine Übereinkunft über die Künstlerfunktion in der Gesellschaft und die Ästhetik wie auch Relevanz der Mythologeme mehr zulässt. Jedenfalls beschreitet dieser Künstler ästhetisch und biografisch einen schmalen Grad, der ihm sein Handeln immer wieder fragwürdig und stets gefährdet erscheinen lässt, findet er doch kaum Seinesgleichen und noch viel weniger eine »Kultgemeinde« in seiner unmittelbaren Umgebung.

Bei Kafka kommt hinzu, dass die starke Objektbindung an die Schrift, ja die Bedeutung des Schreibens als »Übergangsprozeß« (im Winnicott'schen Sinne) gleichzeitig nach Relativierung verlangt, was sich dann vor allem im Spätwerk niederschlägt. Fausts weiser Selbstappell: »Ich kann das Wort so hoch unmöglich schätzen« (V. 1226), führt bei Kafka zu einem Rigorismus der Eigentlichkeit, der beispielsweise in »Josefine« aus dem »Gesang« ein profanes »Pfeifen« macht und damit alle Kunst in magie- und religionsferne Sphären zurückruft.

Gerade in dieser seiner letzten Erzählung, nachdem er im »Hungerkünstler« die Aporien des Künstlerseins unter gewissen romantischen, kunstmetaphysischen Vorzeichen demonstriert hat, entsteht eine antiplatonische Programmatik, für die man geneigt ist, den Namen »Kunstphysik« zu vergeben. Kafka als »Physiker der Kunst«, das klingt wie ein Widerspruch – und ist es auch! Dennoch hat diese Kunst mehr mit dem Menschlich-Fassbaren zu tun als mit allem anderen. Abgestützt auf Naturphilosophie und empirischer Wissenschaft, der Anthropologie und Empirie des Traums verpflichtet, ist Kafka auf seinem Gebiet, der Ästhetik, das, was Freud auf dem Gebiet der Psychoanalyse war. Und dass der Abstand zu Goethe in dem Maße abnimmt, wie man beider Wahrheitsliebe in der Utopie der Menschlichkeit als gemeinsame Schnittmenge begreift, hat Peter Hacks (2002, S. 119) in seinen zehn Thesen *Über die Wiederverwendung der Mythen* festgehalten: »Goethes Lösung, die Wahrheitsliebe der Iphigenie, mag, konkret genommen, nicht sonderlich geschickt erscheinen. Symbolisch verstanden aber entspricht sie der Höhe und Würde des Gegenstandes; sie meint ja nicht weniger als die menschlich aktive Utopie, den utopischen Akt der Menschlichkeit.«

Blumenberg hat für die künstlerische »Arbeit am Mythos« ein Szenario geschrieben, das die »Grenzsituation« des modernen Autors anschaulich macht. Die »äußerste Verformung« der traditionellen mythischen Form, von der er spricht, charakterisiert das ästhetische Schicksal der Aventgardekunst und zeigt die Problematik des künstlerischen Lebensexperiments, dem keine beglückende Ganzheitserfahrung mehr zuteil werden kann:

> »Grenzbegriff der Arbeit am Mythos wäre, diesen ans Ende zu bringen, die äußerste Verformung zu wagen, die die genuine Figur gerade noch oder fast nicht mehr erkennen läßt. Für die Theorie der Rezeption wäre dies die Fiktion eines letzten Mythos, eines solchen also, der die Form ausschöpft und erschöpft« (AM, S. 295).

In diesem Ausschöpfen und Erschöpfen manifestiert sich der Selbstwiderspruch, der zur Bedeutungsdiffusion führen muss. Indem der Mythos seine Obsoleszenz im Kern enthält, hat er nur noch sich selbst zum Evidenzbeweis, und seine rituelle Umsetzung ersetzt mehr und mehr das Signifikat. Kafkas Erzählungen, bemerkt Benjamin, sind nicht nur vieldeutig, indem »alles, was er beschreibt […], Aussagen über etwas anderes als sich selbst [macht]« (BGS, S. 678), sondern auch selbstdeutig in dem Sinne, dass sie ihr eigenes rituelles Echo darstellen. Dieses wird von einer unsichtbaren Gemeinde zurückgeworfen, in deren innerer Beteiligung das *enactment* des mythischen Symbolinhalts geschieht, ähnlich wie Mitchell (2005, S. 314) das von der Traumdeutung im psychoanalytischen Setting gesagt hat: »So wie bei Träumen oft, gelangte ich auch in diesem Fall zu der Überzeugung, dass die Aktivität unseres gemeinsamen Redens über den Traum ein *Enactment* des Trauminhalts war und möglicherweise die stärkste therapeutische Wirkkraft beinhaltet.«

Selbstdeutigkeit liegt zwar bis zu einem gewissen Grad schon in der Natur des Spiels, das »seinen Verlauf und seinen Sinn in sich selbst [hat]« (Huizinga 1987, S. 18); Vieldeutigkeit ist obendrein die symbolische Natur der Parabel. Ohne festes Bezugssystem im gemeinsamen mythologischen Kontext jedoch – eine »Privatmythologie« ist ein (tragischer) Widerspruch in sich selbst – treibt die Anzahl der möglichen Auslegungen gegen unendlich. Selbstreferenz – Ricœur (1986) spricht von »Selbstrekurrenz« – ist allerdings nicht nur eine Folge, sondern auch Ursache der Polysemie: als insistierender Gestus, der immerfort auf die

Identität der Geschichte als Evidenzgrundlage verweist, eine Identität im Übrigen, die nur durch Identifikation erfahrbar ist, weil das psychische Substrat, das ihr entspricht, nicht anders repräsentiert werden kann. In dieser Eigenschaft zeigt sich in ihr die »liturgische Funktion« (Huizinga 1987, S. 145), die dem Sinnbedarf genügt, indem sie mithilfe der rituell-szenischen (oder auch nur imaginativen) Aufführung die Deutung ersetzt und Gemeinschaftssinn über gemeinsame Fantasietätigkeit erzeugt. Mit dem Wahrheitsanspruch, wie Kafka ihn für die »Sage« geltend macht, hat Bedeutung nur als Selbstreferenz Platz und wird zur Bedeutsamkeit des Rituals. Wer am Ritual teilnimmt, tritt in den Kreis und konstituiert damit Wahrheit und Gemeinschaft gleichzeitig. Da esoterische Teilhabe die Dualisierung in Außen und Innen ausräumt, wird auch die Frage-Antwort-Polarität vermieden. Das deutet Kafka immer wieder an: »Wer die Fragen nicht beantwortet, hat die Prüfung bestanden« (N II, S. 329). »Wahrheit ist unteilbar, kann sich also selbst nicht erkennen; wer sie erkennen will, muß Lüge sein« (N II, S. 130).

Was auf sich selbst pocht, hat nur sich selbst zum Beweis. Der Mythos in Vicos Verständnis als *vera narratio* erhebt Anspruch auf letzte Gültigkeit und »zeichnet sich durch seine Entstehungsgeschichte als fortdauernde Dimension der Weltgeschichte aus« (Prechtl 2008, S. 397). Für Rank (2000, S. 331) mündet aus diesem globalen Wahrheitsanspruch gerade beim modernen Künstler der Konflikt mit seinem »individualistischen Realismus, der sich als Wahrheitssuche in Kunst und Leben offenbart«, ohne dass ihm »eine kollektive oder soziale Ideologie« als Gestaltungselixier zur Verfügung stünde und damit ein anderer Erkenntnishorizont vorschwebte als der introspektiv-psychologische.

Wenn Benjamin »die gewiß viel schwierigere [Methode] einer Deutung des Dichters aus der Mitte seiner Bildwelt« fordert (BGS, S. 678), hat er über das Semiotische hinaus auch die Gestalt des Textes vor Augen, seine Textur und damit das *procedere* seiner Herstellung (vgl. Kremer 1989). Die »Mitte seiner Bildwelt« impliziert über die von Adorno erinnerte »Buchstäblichkeit« hinaus die Gegenständlichkeit der Schrift und damit den Handlungscharakter des Schreibens; das, was Kafka das »Handwerk« nennt (B I, S. 27). Im *procedere* materialisiert sich der Prozess des Abarbeitens an der Welt auf die sinnlichste und sinnfälligste Weise. Benjamin stellt Kafkas »Schreiben« als eine anachronistische

Zeitverweigerung dar, einen physischen Suspensionsversuch, der einzig und allein dem Aufschub des Endes, des *Nicht-Schreibens* gewidmet sei: »Ja, die Verzögerung ist der eigentliche Sinn jener merkwürdigen, oft so frappanten Ausführlichkeit« (BGS, S. 679). An anderer Stelle konkretisiert er: »In den Geschichten, die wir von ihm haben, gewinnt die Epik die Bedeutung wieder, die sie im Mund Scheherazades hat: das Kommende hinauszuschieben« (BGS, S. 427).

Er trifft sich darin mit Rank (2000, S. 328), der im Schaffensvorgang generell die konfligierenden Kräfte »der Lebensangst und der Todesangst« wirken sieht und so u.a. den »Kampf des Künstlers [...] gegen die Beendigung des Werkes« ausmacht. Im Falle Scheherazades bedingt das Aufgeschobene, nämlich ihr eigener Tod, einen poetologisch relevanten äußeren Erzählanlass, der in den einzelnen Geschichten als Motiv der Errettung vom Tode durch Geschichtenerzählen immer wieder vorkommt. Indem der Aufschub zum narrativen Endzweck wird, reproduziert er sich auch unendlich selbst, dafür steht die Zahl 1001. Das Geschichtenerzählen, wie auch die Geschichte selber, findet kein Ende mehr, wenn das physische Ende gar nicht denkbar ist. Beides erfüllt sich in seiner Fortschreibung: Der Erzähler erzählt weiter; das Erzählte setzt sich erzählend fort und jedes Ende fällt in einen Anfang. Wenn nichts zu Ende kommt, ohne neu begonnen zu werden, entsteht eine Prozessform, nämlich das epische Fragment, das mit einem fragmentarischen Epos nichts zu tun hat.

Der Vorwurf des Geschwätzes, der sich gegen die Homer'schen Epen gerichtet hat, erweist sich in diesem Licht als berechtigt und unberechtigt zugleich: berechtigt, weil der unaufhörliche Einsatz des Wortes dessen Originalität überfordert; unberechtigt, weil dieses Wort eben der Träger jener List (z. B. des Odysseus) ist, die das Bedrohliche in Schach hält. Eine Welt, die im Logos aufgeht, bleibt jedoch nur solange intakt, wie der Sprachfluss anhält, mag dieser auch in liturgischen Leerformeln gebetsmühlenhaft nachklingen. Jenseits der Sprache gibt es keinen Schutz. Eine ausgesprochen mythische Spiritualität kann hier nur aufkommen, wenn auch dem Geschwätz eine rituelle Qualität erwächst. Der inflationäre Gebrauch der Sprache sorgt von alleine für deren Entwertung, wenn nicht der äußere Vollzug des Wortes die imaginative Wirkung herstellt. Der Logos kann also in seiner das Überleben sichernden Redseligkeit zur tragikomischen Darbietung werden, die bis zur Selbstparodie reicht, wobei allerdings der gelegentliche »Unernst« mancher Mythen – nach Huizinga (1987) steht dieser keineswegs im Widerspruch zu dem »Heiligen Ernst« der Spielehandlung als solcher – damit nicht zu verwechseln ist. Indem die Qualität der Rede sich in Quantität beweist, erhält das Wort eine Realität *sui generis*, die den Distanzverlust zur Wirklichkeit und damit den Anschein der Leidensvermeidung signalisiert. Dabei behauptet sie eine fragile Autonomie des Denkens, in deren Hinfälligkeit sich letztlich die Ohnmacht einer verzweifelten Abwehr der Drohung verrät. Insofern der übermäßige Worteinsatz Souveränität ausstrahlen soll, wird ein streitbarer Machtgestus offenbar, der wiederum machtvolle Reaktionen auf sich zieht. Horkheimer und Adorno (2008, S. 76) erklären damit das Bedingungsverhältnis von logozentrierter Aufklärung und deren Gegenteil:

> »Die Rede, welche die physische Gewalt übervorteilt, vermag nicht innezuhalten. Ihr Fluß begleitet als Parodie den Bewußtseinsstrom, Denken selber: dessen unbeirrte Autonomie gewinnt ein Moment von Narrheit – das manische –, wenn sie durch Rede in Realität eintritt, als wären Denken und Realität gleichnamig, während doch jenes bloß durch Distanz Gewalt hat über diese. Solche Distanz ist aber zugleich Leiden. Darum ist der Gescheite – dem Sprichwort entgegen – immer in Versuchung zuviel zu reden. Ihn bestimmt objektiv die Angst, es möchte, wenn er den hinfälligen Vorteil des Worts gegen die Gewalt nicht unablässig festhält, von dieser der Vorteil ihm wieder entzogen werden. Denn das Wort weiß sich als schwächer denn die Natur, die es betrog. Zuviel Reden läßt Gewalt und Unrecht als das eigene Prinzip durchscheinen und reizt so den, der zu fürchten ist, genau stets zur gefürchteten Handlung. Der mythische Zwang des Worts in der Vorzeit wird perpetuiert in dem Unheil, welches das aufgeklärte Wort gegen sich selbst herbeizieht.«

Iteratives Erzählen, wie es hier als Notwendigkeit des Überlebens dargestellt ist, korrespondiert mit iterativem Deuten, das in ständiger Überblendung seiner Ergebnisse sich selbst *ad absurdum* führt. Jacques Derrida (1992, S. 78) hat deshalb Kafkas Texten »Unlesbarkeit« bescheinigt, »wenn man darunter genau die Unmöglichkeit verstehen will, in der auch wir uns befinden, zu seinem eigentlichen Sinn Zugang zu finden«. Er zog daraus, ähnlich wie auch Roland Barthes, die Konsequenz der (wiederum iterativen) Wiederholung des Lesevorgangs. Das

Ergebnis ist eine depotenzierte Hermeneutik, die sich an ein Universum von Deutbarkeiten verliert, zumal sie den Text in ein intertextuelles Kontinuum stellt, das seine Originalität aufhebt. Der hermeneutische Diskurs hat daher manche Ähnlichkeit mit den Text- und Deutungsobsessionen in der Tradition der Thoraschulen.

Kafka selbst hat wiederholt die Körperlichkeit der Sprache und Materialität des Schreibprozesses hervorgehoben, z.B. wenn er Herbert Eulenbergs *Schattenbilder* eine »Prosa voll Atemnot und Unreinlichkeit« bescheinigt (B I, S. 368) oder gegenüber Gustav Janouch von der Schreibfeder sagt, sie sei »nicht ein Instrument, sondern ein Organ des Schriftstellers« (J, S. 61). An Milena schreibt er: »Sagen Sie nicht, daß zwei Stunden Leben ohne weiters mehr sind als zwei Seiten Schrift, die Schrift ist ärmer aber klarer« (MI, S. 61). Und in einem anderen Gespräch mit Janouch soll er gesagt haben: »Durch das Gekritzel laufe ich vor mir selbst davon, um mich beim Schlußpunkt selbst zu ertappen. Ich kann mir nicht entrinnen« (J, S. 128).[8]

Was Benjamin (1980, S. 167) die »Verwandlung des Lebens in Schrift« nannte, setzt eine intrapsychische Dimensionierung der Sprache voraus, der wiederum Benjamin als einer der Ersten auch tiefenpsychologisch auf die Spur kam, als er das »Bucklicht Männlein« des Kinderlieds zum »Urbilde der Entstellung« (ebd., S. 431f.) bei Kafka machte.[9] Dem Objektbezug zur Schrift und deren manifestem Emotionswert für den Autor entspricht ein psychisches *procedere*, das als kreatives Geschehenszentrum von Kafkas »Schreiben« vor allem in den zu untersuchenden poetologischen Texten zutage tritt. Die gleichsam religiöse Bindung an den Buchstaben mag mit der über Kafkas Judentum vermittelten Beziehung

---

8 Weitere Belege finden sich z.B. in Kafkas Kommentar zu der Rezitation seiner »Automobilgeschichte«: »Die ungeordneten Sätze dieser Geschichte mit Lücken daß man beide Hände dazwischen stecken könnte; ein Satz klingt hoch, ein Satz klingt tief wie es kommt; ein Satz reibt sich am andern wie die Zunge an einem hohlen oder falschen Zahn; ein Satz kommt mit einem so rohen Anfang anmarschiert, daß die ganze Geschichte in ein verdrießliches Staunen gerät« (T, S. 226f.). Oder im Brief vom 15./17. Dezember 1910 an Max Brod: »Mein ganzer Körper warnt mich vor jedem Wort; jedes Wort, ehe es sich von mir niederschreiben läßt, schaut sich zuerst nach allen Seiten um; die Sätze zerbrechen mir förmlich, ich sehe ihr Inneres und muß dann aber rasch aufhören« (B I, S. 130f.).

9 Zur Tradition und Tiefenpsychologie des »Bucklicht Männlein« in der deutschen Literatur vgl. Haider (2003, bes. S. 158ff.).

zum orientalischen Logosbegriff und zur jüdischen Namensphilosophie, die sich um die Buchstaben in *Jahwe* bildete, schon hinreichend erklärt sein. Tatsächlich aber gehört zu einer gelebten Sprachkörperlichkeit, wie wir sie auch bei seinem Vorbild Flaubert finden,[10] mehr als eine pneumatische Spiritualität, die vielleicht in den babylonischen Mardukgebeten oder dem ägyptischen Toth-Kult zum erstenmal in Erscheinung trat. Auch wenn das Wort zum Inbegriff und darüber hinaus zur Hypostase wird, über die man gleichsam »in engste Berührung mit dem Sein und Vermögen Gottes treten und seine Machtvollkommenheit sich zu eigen machen« kann (Rank 2000, S. 243), muss selbst aus der heiligsten der Schriften noch kein sinnliches Objekt, kein Bindungsobjekt werden, das menschliche Beziehungsobjekte – Kafkas Biografie lässt hier keinen Zweifel – ersetzen, ja an Bedeutung übertreffen kann.

2 KOSMOLOGIE ALS ÄSTHETISCHES LEITPRINZIP

Es handelt sich im Werk Franz Kafkas nicht um Geschichten, wie man sie anderen zur Unterhaltung oder Belehrung erzählt. Sie sind nicht mitteilsam in dem Sinne, dass sie anderen eine Botschaft übermitteln wollen, denn es gibt, wie Kafka selbst drastisch formuliert, »nichts mitzuteilen, niemals, niemandem« (T, S. 734). Sie kommunizieren nicht in der üblichen Form und sind bereits unkommunikativ durch ihre hermetische Idiografie.

Für den Autor, aber auch für den Leser, dem sie zur eigenen Stimme werden, verfolgen sie besonders einen Zweck: Sie *be-sprechen* eine unheimliche, fremde oder – um mit Lévi-Strauss zu sprechen – im Verhältnis zur Menschenwelt »gegensätzliche« Welt, indem sie ihr Worte entgegenstellen, die sie einerseits vereinnahmen, andererseits auf Distanz halten sollen. Dabei wird diese Welt sowohl als Introjekt erkennbar, wie umgekehrt der Projektionszwang sichtbar wird, der diese Welt überhaupt erst erschafft.

Dass sich in diesen Worten Geschichten abdrücken, heißt nicht not-

---

10 Roland Barthes (2008, S. 211ff.) widmet sich in seinem Buch *Die Vorbereitung des Romans* u.a. in dem Kapitel »Das Begehren zu schreiben« ausführlich den Schreibzwängen Flauberts und Kafkas.

wendig, dass diese Geschichten das Innere in klar deutbarer Symbolik und Struktur nach außen tragen oder gar von der be-sprochenen Welt selbst konkret handeln. Sie sollen sie sicherer und möglichst widerspruchsfrei machen, aber nicht, indem sie eine didaktische Bestandsaufnahme liefern nach dem Muster: »Vorsicht! Das ist eine Kobra! Die ist giftig! Aber keine Panik, sie ist auch nur ein Lebewesen wie du!« Stattdessen imaginieren sie eine mythische Zwischenwelt, welche die unerkannt-unbekannte Objektwelt substituiert und ein zwar dramatisches, dennoch gefahrloses Durchspielen des Ernstfalls erlaubt. Die Kobra wird zum Drachen, zur Hydra, gegen die nur der Kampf oder die List hilft. Die Weise, in der der Held mit der Welt interagiert, entscheidet über den Stellenwert der Gefahr im Bewusstsein und damit die Chance, diese zu überleben. Dem Bewältigen der Welt, ja ihrem Bestehen (im Doppelsinn) geht der Mythos voraus. Der Kosmos wird nur durch Kosmologien vertraut, in denen das unendliche Vielerlei durch imaginäre Synthesen geeint erscheint und die anonymen Mächte einen Namen erhalten.

Nirgendwo gelingt die Synthesenbildung besser als in der symbolischen Integration von Spannungen in einem konkreten Objekt, das als Übergangsobjekt dient. Dabei mag dieses Objekt durchaus Teil eines komplexen Gesamtobjekts sein, mit dem es durch rituelle oder intertextuelle Verweise verbunden ist. Lévi-Strauss dachte in diese Richtung, wenn er die Bedeutung des einzelnen Mythos nicht in diesem selbst suchte, sondern in seinem dialektischen Verhältnis zu anderen Mythen desselben Kulturkreises.

Der Mythos als Genre ist in seinem Verhältnis zur Subjekt- und Objektwelt also dadurch definiert, dass er beide Welten in einem imaginären Entwurf zusammenführt. Dieser bewirkt, dass subjektive Wirklichkeit und Realität nicht zu Gegensätzen werden und das Unbewusste nicht mit dem Bewussten kollidiert, ja er umgibt es mit einer schützenden Siegelschicht. Das Ergebnis ist eine tolerable Sinnstiftung, die *per se* überzeugend, weil kollektiv verbürgt ist. Sie bedarf daher weder einer Autorisierung durch den Intellekt noch durch die Psyche. Der Leser macht diese vermeintliche Sinnüberlieferung unverhofft mit, weil sie ihm die Vielfalt der als erratisch erlebten Phänomene zu einem kosmologischen Panoptikum integriert, ohne die er mit seinem am eigenen Körper orientierten, mikrokosmischen Ordnungssinn nicht leben kann. Selbst »[i]n das

Angebot einzuwilligen, das scheinbar Sinnlose umschließe Sinnhaftigkeit, fehlt es nirgendwo und niemals an Bereitschaft« (AM, S. 85). Wenn im Extremfall der Sinn Unsinn ist, dann ist eben der Unsinn der Sinn.

Das Fantasieangebot des Mythos appelliert dabei an den Spieltrieb, der Weltbausteine in symbolischer Repräsentanz bewegt. Der psychische Raum, der entsteht, ist im wörtlichen Sinn ein »Weltinnenraum«, der es überhaupt erst erlaubt, vom weltweiten »Außenraum« als einem »Kosmos« zu sprechen. Cassirers (2009, S. 10) auf Baumgarten und Kant fußenden Überlegungen zu einer auf den ersten Blick paradox erscheinenden »Logik auch des Mythos und der mythischen Phantasie« (analog zu Georg Friedrich Meiers Begriff der »Logik der Phantasie«) scheinen mir bis heute keiner Ergänzung zu bedürfen:

> »Und doch ist auch dem Mythos, so wie er nicht ausschließlich im Kreis unbestimmter Vorstellungen und Affekte verharrt, sondern sich in objektiven Gestalten ausprägt, auch eine bestimmte Art der Gestaltgebung, eine Richtung der Objektivierung eigen, die – sowenig sie mit der logischen Form der ›Bestimmung zum Gegenstande‹ zusammenfällt – doch eine ganz bestimmte Weise der ›Synthesis des Mannigfaltigen‹, der Zusammenfassung und der wechselseitigen Zuordnung der sinnlichen Elemente in sich einschließt.«

Im Rahmen seiner für die Anthropologie und die Psychologie überaus wichtigen Symboltheorie, die ihn den Menschen schließlich als »animal symbolicum« konzipieren lässt, hat Cassirer den Bewusstseinsraum als eine Art Atelier und gleichzeitig Galerie der Symbole beschrieben, die dem Menschen für die Welt stehen. In diesem Sinne kommt auch Habermas (1997, S. 37) zu dem Schluss:

> »Die Stellung des Menschen in der Welt zeichnet sich durch eine formgebende Kraft aus, die sinnliche Eindrücke in sinnhafte Gebilde verwandelt. Der Mensch bewältigt die auf ihn einstürzenden Naturgewalten durch Symbole, die seiner produktiven Einbildungskraft entspringen. So gewinnt er Distanz vom unmittelbaren Druck der Natur.«

Rilke (1996, Bd. II, S. 213) spricht in seiner *Vierten* [Duineser] *Elegie* von einer solchen imaginativen Pufferwelt als einem »Zwischenraume zwischen Welt und Spielzeug«, der keinen anderen Zweck habe als den, in einem »reinen Vorgang« das Außen und das Innen zu vermitteln. Bei einer solchen Subjektivierung entsteht ein vorbegriffliches Orientierungswissen, das, wiederum mit Cassirers Worten (2009, S. 8), »sich jetzt als ein eigentliches Organ des Weltverständnisses und gleichsam der ideellen Weltschöpfung [erweist], das gegenüber der theoretisch-wissenschaftlichen Erkenntnis und ihr gegenüber seine besondere Aufgabe und sein besonderes Recht besitzt«. Über die Chaos ordnende Funktion hinaus geht es vor allem auch um das Abstandhalten des Unbekannten, das sonst die Fantasie usurpatorisch in Besitz nähme und sie zu Schreckbildern großer Furcht oder aber, wie dann wiederum in Rilkes *Siebenter Elegie* beschrieben, zu emotionaler Indifferenz und Affektverlust zwänge (vgl. Oberlin 2004/5).

Die identifikatorische Ausstattung der Fantasiewelt mit psychischen Elementen bewirkt also die Ablenkung der Furcht vom Objekt und ihre Streuung zu kleineren Furchtsamkeiten, die um so tolerabler sind, als sie mit kleinen Mächtigkeiten durch esoterisches Zauberwissen oder Anrufung von Gegengeistern gekontert werden. So neutralisiert beispielsweise auch die schiere Pluralität der mythologischen Gottheiten die Omnipotenz einzelner angsteinflößender Mächte durch eine gerechtere Gewaltenteilung. Außerdem schützt sie den Zuhörer subjektiv vor der Willkür einzelner, da er ja im Besitz des Wortes, des Namens ist und möglicherweise sogar die mythologische »Beschwerdestelle« kennt. »Der Mythos defokussiert das Interesse der Götter am Menschen« (AM, S. 37). Er rückt sie auf angstlindernde Distanz, denn, so Kafka an Max Brod über die Griechen, die er als »demütige Menschen – in religiöser Hinsicht –, eine Art lutherischer Sekte« beschreibt: »Sie konnten das entscheidend Göttliche gar nicht weit genug von sich entfernt denken, die ganze Götterwelt war nur ein Mittel, das Entscheidende sich vom irdischen Leib zu halten, Luft zum menschlichen Atmen zu haben« (GW, Bd. 9, S. 279).

Furcht und Angst sind naturgemäß der Selbsterhaltung dienende, egozentrische Affektlagen, dem primären Narzissmus inhärent, den Freud (StA IX, S. 382f.) mit der »animistischen Phase« in Verbindung bringt, wobei der Animismus als »Denksystem« durchaus der Paranoia als »Systembildung« vergleichbar ist. In *Totem und Tabu* unternimmt er es,

»die Entwicklungsstufen der menschlichen Weltanschauung mit den Stadien der libidinösen Entwicklung des einzelnen in Vergleich zu ziehen. Es entspringt dann zeitlich wie inhaltlich die animistische Phase dem Narzißmus, die religiöse Phase jener Stufe der Objektfindung, welche durch die Bindung an die Eltern charakterisiert ist, und die wissenschaftliche Phase hat ihr volles Gegenstück in jenem Reifezustand des Individuums, welcher auf das Lustprinzip verzichtet hat und unter Anpassung an die Realität sein Objekt in der Außenwelt sucht« (StA IX, S. 378).

Eine mit sich selbst beschäftigte Götterwelt – wir sprechen über frühgeschichtliche Mythologien, wie sie vermutlich erst lange nach Entstehung der Ackerbaukulturen möglich wurden – erlaubt dem Eingeweihten sich selbst aus dem Fadenkreuz höherer Mächte zu rücken. Zudem sorgen antagonistische Kräftelagen am Götterhimmel stets dafür, dass in jedem Bedrohungsfall eine Schutzgottheit oder ein Schutzgeist anzurufen ist, der im Interesse des Bedrohten fürsprechen oder sogar direkt intervenieren kann.

Gerade auch in ihrer Ansiedlung in einem solchen intermediären Schutz- und »Zwischenraume« kommen Kafkas Dichtungen dem Wesen des Mythos nahe. Dieser hat die Aufgabe, eine scheue Vertrautheit mit dem überwältigend Anderen, dem Ich-Fremden und daher Feindlichen herzustellen, um das Chaos in Ordnung, also in Kosmos zu verwandeln, den *horror vacui* oder aber das *mysterium tremendum, terribile et fascinans*, wie Rudolf Otto (1991) es nannte, zu ertragen.[11]

Zwar geschieht es in der Geschichte des Mythos nach Meinung Cassirers (2009, S. 181) womöglich erst in dessen epischen Spätformen, dass sich der »ästhetische Raum« bildet, der nötig ist, das Spiel in den Vordergrund zu stellen, womit »[d]ie Dämonie der mythischen Welt [...] besiegt und gebrochen« ist. Zum Wesen des Menschen gehört es aber doch je früher, desto mehr – und daher pflichte ich Jauß (1991,

---

11 Blumenberg (2006, S. 143) vertritt die Ansicht, dass das Chaos in den hellenistischen Mythen »noch nicht die ungeordnete Gemengelage der Materie, des plastischen Urstoffs für alles Spätere« sei, sondern »die bloße Metapher des Gähnens und Klaffens eines Abgrundes, der keiner Lokalisierung, keiner Beschreibung seiner Ränder oder seiner Tiefe bedarf, sondern nur der undurchsichtige Raum der Heraufkunft von Gestalten ist«.

S. 386) bei, der »in der mythischen Erzählform die ästhetische Einstellung immer schon am Werk« sieht –, dass er die Außenwelt zunächst nicht anders denn als imaginierte Innenwelt erfahren kann. D.h., er macht, nach Freud, »seine Affektbesetzungen zu Personen, bevölkert mit ihnen die Welt und findet nun seine inneren seelischen Vorgänge außer seiner wieder« (StA IX, S. 380). Ihr muss er dann wiederum seine Bewusstseinsregie entgegenstellen, um den animistischen Wahn zu zügeln und das projektiv Dämonische in seine bewusste Erfahrungswelt zu re-integrieren.[12]

Kernberg (1983, S. 50f.) hat analoge Vorgänge für die Borderline-Persönlichkeitsstruktur als primitive Idealisierung einerseits und projektive Identifizierung andererseits beschrieben. Bei der »primitiven Idealisierung« handelt es sich

> »um die unmittelbare Manifestation einer primitiven Phantasiestruktur, in der es gar nicht um eine wirkliche Hochschätzung der idealisierten Person geht, sondern ausschließlich um deren Eignung als Beschützer gegen eine Welt voller gefährlicher Objekte. Eine weitere Funktion solcher Idealobjekte besteht darin, daß man sich mit der ihnen zugesprochenen Allmacht identifizieren und so an der Größe des idealisierten Objekts teilnehmen kann, was wiederum einen Schutz gegen Aggression bietet und gleichzeitig auch narzißtische Bedürfnisse befriedigt.«

Die »projektive Identifizierung« korreliert mit ungefestigten Ich-Grenzen und entspringt letztlich dem Wunsch, im Anderen die eigenen projizierten Aggressionsinhalte kontrollieren zu wollen. »Böse« und »gute« Objekte müssen sich aber schließlich die Waage halten, und sei es, indem sie alternieren:

> »Zeitweilig dominiert das Bedürfnis, eine anspruchsvolle und anklammernde Beziehung zu einem idealisierten, ›magisch‹ überhöhten Objekt herzustellen, während zu anderen Zeiten die Phantasien und das Verhalten [...] selbst von einem tiefen Gefühl eigener magischer Omnipotenz durchdrungen sind. Beiden Phasen liegt eine Identifizierung mit einem ›total guten‹ Objekt zugrunde, das zum Schutz gegen böse ›verfolgende‹ Objekte idealisiert und mit Allmacht ausgestattet wird« (ebd., S. 54).

---

12 Zu den psychischen Mechanismen der Dämonisierung vgl. Green (2003, 263ff.).

Bereits lange vor Kernberg hatte Melanie Klein (1994, S. 147) das Spektrum der Projektionsinhalte auf das ganze Selbst mit seinen Partialaspekten ausgedehnt. Sie erklärt das zwanghafte Bedürfnis nach Kontrolle aus der Not der inneren Konflikte und dem Wunsch nach Entlastung heraus.

Eine für das Verständnis der Mythen und archaischer Kultformen erhellende Differenzierung führt Ogden (1988, S. 6ff.) ein, wenn er, ähnlich wie Bion, das interaktive Geschehen zwischen Projizierendem und Objekt beleuchtet und betont, dass nicht schon die Konfrontation mit projizierten Selbstaspekten zu seelischer Entlastung führt, sondern die *Re-internalisierung* der vom Objekt bereits verarbeiteten Gefühle. Projektive Identifizierung sei

> »ein Prozeß, bei dem Gefühle, wie die, mit denen man selbst ringt, von einer anderen Person psychisch verarbeitet und in einer veränderten Form zur Verfügung gestellt werden. [...] Die neue Mischung von Gefühlen mag die Einstellung beinhalten, daß die projizierten Gefühle, Gedanken und Repräsentanzen ertragen werden können, ohne daß andere Selbstaspekte oder wertvolle äußere und innere Objekte beschädigt würden.«

Man mag dabei sowohl an die Mythenerzähler als auch an hieratische Funktionen im Kultgeschehen oder in der Religion denken. Schamanen, Opferführer oder Priester vermitteln zwischen Menschen und Geistern, Menschen und Göttern, indem sie den Eingeweihten in ein zwischenmenschliches Geschehen einbinden, wo sie z. B. wie beim psychoanalytischen Setting Übertragungsfunktionen übernehmen.

Was Blumenberg den »Absolutismus der Wirklichkeit« nannte (AM, S. 18), existiert, unabhängig von der phylo- oder ontogenetischen Periode, nach Winnicotts (2002) Modell nicht an sich, sondern nur dann, wenn in der Phase der frühen Subjektbildung das Objekt seinem Wesen nach nicht in den imaginativen Horizont des Selbst gestellt wird, wenn also, grob gesagt, Fantasie sich nicht an der Realität und Realität sich nicht an der Fantasie abarbeiten konnte. Nicht anders als bei Kindern, die, so das scheinbare Paradox, ohne Formen imaginativer Tätigkeit (z. B. im extensiven symbolischen Spiel oder in der Identifikation mit Märchenfiguren) keinen gesunden Realitätssinn ausbilden können, stellt sich die Alternative menschheitsgeschichtlich dar: »Entweder steht am

Anfang die imaginative Ausschweifung anthropomorpher Aneignung der Welt und theomorpher Steigerung des Menschen oder der nackte Ausdruck der Passivität von Angst und Grauen, von dämonischer Gebanntheit, magischer Hilflosigkeit, schlechthinniger Abhängigkeit« (AM, S. 68).

In den Momenten, in denen er spricht, *ver-spricht* der Mythos in hohem Maße Ordnung und Schutz, erlaubt er das Verlassen von Höhle und Wald, mindert er den Schrecken des Affenbrotbaums (um Cassirers Episode aus der Schilderung der Besiedlung von Anvo zu erwähnen)[13] und beugt sogar dem gefürchteten Seelenverlust vor. Obwohl oder gerade weil er ohne Beweise daherkommt, »hat er etwas zu bieten, was auch bei verminderten Ansprüchen an Zuverlässigkeit, Gewissheit, Glauben, Realismus, Intersubjektivität noch Befriedigung intelligenter Erwartungen ausmacht« (AM, S. 77). Die Welt erhält (buchstäblich: man denke an die Felsgravuren des *Magdalénien*) das Gesicht, das der Mensch gerade noch erkennt, weil es ihm ähnlich ist. Der Mythos sagt: »Hab keine Angst!« und bedeutet dem Zuhörer allein durch seine verbale Präsenz Vertrautheit, Weltzugehörigkeit, Orientierung, Erklärung und Geschichtlichkeit. Nietzsche drückt das in seinen bildmächtigen Worten folgendermaßen aus:

> »Der Grieche kannte und empfand die Schrecken und Entsetzlichkeiten des Daseins; um überhaupt leben zu können, musste er vor sie hin die glänzende Traumgeburt der Olympischen stellen. Jenes ungeheure Misstrauen gegen die titanischen Mächte der Natur, jene über allen Erkenntnissen erbarmungslos thronende Moira, jener Geier des großen Menschenfreundes Prometheus, jenes Schreckensloos des weisen Oedipus, jener Geschlechtsfluch der Atriden, der Orest zum Muttermorde zwingt, kurz jene ganze Philosophie des Waldgottes, sammt ihren mythischen Exempeln, an der die schwermüthigen Etrurier zu Grunde gegangen sind – wurde von den Griechen durch jene künstlerische Mittelwelt der Olympier fortwährend von Neuem überwunden, jedenfalls verhüllt und dem Anblick entzogen. Um leben zu können, mussten die Griechen diese Götter, aus tiefster Nöthigung, schaffen« (KSA I, S. 35f.).

---

13 Von Ernst Cassirer (1954, S. 106) erfahren wir die Episode aus der Schilderung der Besiedlung von Anvo: Einer der neu ankommenden Eweer erschrickt beim Anblick eines Affenbrotbaums, in dem ein Dämon hausen soll.

Die funktionelle psychische »*Bedeutsamkeit*« des Mythos als Wesensbestandteil, wenn nicht Ersatz, seiner Semantik – ein Begriff, den Blumenberg, wie erwähnt, in Anlehnung an Dilthey verwendet, der auch zu Kafkas Lektüre zählte (T, S. 622) –, ist wesentlich ans Sprechen, Hören und gemeinschaftliche Dabeisein gebunden, wobei jeder Zuhörer irgendwann zum Erzähler wird. Der Erzähler des Mythos spricht in seinem Zuhörer weiter mit der Stimme der Fantasie, ist diese einmal in Gang gesetzt. Beim Schreiben wird daraus eine manuelle Tätigkeit, eben ein signifikantes »Handwerk« (B I, S. 27): Keil, Pinsel, Feder, Stift, Computer sind Schreibwerkzeuge.

Verfassen heißt somit Anfassen einer bis dahin noch für *un-fasslich* gehaltenen Welt. Der Stift stiftet Wirklichkeit, die der Leser hernach haptisch (als Buch) erfährt. Alles Geschriebene hat ja buchstäblich auch eine »Seite« zum Anfassen, und in dieser Eigenschaft *de-transzendiert* die Symbolik des sprachlichen Zeichens, das in seinem Spielcharakter ohnehin die reine Zeichenhaftigkeit überstieg, zu einem qualitativ Anderen, dessen Wesen in der psychischen Bedeutsamkeit liegt. »Ich weiß«, schreibt Kafka, »daß es doch nur da ist zum Geschrieben-, nicht zum Gelesenwerden« (GW, Bd. 9, S. 396).

Kafkas Geschichten sind daher keine Flaschenpost, die auf eine Antwort wartet, es sei denn, man nähme an, sie würde allein zu dem Zweck ausgesetzt, wieder an Land gespült zu werden. Es sind vielmehr narrative Zirkel, die neu beginnen, wenn sie enden, und deren Funktion sich im Ritual des objektbildenden, »mythifizierenden« Erzählens erschöpft. Sie sind Anrufe und Evokationen. Kafka selbst sprach von »Geisterbeschwörung« (J, S. 32), vom »Lohn für Teufelsdienst« (GW, Bd. 9, S. 384) oder nannte es gar eine »Form des Gebetes« (N II, S. 354; J, S. 35). Die Verwandtschaft mit beschwörenden Exorzismen, die Dämonen austreiben oder diminuieren, indem sie ihnen buchstäblich *Paroli* bieten, liegt nahe.

Solche Geschichten sind dann ins eigene Ohr gesprochen, in der Hoffnung, bereits kollektiver Widerhall zu sein. Sie obliegen anderen Regeln als denen des üblichen Sprachgebrauchs, vom Literaturbetrieb zu schweigen, der an Kafka praktisch vorbeiging. Ihrem Beschwörungscharakter wäre eine wortgewaltige Ausdruckskunst wie die eines Werfel oder Brod wenig angemessen. Das *expressis verbis* der Seele ist hier eher demütig, ja sogar wort-ohnmächtig, als fürchte der Autor sein Echo oder als lausche er es unter dem Siegel der Geheimhaltung dem mythischen Raum ab. Adornos Vergleich mit der expressionistischen Lyrik, den Sokel (1964) noch einmal bekräftigte, erzwingt sich gewiss nicht durch Parallelen in Wortwahl und Gestus, sondern allein durch die kompromisslose Darstellung seelischer Zustände und Tendenzen. Kafka selbst habe, so erinnert sich Janouch (1981, S. 71), »das Herumspielen mit dem Verfall logischer Sprachmittel« als »schweres Vergehen« verurteilt und das mit dem Argument begründet, dass »[e]ine Sprachverletzung immer eine Gefühls- und Gehirnverletzung [ist], eine Verdunklung der Welt, eine Vereisung«. Letzteres ist eine im Übrigen bezeichnende Projektion, die es Kafka erlaubt, von den Bizarrerien seiner eigenen Fantasien abzulenken und der Sprache das zu überantworten, was dem mythologisch ungelenkten Bewusstsein mangelt, nämlich Sinn, Wärme, Intaktheit, Erhellung.

Als die »Axt [...] für das gefrorene Meer in uns« (B I, S. 36) muss die Sprache zwar geschliffen sein – eine Quelle der Wärme ist sie in diesem Bild gerade nicht –, darüber hinaus aber verträgt das Werkzeug keinerlei Manipulation, die es verdächtig machen könnte, auf komplex-komplizierte Inhalte hinzuweisen. Es soll ja gerade auch seine Nicht-veränderung seit Jahrhunderten beweisen, um als Bürge der Wahrheit und Garant der Glaubwürdigkeit zu dienen. Indem die Sprache ein Wesensbestandteil der rituellen »Spielregeln« ist, trägt auch sie mit dazu bei, dass Mythen *a priori* als wahr gelten können: »Paul Valéry hat es einmal beiläufig gesagt, und es ist ein Gedanke von ungemeiner Tragweite: Gegenüber den Regeln eines Spiels ist kein Skeptizismus möglich. Ist doch die Grundlage, die sie bestimmt, unerschütterlich gegeben« (Huizinga 1987, S. 20).

Als ein Wesen, das wie ein Körper eine »Verletzung« erleiden kann – »Die Feder ist nicht ein Instrument, sondern ein Organ des Schriftstellers«, »ein seismographischer Griffel des Herzens« (J, S. 61, S. 34) –, wird die Sprache *in actu* zum Träger kosmologischer Geborgenheit, wie sie dem Verlangen nach Selbstkongruenz und Ich-Kontinuität entspringt. Der epische Sänger »bietet nicht nur Zeitvertreib und Belustigung; er bietet auch von der Zusicherung und Bekräftigung, die einmal Kosmos heißen wird« (AM, S. 177). Dieser Erwartung liegt freilich auch die instinktive Einsicht des Erzählenden zugrunde: Solange ich handle, handelt es nicht mit mir; solange ich rede, spricht es mich nicht an; solange ich den Gang bestimme, geht mir nichts nach. Mit Kafkas Worten: »Die Festigkeit aber, die das geringste Schreiben mir verursacht, ist zweifellos und wunderbar« (T, S. 601f.).

Wenn er zeitlebens den Autor vor der Welt eher versteckt als exponiert, dann illustriert das auch seine Angst, jenes imaginäre Ich, das im Übrigen in den größeren Erzählungen nicht vorkommt – im *Schloß*-Roman verwandelt es sich noch während der Niederschrift in Er –, könnte mit seinem biografischen Ich zusammenfallen, das sich solche Allmachtsattitüde nicht anmaßen mochte. Dem wachen Bewusstsein gelten andere Werte als die künstlerische Dämonenbeschwörung, die ohnehin nur einem magischen Subjekt (als Textsubjekt der Erzählungen) möglich ist. Auch könnte eine allzu laute Wortführung Unheil heraufbeschwören (die expressionistischen »Sprachzerstörer« à la Johannes R. Becher als Beispiel), analog etwa den schon erwähnten »Maulhelden« der homerischen Epen. Kafka war ein durchaus abergläubischer Mensch, wie etwa seine anhaltende Furcht beweist, zuviel Glück könne ihm nur Unglück bringen (B I, S. 290, S. 377).

Da das Spiel mit der Imagination auf die Gleichzeitigkeit von Suchen und Finden hinausläuft – Spiel als Akt, der »erst Kräfte freimacht und nicht verzehrt« –, steckt aber auch im Schreiben selbst ein Versprechen auf narzisstischen Selbstgewinn, dessen Lockungen es gerade auch wegen des psychischen Surrogatcharakters auszuweichen gilt. Vielleicht gehört Kafkas Neigung zur Selbstcamouflage zu jenen »im Grunde notwendige[n] Schutzmechanismen des Ich gegen ein Verschlungenwerden vom Schaffen«, die gerade deshalb so wichtig sind, weil dieses Schreiben mit dem Anspruch auf Lebensersatz eine »zwangsläufige Dynamik der Totalisierung, die ihn zur völligen Selbstaufgabe im Werk nötigt«, entfesselt (Rank 2000, S. 327).

Kafkas Bild für das geglückte Buch oder den gelungenen Schreibprozess, der das Eis sprengt, lässt keinen Zweifel an dieser Gefahr: Sich ihm als »einem fremden Element vollständig hinzugeben, dazu gehört Irrsinn. (Schlaflosigkeit und Kopfschmerzen sind bloß Vorbereitung)« (B III, S. 163). Nach Ranks (2000, S. 328) Einschätzung ist »[d]ie das Totalitätsstreben in Schach haltende Hemmung […] im Grunde genommen

Angst: Angst vor dem Leben oder Angst vor dem Sterben, die ja auch den Drang nach Verewigung im Werk determiniert«.

Diese Überlegungen zur Lage des modernen Künstlers vermögen sowohl dessen Identitätskonflikt als auch die Problematik des öffentlichen *versus* privaten Schreibens zu erhellen. Das Schaffen soll dabei über die Introspektion und deren Erkenntniseinschränkung zum kategorial Kollektiven, d. h. zum gesellschaftlich relevanten Werk führen. Kafkas »Haß gegenüber aktiver Selbstbeobachtung« hat darin eine seiner Wurzeln, der unselige Zwang, »sich hündisch umlaufen« zu müssen (T, S. 608). Einerseits will der moderne Künstler

> »seine Persönlichkeit nicht im Werk ausdrücken, sondern er will sich durch das Werk erkennen, ja er kann auf Grund seiner rein individualistischen Ideologie sich gar nicht im Werk ausdrücken ohne sich zu bekennen und damit zu erkennen, weil ihm eben die kollektive oder soziale Ideologie fehlt, die den Ausdruck seiner Persönlichkeit erst künstlerisch im Sinne früherer Epochen machen würde« (Rank 2000, S. 331).

Andererseits kann er aber auf gewisse ideologische Vorgaben wie kunstästhetische Traditionen und Formen nicht verzichten, die ihm den gedanklichen Rohstoff des Schaffens überhaupt zu modellieren erlauben und den Kommunikationsraum erst öffnen. So befindet er sich in einem ständigen Dilemma, ob er seine Stimme erheben oder aber schweigen soll. In dieser Krise der Legitimität tendiert er dann eher zum leisen denn zum lauten Ton und sehnt sich danach, dass er letztendlich »eine neue Kunstform finden wird, die ihm angemessen ist, jedenfalls aber nicht den Zwang empfinden wird, seinen persönlichen Schaffensdrang erst ideologisch in überkommenen Kunstformen zu rechtfertigen« (ebd., S. 332).

3   DER INHALT DER FORM: TEXTRITUAL ALS SINNEREIGNIS

> »Jedes Wort ist ein Wort der Beschwörung.
> Welcher Geist ruft – ein solcher erscheint.«
>
> *Novalis (1969, S. 375)*

Gut möglich, dass die Mythisierung der Außenwelt mithilfe der Innenwelt (und umgekehrt) immer wieder auch zu Konstrukten – Kafka spricht abfällig von »Konstruktionen« (T, S. 594ff.) – führt, die sich der Psyche als nicht hilfreich oder nicht glaubhaft erweisen; ihre Hauptaufgabe ist dennoch immer die gleiche: die Abfuhr der Angst in rational wie sozial kontrollierbare Kanäle oder kollektive Verarbeitungsmuster und die Abschottung des Innen vor dem Außen.

Dass die Sprache hier einem Autor nicht nur als Identitäts- und Heimatboden dient, sondern wesentlich auch eine Art Gefühlskatalysator zu therapeutischen Zwecken ist, hat Wilfred Bion (1992, S. 22) mit seinem Container-Contained-Modell faszinierend erklären können. Das Modell macht verständlich, wie Emotionen sich im Bindungsgeschehen mithilfe von Projektions-Reintrojektionszyklen entschärfen können, und hebt die schöpferische Rolle der Sprache hervor, die die Aufgabe der gleichsam »mütterlichen« Affektdämpfung durch »Reverie« übernehmen kann und damit das »Material für Traumgedanken« zur Verfügung stellt.

Verstehen wir den Mythos im Sinne eines solch reinigenden Bion'schen »Auffangbeckens« (Containers), so müssen dessen Inhalt und Form (dazu gehört evtl. auch der Ritus) gleichermaßen beachtet werden. Da Wahrheit und Lüge in der Bewusstseinsregion, wo die Gesetze des Primärprozesses – Rapaports (1945/46) »autistische Logik« – den Ton angeben, keine Konkurrenten sind, entscheidet dort nicht die mimetische Analogie über die psychische Effizienz eines Mythos, sondern, von der rezeptiven Verbreitung und seiner Massengeltung einmal abgesehen (aber stets damit verbunden), die performative Qualität, sprich: der seelische und soziale Erlebnisfaktor, wie er an die gelebte Form gebunden ist.

Wer einmal Kindern zugehört hat, wie sie Geschichten erzählen, begreift, dass die Qualität des Zuhörens (das ein Absorbieren ist) letztlich über die Qualität des Erzählten entscheidet. Den Erzähler selbst trifft weder Lob noch Tadel, er wird aber, wenn alle mit dem Rezeptionserfolg zufrieden sind, aufgefordert, das Ganze wieder und wieder zu erzählen. Das kann so lange gehen, bis sämtliche Ungeheuerlichkeiten, Tabubrüche, fantastischen Tiraden völlig ausgekostet sind. Die Form der Erzählung erhebt dabei nicht den geringsten Anspruch auf Originalität – im Gegenteil: Sie ist Inhalt und Gefäß zugleich, ihr Material sind die immergleichen Formeln, die in liturgischer Eintönigkeit wiederholt werden: ein Beweis ihrer Beständigkeit. Kein Märchen ohne ein »Es war einmal ...«; kein Psalm ohne Apostrophe an den Allmächtigen.

Wie der mythische Text samt seinem Melos dazu berufen ist, »Vertraut-heitsbedingungen nicht nur durch seine allzu menschlichen Geschichten von den Göttern, durch den leichten Unernst dessen, was sie untereinander haben, sondern vor allem durch die Herabsetzung ihres Machtpegels« zu schaffen (AM, S. 137), bedarf er auch einer entsprechenden, Vertrauen ein-flößenden performativen Gestalt. Dazu kommt ein Inhalt, der »sich in erster Linie mit der Menschheit befasst« (Armstrong 2007, S. 25), wiewohl nach Ansicht Blumenbergs »nicht anthropozentrisch« (AM, S. 136)[14]; ein Stil, dem Parodien im Prinzip fremd sind, und ein Handlungsgerüst, das in der Regel ohne chronologische und topologische Konkretionen auskommt.

Die Welt, die der Mythos der Wirklichkeit entgegen- oder hinzusetzt, ist eine Fiktion, die sich nicht als Konstruktion entlarven darf, also kei-nesfalls den Charakter philosophischer oder gar psychologischer »Ideen« annehmen oder gar mit der erfahrenen (nicht: erfahrbaren) Realität selbst – und hier schließen wir das Psychische mit ein – kollidieren soll. Wäre sie als Artefakt entlarvt, verlöre sie alle mythologische Autorität. Sie muss daher ein Identifikationsangebot machen, das seinen Platz durch intuitiv fassbare Analogien zur psychophysischen Wirklichkeit behauptet, um uns über diese Wirklichkeit hinweg zu anderen Horizonten zu tragen, und das dadurch über den willkürlichen Zeichencharakter hinausgeht:

> »In der Sprache ist das Zeichen bekanntlich willkürlich: nichts verpflichtet das akustische Bild Baum, auf ›natürliche‹ Weise den Begriff Baum zu be-deuten. Das Zeichen ist hier unmotiviert […]. Die mythische Bedeutung ist dagegen niemals vollständig willkürlich, sie ist immer zu Teilen motiviert und enthält zwangsläufig einen Teil Analogie« (Barthes 1964, S. 109).

Wieder hilft hier zum besseren Verständnis der Vergleich mit der prä-historischen Mythologie:

> »Ein Mythos schilderte ein Ereignis, das sich gewissermaßen einmal zuge-tragen hatte, zugleich aber ständig passierte. Wegen unserer strikt chrono-logischen Geschichtssicht haben wir kein Wort für ein solches Geschehen, aber Mythologie ist eine Kunstform, die über die Geschichte hinaus auf

---

14 Diese Ansicht teilt Vierzig (2009, S. 30), allerdings bezogen auf paläolithische Tat-sachen, die auf Mythen verweisen: »Für den Welterklärungsmythos der Altsteinzeit stand jedenfalls nicht der Mensch primär im Mittelpunkt, dann sähe der Bilderkos-mos der bemalten Höhlen anders aus.«

das Zeitlose der menschlichen Existenz verweist und uns hilft, jenseits des chaotischen Flusses zufälliger Ereignisse den Kern der Wirklichkeit zu erfassen« (Armstrong 2007, S. 13).

Im archaischen Mythos herrscht somit ein implizites Sinnverständnis der erzählten Ereignisse. Die Überlieferung selbst verbürgt dessen Wahrheitsgehalt. Dieser wurzelt nicht im Konkret-Geschichtlichen, wird doch gerade »der Mythos durch den Verlust der historischen Eigenschaft der Dinge bestimmt. Die Dinge verlieren in ihm die Erinnerung an ihre Herstellung« (Barthes 1964, S. 130). Ein Hermeneut muss somit nicht eigens herangezogen werden, ja er verbietet sich, da das mythische Wort *vera narratio* ist. Wenn die erzählte Geschichte in der Lage ist, ihren eigenen Sinn vorauszusetzen, weil sie als Wert *a priori* Teil des Wertsystems eines verbindlichen Kults, einer Kultur ist, kann sie auf jegliche Sinnausdeutung verzichten und wird dennoch (oder gerade deshalb) akzeptiert. Nur wenn ein Sinn jenseits des Mythos und seiner Voraussetzungen gar nicht denkbar erscheint, entlarvt dieser sich selbst als Konstruktion, die genau so gut durch ihre Gegenkonstruktion ersetzt werden könnte.

Darin liegt im späteren Übergang zum Logos sein Risiko, nunmehr als aufklärerischer Impetus verstanden und hingenommen zu werden. Denn die Erzählung selbst übernimmt jetzt die Funktion der Sinnstiftung und gibt damit ihre Motive preis, die zwar in einer »Entmythologisierung« zu bestehen scheinen – »Den Mythos zu Ende zu bringen, das soll einmal die Arbeit des Logos gewesen sein« (AM, S. 681) –, dann aber doch wieder in eine »Remythisierung« einmünden. Im Augenblick, da der Logos an die Stelle der Mythe tritt, kommt er, unschwer als *creatio ex nihilo* zu erkennen, an der Aura der Hoffnungslosigkeit und der Lächerlichkeit kaum vorbei: eine der möglichen Tatsachen, auf die sich eine Theorie des »ironic myth« gründen lässt.

Damit potenziert sich indes nur eine im Mythos bereits angelegte Schwäche, die Blumenberg meint, wenn er sagt: »Es ist ein Maß von Unernst am Mythos, von Leichtfertigkeit« (AM, S. 38). Das ist nämlich der Augenblick, wo nicht der Mythos zum Logos, sondern umgekehrt der Logos zum Mythos kommt, um dessen Segen zu empfangen. Davor allerdings »muß [die Welt selbst] zur unbegründetsten Sache von der Welt werden, damit sie unbegründbare Welten neben sich, in sich, gegen sich, duldet. Nur im Universum der reinen Unverbindlichkeit kommt der ästhetische Gegenstand gegen alles andere aus« (AM, S. 681).

Wird also der Text selber zum Garanten der Verbindlichkeit, trägt ihm das, zuallererst vom Autor selbst, den Verdacht der Unglaubwürdigkeit ein, weiß er doch am besten um dessen Artefaktcharakter. Die Duldung oder Annahme des Erfundenen durch Autor und Leser setzen also ein Maximum an Überzeugungskraft voraus, und die kann ihm neben einem toleranten Unbewussten nur die ποιεσις, die Kunst der mikrokosmischen Durchgestaltung verleihen. »Die Kunst«, sagt Kafka, »hat das Handwerk nötiger als das Handwerk die Kunst« (B I, S. 27). In diesem Satz wird der kosmologische Stellenwert des Ästhetischen vielleicht am deutlichsten. Das Formgefüge selbst bildet ein Weltsymbol, in dem der Schöpfergestus sich sowohl ausdrückt als auch hinterfragt. Da der mythisch-makrokosmische Bezug nicht von vornherein vorausgesetzt werden kann, muss der ästhetische Mikrokosmos an seine Stelle treten und erhält damit Platzhalterfunktion. Dabei zeigt sich bei Kafka immer wieder die tropische Nahtstelle, die den Qualitätssprung vom Zeichen zum Symbol, vom Chaos zum Kosmos, aber auch die umgekehrte Bewegung markiert.

Noch ein anderes Hindernis tut sich auf, wenn der Logos zum Mythos kommt. Wenn Sigmund Freud *Das Unheimliche* in der Literatur an die »alte Weltauffassung des *Animismus*« bindet, »die ausgezeichnet war durch […] die narzißtische Überschätzung der eigenen seelischen Vorgänge, die Allmacht der Gedanken und die darauf aufgebaute Technik der Magie«, dann knüpft er es daran, dass es beim Leser »an diese Reste animistischer Seelentätigkeit rührt« und »*überwundene* primitive Überzeugungen wieder bestätigt scheinen« lässt (StA VI, S. 263ff.).

Sollte dieses Archaische der Erzählsprache bei Kafka ebenso als das Uralte gewürdigt wie als das »Überwundene« gefürchtet erscheinen, während gleichzeitig ein Neues in Erscheinung trat, das alle Hoffnung auf seelischen Halt in der Wirklichkeit Lügen strafte, dann ließe sich freilich nicht ohne Weiteres von einer »Remythisierung« sprechen, »mit der die Aufklärung in ihre bestimmte Negation übergeht, ihre Erlösung von einer Totalität der Verschmelzung erhofft« (Vogl 1990, S. 218). In der regressiven Revokation der Einheit wäre ja zugleich die Furcht vor dem

Individualverlust gegenwärtig. Eine »Negation« der Aufklärung wäre das so wenig wie die Naturphilosophie eines Jean-Jacques Rousseau. Schließlich konzediert aber auch Vogl am signifikanten Textbeispiel »Das Schweigen der Sirenen«, dass »Kafka die Dialektik des Mythos als Dialektik der Aufklärung [markiert]«, und macht damit deutlich, dass man es mit zwei Seiten einer Medaille zu tun hat.

Mythen in der höher organisierten Form etwa des Epos sind Konstrukte, die das auch in der Form ausdrücken, was sie zum Inhalt haben, also ästhetisch bereits so durchgestaltet sind, wie wir es vom Kunstwerk als einem ästhetischen Kosmos erwarten. Wenn sie menschliche Existenznöte beschwichtigen, wie z.B. die allgegenwärtige Angst und Todesfurcht als Generalbass aller Mythen, dann lassen sie den Zuhörer diese Spannung auch physisch, u.a. durch eine Ästhetik des Lösungsaufschubs durchleben. Das innere Auge folgt dabei den Konturen, die durch die dramatischen Zuspitzungen oder Überzeichnungen hervortreten. Alles ist in ein ebenso verbergendes wie offenbarendes »Zwielicht« gehüllt. Dem Dunkel der archaischen Angst entsprechen die ästhetischen Grau- oder Sepiafilter, die für die mythische Fiktion so typisch sind. All dies geschieht scheinbar im Widerspruch zur aufklärenden, erhellenden Funktion – ein weiterer Grund, weshalb Mythen als »Borderlinefälle« zwischen Verhüllung und Enthüllung, Mystifikation und Aufklärung gelten: »Er [der Mythos] läßt auch nicht nur im Dunkeln, was ohnehin im Dunkel wäre, sondern er erzeugt dieses Dunkel, verdichtet es« (AM, S. 144).

Warum sollte dort Licht sein, wo das Auge nicht hinreicht? Wo nicht nur das »Unaufgeklärte« droht, sondern auch das Bewusstseinsdunkel als animalische Qualität lockt? Gerade die Ästhetik der Verdunkelung verdient besondere Aufmerksamkeit, handelt es sich doch um ein Mittel der Verfremdung, das Künstlichkeit ermöglicht, ohne den Verdacht des Synthetischen aufkommen zu lassen. So kann die Verdunkelung letztlich Mittel zum Zweck der Erhellung werden.

Novalis (1969, S. 353, S. 381) hat unterstrichen, dass es doch immer nur darum gehen könne, die alte Wahrheit in ein kontrastierendes Kleid zu stecken, um sie (wieder-)erkennbar zu machen: »Der mystische Ausdruck ist ein Gedankenreiz mehr. Alle Wahrheit ist uralt. Der Reiz der Neuheit liegt nur in den Variationen des Ausdrucks. Je kontrastierender die Erscheinung, desto größer die Freude des Wiedererkennens.«

Zum buchstäblich reizvollen Mystifizieren gehört für ihn neben dem »hieroglyphische[n] Zusatz« oder als Bestandteil desselben »das Gefühl des undeutlichen Ganzen, die magische Anschauung der Gegenstände zusammen in mannigfacher Erleuchtung und Verdunkelung«.

Der opake Effekt wirkt aber nicht nur archaisierend, indem er dem Kunstwerk als *novum* Patina verleiht. Er wirkt auch ähnlich wie die Saalverdunkelung vor einer Theatervorstellung, die einem die Regression in den Primärvorgang erlaubt, die, wie Kris (1977, S. 9) es für die Kunst formulierte, im »Dienst des Ich« steht. Zur Verdunkelung als Kunstlichteinstellung des Mythos, welche die Kontur, den Schattenriss hervorhebt, um Unwichtiges auszusparen – der Vergleich scheint zu hinken, weil gerade die Fixierung auf Details wesentlich ist für Kafkas »Bildwelt«, doch mag Freuds Axiom von der »Bevorzugung des Nebensächlichen im Trauminhalt« die Analogie wiederherstellen (StA II, S. 227) –, gehört gerade so viel Licht, dass der Fokus der Fantasie in den Fokus der Bildprojektion rücken kann, und zwar ohne von anderem abgelenkt zu werden, »was nicht dem Traum und seiner prälogischen Logik gliche« (Adorno 2003, S. 258). »Möglich«, soll Kafka gesagt haben, »daß ich die Dinge auch ein wenig beleuchte, wie der Beleuchter auf einer halbverdunkelten Bühne.« Um indes das Missverständnis auszuschließen, dass sie damit an Deutlichkeit verlören, fügt er in Janouchs Erinnerung gleich hinzu: »Das ist aber nicht richtig! In Wirklichkeit ist die Bühne gar nicht verdunkelt. Sie ist voller Tageslicht. Darum schließen die Menschen die Augen und sehen so wenig« (J, S. 43).

Benjamin hat Kafkas Werk mit einer *Laterna Magica* verglichen, einem Mechanismus, der die fokussierende Helligkeit nicht zuletzt der Verdunkelung ringsum verdankt. Ob *laterna magica* oder *camera obscura*, es bleibt zu fragen, was die Kontrastierung in diesem Werk bewirkt und wie sie dazu beiträgt, dass aus der Schattensprache eine Sprache der Schatten wird. Kafka selbst begründet sie nicht in erster Linie ästhetisch, sondern mit der Notwendigkeit, das Unerträgliche erträglich zu machen. Mit Blick auf den Roman *Der Kampf* von Ernst Weiß, in dem Felice Bauer nach der Lektüre offenbar »nicht viel Neues« fand, erwidert er: »Ich finde soviel, daß ich mich kaum auskenne. Die scheinbare Einförmigkeit ist ja nur das Halbdunkel, das nötig ist, um gewisse Dinge für Menschenaugen erträglich zu machen« (B III, S. 164).

Das ästhetische Ziel ist hier offenbar die Herabminderung des bei der Identifikation empfundenen Schreckens, also Affektdämpfung angesichts des Unbekannten, mit dem sich die Darstellung zu konfrontieren hat. Von der Warte eines gleichsam Allwissenden, jedenfalls Prophetischen aus geht es ihm um die gewissermaßen pädagogisch ermöglichte *Fassbarkeit* für das (eigene) Bewusstsein, welche durch die Schattierungstechnik ermöglicht werden soll. Soweit die Figuren im Schatten stehen, nimmt ihnen das »Zwielicht über ihrem Dasein« (BGS, S. 414) freilich nicht nur das Unheimliche – man denke an Gregor Samsa –, sondern auch das Unverwechselbare und verwandelt es ins Typenhafte. Der Schattenriss vermag immer zweierlei: Durch die Anonymisierung erzwingt er die Identifikation; gleichzeitig stilisiert er den Schrecken zur Normalität. Gerade in Letzterem ist Kafka ein Meister, der als Menschenkenner weiß, dass das eigentlich Erschreckende die Gewöhnung an den Schrecken ist.

Dem Autor kommt als eines der Kontrastmittel ein weiteres Paradox zu Hilfe, das zum erfinderischen Repertoire seiner Mythensprache gehört, nämlich die in sich widersprüchliche Erzählposition, die einerseits eine tradierte Auktorialität beansprucht, als sei der Stoff von Alters her vorgegeben und verbürgt, andererseits aber auf Allwissenheit verzichtet. Kafkas Erzähler wissen in schönster Flaubert-Tradition kaum mehr als das, was ihre Figuren wissen, und doch sind sie Stimmen aus einer Welt, wo das Merkwürdige, das geschieht, als normal gilt, sodass man, wie Freud für das Märchen feststellt, »den animistischen Standpunkt der Allmacht von Gedanken und Wünschen« (StA VI, S. 268) durchscheinen sieht. Die größten Teile dieser Welt sind abgedunkelt, Geschehensfäden laufen ins Leere, Handlungen erscheinen unmotiviert, und doch lässt die Rätselhaftigkeit des Erzählten weder den Erzähler noch den Leser daran zweifeln, dass es geschieht, weil es möglich ist – »alles was möglich ist, geschieht ja« – bzw. möglich ist, weil es geschieht – »möglich ist nur das, was geschieht« (T, S. 621).

Das funktioniert, weil auch die Figuren sich ganz selbstverständlich in ihr Los schicken, weil der Erzähler, selbst wenn er, wie im *Schloß* anfangs vorgesehen, »ich« sagt, keine individuelle Stimme besitzt, sondern eine über alle Zweifel erhabene Institution ist (weshalb das Ich dann auch dem Er weichen muss). Und es funktioniert auch deshalb, weil der Leser es für allein *seine* Aufgabe hält, Licht in dieses Dunkel zu bringen, wenn er nicht ohnehin glaubt, aus Schuldigkeit gegenüber dem Mysterium und wegen seiner Pflichten als Eingeweihter schweigen zu müssen. Je weniger eine postulierte Wahrheit hinterfragbar erscheint, umso mehr wächst die Beweisnot des Einzelnen, der vernünftiger-, wenn auch irrigerweise unter der Wahrheit eine *opinio communis* versteht.

Vom hohen Maß der den Rezeptionsprozess unbewusst steuernden »Gegenübertragung« einmal abgesehen (Pietzcker 1992), scheint es auf den ersten Blick weder die Aufgabe des Erzählers noch des Lesers zu sein, »das Unerklärliche zu erklären« (N II, S. 69). Die Figuren wirken nicht als amateurhaft erfundene Irrläufer, sondern wie tragische Helden, die ein unausweichliches Los haben, das über alle Zweifel (an der Fiktion) erhaben ist. Eine Hinterfragung scheint unnötig, da sich hier ein Kollektiv auf einem langen Überlieferungsweg dem kurzen Leben eines Einzelnen mitteilt, der sich in eben dieses Kollektiv willig einreiht. Ist »der Mythos auf kollektiver Ebene das Feld, auf dem eine Gemeinschaft ihre verdrängten Wünsche und Wahrheiten dennoch äußern kann« – August Ruhs (2009, S. 235) vergleicht ihn in dieser Eigenschaft mit dem »Familienroman des Neurotikers« –, so wirkt dessen Rezeption gemeinschaftbildend, indem sie an das eigene Unbewusste gemahnt und diesem ein ungeahntes Forum erlaubt. In Freuds Worten ist es »von den Mythen [wie den Sagen und Märchen, Vf.] durchaus wahrscheinlich, daß sie den entstellten Überresten von Wunschphantasien ganzer Nationen, den *Säkularträumen* der jungen Menschheit entsprechen« (StA X, S. 178). In dieser Eigenschaft wären sie per se Einladungen zur Identifikation, zum *déjà-vu*, zum *déjà-raconté*: der beste Weg, um (wenn auch unbewusst) »im Bild« zu sein.

In dieser archaisierenden Ästhetik drückt sich indes noch etwas anderes aus, auf das wir bereits hinwiesen. Rank (2000, S. 328ff.) hat unter dem Titel »Der Kampf des Künstlers gegen die Kunst« das problematisch gewordene Selbstverständnis des modernen Künstlers mit dem Mangel an kollektiver Kunstfunktion erklärt. »[O]hne kollektive oder soziale Ideologie [...] ist Kunstschaffen unmöglich.« Der forcierte Individualismus bedinge die Verlagerung des künstlerischen Erkenntnisziels nach Innen. Das Kunstschaffen verfalle bei dem »verzweifelte[n] Versuch, es auf eine psychologische Ideologie zu basieren«, einem Psychologismus, der »die Wendung des Schaffens zur Erkenntnis, des Gestaltens zum Bekennen, der Kunst zur Wissenschaft« bedeute. Da »diese Ablenkung des Schaffenstriebes von der Gestaltung zur Erkenntnis« mit einem Nachlassen der künstlerischen Kraft einhergehe, werde das Kunstschaffen selbst »aus einem Schutz zu einer drohenden Gefahr für das Bestehen des Ich«. In diesem Dilemma empfinde der Künstler den »Zwang [...], seinen persönlichen Schaffensdrang erst ideologisch in überkommenen Kunstformen zu rechtfertigen«, »die den Ausdruck seiner Persönlichkeit erst künstlerisch im Sinne früherer Epochen machen würde«.

Angesichts dieser Überlegungen wird Kafkas Angst vor der Psychologisierung seines Schreibens durch zwanghafte Introspektion – Rank spricht von einer »Bekenner- und Erkennerpsychologie« (ebd.) –, besser verständlich. Es wird im Übrigen auch plausibel, weshalb »Selbsterkenntnis«, wie Weinberg (1963, S. 28) richtig bemerkt, »in Kafkas Werk nicht angestrebt [wird]«. Gleichzeitig werden die Formen mythischen Sprechens als Teil eines literarischen Krisenmanagements erkennbar. Der archaische Ton erscheint in diesem Licht als die therapeutische Medikation, die den Hang des »modernen Künstler[s] zu einer bewußten, introspektiven, psychologischen Selbstanalyse« abwehren hilft, indem er das individualistische Themenspektrum in den sozialen Raum hinausstellt und dadurch »kollektiviert«. »Erst im Chor«, schreibt Kafka, »mag eine gewisse Wahrheit liegen« (N II, S. 348).

Ganz gleich, ob man nun, wie übrigens auch Adorno, eine Analogie zum Schattenspiel oder zur *laterna magica* herstellt: Kafkas Geschichten scheinen Licht in das Dunkel des Inneren bringen zu wollen, indem sie das Äußere abdunkeln. Gerade das technische Bild der Projektion, die ja vor aller Augen geschieht, macht den Widerspruch zwischen Introspektion und Exposition sichtbar. Wenn in ihren Verdichtungen und Verschiebungen Verarbeitungstechniken auftauchen, die an Traumarbeit erinnern, kann das auch deshalb nicht überraschen, weil hier eine innere Tatsache gewissermaßen zu einem öffentlichen Skandalon werden soll. Die Faszination, die von ihnen ausgeht, beruht auf der Traumsprache selbst, die einerseits unbewusst verstanden wird, andererseits aber nicht verstanden werden *will* (bei dem vermeintlich Unverstandenen handelt es sich paradoxerweise immer um einen »Rest von hundert Prozent«). Dass dies so ist, beweist die starke Suggestivität, die von ihnen ausgeht, ihre magnetische Anziehung, wo man doch eigentlich eine gehörige Abstoßung erwartet.

Die Differenz zwischen rationaler Ratlosigkeit und irrationaler Faszination wird den Geschichten als Zauberkraft gutgeschrieben, wie sie Freud generell der Kunst bescheinigt. Wie bei jedem Zauber machen sie apathisch und empathisch zugleich: apathisch, weil der Widerspruch zwischen Nichtverstehen und Faszination nicht auflösbar ist; empathisch, weil die Fiktion einem Alter Ego zu gelten scheint. Dazu gesellt sich Neugier auf die *machina*, ob Sofitten, Projektionsoptik oder Puppenspielerhände, auch übrigens dann, wenn diese (wie beim japanischen *Kabuki*) sichtbar sind. Die gewählten Stilmittel, die diese Mechanik hervorheben, indem sie sie verdecken, lassen sich der einer Grafik vergleichen, d. h. einer Kunstform, deren Abstraktionsgrad sehr hoch ist, weil der Grad an Verwesentlichung (etwa im Sinne der Cézanne'schen Kunsttheorie) maximal ist. Was die Grafik »weglässt«, gewinnt sie an Identifikationsangeboten mühelos hinzu. Die ideale Projektionsoptik wird durch ein jedermann ähnelndes Bild gewährt – oder auch nur durch einen Wechselrahmen für dieses Bild.

Kafkas Figurentheater, so könnte man sagen, spielt in Wahrheit hinter den Kulissen: »Manchmal scheint es, daß das Stück oben in den Soffitten ruht« (T, S. 205). Dennoch genügt keineswegs ein Blick in die Schnürböden, sondern das Bühnenpersonal verlangt unsere besondere Aufmerksamkeit. Früh genug finden wir uns auch selbst auf der Bühne und werden Teil des Spiels, während wir das Geschehen hinter den Kulissen in Beziehung zu uns bringen. Das Agens *hinter* der Aktion ist also der eigentliche Raum der Kafka'schen Kunst, der eher einem Werkraum als einer Bühne gleicht und der übrigens, hierin stimme ich nicht mit Adorno (2003, S. 276) überein, auf einer tatsächlichen Bühne als Bühnenbearbeitung durchaus die Chance hat, sich in die Tradition des (griechischen) Mysterientheaters zu stellen.[15]

An sich selbst also erfährt der Leser den Seinsstatus der Figürlichkeit, wie er von Ohnmacht angesichts starker Lenkung bestimmt ist. Zusammen mit dem Autor, der sich selbst als »der Mann mit dem allzu großen Schatten« (T, S. 895) bezeichnet, betritt er eine Schattenwelt, welche sich den gewöhnlichen Blicken entzieht – unter Hinweis auf deren Traumcharakter bei Kafka spricht übrigens auch Thomas Mann von »diesen

---

15 Ein Beispiel für eine gelungene Bühnenbearbeitung in diesem Sinne ist die leicht antikisierende Inszenierung der *Verwandlung* am Schauspielhaus Zürich im Frühjahr 2010.

wunderlichen Schattenspiele[n] des Lebens« (Wagenbach 1964, S. 144). Vor seinen Augen tut sich eine krude Mechanik des Zusammenspiels auf, die ihre eigenen Gesetze hat, auch wenn diese nicht formuliert, sondern lediglich in dunkler Geschehenshandlung inszeniert werden können.

Freud, der bekanntlich von einer psychischen Gesetzlichkeit ausgeht – »was wir im Seelischen Willkür heißen, ruht auf […] Gesetzen« (StA X, S. 15) –, gesteht dem Dichter als dem »tiefsten Kenner des menschlichen Seelenlebens« (ebd.) zu, er brauche »diese Gesetze nicht auszusprechen, nicht einmal sie klar zu erkennen, sie sind infolge der Duldung seiner Intelligenz in seinen Schöpfungen verkörpert enthalten« (ebd., S. 82). Für Kafka haben jene Gesetze *a priori* »den Charakter einer Traumwahrheit, wofür auch der Ausdruck ›Axiome‹ paßt« (T, S. 203). Seine Bevorzugung dunkler Konturen mag u. a. auch jener »axiomatischen« Sicht des Seelenlebens entspringen; darüber hinaus aber zeigt die Schattenanalogie eine deutlich mythische Weltsicht, die in Shakespeare'scher Manier von einer durch »Mord und Blut« gestörten, prästabilierten kosmischen Harmonie ausgeht. Bei Wilhelm Dilthey (1913, S. 7) liest er Folgendes (und zitiert es teilweise in seinem Tagebuch): »Die Geister, die im Mondlicht spielen, die mächtigen Schatten, die aus einer unsichtbaren Welt, angezogen von Mord und Blut, in die sichtbare hineintreten, sind dem Dichter Manifestationen der unsichtbaren Kraft« (T, S. 622; TK, S. 155).

Wie mythisch dies alles gedacht ist, mag sich in einer Parallele zur *Traumdeutung* erweisen, wo Freud an zwei Stellen an die *Odyssee* erinnert, wenn er von den archaischen Wünschen spricht, die im Traum zum Ausdruck kommen: »Sie sind nicht tot wie die Verstorbenen nach unserem Begriff, sondern wie die Schatten der Odyssee, die, sobald sie Blut getrunken haben, zu einem gewissen Leben erwachen« (StA II, S. 254, S. 528, Anm. 1).

Man könnte nach allem sagen, dass Kafka – jeder Mythos – auf dem Leser als einem Orchesterinstrument spielt, das sich der konzertanten Funktion, weil es dafür gemacht ist, nicht entziehen kann. Denn der Mythos ist weit mehr als eine Erzählung. Er braucht die Gemeinde, den Kult, das Publikum, um sich zu materialisieren. Er ist Teil eines Organismus, der ihm erst Sinn verleiht. Sein außergeschichtlicher Erzählstandort fasziniert und befremdet gleichzeitig. Er bewirkt, dass wir uns in die lange Reihe der Zuhörer stellen, von der wir angesichts des Tons und der fernen Erzählwelten ausgehen.

Wer dem Mythos lauscht, wird Teil des Organismus, der erst als (gedachtes) Ganzes den mythischen »Sinn« aufrichtet. Bei jeder individuellen Rezeption des Mythos helfen zehntausend andere mit, um ein Wort von Hofmannsthal zu variieren. Das gilt im Prinzip für alle Kunst, für den Mythos aber als deren wohl älteste und abstrakteste Leistung ganz besonders, da dieser eine strukturbetonte Schöpfung ist, die sich ohne den psychischen Stoff gar nicht materialisieren kann. Auch scheint sein Erzählton so fremd wie der Erzählstandort fern, sodass sich eine rein persönliche Reaktion und Auslegung verbietet, während gerade der Mangel an Zeitkolorit den Leser zwingt, seine eigene »Geschichte« einzubringen. Stärker als alle andere Kunst, weil er sich auch stärker vom (kollektiven) Unbewussten nährt bzw. dieses speist, bedarf der Mythos der Unterordnung des Individuellen im Leser, ohne dass dessen – notwendig individuelle – Empathie ausgespart bleiben könnte. Tiefenpsychologisch gesprochen, appelliert der Mythos an die archetypische Schicht des Unbewussten. Er kommuniziert dort mit jener Welt der *imagines*, die im Vorstadium zur Subjektstufe die Objektwelt in Übergangsvorstellungen assimilieren.

Wenn man wie Otto Rank (2000, S. 197) den Mythos als »Vorläufer der Dichtkunst« apostrophiert und mit der späthellenistischen Pneuma- und Logoslehre in Verbindung bringt, dann wird verständlich, weshalb die Wirkmacht des mythischen, aber auch des poetischen Wortes auf dieser überwiegend unbewussten Teilhabe gründet. »Manches Buch wirkt wie ein Schlüssel zu fremden Sälen des eigenen Schlosses«, schreibt Kafka, als er von der Lektüre der Schriften Meister Eckeharts berichtet (B I, S. 29). Indem es sich bei Produktion und Rezeption »um einen fortschreitenden Prozeß der Bewußtseinserweiterung handelt« (Rank 2000, S. 245), bindet das Wort die zur Benennung bereitstehenden, präverbalen Erfahrungen und macht sie bewusst. Das Wort des Mythos also materialisiert sich über das individuelle Bewusstsein, in dessen Mitautorschaft sich der eigentliche (gedankliche) Logos dann erfüllen kann. Geschichten wie die Kafkas schreiben sich buchstäblich mit jedem Akt des Lesens oder Zuhörens sowohl ein als auch fort. Mit ihrer Materialisierung wird die »Schrift«, ob gelesen oder gehört, körperlich oder, wie Kafka das in seiner Erzählung »In der Strafkolonie« gestaltet, zur physischen *In-schrift*.

Wenn der Mythos die Kunstform ist, die auf engem Raum ein Maximum an Unbewusstem, insbesondere an kosmologischem Ordnungsverlangen komprimieren kann, dann lässt sich seine Faszination auf den Leser damit erklären, dass bei diesem ein Maximum an unbewusster Betroffenheit mit einem Minimum an rationaler Einsicht einhergeht. Das »*tua res agitur*« wird vorbildlich umgesetzt, indem eine unerklärliche Identifikation dafür sorgt, dass der Text als seelenverwandt oder -relevant empfunden wird und die Welt so einfach erscheint, wie die archaischen kognitiven Strukturen in uns sie zu erfassen vermögen.

Wenn Gefühle der Richtigkeit die Rezeption bestimmen und gleichzeitig die Suspension des Verstandes als legitim, ja als willkommen erscheint, ist der literarische Erfolg nur eine Frage der Multiplikation und der Zeit. Man mag daraus wie Adorno folgern, »daß das kontemplative Verhältnis von Text und Leser von Grund auf gestört ist«. Richtig ist, dass diese Texte »die Affekte derart aufrühren, daß er fürchten muss, das Erzählte käme auf ihn los wie Lokomotiven aufs Publikum in der jüngsten, dreidimensionalen Filmtechnik« (Adorno 2003, S. 256). Allerdings kann sich auf diese Beunruhigung eine neue Qualität der *contemplatio* einstellen: die der Vorbereitung auf den nächsten Gemütssturm samt Abschätzung der Gefahren.

Kafkas Reaktion auf die Kleist-Lektüre – »Kleist bläst in mich, wie in eine alte Schweinsblase« (B I, S. 132) – macht diesen gleichsam »pneumatischen« Übertragungsweg anschaulich, wobei er den impliziten Vergleich zugleich als anmaßlich ironisiert. Der Anspruch an Literatur gemäß ihrer Aufgabe, »Axt [zu] sein für das gefrorene Meer in uns« (B I, S. 36), wird damit denkbar hoch gestellt. Seine Funktionalisierung des Schreibens als »das Wichtigste auf Erden […] wie einer Frau ihre Schwangerschaft«, »wie einem Irrsinnigen sein Wahn« legt dessen Charakter als symbolisches Ausagieren archaisierter Bindungsfantasien nahe, deren Regressivität zuweilen unübersehbar ist (vgl. Mitscherlich-Nielsen 1977, S. 70).

4   WELTSYMBOL UND »MASSENTRAUM«: MYTHISCHE GANZHEITSERFAHRUNG

»Und gibt es […] ein einziges großes von der Kunst geschaffenes Symbol, das nicht in den Archaismus der Konflikte und individuellen oder kollektiven Kindheitsdramen tauchte? Auch die bahnbrechendsten Gestalten, die der Künstler, Schriftsteller oder Denker zu erzeugen vermag, mobilisieren alle zuerst in archaische Gestalten investierte Energien; aber indem der Schaffende jene den Traum- oder neurotischen Symbolen vergleichbare Gestalten mobilisiert, enthüllt er das am wenigsten verstrichene, am wenigsten geschehene Mögliche und errichtet es als jeweils neues Symbol für den Schmerz des Selbstbewußtseins.«

Paul Ricœur (1974, S. 533)

Franz Kafkas Texte treten uns mit einem mythopoetischen Anspruch entgegen, der nicht einfach in der – hochgeladenen – Luft seiner Zeit lag, sondern in dieser Form neu erarbeitet, erlebt und erlitten werden musste. Dieser Anspruch geht weit hinter die literarische Moderne zurück und zugleich weit über sie hinaus. Dass es sich dabei um Gemengelagen aus Ur-, Vor-, Frühgeschichte, Antike und Neuzeit handelt, um Tonlagen, die in dieser Form allein in ihrer Zeit standen, wurde bereits früh beobachtet, ohne dass jedoch die konstituierenden Elemente und Motive näher bestimmt werden konnten oder zu bestimmen für nötig befunden wurden. Dazu hätte es auch einer Theorie bedurft, die mythopoetische Formen aus mythischen Ursprüngen ableiten, sie als Genre eingrenzen, kulturwissenschaftlich einordnen und in ihrer Wirkungsästhetik über ein (psychologisches) Rezeptions- und Entwicklungsmodell erklären kann. Der Theorieaufwand ist groß, weil der Gegenstand transdisziplinär ist. Dies ist gewiss auch ein Grund, weshalb er die meisten Vorhaben – auch dieses – übersteigt und sich in einer noch lange nicht abgearbeiteten Traktandenliste niederschlägt.

Hinzu kommt, dass kein Aspekt isoliert gesehen, jeder Aspekt nur mit der Hilfe eines anderen erklärt werden kann. So sind wirkungsästhetische Untersuchungen nicht ohne Semiotik und eine Psychologie der kognitiven Entwicklung zu verstehen. Eine Symboltheorie ist als Voraussetzung dafür also ebenso unabdingbar wie ein ontogenetisches Entwicklungsmodell.

Als ich oben den Ausdruck »Tonlage« verwendete, geschah das nicht zufällig. Metaphern aus dem musikalischen Bereich bieten sich an, wenn von einer Kunst der wortlosen Bedeutung die Rede ist. Eine solche Kunst ist der Mythos nun scheinbar gerade nicht und dennoch ist er es in besonderer Weise, indem er nämlich im Rahmen seines kultischen Mitteilungsziels (z.B. den Ursprung der Welt zu erklären, dem Stamm eine Geschichte und kosmologische Zuordnung zu ermöglichen) eine imaginative Vorstellung schafft, die nonverbal ist. Sie soll helfen die Welt besser zu verstehen und zu meistern, in einen anthropologischen Deutungshorizont zu betten, sie »anthropomorph« zu machen.

Definieren wir das Kunstsymbol im Winnicott'schen Sinne als »Übergangsobjekt« oder, wie beispielsweise das Ritual, als »Übergangsphänomen« und erweitern wir diesen Ansatz dann um Piagets kognitive Entwicklungspsychologie, dann gelangen wir zu einem Verständnis des Mythos als Werkzeug der »Adaptation«, das erst in dieser Eigenschaft in der Lage ist, seine eigenen ontologischen Tatsachen zu schaffen. Das (kollektive) Kunstsymbol wird zum assimilierenden *Ausdruck* des Inneren wie zum akkommodierenden *Eindruck* des Äußeren und fungiert so als Medium, das Welt, Gesellschaft und Individuum einander vermittelt.

Das »Subjekt-Objekt-Gleichgewicht« ist in diesem Medium zugunsten des Subjekts in einer Weise verschoben, wie Piaget (2007, S. 222) sie für die »Symbol- oder Fiktionsspiele« beschreibt, »in denen die dem Kind zur Verfügung stehenden Objekte nur dazu verwendet werden, das zu repräsentieren, was das Kind sich in der Phantasie vorstellt«. Diese Art, bei der »sich das Denken in egozentrische oder sogar autistische Richtung [entwickelt]«, erhält allerdings beim Mythos eine »sozialisierende« Komponente beigemischt. Denn dieser prägt einen kollektiven Symbolismus aus, indem er kosmologische Deutungsinhalte zum Bestandteil der sozialen und sittlichen Welt macht, in der der Mythos verbindliches Kulturgut ist.

Die »Adaptation« ist also bereits vom Subjektiven weiter zum Objektiven hin verschoben, was den eigentlichen Erfolg der Überlieferung ausmachen könnte. Wir haben es einerseits mit einem »Massentraum« zu tun (Rank 2000, S. 19), insofern »sich ein Symbol herausgebildet, das eine psychologische Wahrheit für eine große Anzahl von Teilnehmern einer Kultur besitzt«. Andererseits geht der Mythos jedoch im Traum nicht auf:

> »Der Traum repräsentiert einen psychischen Inhalt für einen Träumer, der Mythos aber wird von der gesamten Kultur verstanden. Die mythische Erzählung birgt deshalb eine so konzentrierte Kurzschrift seelischer Struktur und Dynamik, weil eine gesamte Kultur und nicht nur ein Einzelner daran gearbeitet hat, die im Mythos verschlossene Erkenntnis klar zu formulieren« (Leikert 2008, S. 54).

Ein »Massentraum«, ein Mythos für die Massen als Verbindendes, als Voraussetzung für Kunst, aber auch für intakte Volksgemeinschaft: Im Gespräch mit Janouch (J, S. 116) soll Kafka die sozialen Auflösungserscheinungen im »Drama der anonymen Menge« auf den Verlust religionsmythischer Stoffe zurückgeführt haben, in denen er ein Beispiel für das »Gesetz« sah:

> »Zur grauen, formlosen, und darum namenlosen Masse wird die Menschheit nur durch den Abfall von dem formgebenden Gesetz. Dann gibt es aber kein Oben und Unten mehr; das Leben verflacht zur bloßen Existenz; es gibt kein Drama, keinen Kampf, sondern nur die Abnützung des Stoffes, Verfall. Das ist aber nicht die Welt der Bibel und des Judentums.«

So sehr das die Möglichkeit von Kunst angesichts mangelnder kosmologischer Verbindlichkeiten infrage stellt, so verzweifelt weigert sich der Künstler, sich damit abzufinden. Seine Aufgabe wird zur Unmöglichkeit, ohne sich jedoch als solche zu erübrigen: »Der Dichter hat die Aufgabe, das isolierte Sterbliche in das unendliche Leben, das Zufällige in das Gesetzmäßige hinüberzuführen. Er hat eine prophetische Aufgabe« (ebd., S. 117). Kafkas individuelle Mission wird hier greifbar, zugleich auch die Aporien einer Künstlerexistenz unter solchen kollektiven Bedingungen:

> »Die Massen von heute widersetzen sich aber jeder Zusammenfassung. Sie streben auseinander aufgrund der inneren Gesetzlosigkeit. [...] Sie denken, daß sie gehen. Dabei stürzen sie – auf der Stelle marschierend – nur ins Leere. Das ist alles. Der Mensch hat hier seine Heimat verloren« (ebd., S. 117f.).

Ohne Gemeinschaft keine Kunst. Ohne Mythen keine Gemeinschaft. Auf welchem Instrument soll der Künstler spielen, wenn die Saiten gerissen oder aus der Verankerung gesprungen sind?

Denkt man sich Mythos und Ritus als ursprünglich einander begleitende Phänomene, so erscheint die Aktionskomponente als starkes Movens in der angesprochenen Gleichgewichtsdynamik. Denn es sind gerade die »Interaktionen zwischen dem Subjekt und den Objekten« (Piaget 2007, S. 216), welche die imaginativen Konstrukte mehr und mehr der Objektwelt annähern, indem sie sie kollektivieren. Mit dieser (rituellen) Komponente kommt vor allem die Musik mit ihren Eigenschaften Klang, Rhythmus, Melodie und Harmonie ins Blickfeld, die den mythischen Symbolismus kongenial unterstützen, Seite an Seite mit weiteren Formen des *enactment* wie Tanz und Gesang.

Es darf nebenbei angemerkt werden, dass es sich bei den spektakulären, im Jahre 2008 in der Höhle »Hohle Fels« im Achtal und am »Vogelherd« im schwäbischen Lonetal gemachten Funde neben Schmuckgegenständen um Musikinstrumente handelte, und zwar eine Gänsegeierknochen- und eine Elfenbeinflöte, beide nahezu 40.000 Jahre alte Zeugnisse des Aurignacien, die damit zu den derzeit ältesten Kulturdokumenten des anatomisch modernen Menschen gehören (vgl. Bolus/Schmitz 2006, S. 148). Da sowohl in »Hohle Fels« als auch im Lonetal etwas jüngere Figurenfunde gemacht wurden, die Löwenmenschen darstellen, bei denen es sich möglicherweise um Schamanen handelt, liegt eine kultische Verwendung der Instrumente nahe. Als neben Plastik, Gravur und Malerei wohl älteste bekannte Kunstform der Menschheit drückt die Musik etwas aus, was nicht verbal ausgedrückt werden kann, erst recht nicht in Zeiten, in denen es an einer begrifflich ausdifferenzierten Sprache noch mangelte.

Dennoch entsteht in der Musik wie auch beim Mythos das unbestimmte Gefühl, eine »Botschaft« zu empfangen. Mythos und Musik lassen psychische Signifikanz erleben, indem sie auf besonders erlebnisintensive Weise archaische Objekte heraufbeschwören, die für die frühesten sinnlichen Erlebnisse in der Ontogenese des Menschen stehen.

> »Möglich wird diese Annäherung an den Modus des ursprünglichen Erlebens, indem die Musik ein Höchstmaß an Angst bindender Ritualisierung vorhält. Neben dem Rhythmus spielt die entängstigende Wiederholung von Motiven, Themen und ganzen Abschnitten eine große Rolle bei der musikalischen Form« (Leikert 2009, S. 223).

Da wir es bei der Musik mit dem symbolstärksten aller Ausdruckmittel zu tun haben, das gewissermaßen »ganz Seele«, ganz Körpererleben ist, und da musikalische Ausdrucksformen ursprünglich mit großer Wahrscheinlichkeit besonders oder vielleicht sogar ausschließlich in Kultritualen eingesetzt wurden, wo auch die Mythen ab einer gewissen Zeit eine Rolle spielten, bietet sich eine Paralleluntersuchung der beiden Kulturphänomene an. *Tertia comparationis* sind ohnedies Klang, Rhythmik und Melodie, selbst die Harmonie gehört dazu, wenn man z. B. an die Prosodie der Verskunst oder an Timbre und Modulation der Erzähler-, Schamanen- oder Mystagogenstimme denkt. Auch wenn in der Musik der Autosymbolismus (die »Selbstrekurrenz« Ricœurs) evidenter ist als im Mythos – »Musik repräsentiert keine äußeren Objekte, sondern körperliche Zustände« (ebd., S. 222) –, so ist doch auch das mythische Symbol ähnlich wie das Traumsymbol praktisch ohne Äquivalent in der Objektwelt und repräsentiert einen latenten psychischen Zustand (Freuds »Traumgedanken«), ohne den es »leer« wäre. Damit hat auch der Mythos eine psychosomatische Signifikanz, die umso deutlicher wird, je mehr die performative Umsetzung, z. B. im kultischen Ritual, Tanz oder im Volkslied, psychophysische Bedeutsamkeit besitzt.

Ricœurs dialektische Symboltheorie, die sich auf Freuds Begriff der »Überdeterminiertheit« stützt, erleichtert das Verständnis des Musik- wie des Mythensymbols, indem sie nicht nur Phänomene wie Ambiguität, sondern auch die Antriebe von Identifikationen erklärt. Ricœur unterscheidet Traum- und Kunstsymbol nicht kategorial, sondern nach der Dominanz der ihnen innewohnenden Tendenzen der Regression und der Progression, Verschleierung und Enthüllung. Nur das Kunstsymbol überwinde letztlich das psychische Begehren nach Einheit mit dem archaischen Objekt, indem es aus einer Strategie der Entstellung des infantilen Verschmelzungswunsches eine Strategie der Entschleierung mache. Beides zusammen erbringt jene Sublimierungsleistung, die Voraussetzung von Kultur ist.

Bereits Freud war innerhalb seiner Einteilung in »Primär- und Sekundärvorgang« von einer »eigentlichen Traumarbeit« (StA II, S. 567) und einer »sekundären Bearbeitung« ausgegangen. Während bei Ersterer der Traum »seine Wünsche auf kurzem regredienten Wege erfüllt« (ebd., S. 540), bildet Letztere eine »psychische Funktion, die von unserem wachen Denken nicht zu unterscheiden ist« (ebd., S. 471). Man habe es hier mit Traummodi zu tun, »die sozusagen schon einmal geträumt worden sind, ehe wir sie im Wachen der Deutung unterziehen« (ebd., S. 472). Ohne dass das progressive Moment bei Freud erwähnt würde, lässt es sich als bewusste Ich-Leistung eines Wachgedankens doch zumindest im Ansatz erkennen und sogar so verstehen, dass von einer Regression auf den Primärvorgang

»im Dienst des Ich« gesprochen werden könnte, wie Kris (1977, S. 9) dies später ich-psychologisch im Hinblick auf das Kunstsymbol tat.

Ricœurs (1974, S. 512f.) Dialektik von Verschleierung und Entschleierung hebt das Kunstsymbol vom Traumsymbol deshalb vielleicht stärker ab als nötig, auch wenn das gestalterische, die Entstellung korrigierende Moment des Traums von Freud nicht umsonst als »sekundär« bezeichnet wurde. Sein Beispiel ist der Mythos, der »doch gerade [...] das sprachliche Element liefert, in dem die Semantik des Symbols sich in Wahrheit errichtet hat«. Freud, räumt er ein, habe gewusst, »daß im Mythos, im Märchen, im Sprichwort, in der Poesie mehr steckt als im Traum«, doch habe ihm dieses Mehr lediglich dazu gedient, »die Psychoanalyse auszuweiten«, statt die spezifischen Leistungen z. B. der Mythen zu konkretisieren und in seine Theorie einzuschließen. Ricœurs Vorstoß zielt sodann auf die Erweiterung des psychoanalytischen Symbolbegriffs, was nur im Rahmen der Traumtheorie geschehen kann, ist doch unverändert »[d]ie Traumdeutung [...] die via regia zur Kenntnis des Unbewußten im Seelenleben« (StA II, S. 577). Sein Symbol bleibt ein Traumsymbol, allerdings nicht ausschließlich oder doch nur insofern, als das Kunstsymbol ein erweitertes Traumsymbol ist. Eine andere Symbolqualität ist schließlich im Rahmen einer Bewusstseinspsychologie nicht möglich, für die das »Unbewußte [...] der größere Kreis [ist], der den kleineren des Bewußten in sich einschließt« (ebd., S. 580).

Der Theoriegewinn für die Literaturwissenschaft besteht darin, dass das Symbol hier aus seiner stereotypen Starre als abgenutztes Sedimentgestein befreit wird. Was für Freud (ebd., S. 346) noch dem »›Sigel‹ der Stenographie mit ein für allemal festgelegter Bedeutung« vergleichbar war, erhält nun neben der regressiven eine schöpferische, sinnstiftende Qualität. Ricœur (1974, S. 516) spricht von »prospektiven Symbolen«, deren »Sinnschöpfungen sowohl eine Wiederaufnahme der archaischen Phantasien wie eine lebendige Interpretation dieses Phantasiekerns sind«. Weil Symboldeutung deshalb in zwei Richtungen erfolgen müsse, nämlich nach vorn und zurück, zeichne sich die »doppelte Möglichkeit einer teleologischen und einer regressiven Exegese« ab (ebd., S. 517). In ihr figuriert sich das Modell zweier dialektisch zu verschränkender Hermeneutiken, in denen die Fragen nach dem »Warum« und »Wozu« einander ersetzen können. Gerade in der ästhetischen Sphäre – Ricœurs

Beispiel ist Sophokles' *König Ödipus* – »muß auch die Teleologie des Bewußtseins im Filigran der Archäologie selbst aufscheinen und das *telos* des menschlichen Abenteuers sich in der unendlichen Exegese der Mythen und der in unserer Kindheit und Geburt vergrabenen Geheimnisse ankündigen« (ebd., S. 526).

Mit dem Befund der beiden Zielrichtungen und der Verschränkung der Hermeneutiken macht Ricœur also ein Symbolmodell für Psychoanalyse und Literaturwissenschaft nutzbar, das Analogien zum humanen wie zum kulturellen Entwicklungsprozess aufweist. Das Kunstsymbol erscheint als Ausdruck der Interaktion von Beharrung und Entwicklung, Lebensverneinung (z. B. in der depressiven Position Melanie Kleins) und Lebensbejahung (z. B. im Sinne von Barthes als *faire-valoir*). Es korreliert Beharrungs- und Fortschrittskräfte und zeigt sie in einer Überwindungs- und Umwandlungsdynamik, für die der Begriff der Sublimation steht. Das (mythische) Symbol erscheint jetzt als das Medium der schöpferischen Kulturentwicklung schlechthin, ist es doch der Austragungsort von psychischem Wachstum, wo in der Wechseldynamik von Entstellung und Entschleierung die »Arbeit der Wahrheit« geschieht, »die sich durch den Helden hindurch vollzieht« (ebd., S. 533). Es wird also zum Werkzeug der Erziehung, »durch die der Mensch sich entarchaisiert«, und demgemäß auch der *»Bildung*, im doppelten Sinne eines Erbauens und eines Auftauchens der *Bilder* des Menschen, welche die Entwicklung des Selbstbewußtseins abstecken und den Menschen eben dem öffnen, was sie aufdecken« (ebd., S. 535). In diesem Sinne bezeichnet Köhlmeier (2002, S. 211) den Mythos als »Arbeit am Selbstbild«.

Erst wenn diese gegenläufigen Kräfte zusammenwirken, generieren sie also eine Entwicklung, bei der die Tendenzen der einen Seite denen der anderen zum Durchbruch verhelfen. Aus den ich-feindlichen Energien der Ursprungsfixierung und den Strategien ihrer Verschleierung wächst die schöpferische Kraft zur Selbstfiguration: »Regression und Progression sind nunmehr weniger zwei wirklich entgegengesetzte Vorgänge als vielmehr die abstrakten, einem einzigen Symbolisierungsmaßstab entnommenen Termini, dessen beide extreme Grenzen sie bezeichnen« (Ricœur 1974, S. 535). Damit, so resümiert Ricœur, »lägen Kunstwerk und Traum nicht nur an den beiden äußersten Enden ein und derselben Stufenleiter des Symbols, sondern jede dieser Produktionen würde, in einem umgekehrten Verhältnis, Traumhaftes und Poetisches miteinander versöhnen« (ebd., S. 533f.).

Für die hermeneutische Arbeit ergeben sich aus dieser erweiterten psychoanalytischen Symboltheorie Konsequenzen, wie ich sie in den vorausgehenden Kapiteln bereits angedeutet habe. Wenn die Entstellung eine Funktion der Entschleierung und diese wiederum eine Funktion der Entstellung ist, dann wirken Kräfte ineinander, die im Versuch ihrer gegenseitigen Neutralisierung auf einen psychodynamischen Gleichgewichtszustand hinzielen, auf die Herstellung einer sublimen Ganzheit durch das Ausagieren und Ausbalancieren von Agonalität. Das künstlerische Werk, für das in der aristotelischen Ästhetik Ordnung, Symmetrie und Bestimmtheit konstitutiv sind, repräsentiert diesen Zustand des Spannungsausgleichs als reale Utopie in der Form eines Objekts. Es kann das wahrhaft utopische, archaische Objekt (das zum melancholischen wurde) transformieren und zeigt damit – dieser Ansatz führt über Winnicotts Konzept des »Übergangsobjekts« hinaus – ich-syntone Progressionswirkung.

Nach Fairbairn (1937/38) und Hanna Segal (1955) werde deshalb die Form des Kunstwerks vom Künstler wie vom Betrachter als eigentlicher Ort der Schöpfung und Verkörperung des Lebens, der Inhalt hingegen als Schauplatz der Ablösungskämpfe, der Zerstörung, des Todes im Sinne einer Totalregression erlebt. In dieser Anschauung, die in der angloamerikanischen Kunstpsychoanalyse des 20. Jahrhunderts dominant wurde, ermöglicht also das Kunstwerk die symbolische Erfahrung des Lebens und des Todes zugleich, wobei das Leben qua psychische Progression obsiegt. Die Vollkommenheit der ästhetischen Form wird zum Modell psychosomatischer Intaktheit und gelungener Integration, wohingegen der vom Agon gezeichnete Werkgehalt die Gefährdung der Psyche repräsentiert. Form wie Inhalt schließen sich zu einem (mythischen) »Superzeichen« zusammen, das in seiner mikrokosmischen Perfektion makrokosmische Bedeutung hat. Für den britischen Psychoanalytiker Anthony Storr (1972) war deshalb das Kunstwerk das Symbol der psychischen Integration schlechthin, allen voran die Musik mit ihren Registern der Chromatik, Tonalität und Rhythmik.

Fairbairn folgend könnte man jetzt auch von zwei Symbolschichten oder Symbolhemisphären sprechen, die im Sinne des Ursprungswortes (συμβαλλειν = zusammensetzen) das hier *per definitionem* polare Kunst-symbol bilden. Dieses vermittelt eine Totalität der Selbstintegration, wie sonst kein anderes gestaltetes Medium, das zur selbstbildnerischen Identifikation einlädt, die sich also nicht einem erhöhten Spiegelungs-potenzial verdankt, sondern einem Verwandlungsanreiz im Sinne eines *»semper idem et alter«*. Damit ist das Kunstwerk seinem Wesen nach von eben jener idealen Lebendigkeit, wie Jung sie für das authentische Symbol beschrieben hat. Dieses bewirkt ein Wiedererkennen der *conditio humana* im bzw. durch den Anderen – Barthes (2008, S. 255) spricht am Beispiel Kafkas von der »Introjektion des *Anderen* in Gestalt einer essentiellen Sprache« – und inkorporiert sich dem Subjekt so, dass sich an ihm neues, individuelles Leben kristallisiert.

Damit vermittelt sich über die Medialität der Kunst, die nach Noy (2008, S. 147) »auf der Kommunikation von Erfahrung zwischen Selbst und anderen [beruht]«, ein psychisches Erlebnismuster, das zur seelischen wie kosmischen Integration befähigt. Für den Künstler selbst entsteht in der Folge das Gefühl, dass es um »mehr als um Kunst« geht, nämlich um ein Selbstübertreffen, das bald als Glücksgefühl, bald als Einmischung eines Kunstfremden erlebt wird. Das vollendete Kunstsymbol repräsen-tiert einen Zustand der personalen Ganzheit, in dem sich – Barthes (2008, S. 257) hat darauf hingewiesen – ein spezifisch künstlerisches Ich-Ideal dem Ideal-Ich annähert. Dass der sozusagen erfüllte anthropologische Mikrokosmos sich als Wiederholung makrokosmischer Einheit erlebt, trägt zu diesem Glücksgefühl durch die (bewusste, legitime, also nicht wahnhafte) Steigerung des Größenselbst bei.

Kafka hat den im Kunstschaffen waltenden Antrieb zu psychischer Vollständigkeit und kosmologischer Gratifikation selbst so beschrie-ben:

> »Ich habe jetzt und hatte schon Nachmittag ein großes Verlangen, meinen ganzen bangen Zustand ganz aus mir herauszuschreiben und ebenso wie er aus der Tiefe kommt in die Tiefe des Papiers hinein oder es so nieder-zuschreiben daß ich das Geschriebene vollständig in mich einbeziehen könnte. Das ist kein künstlerisches Verlangen« (T, S. 286).

Das Kunstsymbol vereint regressive und progressive Kräfte, indem es sie abruft, durchmischt und miteinander reagieren lässt. Dieses Muster

mit seiner psychodynamischen Durchschlagskraft ist neben der historischen, sozialen und topografischen Referenz das eigentliche Äquivalent von »Bedeutung« in der Kunsthermeneutik und somit auch ihr
eigentlicher Gegenstand, der immer nur im Subjekt des Künstlers und
seines Rezipienten (des Hermeneuten) gemeinsam zu suchen ist. Seine
Essenz ist die lustvolle Begegnung mit dem Objekt, das nicht mehr
zerfällt, weil es aus heilenden Quellen *schöpft*. Das Schöpferische des
Kunstwerks besteht weit über die Tatsache hinaus, dass es geschaffen wurde, in der Tatsache, dass es *schafft*. Das authentische Symbol
ist eine unerschöpfliche Quelle der Erneuerung, indem es sich, von
Mensch zu Mensch, mit neuem Leben füllt. Es ist also keine ein für
alle Mal formulierte Botschaft, sondern ein Thema, das zu Variationen
auffordert, ein spiritueller Genotyp, der nur in phänotypischen Varianten auftritt.

Für die Handhabung des Traumsymbols in der psychoanalytischen
Praxis hat Leikert (2008, S. 235f.) analog hervorgehoben: »Der Traum
ist ein quasi druckfrisches Symbol, dessen Spektrum in der Deutungs-
improvisation ausgelotet wird.« Patient und Analytiker seien daher gut
beraten, sich »die Befragung des Traumsymbols zu teilen«, denn der
Traum sei doch »ein rätselhafter persönlicher Mythos, der in der Analyse
zur Aufführung gebracht wird«. Als Paten für das Bild der Improvisation
zitiert er Steven Knoblauch (2000), der auf die Verwandtschaft zwischen
Jazzimprovisation und analytischem Dialog hinwies.

Bereits Goethe (2000) hat die Psychologie der Symbolrezeption in
der *Nacht*-Szene im *Faust* (V. 417–521) regelrecht durchgestaltet. Dort
findet sich, kaum erstaunlich, wenn man an die raffinierte Psychologie
im *Werther*-Roman denkt (Oberlin 2007, S. 49–104), eine komplette
Tiefenpsychologie verarbeitet, in der die Dialektik von Regression und
Progression bewusst angesprochen und auf identifikatorische Prozesse
angewandt erscheint. Als Faust am Anfang der Tragödie im Buch des
Nostradamus das »Zeichen des Makrokosmus« erblickt, ruft er begeistert aus:

> »Ha! welche Wonne fließt in diesem Blick
> Auf einmal mir durch alle meine Sinnen!
> Ich fühle junges heil'ges Lebensglück
> Neuglühend mir durch Nerv' und Adern rinnen.«

Er scheint hier unmittelbar vor der Befriedigung eines utopischen Verschmelzungswunsches zu stehen, einer Offenbarung der letzten Dinge der Natur, die ausgesprochen sinnliche Qualitäten besitzt und mit der Enthüllung des Urgeheimnisses auch höchste Omnipotenz verheißt.

> »War es ein Gott, der diese Zeichen schrieb,
> Die mir das innre Toben stillen,
> Das arme Herz mit Freude füllen,
> Und mit geheimnisvollem Trieb,
> Die Kräfte der Natur rings um mich her enthüllen?«

Da aber kommt es plötzlich zum Abbruch der Begeisterung, weil eben das Objekt ein archaisches und damit Ausdruck einer psychischen Triebutopie ist: »ein Schaupiel nur«, ein symbolisches Szenario für einen unmöglichen (und unmöglich omnipotenten) Vereinigungswunsch.

> »Welch Schauspiel! aber ach! ein Schauspiel nur!
> Wo fass ich dich, unendliche Natur?
> Euch Brüste, wo? Ihr Quellen alles Lebens,
> An denen Himmel und Erde hängt,
> Dahin die welke Brust sich drängt –
> Ihr quellt, ihr tränkt, und schmacht ich so vergebens?«

Frustriert, »unwillig« wendet er sich sodann im selben Buch dem Erdgeistsymbol zu. Wenn dieses ihm auch fasslicher, weil naturgemäß irdischer erscheinen muss, kann er das Symbol zunächst doch nicht so viel »anders« (mit weniger Triebspannung) aufnehmen, als er glaubt:

> »Wie anders wirkt dies Zeichen auf mich ein!
> Du, Geist der Erde, bist mir näher;
> Schon fühl ich meine Kräfte höher,
> Schon glüh ich wie von neuem Wein,
> Ich fühle Mut mich in die Welt zu wagen,
> Der Erde Weh, der Erde Glück zu tragen,
> Mit Stürmen mich herumzuschlagen,
> Und in des Schiffsbruchs Knirschen nicht zu zagen.«

Zwar trägt ihn das zweite Symbol in nicht ganz so hohe kosmische Harmoniesphären, doch es entschädigt ihn dafür mit desto besserer Lebbarkeit, da der »Erdgeist« zwar ebenfalls ein Geist, aber eben ein maskulin-tatkräftiger ist, eine eher virile Heldenfiktion, die einen rechten Mann nicht schrecken kann, scheint dieser ihr doch zu gleichen. Faust identifiziert sich mit beiden Identitätsoptionen auf Anhieb. Beide werden als Superobjekte begehrt, aber nur die Erdgeistpräsentation erlaubt eine gewisse sublimatorische Wirkung, indem sie Virtualität in Virilität verwandelt und erst mit dieser Verwandlung in der ersten Person Singular präsent ist.

Der Erdgeist betritt als »schreckliches Gesicht« die Bühne und macht keinen Hehl daraus, dass seine Erscheinung das Produkt des Triebwunsches ist: »Mich neigt dein mächtig Seelenflehn,/Da bin ich!« (ebd., V. 488) Auch wenn es ihn nicht lange hält, weil der »[i]n Lebensfluten, im Tatensturm« wallende Inbegriff des Wirklichen den Assimilierungsversuchen der Faust'schen Seele letztlich widersteht, so bleibt doch bei diesem das Nachgefühl der »Fülle der Gesichte« (ebd., V. 520) als psychischer Progressionsgewinn.

Goethes Probe aus seiner klassischen »Phänomenologie des Geistes« lässt keinen Zweifel, wie tief beeindruckend das kosmologische Symbol auf das Bewusstsein wirkt, vor allem, wie stark es Objektfantasien katalysiert und als »der Seele Ruf« (ebd., V. 490) nach Identifikation verlangt. Das Symbol selbst erscheint als Mittel, den »Schmerz des Selbstbewußtseins« (Ricœur 1974, S. 533) zu lindern oder gar in »schönstes Glück« zu verwandeln, wie Faust es trotz des frustrierenden Verlaufs der Erdgeistbegegnung erfahren haben will.

In der Transzendierungsleistung des Symbols liegt indes auch seine Gefahr, wie das »Zeichen des Makrokosmus« beweist. Denn der Regression ins Unendliche gilt im Zweifel der stärkere Antrieb als der Progression zu mehr Wirklichkeit, Struktur, Gestaltung. Das Selbst umschifft die Sirenenklippen um den Preis seiner voluntativen Freiheit, deren Verlust nicht betrauert, sondern gefeiert wird. Odysseus am Mast mit simplem Wachs in den Ohren? Das schien Kafka wie Goethe dann doch zu »physisch«. Während der eine die enorme psychische Leistung des Helden, ob Verdrängung oder Sublimation, für seine »Rettung« verantwortlich macht,[16] scheitert beim anderen der Todestrieb ausgerechnet an der Nostalgie, die »mit kindlichem Gefühle« (Goethe 2000, V. 781) die Objekte der Kindheit für den Sekundärvorgang reklamiert. Im einen Fall findet die »Entarchaisierung« durch Imagination »im Dienst des Ich« statt: Dem Mythos von den singenden Sirenen wird der Mythos von den nicht singenden Sirenen entgegengehalten. Im anderen Fall bleibt die Totalregression auf halbem Wege in Kindheitsresten stecken, aus denen, ganz apollinisch, »eine Welt entstehn« konnte (ebd., V. 778).

Beide Autoren »mogeln« also ihre Helden sozusagen aus der Kampfzone in die Kampfzone, wobei man zwischen der einen und der anderen nicht mehr unterscheiden kann. Als jener andere »Geist der stets verneint« (ebd., V. 1338) die Bühne betritt, geschieht das nicht mehr über ein Sym-

---

16 Kafkas erzählerische Antwort (N II, S. 40–42) auf die Frage, was Odysseus vor den Verlockungen der Sirenen bewahrt, ist folgende (siehe auch das Kapitel »Das Schweigen der Sirenen« in diesem Band): Unter der Annahme, »die Leidenschaft der Verführten hätte mehr als Ketten und Mast gesprengt«, erscheint es zunächst undenkbar (was der Erzähler sich indes zu beweisen vorgenommen hat), »daß auch unzulängliche, ja kindische Mittel zur Rettung dienen können«. Da die Verführungsursache allerdings in den Verführten selbst und nicht in den Sirenen zu liegen scheint, ist die sodann behauptete Tatsache, diese hätten »eine noch schrecklichere Waffe als den Gesang, nämlich ihr Schweigen« eine konsequente Mythenvariante. Bezeichnenderweise ist dieses Schweigen nämlich (wie andernfalls das internalisierte Singen) von Odysseus verursacht, dessen taube »Glückseligkeit« die Sirenen entweder »allen Gesang vergessen« oder aber das Schweigen als »eine noch schrecklichere Waffe« erfinden ließ. Odysseus indes, »der an nichts anderes als an Wachs und Ketten dachte«, »hörte ihr Schweigen nicht, er glaubte, sie sängen, und nur er sei behütet, es zu hören«. Der Frage, wieso er denn diese angeblich »noch schrecklichere Waffe« mit bloßem Wachs in den Ohren abwehren könne, kommt die Erzählung zuvor, indem sie konstatiert: »[...] die Sirenen verschwanden ihm förmlich [vor seiner Entschlossenheit]«. Odysseus scheint in seiner sublimatorischen Zielfiktion (»alles [glitt] an seinen in die Ferne gerichteten Blicken ab«) die völlige Objektunabhängigkeit erreicht zu haben. Der Erzähler schließt jedoch nicht aus, dass auch das nur vorgetäuscht sei, um das Schicksal nicht herauszufordern. So bleibt zum Schluss dahingestellt, ob es sich nur um einen »Scheinvorgang« (einen Wahn, eine Verdrängungsleistung als neurotischen »Schild«) oder um eine wirkliche Sublimierung handelt. Das »unzulängliche, ja kindische Mittel zur Rettung«, dessen Effizienz zu beweisen war, könnte in kaum etwas anderem als in Verdrängung bestehen, welche »Rettung« nur im ironischen oder temporären Sinn bedeuten kann. Die Sirenengefahr wirkt damit keineswegs gebannt, die Konfrontation mit dem Unbewussten (»gerade als er ihnen am nächsten war, wußte er nichts mehr von ihnen«) lediglich aufgeschoben.

bol vermittelt, sondern als Allegorie menschlicher Züchtungsraffinesse, die zwar »Pudel« heißt, aber mit Animalischem wenig zu tun hat. Dank Goethe sehen wir hier zum erstenmal ein Hybridwesen, das in exakt dieser Mischung das Böse darstellt: als das Menschlich-Unmenschliche oder Unmenschlich-Menschliche; als Mischkreatur, die, ohne sich als solche zu verraten, eine Ratio des Tötens importiert. Nichts, so lernen wir daraus, bringt mehr Unheil hervor als die absurde Doppelidentität von Mensch und Tier.

Mit dem unerwartet mächtigen Fliegengott namens Mephistopheles, so will es die Ironie des Schaupiels, geht der archaische Mythos in den antiken Logos über. Der Teufel, weil er Gott voraussetzt, vermag das menschliche Denken um sein Schuldbewusstsein zu betrügen. Wer im Namen Satans ein Mörder ist, ist im Namen Gottes ein Sünder, der das kosmische Spektrum abrundet. Alles ist möglich, sagt die Parabel, wenn zum Mythos der Logos kommt.

Waren die chthonischen Rufe zur Bewusstseinslöschung im Symbol der vogelartigen Sirenen, die wiederum vogelartig »singen«, oder der musizierenden Sphären, die »[h]armonisch all' das All durchklingen« (ebd., V. 453), noch als Natureigenschaft verankert, kommt mit dem Logos auch die Not, das Zerstörerische vor dem Bewusstsein verbergen zu müssen. Das Symbol (Zeichen des Makrokosmos, die Sirenen), das zum Inventar des kollektiven Unbewussten gehört, weicht nunmehr der strategischen Fantasie, die das Destruktive verschleiert. Erst mit der Figur des Mephistopheles, könnte man sagen, unterscheidet der Faust'sche Traum sich vom Mythos, was diesen freilich nicht hindern wird, dereinst zu einem »Massentraum« zu werden. Mit ihm, dem Verwandlungskünstler – man denke an seine groteske Epiphanie vom »Pudel« zum »Nilpferd« zum »Elefant« –, beginnt die endlose Umbenennung der Bewusstseinstatsachen und damit eine Karriere der Wahrheitsentstellung und Irritation. Der als harmloser »Scolast« tiefstapelnde Teufel gibt einen Vorgeschmack auf die »Banalität des Bösen«, von der später Hannah Arendt (1986, S. 371) sprechen sollte.

Dass selbst noch die Nennung des wahren Namens »[f]ür einen der das Wort so sehr verachtet« (Goethe 2000, V. 1329) zum identifikatorischen Versteck werden kann, bringt eine perfide Dialektik zum Vorschein, bei der Wortverachtung und Wortgläubigkeit (letztere unter Ausschluss der Wörtlichkeit) einander nicht ausschließen. Denn Fausts Frage, wie Mephisto sich nenne, mündet erst dann in die sophistische Frage, wer er »denn« sei, als er sich die Antwort schon selbst gegeben hat:

> »FAUST. Wie nennst du dich?

> MEPHISTOPHELES. Die Frage scheint mir klein
> Für einen der das Wort so sehr verachtet,
> Der, weit entfernt von allem Schein,
> Nur in der Wesen Tiefe trachtet.

> FAUST. Bei euch, ihr Herrn, kann man das Wesen
> Gewöhnlich aus dem Namen lesen,
> Wo es sich allzu deutlich weist,
> Wenn man euch Fliegengott, Verderber, Lügner heißt.
> Nun gut wer bist du denn?« (Ebd., V. 1331–1334)

Wir begreifen am Ende, dass keine hermeneutische Theorie ohne Symboltheorie auskommt und keine Symboltheorie ohne Theorie des psychischen Objekts. Der archaische Mythos ist ein Symbol *par excellence*, hier spielt der Logos eine untergeordnete Rolle, wie überall bis heute auch in der Volkspoesie, die zuweilen an aller Wortlogik vorbeigeht. Mit zunehmend dominantem Logos aber verfällt das Symbol dem zweidimensionalen Zeichenhaften. Eine Kultur der Benennung löst die Kultur der Bedeutsamkeit ab. Piaget würde diesen Vorgang vermutlich als Störung im Gleichgewicht von Assimilation und Akkommodation zugunsten der Letzteren beschreiben respektive eine Überanpassung für die Unterdrückung der Imagination verantwortlich machen.

Wo die Wirklichkeit jedoch das Subjekt dominiert, sind dessen psychische Funktionen gefährdet, dessen gesunde Tage womöglich gezählt. Eine Kognition ohne psychische Erkennungsmarke im Milieu symbolischer Kollektivität scheint für die Spezies kaum möglich. Der Mythos ist damit weniger eine Frage der Ästhetik als eine des Überlebens. So mussten Kulturen und vielleicht sogar Populationen aussterben, weil das zur geistig gesunden Adaption benötigte Gleichgewicht nicht gegeben war. Ein Zuviel des Mythos wäre ebenso schädlich gewesen wie ein Zuwenig. Die Kunst des Lebens besteht im spirituellen Maßhalten durch imaginative Befriedigung: Tugenden, die man in den Höhlen des Aurinacien und des Magdalénien zu erleben glaubt.

Wenn wir uns Kafka nähern, dann mag diese Höhlenkunst eben der geeignete Hintergrund unserer Überlegungen sein, ist seine Stimme doch – wir bleiben in der Musik –, näher an den Mythen als an den Kunstformen, die sie beerbten.

5 DER MYTHOS IM PROZESS DER ZIVILISATION

Was die frühe Mythe und ihre Funktionen anlangt, so wird man kaum annehmen können, schon der paläolithische Mensch habe geglaubt, dass zuerst mit dem Bezeichnen, dann mit dem *Be-sprechen* eine Lenkung des Schicksals zum eigenen Vorteil zu erreichen gewesen sei – im Gegenteil: gerade von den frühen Mythen ist anzunehmen, dass in ihnen sowohl menschliches als auch tierisches Leben, der Naturkosmos und die *conditio humana* zur klaglos-einverständigen Darstellung gelangen und die Vorstellung von Transzendenz in den Regenerierungsphänomenen der astronomischen und vegetativen Naturzyklen aufging. Ethnologie und Religionsanthropologie werten heute die Hinterlassenschaften steinzeitlicher Kulturen vorsichtig eher dahingehend, dass diese weder einen Diesseits-Jenseits-Dualismus noch personifizierte Götterwesen kannten und einen vitalistischen Lebenskult pflegten, dessen Riten und Rituale ihnen die gemeinsame Kraft zum Überleben gaben (vgl. Duerr 1990). Selbst wenn man wie Eliade (1978) und neuerdings Vierzig (2009, S. 30, S. 51) beim Religionsbegriff bleibt, so muss man »annehmen, dass die Religion der Altsteinzeit primär in einem universellen Mythos vom Lauf und Sinn der Welt und des Menschen bestand«.

> »Es gibt im altsteinzeitlichen Weltbild also nicht nur den Glauben an die Macht des Lebens im Hier und Jetzt, sondern vor allem den Glauben an die Erneuerung, die Regenerierung des Lebens in einem ständigen Kreislauf. Und wenn die Wiedergeburt des Menschen für sie ein Glaubensfundament ist, dann ist durchaus zu vermuten, dass sie diese Regenerierungskraft auch für die Tierwelt und den Kosmos mit all seinem Leben angenommen haben.«

Zu groß, zu unerreichbar muss da das kosmische Numinosum erschienen sein, als dass ein Einzelschicksal gezählt hätte. Ein Konzept von Indivi-

dualität ist in diesem Stadium der Menschheitsgeschichte offenbar nicht
vorhanden. Der Gang der Dinge wird kaum als veränderbar, geschweige
denn in irgendeiner Form als subjektbezogen gegolten haben. Mythische
Geschichten, welche die bedrohliche Lebensumwelt durch ein vermittelndes Fantasieangebot substituieren, indem sie das multiple Andere durch
das Eine und Einfache ersetzen, sind psychische Überlebensstrategien in
Zeiten der Ungewissheit und Angst, wie es die urgeschichtlichen Ären seit
dem frühen Pleistozän, spätestens seit dem Auftritt von *homo sapiens* im
späteren Mittelpaläolithikum wohl gewesen sind, wie sie in Übergangs-
und Umbruchzeiten sich wiederholt haben und wie sie in gewandelter, keineswegs entschärfter Form den Prozess der Zivilisation bis heute begleiten.
»Denn zweifellos ist es eine der elementaren und bewährten Methoden, in
der Finsternis nicht nur zu zittern, sondern auch zu singen« (AM, S. 72).

Mythen können freilich weit mehr als das sein, wenn sie das kollektive Starren in den Abgrund durch einen freieren Blick ersetzen, der die
möglichen Gefahren aushält, weil sie ihnen ein menschliches Gesicht
verleihen und ein vertrautes Geschehensmuster zuordnen. Noch der
frühmoderne Woyzeck Büchners (1994, S. 220) zieht seiner Spukdiagnose,
»Es geht hinter mir, unter mir [...] hohl, hörst du? Alles hohl da unten«,
die alttestamentarische oder homerische Mythe vor, ehe er sich vorsorglich
im Gebüsch versteckt: »Wie hell! Ein Feuer fährt um den Himmel und
ein Getös herunter wie Posaunen.« Die Anklänge an Offenbarung 8 und
Ilias XXI, V. 385–390 sind auch noch im 19. Jahrhundert unüberhörbar.

Insbesondere der jüngere Mythos ist aus diesem Grund in seinem
überschießenden Medium, dem Logos, als Frühform der Aufklärung
gesehen worden. Wenn er das Dunkel der Abhängigkeit perpetuiert,
dann, damit die Fantasie es durchdringen kann und, wie Eliade (1961,
S. 39) über die »mythische Verfassung« der Moderne annimmt, damit
die neue *Terra incognita*, die Psyche, als Zone der zu erhellenden Dunkelheit markiert wird:

> »Man kann nicht sagen, daß die moderne Welt die mythische Verfassung
> wirklich beseitigt habe; sie hat nur deren Wirkungsfeld ausgetauscht: der
> Mythos herrscht nicht mehr in den wesentlichen Bezirken des Lebens,
> er ist einerseits in die dunklen Bereich der Psyche, andererseits in die
> zweitrangigen, ja unverantwortlichen Tätigkeiten des Lebens verdrängt
> worden.«

Vielleicht ist er sogar gegen seinen Ruf das in Sachen Aufklärung aus-
sichtsreichste Instrument der Fantasie, denn zum Logos gehört der
menschliche Resonanzapparat, sprich die Psyche. Diese lässt die Künstlichkeit der reinen Rationalität ohnehin nicht zu, so wenig sie an das
Materielle »glaubt«; sie beugt der (dialektischen) Perversion dadurch
vor, dass sie emotionales Recht durchsetzt.

Gerade aus psychologischen Gründen – wir haben darauf hingewiesen –
wäre es daher falsch, Mythen und Mythisierungen von vornherein als
»antiaufgeklärt« und »antiaufklärerisch« zu betrachten, tragen sie doch
den Erfordernissen des Realitätssinns dadurch Rechnung, dass sie das
Grundbedürfnis nach Fantasiearbeit und weltbewältigender Substitu-
tion befriedigen. Für Armstrong (2007, S. 15f.) stellt Mythologie daher
sogar

> »eine Frühform der Psychologie dar. Die Geschichten von Göttern und
> Helden, die in die Unterwelt hinabstiegen, Labyrinthe durchquerten und
> mit Ungeheuern kämpften, brachten die mysteriösen Vorgänge der Psyche
> ans Licht und zeigten den Menschen, wie sie mit ihren inneren Krisen
> umgehen konnten.«

Was Nietzsche (KSA I, S. 36, S. 145) als »künstlerische *Mittelwelt*« be-
zeichnete, fungiert als imaginativer Puffer zwischen Welt und Subjekt:
»Die Bilder des Mythus müssen die unbemerkt allgegenwärtigen dä-
monischen Wächter sein, unter deren Hut die junge Seele heranwächst,
an deren Zeichen der Mann sich sein Leben und seine Kämpfe deutet.«
Der einst populäre Mythen(nach)erzähler Michael Köhlmeier (2002,
S. 209) brachte es einmal auf folgende Formel: »Was in der Psychologie
Begriffe sind, sind im Mythos Namen.«

Eine ganzheitliche Aufklärung, sprich die Versöhnung von Sensualität,
Intellektualität und Fantasie auf der einen Seite und die von Natur und
Kultur auf der anderen, ist ohne die Synthese von Subjekt und Objekt
in einer Pufferwelt der Imaginationen und Übergangsphänomene – denken wir auch an Humboldts allerdings sprachphilosophisch begründeten
Begriff der »Zwischenwelt« – gar nicht möglich, weil erst durch sie eine
gewisse Wahrnehmungsautarkie überhaupt entstehen kann. Realismus –
und im Zusammenhang unseres Themas sind wir auf dem Feld des Sprachrea-
lismus (im Gegensatz zum Nominalismus) – hat die »Arbeit am Mythos« des-

halb zur Voraussetzung, weil auf dem Feld der Imaginationen die Sache der menschlichen Entwicklungsreife und der Orientierung in der Welt ausgetragen wird. Psychophysische Gesundheit ist ohne diese Arbeit nicht möglich.

Aus diesem Grund sind literaturwissenschaftliche Theorien wie die Fryes (1963, S. 151), die einen objektiven Weltzugang *qua ratio* von einem kreativen Weltzugang *qua imaginatio* kategorial unterscheiden, heute nur noch Wissenschaftsgeschichte oder schlicht, was sie von Anfang an waren: Reißbrettpsychologie. An Würdigungen imaginativer Errungenschaften hat es nie gefehlt. Sie aber jenseits der Grenze geistiger Normalität und Gesundheit anzusiedeln, wie Frye das tut, muss heute durch besseres Wissen ersetzt werden:

> »There is the world he [man] sees and the world he constructs [...]. In the relation to the world he sees, or the environment, the essential attitude of his mind is that of recognition, the ability to see things as they are [...]. This is an attitude often associated, sometimes correctly, with the reason. [...] It is the attitude with which the scientist initially faces nature [...]. And it is, I should think, the attitude that psychiatry would take as the standard of the ›normal‹, the condition of mental health [...]. The other attitude is usually described as ›creative‹.«

Kafka hätte ihm mit seinem Satz antworten können, den er zu Janouch geäußert haben soll (und der im Übrigen einmal mehr die Freud'sche Einschätzung bestätigt, die Literatur sei der Psychologie stets voraus): »Wirkliche Realität ist immer unrealistisch« (J, S. 103) – unrealistisch deshalb, weil es ausgerechnet die Imaginationen sind, die den Wirklichkeitsbezug festigen, und weil Realität ohne subjektive Aneignung keine »wirkliche« wäre.

Es ist sicher kein Zufall (und bleibt, wie wir wissen, nicht ohne Entgleisungen), dass Hochkulturen wie die europäischen auf den Logos als Heilsbringer setzten, bilden doch gerade die »sprachlichen Zwischenwelten« ein besonders leistungsfähiges Instrument der symbolischen Weltbewältigung. So wurde der Mythos zu einem wesentlichen Teil der Kulturarbeit, der mit der Zeit ganz unterschiedliche, seiner psychologischen Wirkung nach jedoch ähnliche Funktionen erhielt. Ging es anfangs noch darum, die Geister und Dämonen zu bannen und die Psyche gegen die Schrecken des Unbekannten zu rüsten, also jene, für die wir keine Worte haben, so kommt im Prozess der Zivilisation mit dem Hineinwachsen in immer größere Zwänge und der Forderung nach immer mehr Affektkontrolle eine pädagogische und therapeutische Funktion hinzu. Die Drohungen der Außenwelt, zu denen auch der jederzeit mögliche Gewalteinbruch durch Natur und Mensch zählt, nehmen zwar ab, doch »der Kriegsschauplatz wird zugleich in gewissem Sinne nach innen verlegt«. Zu bewältigen ist nach Norbert Elias (1997, S. 341) »eine Umformung des ganzen Seelenhaushalts im Sinne einer kontinuierlichen, gleichmäßigen Regelung seines Trieblebens und seines Verhaltens nach allen Seiten hin«. Das Leben wird insgesamt »in gewissem Sinne gefahrloser, aber auch affekt- oder lustloser, mindestens, was die unmittelbare Äußerung des Lustverlangens angeht; und man schafft sich für das, was im Alltag fehlt, im Traum, in Büchern und Bildern einen Ersatz«.

Der Mythos hat also in der frühgeschichtlichen, bereits von den ersten Stadtkulturen geprägten Zeit ebensowenig ausgedient wie später in der Antike und der nachfolgenden Ära bis heute. Die zahllosen Transformationen, die er in Epik und Dramatik durchläuft, können nicht darüber hinwegtäuschen, dass bei aller Verschiedenheit der Formen die verzaubernd-entzaubernde Kraft der imaginativen Bilder und damit die durch den Logos gestiftete Bewusstseins*zwischenwelt* die eigentliche »mythische Konstante« bleibt.

Wenn es eine diese Transformationen auslösende affektive Konstante im Verlauf der Anthropogenese bis heute gibt, die einer solchen »mythischen Konstanten« entspricht, dann ist es die Angst, die bei Kindern alltäglich und elementar, bei Erwachsenen unserer Zeit zumeist adaptiv kontrolliert und, in Überängstlichkeiten und Neurosen versteckt, chronifiziert und multipliziert ist. Überraschend macht Elias die Angst bei aller Varianz im Kleinen nicht nur als Konstante aus, sondern er beschreibt eine Entwicklung zu mehr und anderer Angst als Preis der Zivilisation:

> »Die Furcht, die unmittelbaren Ängste des einen Menschen vor anderen nehmen bis zu einem gewissen Grade ab; die vermittelten oder verinnerlichten Ängste nehmen im Verhältnis zu ihnen zu. […] Hier, wie überall aber ist der Aufbau der Ängste nichts anderes als der psychische Widerpart der Zwänge, die die Menschen kraft ihrer gesellschaftlichen Verflechtung aufeinander ausüben. Die Ängste bilden einen der Verbindungswege – einen der wichtigsten – über den hin sich die Struktur der Gesellschaft auf die individuellen psychischen Funktionen überträgt« (Elias 1997, S. 456).

Hermann Broch (BKW IX/1, S. 315) hat diesen Sachverhalt ausdrücklich mit dem Mythos in Verbindung gebracht:

> »[D]as Beängstigende hat sich [...] verschoben und liegt nicht mehr in der ursprünglichen, sondern [...] in der zur Zivilisation gebändigten Natur, liegt im Menschenwerk, aus dem [...] den Gegen-Mythos heischend, aufs neue das Ungebändigte, Unbändigbare hervorspringt. Maschinendschungel, Betondschungel, Zivilisationsdschungel: ob er sich mit den alten heldischen Mitteln noch wird bändigen lassen, ist fraglich.«

Die Bändigung der Angst, das war zu sehen, ist gewiss eine der Hauptfunktionen, die der Mythos innehat. Wenn es sich um durch Zwänge verinnerlichte Angst handelt, so Elias (1997, S. 457ff.), »erscheint es den Menschen so, als seien die Gebote und Verbote, durch die sie ihr Verhalten zueinander regeln, und ihnen entsprechend auch die Ängste, die sie bewegen, etwas Außermenschliches«. Um wie viel mehr wird dann der moderne Mythos eine Mythologie für jenes »Außermenschliche« zu finden haben! Der entstehende Leidensdruck besteht ja nicht nur in den Zwängen, sondern in den von diesen verursachten Widersprüchlichkeiten zwischen Wollen und Sollen. »Unsere Verhaltenstafeln sind so widerspruchsreich und so voll von Disproportionalitäten, wie die Formen unseres Zusammenlebens, wie der Bau unserer Gesellschaft.« Da sich »die gesellschaftlichen Spannungen durch die elterlichen Gesten, Verbote und Ängste in das Kind [projizieren]«, regenerieren sich die Adaptions- und Verhaltenszwänge nicht nur, sondern werden von der hilflos exponierten kindlichen Psyche auch immer wieder *re-intensiviert*.

> »Man kann von solchen Menschen, die inmitten solcher Spannungen leben, die derart schuldlos von Schuld zu Schuld gegeneinander getrieben werden, nicht erwarten, daß sie sich bereits zueinander in einer Weise verhalten, die [...] einen End- und Gipfelpunkt des ›zivilisierten‹ Verhaltens darstellt« (ebd.).

Wenn Geschichten womöglich eine Wirkung haben auf das, was geschieht, dann möchte man wissen, wie das geschieht und welcher Art diese Geschichten sind. Wer oder was verantwortet die Wirkung? Eine höhere innere Gewissheit im Widerspiel mit den äußeren Mächten, etwa der kraftvoller ausgeführte Sprung über den nicht mehr so gähnenden Abgrund? Ist die ausfabulierte substitutive Zwischenwelt tatsächlich ein Mittel gegen Angst und Gespenster? Sicher ist: Gorgo oder die Hydra sind bezwinglicher als das Rauschen des Nichts. Lieber *Gesichter* als *Gesichte*. Der »Dämonenfurcht, der primitivsten Form religiöser Verursachung«, Paroli zu bieten (Warburg 1920, S. 24), scheint in der Tat der eigentliche Grund der mythischen Sinnfiktionen, deren Ordnungssysteme dem Menschen mit seinem Platz im kosmischen Gefüge auch ein natürliches Bleiberecht, ja vielleicht sogar magische Mitsprache einräumen. Wer die *Sage* hat, so könnte man formulieren, hat auch das *Sagen*. Historisch allerdings, soweit es sich in mythologischer Machtsymbolik verrät, lässt sich das kaum vor dem Neolithikum verifizieren (vgl. Vierzig 2009, S. 124).

Die Mythe lehrt obendrein, dass es des Vorbilds des Helden bedarf, der, aus dem Nichts kommend – die mythischen Helden beginnen als Nobodys, Ausgesetzte, Findlinge (vgl. Rank 1990, S. 57)[17] –, die Hydra, die Gorgo, die stymphalischen Vögel kurzerhand ausschaltet, ohne deshalb selbst vor einem tragischen, zumeist gewaltsamen Ende bewahrt zu bleiben. Offenbar ist der Agon im Mythos ein Teil seines Wesens neben den Projektionen der Scham und der Schuld, mit welchen nach Sloterdijk (1993, S. 30) »die manischen Subjektwerdungen ihren kritischen Punkt am Übergang zwischen Er und Ich« verraten. Wird ein Sieg gegen multiple oder sich multiplizierende Mächte inszeniert, schlägt der Hörer sich naturgemäß auf die Seite des Siegers, dessen Weg der Selbstfindung und triumphalen Rückkehr ihm zum Vorbild der eigenen Biografie wird. Darauf kann der Mythos zählen. Die Geschichten werden zu Kampfarenen für imaginative Turnierspiele und zu »Modelle[n] des Menschseins« (ebd., S. 29). Indem sie die Selbstbehauptung angesichts der überall drohenden Auslöschung inszenieren, übernehmen sie eine Funktion der Vermittlung nicht nur zwischen dem psychischen Inneren und dem physischen Äußeren, sondern zwischen der unteren und der oberen bzw. der materiellen und der spirituellen Welt.

Mythen verbinden heterogene Wirklichkeiten zu einem kosmologischen Gesamtbild, was nicht ausschließt, dass sie das »Zusammenden-

---

17 Bereits vor Rank (1909) haben auch Edward Tylor und Johann Georg von Hahn in ihren Mythenstudien dieses Muster des typischen Heldenlebens ausgemacht.

ken« zweier oder mehrerer Welten vom Bewusstsein fernhalten und eine
sorgsame Trennung z.B. zwischen Lebens- und Totenwelt garantieren.
Sie verrichten gerade in ihren Heldenfiktionen immer wieder auch die
Arbeit des Schamanen, der sich in seinen Trancezuständen den Gefahren
der Geister- und Unterwelt aussetzt und manchmal nur mit Mühe und
nicht immer unbeschadet in die Kultgemeinde zurückkehrt.

Es ist gesagt worden, dass Herakles im Grunde ein »Relikt aus der Zeit
der Jäger« und in dieser Eigenschaft ein »Schamane, berühmt für sein
Geschick im Umgang mit Tieren« sei (Armstrong 2007, S. 38f.). Ähnliches
gelte für Artemis, der »Herrin der Tiere«, in der *Ilias*. Wie Eliade (1978,
S. 32ff.) hat auch Vierzig (2009, S. 153) eine Vielzahl von Indizien dafür
zusammengetragen, »dass der Schamanismus die älteste Religionsform
der Geschichte überhaupt ist« mit den frühesten erkennbaren Wurzeln im
jungpaläolithischen Aurignacien, also etwa zwischen 40.000 und 35.000
v.d.Z. Er wertet die ersten Spuren einer steinzeitlichen Mythologie als
Teil eines dem Wesen nach animistischen Regenerationskults, der noch
keine Gottheiten kannte.[18]

Baumaterial für diese archaischen Amphitheater war nach der Fantasie
die Stimme, die Rede selbst, später die (kulturgeschichtlich noch brand-
neue) Schrift in ihrer Materialität, das schiere Faktum Sprache, erstreckt
in Epos oder Episode, mit einem Anfang und einem Ende als Minimal-
kosmologie. Die mentale Bühne solcher Auftritte ist die Imagination
als die progressive, spielerische Tätigkeit, bei der die Psyche schließlich
das Außen und Innen ausmittelt und ebenso viel Realität der Fantasie
anverwandelt, wie Fantasie der Objektwelt aufzwingt. Es ist der Ort,
den Winnicott im Möglichkeitsraum zwischen Außen- und Innenwelt
ansiedelt, wo Autonomie (Gestaltungsprinzip) und Abhängigkeit (Re-
alitätsprinzip) um einen Kompromiss ringen.[19]

Definiert man wie Piaget (1969, S. 208) das Spiel als »den extremen
Pol der Assimilation der Wirklichkeit an das Ich, wobei es als Assimi-

---

18 Vierzig (2009, S. 154) hält »die Annahme eines göttlichen Wesens mit dem scha-
manisch-altsteinzeitlichen Weltbild für nicht vereinbar, was aber an dem magisch-
übersinnlichen Grundcharakter des Mythos nichts ändert«.

19 Gabriele Schwab (1982) hat ausführlich beschrieben, wie der von Winnicott entwickelte Spielbegriff für die Literatur geltend gemacht werden kann. Ich sehe keinen
Grund, diesen literaturwissenschaftlichen Anwendungshorizont nicht auch auf
deren Vorformen auszudehnen. Vgl. auch Neubaur (1987, S. 94–117).

lator etwas von der schöpferischen Phantasie hat, die der Motor jeden späteren Denkens und selbst der Vernunft bleiben wird«, dann wird die onto- wie phylogenetische Bedeutung dieser Bühne klar. Der Mythos als Archetyp des symbolischen Spiels, der erst spät »reine Sprache« oder gar literarischer Text wird (womit er seinen Substitutcharakter scheinbar verliert), erscheint als das Medium, in dem der *homo ludens* zu sich selbst kommt.

V ORPHEUSVARIATIONEN

> »Un écrivain n'est pas un homme écrivain, c'est un homme politique, et
> c'est un homme machine, et c'est un homme expérimental (qui cesse ainsi
> d'être homme pour devenir singe, ou coléoptère, ou chien, ou souris,
> devenir animal, car en vérité, c'est par la voix, c'est par le son, c'est par un
> style qu'on devient animal, et sûrement à force de sobriété).«
>
> *Gilles Deleuze, Félix Guattari (1974, S. 15)*

1 ORPHEUS UND EURYDIKE

Sieht man sich den aus Thrakien (heute Bulgarien) stammenden Orpheus-Mythos näher an, dann wird rasch klar, dass er vom Mythos
selbst und seiner spirituellen Verwandlungskraft wie auch von den Bedingungen seiner Gefährdung handelt. Der im 6. Jahrhundert erstmals
erwähnte Sänger und Kitharode, dessen Musik Tiere bezähmen und
Steine bewegen kann, gehört zur Generation des Herakles, den Karen
Armstrong (2007, S. 38f.) als »Relikt aus der Zeit der Jäger« beschrieben hat, ein altsteinzeitlicher »Schamane, berühmt für sein Geschick
im Umgang mit Tieren«.[1] Auch Eliade (1979, S. 160) fühlt sich mit Orpheus und der Orphik an »schamanische Praktiken« erinnert:

> »Wie die Schamanen, ist auch er Heilkundiger und Musiker; er bezau-
> bert und beherrscht die wilden Tiere; er steigt in die Unterwelt hinab,
> um Eurydike zurückzuholen; sein abgetrennter Kopf wird aufbewahrt
> und dient als Orakelstätte, wie noch im 19. Jahrhundert die Schädel der
> Yukagir-Schamanen.«

---

[1] Dagegen ist zu halten, dass Herakles in der griechischen Mythologie die Rolle eines
gottmenschlichen Heilsbringers spielt, der das Neue Testament präludiert. Anders als
Christus aber, der die Macht des Satans bricht, und darüber hinaus die Menschen im
Sinne einer Entschuldung erlöst, bringt Herakles das Heil ausschließlich durch Überwindung des Unheils.

Wie der Schamane »ein Mensch [ist], der fähig ist, viele Male zu ›sterben‹ und ›wieder aufzuerstehen‹« (Eliade 1988, S. 179), so hat auch der Musensohn Orpheus die Fähigkeit, die Unterwelt als einer der wenigen Sterblichen (wie z. B. Odysseus oder Sisyphos) lebend zu betreten, um die an einem Schlangenbiss verstorbene Eurydike zurück ins Leben zu holen. Seine Stimme scheint mehr zu zählen als die Gesetze des archaischen Kosmos, die aber letztendlich obsiegen, indem sie sich an der *conditio humana* einerseits und an der mythischen Weltordnung andererseits behaupten.

Der Erfolg dieses Mythenhelden beruht vermutlich weniger auf der Zähmung der Unterweltsbestie Kerberos oder dem ersungenen Mirakel der Totenwiederkehr als auf der Rolle der kosmologischen Integrationsfigur. In der Eigenschaft des wunderwirkenden Sängers scheint Orpheus zwar zunächst stärker als Thanatos, doch behauptet sich die chthonische Welt am Ende souverän als Teil der Gesamtarchitektur des Universums, weil die einschließliche Beziehung zwischen beiden das größere kosmische Gut ist und der Mythos keinen Bedarf an metaphysischer Ausnahmeregelung hat. Der Gegensatz von Leben und Tod soll nicht aufgehoben werden, das wäre gegen die Empirie, an der Mythen im Allgemeinen orientiert sind, von der archaischen Angst vor Wiedergängern einmal ganz abgesehen, die mit reinkarnierten Seelen nicht zu verwechseln sind. Er soll lediglich widerspruchsfrei gemacht, d. h. spirituell versöhnt werden und die Hoffnung auf eine »Existenz der Toten« an die (spätere) Metapher der Unterwelt und damit der Regeneration bzw., wie in der Orphik verbreitet, der Seelenwanderung oder Metempsychose binden.

Unverhofft wird also die menschliche Natur mit ihrem schmerzlichsten Merkmal des Leidens und der Sterblichkeit zum entscheidenden Bindeglied zur kosmischen Natur. Unbeschadet transzendentaler Horizonte dürfen Anthropologie und Kosmologie einander nicht widersprechen. Orpheus' Scheitern zeigt die Ohnmacht des individuellen Willens gegenüber dem mythischen Weltbau einerseits und gegenüber der Macht der Psyche andererseits; gewiss auch die Unterlegenheit des Logos gegenüber dem archaischen Gesetz. Die Ausnahmeregelung wird als buchstäblich nicht-*lebbares* Konstrukt entlarvt. So bewirkt der Gesang, der die Katabasis begleitet, am Ende auch keinen naturwidrigen Bruch, sondern setzt die spirituelle Verbindung zwischen den kosmischen Teilwelten wieder ein, wozu nicht nur die Ober- und Unterwelt gehören, sondern auch die Welt der Naturdinge und Lebewesen insgesamt, vor allem die der Tiere. Einmal mehr beweist sich Orpheus als derjenige, der, wie es im *Agamemnon* des Aischylos (V. 1630) heißt, »die ganze Natur mit seiner Stimme begeistert« (ὁ μὲν γὰρ ἦγε πάντα που φθογγῆς χαρᾷ).

Die Schamanenfunktion, die Orpheus als Weltenvermittler ausübt und in welcher ihn sein Fehlversuch eher bestätigt als widerlegt, ist ihm über die genealogische Konstellation bereits in die Wiege gelegt. Zumindest eine Seelenverwandtschaft zwischen ihm und der Demetertochter Persephone, Gemahlin des Hades, kann vorausgesetzt werden, entstammt er doch dem Flussgott Oiagros, der als »Ozean« (Okeanos) den Hades umschließt und nach altem Verständnis die Grenze zwischen Leben und Tod markiert. Die Grenze aller Grenzen scheint so von Anfang an durchlässig. Schon im Ansatz überbrückt also der Mythos den existenziellen Grundgegensatz und unterstellt dem lebensvollen Orpheus eine genuine Affinität zum Tod. Der Mythenheld reüssiert zunächst in der Gefahr, indem er Teil dieser Gefahr ist. Dann aber hat er im wahrsten Sinne des Wortes das *Nachsehen*, weil er der Versuchung zu einer wahrhaft menschlichen Handlung nicht widerstehen kann, ob ihn nun, da er sich nach Eurydike umdreht, »die Ungeduld seiner Liebe und Sorge« (Bacon 1991, S. 34) oder aber eher das Misstrauen übermannt – oder ob es gar, wie Rilke 1922 im zweiten der *Sonette an Orpheus* unterstellt, Eurydike ist, die die Präexistenz einem Leben in Materie und Kontingenz vorzieht (vgl. Oberlin 2004/5).

Definieren wir Orpheus als Künstler seines Faches, der Musik, dann wirkt der juridische Logos, dem er sich unterwirft, eher profan, auf jeden Fall unartistisch. Der Barde scheint nicht zu erkennen, dass er sich auf selbstzerstörerisches Terrain begibt, auf dem ihn seine Kunst in die Opposition zur Naturordnung und damit in die Nähe der Künstlichkeit zwingt. Der in dieser Situation »erfolgreiche« Orpheus wäre einer, der Eurydike zwar zurückerhält, aber seine Musik dabei verlöre, weil ihre Symbolik auf Dauer der *Magie* gewichen wäre. Eine Kunst ohne Symbolik aber ist im selben Maß undenkbar, wie das Symbol ohne die gemeinsame Spiritualität von Menschen einer sozialen Gruppe, sei diese die Sippe, der Stamm, die Dorfgemeinschaft oder das Volk. Der »erfolgreiche« Orpheus hätte also keine Gemeinde von Zuhörern, sondern eher eine von Jüngern, die ihm als Religionsstifter nachfolgten. Diese Form spielte dann auch tatsächlich in den Traditionen der orphischen Totenkulte, schließlich in den Mysterienkulten um Apollo und Dionysos von der Antike bis tief ins erste Jahrtausend hinein eine große Rolle. »Orpheus wird als der Initiationsbegründer schlechthin dargestellt. Wenn man ihn zum ›Vorfahren Homers‹ erklärt, so geschieht das, um die Bedeutung seiner religiösen Botschaft besser hervorheben zu können. Diese bricht radikal mit der olympischen Religion« (Eliade 1979, S. 162). So kannte die frühe Orphik die Mythosvariante von der tatsächlich wiederkehrenden Eurydike, die darin ihre religionsstiftende Kraft bewies.

Nur ein in seiner Mission scheiternder Orpheus bewährt sich aber letztlich als der Musensohn, der er qua Abstammung ist, und damit als mythischer Gründervater der Ästhetik. Sein Mythos lehrt: Das Symbol muss Symbol bleiben; Kunst, die mehr sein, die kosmologisch »weltbewegend« sein will, ist weniger als Kunst. Eine Kunst der Magie mag es geben; eine »magische Kunst« dagegen gibt es nicht. Die »Magie der Kunst« wäre daraus weggezaubert wie die Gesetze der Natur. Anders als das Kunstsymbol definiert die Religion übersinnliche Wirkkräfte, die die Natur um das »Übernatürliche« übertreffen und dabei dem chthonischen Kosmos das »Unnatürliche«, ja »Widernatürliche«, hinzufügen. Kunst ist gerade deshalb der Gegensatz des Wunders, weil sie Menschenwerk ist, damit aber auch das ausschließliche Verdienst des Menschen und dessen stolze Zierde. Kunst und Kunsthandwerk hatten und haben daher traditionell etwas Prometheisches, wie wir noch sehen werden.

Wie sehr das Symbol einerseits zu metaphysischer Dimensionierung verführt, andererseits aber damit überfordert ist, zeigt das Sakrament des christlichen Abendmahls, das eigens eine Transsubstanziationslehre benötigt, um Physik und Metaphysik zu zwei Seiten einer Medaille zu machen. Wo Theologie im Spiel ist, wird die mythisch-imaginäre Ebene nicht nur verlassen, sondern auch zerstört. Die Sakramentalisierung des Rituals bedeutet zugleich seine Konkretisierung und damit Desymbolisierung. Bezeichnendes und Bezeichnetes fallen in eins und behaupten die magische Präsenz des Göttlichen im heiligen Gegenstand. Die Religion braucht das Wunder, die Verwandlung der Materie. Die Theologie hat keinen Bedarf an Semiologie.

Kunst und Magie schließen sich also im ästhetischen Paradigma der Antike auf die Dauer ebenso aus wie kosmisches In-der-Welt-Sein und

Hybris. Als Typus des Künstlers, den die Magie, wie den Gelehrten Faust, zu höheren Sphären trägt, ist Orpheus nicht nur undenkbar, sondern ein Skandal des (mythischen) Denkens, ein stets lauerndes und stets zu bekämpfendes Paradox. In der Auffassung des Orpheus-Mythos gibt es Kunst letztlich nur diesseits der unkorrumpierten Sterblichkeit. Diese ist, genau genommen, ihr (und sein) eigentliches Medium, ihre (und seine) – denken wir an den Totentanz – tägliche Inspiration. Der Künstler hat damit ein anderes, ein noch viel schwierigeres Werk zu vollbringen als das einer wundersamen Totenbeschwörung: Er bewahrt vor der Fiktion der Unsterblichkeit, der illusionären Aufhebung der *conditio humana*, und festigt im »So ist es und so bleibt es« den kosmischen Sinn, der freilich eines imaginativen Halts, eines Überlieferungsmediums bedarf.

Seine Erfolge sind stets derart, dass sie durch keine demokratische Wahl bestätigt würden, weil das Verlangen nach Wundern zu den menschlichen Infantilitäten gehört. Sie sind jedoch Erfolge insofern, als sie sich in der Zeit behaupten durch ein Publikum, das über die unbewusste gemeinsame Identifikation zur Gruppe wird. Eine Kunst, die keinen Orpheus als Gewährsperson hat, ist Ideologie, Religion und vor allem keine Kunst. Der Orpheus-Mythos kann deshalb als Minimalmodell einer künstlerischen Symboltheorie gelten, die eine Rezeptionstheorie einschließt. Dabei ist entscheidend, dass die Bewahrung, von der die Rede war, nur über die bestandene Kränkung, die unaufschiebbare Trauerarbeit, den Verlust und damit die physische Verminderung erlangbar ist. Parallel dazu findet die psychische Vermehrung durch Behauptung dessen, was dem Menschen möglich ist, beispielsweise des Willens zum Schönen, statt. Die Bejahung des Lebens setzt die Bejahung des Todes voraus. Die Existenz des Lebensfeindlichen wird durch Integration in den menschlichen Erfahrungs- und Bewusstseinshorizont naturalisiert. Die Kunst aktiviert so den täglichen Überlebenswillen und beugt dem Fatalismus vor, ohne die Gesetze des Lebens außer Kraft zu setzen.

Bacon (1991, S. 12) hat in seinem Werk *De sapientia veterum* von 1609 den Orpheus-Mythos als Beispiel für die »Weisheit« der Alten gelesen, deren Betrachtung »von größtem Nutzen für die Wissenschaft, manchmal sogar unverzichtbar ist«. Es sei »gleichsam durch die Harmonie und den feinen Anschlag der Lyra« die Natur besänftigt und domestiziert worden (ebd., S. 36). Mensch und Kosmos gehen damit ein einschließliches Verhältnis ein, zu dessen Besiegelung sie ein von »Liebe«, »Gleichheit« und »Frieden« bestimmtes Gemeinwesen gründen. So lernen sie auch »sich zusammenzuschließen, sich das Joch der Gesetze aufzuerlegen, sich der Herrschaft unterzuordnen und ihre unbeherrschten Leidenschaften zu vergessen«. In der Ausprägung weiterer Wissenschaft weicht die Verführung zur Naturbeherrschung schließlich einer von Empirie, Praxis und Gemeinsinn bestimmten Vernunft. Auf die »Vergeblichkeit des Bemühens, den toten Körper wieder zum Leben zu erwecken«, folgt »die Einsicht in die unerbittliche Notwendigkeit des Todes«, welche »die Menschen dazu bringt, Unsterblichkeit durch Verdienst und Ruhm zu erstreben«. Am einstweiligen Ende dieses Prozesses der Zivilisation, bevor deren Errungenschaften wieder der Zerstörung anheimfallen, steht ein emsiges Kulturschaffen, das aus dem Bestreben geschieht, »dem Gemeinwesen (res publica) große und hervorragende Dienste zu leisten«.

In dieser Auslegung haben wir es also mit einem frühen Beispiel für gelungene Aufklärung zu tun, in der das Denken nicht zur besseren und vollständigeren Naturbeherrschung instrumentalisiert ist und gerade der Vezicht auf Magie, der in Wirklichkeit der unfreiwillige Sieg der Menschennatur über die Magie ist, die Pointe liefert. Adornos Gewichtung des Mythos als (allerdings selbst aufklärungswürdiges) Aufklärungsinstrument findet also hier ihre volle Bestätigung und spätere Versuche, den Mythos als vorwissenschaftlichen Code zu lesen (De Santillana/Deckend 1977), erscheinen vorweggenommen.

Auf den Künstler projiziert, lässt der Orpheus-Mythos keinen Zweifel an der Koppelung von Lied und Leid, Schreiben und Schreien, Schaffen und Schwinden. Der Gewinn wird durch den Verlust erkauft, aber auch nur dann, wenn dieser wie jener mit anderen zu teilen ist, d. h., einer Gemeinschaft zur gemeinsamen Sache wird. Vom Teilen mit anderen hängt letztlich die Existenz des Mythos generell ab. Wenn er mit niemandem zu teilen ist, stirbt er ab. Gleiches geschieht, wenn er nichts zu teilen im Sinne von mitteilen hat. Im Grunde teilen alle, die am Mythos teilhaben, einen gemeinsamen Kosmos, ohne den es wiederum keinen gemeinsamen Mythos, keine Kunst, die den Namen verdient, geben kann.

Künstler und Kunstwerk sind in diesem Verständnis nur in einem geistigen Kosmos denkbar, in dem man sich auf das Symbol als gemeinsamen Besitz geeinigt hat und die psychischen Voraussetzungen besitzt, dieses für die Vermittlung zwischen Objektwelt und Bewusstsein im intermediären Raum nutzbar zu machen. Kommt dieser Vermittlungsvorgang nicht mehr zustande, können mehrere Faktoren dafür verantwortlich sein: der Künstler selbst, weil er nichts mehr zu teilen hat; der soziale Kosmos, weil er keine gemeinsame Sprache und Mythologie besitzt; der Rezipient, der die bedeutsame imaginative Aneignung des Symbols aus psychischen Gründen nicht vollziehen kann; das Kunstwerk, weil es sich um den »Werk«-Charakter reduziert und damit kein verbindlicher Symbolträger mehr ist.

Es ist neben der Verlust- vor allem diese Teilungsproblematik, die in fast allen Künstlerkonflikten durchschlägt und sich als schwer lösbar erweist. Entweder scheint das oben beschriebene Schwinden in der Verlust- bzw. Todesbejahung nicht denkbar oder es fehlt an Teilbarem bzw. Teilenden, Anteilnehmenden in einer Gesellschaft, die durch kein gemeinsames Kulturgut geeint ist. In den Begriffen des Teilens (Mitteilens) und der Teilnahme erfüllt sich der Symbolbegriff vielleicht am besten: Nur wenn das Symbol »zusammensetzen« kann, was auf viele verteilt und zerstückelt ist und was vielen etwas bedeutet, verdient es diesen Namen. Was für das Symbol im Allgemeinen gilt, gilt für den Mythos im Besonderen.

Unter Aspekten der Traumarbeit und auf der generativen Ebene des Kunstsymbols, wo das Begehren sich noch nicht in chronologische Bilder auffaltet, wohl aber eine Dramaturgie des Maximalmöglichen disponiert, stellt sich der Verlust des Orpheus als negative Vereinigung dar, d. h. als Gegenbild der Liebeshandlung, deren eigentliches Movens (richtiger: *trahens*) sie dadurch wird. Liebe erscheint nun umgekehrt als negative Trauer, die den wiederholten Verlust der Geliebten zum narrativen Telos macht. Erst der Totalverlust rechtfertigt im Nachhinein die absoluten Gefühle. Erst die Klage macht das Lied zum unsterblichen Liebesschwur im Horizont der vorgreifenden Imagination. *Damit* er das transitorische Glück der Vereinigung gefühlt haben wird, muss er sie zum zweiten Mal und dann endgültig verlieren.

Die Verlustperspektive schürt also die Liebe und heroisiert den Liebenden zum tragischen Helden. Die Figur des Orpheus, so will es der Mythos, *muss* maximal fehlen, um maximal gefühlt zu haben. Eurydike selbst erscheint als Funktion des erst im endgültigen Ent-behren erwachten Be-gehrens. Das in dieser Logik unausweichliche Resümee lautet: »Eurydike entsteht durch ihren Verlust« (Leikert 2008, S. 75). Das Paradox wird in seiner Leidenskomponente vollends sichtbar: Die psychische Vermehrung ist auf physische Verminderung perspektiviert – die Formel für den asketischen Masochismus, die freilich eine narzisstische Komponente offenbart und einen gnostischen Kulturhintergrund aufspannt. Wie sehr gerade Kafka von diesem Hintergrund geprägt ist (und zu ihm beiträgt), wird im Weiteren zu zeigen sein.

Der Orpheus-Mythos ist verschiedentlich als Modell des Trauerprozesses gewürdigt worden (Haas 1990, 1998). Das beharrlich geliebte und im Totenreich aufgesuchte Objekt, das mangels gelungener Trauerarbeit gleichzeitig Produkt und Ziel des eigenen Begehrens ist, enthält zu wenig Alterität, um sich vom Selbst des Trauernden klar zu unterscheiden. Orpheus liebt also in der revenierenden Eurydike sich selbst mehr als diese, was ihm der versichernde Blick zurück auch zu enthüllen scheint. Er sieht dann entweder *nichts*, wie Leikert (2008, S. 80) richtig deutet – das Selbstobjekt kann sich nicht gegenübertreten –, oder er sieht *sich selbst*, wenn die narzisstische Komponente überwiegt. Letzlich also scheitert diese Liebe (besser: negative Trauer) buchstäblich an ihrer Lebbarkeit, was aber nicht verhindert, dass sie in ihrer Dynamik immer wieder neu entfacht wird. Die enthemmte Trauer bedient eine Mechanik der Hoffnung, durch die sie jederzeit zugleich ausgelöst und gestillt wird.

Der Orpheus-Mythos stellt sich psychologisch als ein Schaukelaggregat dar, das durch die Polarität von Verlust und Gewinn in Gang gehalten wird. Dabei fungiert der Gesang als Medium, das die Objektdistanz bis zur völligen Aufhebung vermindern und damit die Subjektidentität des Singenden wie des Hörenden buchstäblich »zersingen« kann. Orpheus *ist* alles, was er singt, und alle, die ihn hören, *sind* Orpheus. Der griechische Barde wird so eins mit der Natur, dass das organisch Tote ebenso lebendig erscheint wie das Lebendige organisch tot. Seine identifikatorische Metamorphose setzt eine solche »Allmacht der Gedanken« voraus, dass sie vor keinem Weltentor, keinem Ding und keiner Spezies Halt macht.

Da die Formel Objektverschmelzung = Objektverlust = Subjektverlust gilt, bezieht die Psyche hier eine noch vorgeburtliche, archaisch-unreife Position; Orpheus' Gang in die Unterwelt käme einer extremen Regression gleich, die den Objektverlust als sekundären Antrieb hätte und die im Medium der Stimme in die Selbstobjekteinheit zurückfiele. Entscheidend ist jedoch, dass diese Vereinigung misslingt, dass also von Anfang an das Musik- oder allgemein das Kunstsymbol an das Moment der Progression im Sinne eines »Aufstiegs« aus dem Primärvorgang gebunden ist. Der einzig und allein Eurydike zugedachte Wohlklang (den wir im Namen zu hören meinen) wird sozusagen »kunstfähig«, indem er sich von jenem Selbstobjekt ablöst und damit erst der künstlerischen Gestaltung (und mithin der Symbolisierung) zugänglich wird.

So ist es nicht verwunderlich, dass Orpheus seine Kithara ursprünglich von Apollon erhielt, in anderer Mythenfassung gar direkt vom Sonnengott Apollon, dem Gestalter *par excellence*, abstammt. Leikert (2008, S. 84) kommt zwar zu der richtigen Schlussfolgerung, dass »[k]ein anderer Mythos […] die Dramatik der Symbolbildung so plastisch zu entziffern« vermag. Er betont auch ausdrücklich das »Erleiden und Verarbeiten von Verlust und Mangel« (ebd., S. 81) als Movens der Überwindung. Doch bleibt die psychische Progression in seinem Modell unerwähnt. Ohne den Aspekt der Progression aber (und damit der Einschaltung des Sekundärprozesses auf höchstem Niveau) ist aus psychoanalytischer Sicht keine sublimatorische Kreativität erklärlich.[2]

Wenn Orpheus am Ende von den dionysischen Mänaden zerrissen wird, dann liegt vielleicht dort das eigentliche Epizentrum des Erweckungswunders an Eurydike, ist es doch dieses Wunder, das den vollständigen Objektbesitz und damit den Gegenpol zum Totalverlust, zur Desintegration markiert. Bevor die Einheit von geliebtem Objekt und Subjekt im Symbol eines Körperganzen endgültig zerstört werden kann, muss diese erst noch einmal beschworen, ja geschaffen worden sein, und sei es in der widernatürlichen Form einer lebendigen Toten.

---

2 Gleiches sei bereits an dieser Stelle psychoanalytischen Ansätzen erwidert, die, wie z. B. eine ältere Arbeit Ursula Mahlendorfs (1985) zur *Josefine*-Problematik, den Aspekt der psychischen Progression ausklammern. Mahlendorf bezeichnet die Protagonistin einerseits, völlig richtig, als »a representative of primary process« (Mahlendorf 1985, S. 125), hält sie aber andererseits in dieser Eigenschaft für Kafkas »musical self, his inspiration, his muse« (ebd., S. 126). Zwar korrigiert sie sich insofern, als sie den Erzähler – »As an actor in the story, the narrator plays the role of the ego« (ebd., S. 134) – und die Protagonistin in dieser Geschichte für voneinander abhängige Aspekte der Produktivität erachtet (ebd., S. 137), doch ist die kreative Rolle des Sekundärprozesses in dieser wie in manch anderer Deutung durch kein psychoanalytisches Modell abgestützt.

Die Unheilsgeschichte des Mythos ist somit eine rückwärts gelesene Heilsgeschichte. Es ist die Geschichte eines Waisenkindes (Ορφεας klingt an Ορφανος = Waise an), das sich auf die Suche nach der Mutter macht, die es in jeder Frau zu finden glaubt (in Ευρυδικε hören wir ευφρισκω = finden), aber letztlich nirgends findet als in sich selbst, wo es eine psychische Schimäre ist. Das alles ist als *hysteron proteron* in umgekehrter Reihenfolge erzählt. Deshalb erfolgt auch die Genugtuung umgekehrt proportional zur Aschenputtel- oder Sternthalerhandlung: ein Sachverhalt, der Benjamin zu jenem Etikett »Märchen für Dialektiker« bewog, das er Kafkas Geschichten aufdrückte. Und aus diesem Grund verläuft auch die Identifikation des Zuhörers im Gegensinn zur fallenden Handlung, die mit dem Tod des Barden endet.

Je furchtbarer das Scheitern, desto köstlicher das retardierende Moment. Der Orpheus-Mythos ist, in dieser Richtung gelesen, ein *danse macabre*, ein veritabler Basler Totentanz; er zeigt das Beziehungsgeschehen *sub specie mortis* – und den Sänger, den Mystagogen, den Mythenerzähler, die »Stimme« selbst als Grenzgänger zwischen den Welten. Kafka widmet dieser Figur des artistischen Grenzgängers vier Geschichten, die zugleich seine letzten sind. In ihnen formuliert er gleichsam sein poetologisches Erbe, das zum Programm einer ganzen – der vielleicht letzten – Mythengeneration wird.

2 VOM SAGEN UND VOM ENTSAGEN: »EIN HUNGERKÜNSTLER«

»Alle Leiden um uns müssen auch wir leiden.«
Franz Kafka (N II, S. 137)

Die letzte Buchveröffentlichung, die Kafka noch auf den Weg bringen konnte, erschien in der Reihe *Die Romane des XX. Jahrhunderts* unter dem Titel *Ein Hungerkünstler. Vier Geschichten* im Berliner Verlag *Die Schmiede*. Der Autor hatte die Fahnenkorrektur des ersten Druckbogens noch selbst besorgt, obwohl er mit Kehlkopftuberkulose schwer krank daniederlag. Das Erscheinen des 86 Seiten schmalen grünen Leinenbändchens im August 1924 erlebte er nicht mehr. Er starb mit 40

Jahren und elf Monaten am 3. Juni im Sanatorium *Dr. Hugo Hoffmann* im niederösterreichischen Kierling bei Wien nach einer starken Opiatdosis, die ihm sein Freund, der Mediziner Robert Klopstock, auf Verlangen injiziert hatte.

Die Titelgeschichte »Ein Hungerkünstler« war bereits im Mai 1922, vermutlich am Dienstag, den 23., entstanden (T, S. 922) und im Oktober des Jahres in der *Neuen Rundschau* erschienen. Kafka hatte sie in die Reihe der wenigen »zweifellose[n]« (T, S. 706) Texte gestellt. In seiner an Max Brod adressierten zweiten, mit »mein letzter Wille« bezeichneten Verfügung vom 29. November 1922, in der er den Freund und späteren Nachlassverwalter aufforderte, den gesamten Nachlass »ausnahmslos am liebsten ungelesen […] zu verbrennen«, heißt es wie folgt:

> »Von allem, was ich geschrieben habe, gelten nur die Bücher Urteil, Heizer, Verwandlung, Strafkolonie, Landarzt und die Erzählung: Hungerkünstler […] sollten sie ganz verloren gehen, entspricht dies meinem eigentlichen Wunsch. Nur hindere ich, da sie schon einmal da sind, niemanden daran, sie zu erhalten, wenn er dazu Lust hat« (vgl. Spann 1955).

Schon in diesen Zeilen fällt die Ambivalenz von Bejahung und Verneinung ins Auge, wie wir sie auch im Orpheus-Mythos wiederfinden, dessen Thematik Kafka in diesem Band in vier verschiedenen Variationen anschlägt. Roland Barthes (2008, S. 256) kommentierte dieses Paradox mit den Worten:

> »Die SELBSTBEJAHUNG des SCHREIBENS ist zutiefst durchdrungen von einem Gefühl der Enttäuschung, dem Gefühl eines Wertverlusts: Ich schreibe, also versichere ich mich meiner selbst (Ichideal), doch gleichzeitig stelle ich fest: nein, das, was ich geschrieben habe, bin nicht ganz ich; es bleibt ein ausgedehnter Rest dessen, was ich nicht gesagt habe, ein Ungesagtes, das meinen ganzen Wert ausmacht und das ich um jeden Preis sagen, mitteilen, ›monumentalisieren‹, schreiben muß: ›Ich bin mehr wert als das, was ich schreibe.‹«

Über die genannten Werke hinaus hatte Kafka im Jahr 1922 neben den »Forschungen eines Hundes« auch die ersten Kapitel des Romans *Das Schloß* geschrieben, dessen inspiratorische Wurzeln auf einen Urlaub im Kurort Spindelmühle (Riesengebirge) im Januar/Februar des Jahres zurückgingen. Voraussichtlich im selben Frühjahr (Vollmer 1998) entstand auch die Geschichte »Erstes Leid«, die später zusammen mit »Eine kleine Frau« (1923/24) und »Josefine, die Sängerin oder Das Volk der Mäuse« (1924) neben »Ein Hungerkünstler« in das Berliner Buch aufgenommen wurde. Kafka schrieb sie um den 10. März 1922 während einer kurzen Unterbrechung der Arbeit am Roman, der dann Fragment bleiben sollte.

Der mit 2.000–3.000 Exemplaren aufgelegte Band *Ein Hungerkünstler* repräsentiert also mit seinen vier Erzählungen, die alle bereits in Prager Zeitungen bzw. der Berliner *Neuen Rundschau*, der Münchner Kunstzeitschrift *Genius* oder in deutschsprachigen amerikanischen Zeitungen publiziert worden waren, drei bis vier aufeinanderfolgende Schaffensjahre des Autors, die unverhofft seine letzten wurden. Die Ahnung, ja die Vision des endgültigen künstlerischen wie physischen Verstummens ist in diesem Buch überall gegenwärtig, und manche Passagen lesen sich wie Vorwegnahmen des späteren Endes. Kafka muss das auch so empfunden haben, als er bis zum Tag vor seinem Tod beharrlich und immer wieder sichtlich erschüttert die Fahnen und schließlich den Umbruch korrigierte, und das, obwohl er wegen seiner Schluckbeschwerden seit Wochen kaum mehr hatte essen können und auf weit unter 50 kg abgemagert war.

Kafkas Leben war in diesen drei Jahren trotz seiner seelischen und somatischen Leiden zum ersten und letzten Mal relativ turbulent gewesen. Insgesamt eineinhalb Jahre davon verbrachte er an wechselnden Schauplätzen, auf Reisen oder in Sanatorien, die meiste Zeit davon im slowakischen Matliary in der Hohen Tatra, im südböhmischen Planá an der Luschnitz, schließlich im deutschen und österreichischen Ausland. Zum 1. Juli 1922 wurde die vorläufige Pensionierung ausgesprochen. Feriale, wenn auch von Krankheitsattacken und Geldknappheit getrübte Tage erlebte er im Ostseebad Müritz bei Rostock, wo er die 25-jährige Dora Diamant kennenlernte. Wenig später in Berlin lebte er »als arme[r] zahlungsunfähige[r] Ausländer« (B, S. 475) fast sechs Monate, vom 24. September 1923 bis zum 17. März 1924, unter einfachsten Verhältnissen zum ersten Mal mit einer Frau zusammen. Das von galoppierender Inflation heimgesuchte Berlin der *Roaring Twenties* bekam er fast nur von der Seite der »schweren Nachteile« mit, wie er Mitte Januar an Max Brod schrieb. Einen Großteil der Zeit, besonders in den kalten Wintermonaten, verbrachte er in den vier Wänden der anfangs in Steglitz, dann, nach einem Zwischenspiel im Grunewald, in Zehlendorf gelegenen Wohnung, wo er das Bett kaum vor Mittag verlassen konnte. Danach zwang ihn seine Krankheit nach Prag zurück und schon kaum drei Wochen später zur Behandlung nach Niederösterreich.

In den zusammengenommen rund zweieinhalb Jahren, die er in diesem letzten Lebensabschnitt in Prag verbrachte, wohnte er in der elterlichen Wohnung am Altstädter Ring 5 im Oppelthaus. Dort schrieb er das Romanfragment *Das Schloß* und drei der Geschichten des Bandes *Ein Hungerkünstler,* darunter als letztes Werk »Josefine, die Sängerin«. Diese in Form und Erzählton sicherlich ausgefallenste Erzählung entstand in den zweieinhalb Wochen des letzten Prager Aufenthalts zwischen dem 18. März und dem 5. April 1924.

Die vier Erzählungen bilden eine thematische Einheit, die freilich Motivvarianten und Akzentverschiebungen einschließt: Es sind Geschichten, die die Bedingungen des Künstlerseins zu Beginn des 20. Jahrhunderts reflektieren und die *conditio humana* unter den Vorzeichen jener Zeit nach dem Ersten Weltkrieg darstellen. Die Tragödie des Kunstverlusts, wie er mit der Veränderung des gesellschaftlichen Kommunikationsraums und der ideologischen Beanspruchung der Kunst hingenommen werden muss, steht in ihrem Mittelpunkt. Dabei werden die Grundlinien, die zu diesem Desaster führen, durch ihre Mehrfachzeichnung in den vier Geschichten hervorgehoben. Künstlerische Produktion und Rezeption wirken in ihrer Bedingungsdynamik so gestört, dass ein Fortbestehen der Kunst und damit des Künstlers unmöglich erscheint.

Auf vier verschiedene Weisen wird so eine Kunstapokalypse inszeniert, wie sie drastischer kaum sein könnte. Allerdings geht es dabei nicht um den Untergang oder die generelle Zerschlagung der Kunst als solcher, wie gelegentlich behauptet wird, sondern um einen ikonoklastischen Paradigmenwechsel, der als *Conditio sine qua non* einer anthropologischen Neubesinnung erscheint. Bewusst und fast angestrengt vermeidet das typisch Kafka'sche Understatement dramatische Register. Alles, was geschieht, scheint mit dem Einverständnis der Figuren zu geschehen und selbst das Schlimmste scheint so unabänderlich zu sein, als treibe es auf einem vorbestimmten, schicksalhaften Geschehensstrom. Doch ist die metaphorische Kraft der Bilder stark, der scheinbare Versuch ihrer

Bändigung zwecklos, sodass der Motivkreis Kunst/Artistik unter den gegebenen Vorzeichen zu einem neuen und umfassenden Kulturparadigma avanciert.

Seit Anfang der 90er Jahre kennt die Joyce-Forschung das Phänomen der »Anthropologisierung« als Kunstphänomen und damit als ästhetisches Muster, das nach Bernard Benstock (1991), der es entdeckte, »The Benstock Principle« genannt wird. Damit ist eigentlich nichts anderes gesagt, als dass personal-subjektives Erzählen grundsätzlich wird im Sinne einer archetypischen Auffassung der Charaktere und Erzählinhalte. Es findet also eine Perspektivierung des Geschehens ins Archaisch-Globale statt, was freilich den Kulturfaktor nicht abschafft, sondern lediglich (und erst recht) global gewichtet. Kafka, ohne Zweifel, ist ein Meister dieses »Prinzips«, das er allerdings von Joyce, den er nicht kannte, kaum übernommen haben konnte. Wie immer geht er bei der Figurenzeichnung ins Namenlose, Typenhafte, befreit damit den Blick des Lesers vom Individuellen und leitet ihn zum Kulturellen, hinter dem sich das Anthropologische als das Überkulturelle abzeichnet. Dass beispielsweise »H.-K.«, wie er selbst den »Hungerkünstler« nennt (T, S. 922), eine weitere »Herr K.-Geschichte« ist, liegt auf der Hand. Keine der Figuren hat ein Gesicht, eine Herkunft, eine Biografie. Der Autor schneidet sie negativ aus dem Hintergrund der Kultur, er meißelt sie als Hohlraum aus der Masse. So wird der Blick des Lesers frei für den sie umgebenden Raum als konturierende Größe und das Verhalten bzw. So-Sein der Figuren erscheint von dorther bestimmt.

Jeder, der diese Geschichten zum ersten Mal liest, begreift bald, dass es um Fundamentaleres, Existenzielleres geht als um Kunst und Artistik, nämlich um nichts weniger als um Leben oder Tod einer humanen Kultur. Der distanzierte Standort des Erzählers, der ihn zum Chronisten der epochalen Wendeereignisse befähigt, steht in paradoxer Spannung zur Darstellung der Figuren in Nahaufnahmen, die allerdings weniger Empathie als sich abwendendes Konfliktwissen verraten. Beides, Distanz und Nähe, Panoramadarstellung und Porträt zünden den Effekt, den man als »Paradigmatisierung« bezeichnen könnte. Der Erzähler gibt sich auf diese Weise nicht nur als Sprachrohr der erzählten Schicksale zu erkennen, ohne sich als Teil der Gesamtfiktion zur Diskussion zu stellen, sondern er erscheint auch als eine Art kosmischer Mitwisser, ein beschränkter »Gott der kleinen Leute«, der hoch über den Dingen steht, ohne doch ins Räderwerk des Geschehens eingreifen zu können. Er gleicht dem Mystagogen, der zum Sprachrohr des Mythos wird und der dessen Wahrheitsgehalt in Worten und im Ritual verbürgt.

Beim Versuch, dieser »Paradigmatisierung« auf die Spur zu kommen, indem man sich die Motivsprache im Einzelnen ansieht, wird zunächst Folgendes deutlich. Von den vier Protagonisten ist nur Josefine schaffende Künstlerin im engeren Sinn. Ihre »Künstlerschaft« ist zwar als »angebliche« (D, S. 352) hinterfragt, doch fällt sie als »Sängerin«, selbst wenn ihr Singen nicht der »Musiktradition« (D, S. 366) genügt, in die Rubrik »Gesangskünstler« (D, S. 362). In zwei weiteren Geschichten haben wir es mit Variétéartisten zu tun, dem »Trapezkünstler« und dem »Hungerkünstler«, wobei ersterer als »außerordentlicher, unersetzlicher Künstler« (D, S. 317) hervorgehoben wird. In »Eine kleine Frau« gibt der Erzähler zu erkennen, »daß ich der Öffentlichkeit nicht unbekannt bin, in ihrem vollen Licht seit jeher lebe« (D, S. 332). Auch er steht somit im Rampenlicht und spiegelt in dieser Eigenschaft Kafkas eigene schriftstellerische Tätigkeit wider, die im zweiten Jahr nach der vorläufigen Frühpensionierung wenigstens nominell nicht mehr mit dem Brotberuf konkurrieren muss. Die Erzählung mag in diesem Zyklus aus dem Rahmen fallen, doch steht auch in ihrem Mittelpunkt eine problematisch gewordene öffentliche Randexistenz, die sich selbstinquisitorisch durch die Augen eines als »Richterin« (D, S. 330) empfundenen Alter Egos reflektiert. Auch wenn die Ich-Figur dahingestellt sein lässt, ob sie in gesellschaftlicher Hinsicht »durch besondere Brauchbarkeit ausgezeichnet sein sollte« (D, S. 325), so bezweifelt sie doch nicht, dass sie »die Öffentlichkeit längst als ihr achtungswertes Mitglied erklärt« (D, S. 332).

Diese Geschichte ist wahrscheinlich ein Reflex auf Kafkas Mieterkonflikt in der Steglitzer Miquelstraße 8 in Berlin. Sie wurde am 20. April 1924 gleichzeitig mit »Josefine«, aber in einer anderen Prager Zeitung, abgedruckt. Da jedoch, wie der Ich-Erzähler beteuert, »die einzige Beziehung, die zwischen uns besteht, der Ärger ist, den ich ihr bereite« (D, S. 323), dient das Szenario gewiss weniger der Verarbeitung eines sozialen oder wirtschaftlichen Konfliktes, geschweige denn einer Abrechnung mit der Steglitzer Vermieterin Hermann, wie Stach (2008, S. 567) vermutet, als vielmehr der Darstellung eines Identitäts- und

Rollendilemmas, das weiblich-matriarchale Perspektivenbrechung benötigt, um ein männliches Erlebnis- und Konfliktmonopol – hier: des
Künstlers und Bohémiens – zu ironisieren. Deshalb schlage ich vor, von
einem in Wirklichkeit männlichen Alter Ego mit weiblichem Projekti-
onshintergrund auszugehen und nicht von einem mütterlichen Introjekt
(Lange-Kirchheim 1986) oder einer abgewehrten weiblichen Seite des
Ich-Erzählers (T. Moser 1986).

Alle vier Künstlerwesen (oder Kunstwesen) in diesen *Vier Geschichten*
verkörpern Seinsweisen am Rande oder bereits außerhalb der Gesellschaft,
ja der menschlichen Art. So erinnert der Hungerkünstler in seinem
transportablen Gitterkäfig, in dem er, auf Stroh gelagert, dahinvegetiert,
von Anfang an weniger an einen Menschen als an ein Tier. Es überrascht
dann nicht, wenn er mit wachsender Entkräftung mehr und mehr tierische Attribute erhält: Er liegt »hingerollt«, seine Beine »scharrten aber
doch den Boden« (D, S. 340), in der Wut begann er »wie ein Tier an dem
Gitter zu rütteln« (D 341). Nach seinem Tod wird er gar gegen einen
jungen Panther ausgetauscht, nachdem er ohnehin schon »in der Nähe
der Stallungen« (D, S. 344) untergebracht war.

Nicht viel weniger als der Hungerkünstler erinnert auch der Trapezkünstler an ein Tier, wenn er, wiederum wie in einem großen Käfig, als
eine Art Affen- oder Fledermauskreatur Wohnung unter der Theater-
kuppel bezieht, im Gepäcknetz von Zugabteilen reist und den Verkehr
mit Menschen fast ganz einstellt; oder auch nur in seiner autistischen
Eigenschaft als »Gewohnheitstier« ohne Toleranz für Veränderungen,
wenn er »aus tyrannisch gewordener Gewohnheit sein Leben derart
eingerichtet« hatte, dass er »Tag und Nacht auf dem Trapeze blieb«
(D, S. 317), wobei die notwendigen Tourneereisen »für die Nerven des
Trapezkünstlers jedenfalls zerstörend« (D, S. 319) waren. Josefine, die
Sängerin, ist schon im Nebentitel (»… oder Das Volk der Mäuse«) in
der Tierwelt angesiedelt.

Der Grund für die überall präsente Tiersymbolik wird, wie so oft
bei diesem Autor, darin erkennbar, dass die Fiktion eine Gegenwelt zu
etablieren hat, die sich durch maximalen Abstand zur spätbürgerlichen
Wertewelt und, darüber hinaus, zur Zivilisation schlechthin auszeichnet,
wie Kafka sie im Zeichen des Ersten Weltkriegs erlebt. Das geschieht mit
den Mitteln der quasiromantischen Ironie, d. h. einer Strategie der kon-

sequenten Umkehrung, die auch vor den eigenen Fiktionen und deren Erzählern nicht haltmacht und Utopien nur in der Brechung erlaubt. So sind die Figuren des Hunger- und Trapezkünstlers Persiflagen des modernen Leistungsethikers, während sich in ihnen zugleich das Schicksal des Künstlers figuriert und qualitative Forderungen an das »Menschsein in Gemeinschaft« erhoben werden. Angriffsziel der Karikaturen ist dabei in panoramatischer Globalsicht sowohl der obsolete Asket als auch das Publikum, das seine anthropologischen Wurzeln an eine Zivilisation der voyeuristischen Massen und des atomisierten Sinns verrät.

Die Protagonisten machen in ihrer leidvollen und sinnlosen Selbstkasteiung eine Dialektik sichtbar, wie sie unter den Bedingungen des Zeitalters im Zusammenspiel von Individuum und Gesellschaft durch die Mechanismen der Assimilation und Adaption auch faktisch entsteht: Der Künstler *ist* zugleich auch sein Publikum, das ihn erübrigt, und umgekehrt. Die Leistungsethik des entmündigten Künstlers spiegelt also die Leistungsideologie der industriellen Massengesellschaft wider, so wie diese die Askese und damit die Leiden des Künstlers durch wohlfeile Angebote einer wachsenden Vergnügungskultur kompensiert. Dabei ist eine Umkehrtechnik am Werk, zu der nun auch als Formprinzip der Tausch von Qualität und Quantität gehört: Der äußeren (buchstäblichen) »Ausdünnung« und Isolation auf der einen Seite entspricht der innere Substanzverlust auf der anderen.

Es ist daher wenig sinnvoll, einerseits vom Künstler, andererseits von »einer bereits verfremdeten, veräußerlichten, gesellschaftlichen Welt« zu sprechen (Wiese 1956, S. 337). Erst die Verschränkung beider Seiten schafft die typisch Kafka'sche Symbolfigur, deren Merkmal die perspektivische Dialektik ist oder, um mit Slochowers Formel von 1946 zu sprechen, »the paradox of co-existing opposites« in einer Person (Neumarkt 1970, S. 112). Alles, was die eine Seite ist, ist auch die andere. Alles, was den Hungerkünstler ausmacht, gilt auch für sein Publikum – *vice versa*. In »Josefine« – Sokel (1983, S. 590) hat darauf hingewiesen – fallen nach einigen Kämpfen gar Volk und Künstler vollends in eins, indem dieser in jenem auf- und schließlich untergeht.

Die Physis des Hungerkünstlers spiegelt die psychische Degeneration der Massen wider, weshalb das Fasten auch – ein anderer quantitativer Superlativ – »die leichteste Sache von der Welt« sei. In den Quantifizierungen des Fastenwunders – für Lange-Kirchheim (1999, S. 300) ist »Kafkas ganzer Text eine systematische Studie über Quantitäten und Quantifizierungen« – drückt sich die (wiederum buchstäbliche) »Ver-messenheit« der transzendierenden Sinnsuche aus, bei der es, genau genommen, um nichts anderes als um ein Höher, Weiter, Größer, Länger geht: also um raumzeitliche Bewegungen im dreidimensionalen Koordinatensystem des menschlichen Vorstellungsvermögens.

Indem der spirituelle Höhenflug sich als das erweist, was er schon immer war, nämlich als Absturz in die »Niederungen« der Allmachts- und Magiefiktion, erweist sich auch alles als unwahr, was zur Illusion des Fliegens – wir denken an den Trapezkünstler – aufgeboten werden muss. Norris (1978, S. 441f.) spricht von

> »a reversal of the processes of valorization (giving value), rationalization (making rational), justification (making just) and mythification (creating a system of belief) – that make pain acceptable to the human mind. Kafka restores physical, ›animal‹ pain to its real and incontestable ›truth‹ by de-moralizing, de-mythifying, and de-signifying it.«

Zur Dialektik (und der damit verbundenen Ironie der Darstellung) gehört im »Hungerkünstler« und stärker noch in der »Josefine«-Erzählung auch, dass es weniger die Menge ist, die den Individualismus des Künstlers konterkariert, sondern dass der vereinsamte Artist *ex negativo* zur Allegorie der Sozialität wird, ja zum Träger von globaler Ordnung und damit zu einer Art kosmologischer Reminiszenz. Je mehr der Künstler/Artist zur depravierten Randerscheinung einer Gesellschaft absteigt, desto mehr erscheint er nun als Mittelpunkt eines archaischen Wertsystems, das sich auf den anthropologischen Ursprung besinnt. So lassen sich diese Geschichten als Belege dafür lesen, wie »der Akrobatismus ein immer weitere Kreise erfassendes Merkmal moderner Reflexion über die *conditio humana* wurde« (Sloterdijk 2011, S. 100). Nicht zufällig geschieht das zu einem Zeitpunkt, »als man auf den Spuren des allgegenwärtigen Nietzsche im Menschen das nicht festgestellte, das entsicherte, das zu Kunststücken verurteilte Tier erkannte«. Die Frage nach dem Menschen stellte sich am Ende einer Ära, die immer wieder das Leibliche dem Seelischen, die Materie der Substanz, die Humanität der Spiritualität geopfert hatte. So wenig sich aber diese Frage zu jenem

Zeitpunkt beantworten ließ, so klar wurden die Folgen der Manipulationen am Menschenbild. »Möglicherweise zeigt erst die Asketendämmerung, als die wir die Wende zum 20. Jahrhundert deuten, rückwirkend und unter stark veränderter Beleuchtung das dreitausendjährige Reich der metaphysich motivierten Askesen in seiner ganzen Ausdehnung« (ebd., S. 101).

Wenn der Hungerkünstler auf die Frage, warum er hungre, antwortet, »weil ich nicht die Speise finden konnte, die mir schmeckt« (D, S. 349), so drückt sich darin das metaphysische Paradigma als eines aus, das zur Perversion des Verlangens nach kosmischer Integration führen muss, nämlich zum Wunsch nach metaphysischer Konkretion durch Rückverwandlung von Substanz in Materie. Hier wird also auf eine Art »Restspiritualität« abgehoben, wie sie bei der Auflösung mythologischer Traditionen und dem Verlust mythischer Daseinsbejahung entstehen kann: »Restspiritualität« deshalb, weil der Eintritt in metaphysische Glaubenssysteme nicht nur mit gnostischen Daseinsrelativierungen, sondern auch mit einer Normierung von Fantasieleistungen einhergehen kann, die geistige Produktivität einengt, sanktioniert, ja zerstört. Ich würde deshalb im Hinblick auf die Artistenschicksale in den »Hungerkünstler«-Geschichten nicht, wie Sloterdijk, von einer »Entspiritualisierung der Askesen« (ebd.) sprechen, sondern von einem »Asketischwerden« (und daher der Pervertierung) von Spiritualität. In der Tat sollte deshalb diese Erzählung als »Kritik der Selbstverleugnung und der Fiktion vom möglichen Vorhandensein einer erlösenden Speise« gelesen werden (Grotzer 1985, S. 79), eine im Kern also antidualistische Spielanordnung, in welcher die Künstlerfigur eine Brücke weit hinter die Genesismythen zurück in wahrhaft mythische Zeitalter schlägt, wo das Geistige und das Leibliche in einem psychosomatisch geeinten Körper noch friedlich beisammenwohnten. Der Künstler ist in dieser Perspektive eine tragische Figur, weil er die mythische Überlieferung einer Welt repräsentiert, die seit Jahrtausenden nicht mehr existiert. Seine Wünsche nach einer alle Wesen und Naturdinge umfassenden Spiritualität, nach empathischer Einheit mit dem Kosmos bleiben vorerst unerfüllt. Seine vergeistigte Askese ist der vergebliche Versuch einer Verinnerlichung um den Preis der physischen Reduktion. Indem die Rückkehr zu einem allumfassenden »In-der-Welt-Sein« gewaltsam erzwungen werden soll, entsteht in Wirklichkeit eine intellektualisierte Kompensationsfigur, deren gnostizistische Abstraktionen aus zwei Gründen ohne mythische Kraft sind: Sie enthalten kein imaginatives Material zur Symbolbildung und sind, unfähig zur Gemeinschaftsstiftung, auch unteilbar mit anderen. Sie transzendieren außerdem die Natur, die sie als ungenügend oder primitiv erachten, wodurch das Humanum, da es nicht Natur sein darf, zur »Antinatur« wird. Der Künstler verzehrt sich selbst. Sein Kampf gilt der Menschengestalt, seiner eigenen Physis.

Es geht hier also in der Tat, wie Neumann (1990, S. 431) in einem wegweisenden Aufsatz beobachtete, um die »Begründung einer antisymbolischen Ästhetik«, freilich nicht im Sinne einer Poetologie der »Antikunst« schlechthin, sondern im Sinne des Befunds einer weit fortgeschrittenen Degeneration der sozialen Zeichen- und Weltdeutungssysteme, der als Mahnung oder gar Warnung ausgegeben ist. Hätte sich eine solche Ästhetik mit »Ein Hungerkünstler« tatsächlich neu begründen sollen, so stünde die große Wirkung dieser Geschichte dazu im Widerspruch. Nicht umsonst halten wir mit dem kleinen Werk das Bild einer Kunstapokalypse in Händen, die vom Mythos überlebt wird, und damit das Programm einer Zeichenordnung, das – wie antiutopisch auch immer – als ikonoklastische Gegenkultur mit neuformulierten alten Maßstäben antritt. Hierzu gehört die Wegweisung in Richtung einer »umgekehrten Heilsgeschichte« (ebd., S. 419), die den Logos re-kodiert, dabei aber im Grunde nicht de-, sondern re-symbolisiert und auf vormosaische, vorchristliche, ja vorzivilisatorische Wurzeln zurückführt. Was dann bei radikaler Betrachtung von ihm übrigbleibt, ist das Wort, das für sich selbst steht, »die paradoxe Konstruktion des ›absoluten Zeichens‹. Es ist im Grunde der Versuch, die soziale Leistung der Kultur zu widerrufen« (ebd., S. 412).

Die Analogie zum antiken Stoff liegt auf der Hand: Wie Orpheus an dem Versuch scheitert, sein Liebstes dem Tod abzuringen und dadurch die *conditio humana* zu überwinden, so zerbricht der Hungerkünstler an der Fiktion einer alle Sehnsüchte stillenden »Seelenspeise«, wobei sich bereits im Verlangen nach Überwindung der irdischen Grenzen die Folgen ihrer Überschreitung zeigen. Beide überschreiten sie dabei auch das semiotische Grundgesetz, das die Metapher zum Tropus macht, und nehmen diese als Identitätsformel wörtlich. Wir kennen diese Struktur bereits als Musiksymbol aus der *Verwandlung*, wo es Gregor Samsa beim verzückten Anhören des Violinspiels seiner Schwester so war,

»als zeige sich ihm der Weg zu der ersehnten unbekannten Nahrung«
(D, S. 185). Nicht einmal den Namen »Grete« hätte Kafka von Goethe
leihen müssen, um die erhoffte Vermittlerin jener Nahrung als erotische
Objektutopie zu kennzeichnen, die das Ergebnis magischer Beziehungen
und Arrangements ist.[3] Nicht einmal des in Gregors Rücken faulenden
Apfels hätte es bedurft, um die Tragödie der Verwandlung als »faule«
Einlassung mit der Utopie der Wandelbarkeit der Materie in Substanz, als
Fluch der depravierten Körperlichkeit zu qualifizieren. »Hungerkünstler«
und »Josefine« sind im Namen von Orpheus Widerrufe und Anklage der
abendländischen Religions-, Kultur- und Geistesgeschichte. Sie sind die
Mythen, in deren Licht der biblische Paradiesmythos als Allegorie der
menschlichen Leidensgeschichte erscheint.

Orpheus verliert zwar die wundertätig-magische Kraft seiner Musik,
gewinnt aber (und mit ihm der Mythos) andere Qualitäten hinzu: die
Fähigkeit der Kunst, die Sprache der Natur zu sprechen, Einheit zu stiften
– die Tiere, Bäume, Steine versammeln sich um ihn – und Menschliches
zu verbinden, sowohl weltanschaulich als auch sozial. Friedrich Schlegel
hatte seinem Konzept der »progressiven Universalpoesie« die Fähigkeit
der Kunst zugrundegelegt, die Einheit alles Lebendigen, sei es mit, sei
es ohne Bewusstsein, zu beschwören. Wie auch bei Schelling war ihm
Kunst das Medium einer »neuen Mythologie«, in der das Subjektive
und das Objektive verschmelzen und somit das Geistige, die Sphäre
der schöpferischen Freiheit und des Willens, gleichsam »naturalisiert«
werden (vgl. Enders 2008, S. 65ff.).

Kunst im Sinne Kafkas gibt es ebenfalls nur in einem natürlichen,
immanenten Kosmos und damit auch nur unter Menschen, die ihre
Sterblichkeit annehmen und keine übersinnlichen Ausflüchte versuchen,

---

3 Es ist bezeichnend, dass Grete Samsa erst mit Namen genannt wird, als Gregor bereits
tot ist und aus der »Schwester« mit einmal eine heiratsfähige junge Frau wird. Erst so
wird die durch das Inzesttabu gehemmte Begehrlichkeit beider Seiten, die sich spätestens in der Violinspielszene offenbart, als solche erkennbar. Nunmehr lässt sich die
mit der Verdrängungsleistung eingehandelte Unlust als einer der »Verwandlungs«-
Faktoren bestimmen, denen auch die Schwester unterlag. Ich habe bereits darauf hingewiesen: Die Bühnenbearbeitung des Zürcher Schauspielhauses setzte in der Spiel-
zeit 2010/11 hier einen imposanten Akzent. Als Grete dort zur Violine greift, ertönt ein
kaum erträgliches Schrammen und Kratzen, das Gregor in höchste Erregung versetzt.
Das ist eine authentische Umsetzung von Kafkas Ästhetik.

welche ihre Natur depravieren. (Die sogenannte »Sakralkunst« wäre ein Widerspruch in sich selbst, würde nicht gerade sie aus begründetem Anlass – als Fresco, Altarbild, Oratorium – eine Versinnlichung des Übersinnlichen, eine Naturalisierung des Über-/Unnatürlichen vornehmen.)

Wenn wir den Orpheus-Mythos als Verteidigungsschrift des archaischen Mythos gegen »entmythologisierende« Kulte und Metaphysika lesen, wird auch »Ein Hungerkünstler« in seiner defensiven Symbolik besser verständlich: Das Spielen mit oder das Verspielen von anthropologischer Substanz, sei es psychisch oder physisch, führt nicht zu mehr, sondern zu weniger Erkenntnis und Gemeinschaft, zu weniger Kunst und Künstlertum. Daher vergeht auch mit dem Hungerkünstler jene Kunst, die auf das Übermenschliche statt auf das Menschliche setzt. Daher wird aus dem Pfeifen Josefines (einer Art »Hungerkünstlerstatus« der Stimme) das Verstummen, das ein beredtes Schweigen ist.

In Konfrontation mit einer metaphysischen Riesenaufgabe kann der Künstler, gleich welcher weltanschaulichen Provenienz er ist, nur kapitulieren, will er die Funktion der Kunst als soziales Rückgrat der Kultur und als psychische Vermittlerin zwischen Subjekt und Objektwelt nicht verraten. Ästhetisch ermöglicht nur noch die »Donquichotisierung« dieser Figur eine noch annähernd mythische Auflösung, bewahrt den Autor vor der künstlerischen Selbstaufgabe und die Geschichte vor dem Absturz in die ästhetische Marginalität. Die Ironie enthält nicht nur, wie Bleicker (1975, S. 319) befand, »ein Moment des Versöhnlichen«, sondern dient der Authentisierung der archaischen Sprechweise, die an den Mythos erinnert, ohne ihn doch »linear« beerben zu können.

Ein Grundzug der Kafka'schen Ästhetik wird hier unmittelbar sichtbar: Ent-dramatisierung bzw. dramatische Abstinenz bei gleichzeitiger Rücknaturalisierung des Humanums. Nur eine Entdramatisierung der Apokalypse im komischen Zerrbild menschlicher Idiosynkrasien macht diese zum noch ernstzunehmenden Mythologem. Götterdämmerungen gehören in dieser Ästhetik nicht zum symbolischen Inventar, weil sie stets mit »großen Tönen«, nostalgischen Manierismen und emphatischen Seufzern einhergehen.

Das wirkliche Symbol verträgt also wenig bis keine idealistische Abstraktion, so wie abstrakte Symbole wenig bis keine Wirklichkeit binden und das Humanum letztlich liquidieren. Auch erlaubt es – daher rührt der (berechtigte) Widerstand gegen psychologische Deutung – keine Pathologisierung der Figur, die deren Repräsentanzspektrum schmälert. Symbolfähig ist deshalb z. B. der Hungerkünstler nur dann, wenn er weder einen Psychopathen verkörpert, noch eine Idee, ein »großes Ganzes« allegorisiert. Wohl ist er ein »Schicksalsopfer«, doch ist das Schicksal, wenn nicht gar selbstbestimmt, ein hausgemachtes Produkt der menschlichen Art. Wen es ereilt, den kann nur die Ironie der Darstellung vor der Lächerlichkeit retten. Sie zerstört den Schein der Souveränität, gerade um das Humanum zu bewahren, und sei es nur vor der Illusion der Unverletzlichkeit.

Die Themen der Kunst schließen ein Sympathisieren mit der menschlichen Fehlbarkeit ein, während die Kunst*formen* diese pointiert ausschließen, wenn sie nicht, wie so oft bei Kafka, Fragment bleiben. So stehen Form und Gehalt in einem sich wechselseitig ironisierenden Verhältnis, bei dem Perfektion und Imperfektion einander kontrastieren. Wenn die Kapitulation vor der metaphysischen Verankerung des Menschen im Kosmos das Allzumenschliche in den Vordergrund rückt, dann nur, weil es gegen den Hintergrund der Formvollendung absticht. Der »Mythos an sich« präsentiert sich noch einmal in einer Unfehlbarkeit, die der menschlichen Komödie einen würdigen Rahmen verleiht.

Zu dieser Kapitulation vor dem Humanen, die zu einer Prostration wird, gehört bei Kafka, die Passionsgeschichte der Evolution und Zivilisation vorausgesetzt, der Aufruf der animalischen Wurzeln. Der Mythos, so lehrte der hellenistische Orpheus, dem Eurydike im Unterschied zu älteren Varianten der Orphik eben nicht in die Oberwelt folgen darf, kann nur als Produkt einer lebensbejahenden Diesseitigkeit überleben. Es gehört zu seinen Funktionen, den Horizont des Menschen mit dem der Welt in Einklang zu bringen und eine Bewusstseinslage zu schaffen, die ihn mit seiner Sterblichkeit versöhnt. Wenn Orpheus, wie Bacon schreibt, nach seinem Hades-Abenteuer die Sprache der Vögel und anderer Lebewesen schöner als je zuvor spricht, kommt sein Gesang diesen Wurzeln am nächsten. Wo Mensch und Tier sich spirituell begegnen, ist der kosmische Einklang nicht fern. Der Mythos, um es plakativ zu sagen, spricht die Sprache aller Lebewesen. In ihm spricht der Logos mit der Stimme der Natur und erreicht seine höchste Reduktionsstufe und Authentizität; zugleich seine stärkste Konzentration und Magieferne. Der Priester als Weltenvermittler degeneriert erst dann zum Zauberer, wenn der monadische Einklang mit dem Kosmos bereits verloren ist. Der Schamane Väinämöinen in der finnischen *Kalevala* ist eine – erstaunlich späte! – Reminiszenz an die Orpheusgestalt, die man im mittelalterlichen Europa nicht mehr erwartet, sodass doch weit frühere Ursprünge anzunehmen sind. In dieser durch und durch »musischen« Figur wird noch einmal der Glaube lebendig, die Welten seien allein durch die Stimme, durch Musik, durch Kunst zu versöhnen, also letztlich ohne jeglichen magischen Aufwand.

Im Tiersymbol wird im »Hungerkünstler« sowohl ur- als auch gegenbildlich (und gewiss nicht ohne Ironie) an dieses Ursprüngliche gemahnt. Dabei erscheint die historische Exotisierung des »Wilden« und dessen Karriere als Fremdenmetapher und Sehnsuchtsobjekt gleichsam als Zitat, wobei Kafka den »Doppelblick des ›Ethnologen‹ auf das Fremde, des ›Wilden‹ auf das ›Heimische‹, den seine Texte immer wieder erproben«, neuerlich walten lässt (Neumann 1990, S. 423).[4]

Extreme Alterität begegnet im Kostüm einer »Kindheit der Menschheit« der Idee einer gemeinschafts- und mythenseligen Autochthonie, wie sie frühromantischer kaum gedacht sein könnte, mit dem Unterschied der konsequenteren Ironisierung allerdings, sodass sie bei Kafka in dem Maße bereits verklingt, wie sie anklingt. Die kosmische Identität des Menschen wird dabei als Reminiszenz ebenso beschworen, wie sie aufgrund der geschichtlichen Entwicklung längst widerlegt erscheint. Der Mythos, an den Kafka erinnert, ist »über-stimmt« wie das Handwerk des Hungerkünstlers, und doch ist er vorhanden wie dieser, und sein Vergangensein tut seiner Existenz als Desiderat keinen Abbruch.[5]

---

4 Kafkas Interesse an Ethnologie ist auch von Janouch belegt, dem er »die Lektüre der Sammlung afrikanischer Volkserzählungen und Märchen von Frobenius« empfohlen haben soll (J, S. 61).

5 Unwillkürlich fühlt man sich an jene Sätze über den »Berufenen« im 7. Spruch aus dem *Tao-te-king* des Lao-tse (1985, S. 15) erinnert, wo das Prinzip der kosmischen Interdependenz im Leben des Weisen beschrieben wird: »Entschwindend offenbart er sich,/sich verschwindend bewahrt er sich./Ist es nicht, weil er selbstlos ist?/Eben darum vermag er sein Selbst zu vollenden.« – Im 25. Spruch wird das Zyklische als kosmische Erhaltungsformel bestimmt: »Groß nenne ich das Entschwindende,/Das Entschwindende nenne ich Ferne,/Das Ferne nenne ich das Wiederkehrende« (ebd., S. 34). In einem seiner Aphorismen steht Kafka womöglich eine ähnliche Denkfigur vor Augen: »Theoretisch gibt es eine vollkommene Glücksmöglichkeit: An das Unzerstörbare in sich glauben und nicht zu ihm streben« (N II, S. 128).

Kurz nach Kafkas Tod, am 19. Juni 1924, hob Johannes Urzidil (1966, S. 107) in seiner »Rede zum Ehrengedächtnis Franz Kafkas« in diesem Sinn die vereinigende Kraft seiner Schriften hervor. Er sei sicher, sagte er, »daß sich um das Werk des wundersamen Genies Franz Kafka immer mehr Werte der Verehrung und Liebe anordnen werden und daß dieses Vermächtnis mit einer einigenden Kraft stets alle Guten an sich heranziehen wird«.

In der Singularisierung des Hungerkünstlerschicksals drückt sich also insgesamt ein Massenphänomen aus, das sich nicht nur in radikaler Individualisierung und Vereinsamung, nicht nur im drohenden Kunstverlust, sondern auch in Denaturierung niederschlägt. Wenn das Publikum sich vor dem Hungerkünstler zurückzieht; wenn im Verlangen des Trapezkünstlers nach einem zweiten Trapez »erstes Leid« sich ankündigt; wenn Josefine das öffentliche Singen verweigert und schließlich die »kleine Frau« mächtiger wird als die Figur des Ich-Erzählers, dann erscheint die soziale Natur des Menschen ebenso degeneriert, wie die Natur des Sozialen gebunden an jene kosmische Identität, deren Verlust zu beklagen ist. Wird das Verlangen nach mehr Kunst zum Paradigma einer Degeneration zu mehr Künstlichkeit, dann sorgt das Moment des entfesselten Quantitätsstrebens zusammen mit der physischen Reduzierung für eine Polarisierung des narrativen Symbols. Maximierung und Minimierung gehen bei dieser Dialektik Hand in Hand; die eine Seite ironisiert die andere. Der Leistungsvermehrung entspricht – platt gesagt und für heutige Ohren kaum mehr überraschend – eine Verminderung der Lebensqualität. Zusätzlich geht die rein quantitativ definierte Progression des Fortschritts mit einer qualitativ bestimmten Regression einher. Der kindische Erwachsene wird schließlich zum erwachsenen Kind.

Die Tiermotivik führt jedoch noch weiter, sieht man sich »Josefine« genauer an. Bei dieser Erzählung handelt es sich um eine besonders gedrechselte Form der Tierfabel, ist doch der väterlich-liebevolle, dennoch skeptische Ich-Erzähler selbst ein Mitglied des Mäusevolks. Zum Schluss, kurz vor dem buchstäblichen Verstummen des Erzählers (zwei Monate vor dem endgültigen Verstummen des Verfassers), ist gleich dreimal hintereinander davon die Rede, dass also jetzt »Stummheit« eintreten und Josefine, die Sängerin, »erlöst von der irdischen Plage«, den Gesang ein für allemal aufgeben werde (D, S. 376f.).

Kafka hat zur Charakteristik des ganz anderen, der Qualität des Fremden und Minderwertigen im Tiersymbol immer wieder das Adjektiv »stumm« (neben »fern«) verwendet. Namentlich in seinem Brief an Felice Bauer vom 1. April 1913 sieht er sich in notorischer Selbstzerknirschung »wie ein besinnungslos treuer Hund Deine zerstreut mir überlassene Hand [...] küssen, was kein Liebeszeichen sein wird, sondern nur ein Zeichen der Verzweiflung des zur Stummheit und ewigen Entfernung verurteilten Tieres« (B II, S. 150).[6] In diesem Symbolaspekt scheint das Tier in seiner Ursprünglichkeit ähnlich ambivalent wie der angeblich primitive »Salon-Wilde« des 18. Jahrhunderts: als Natur-Utopie nur in dem Maße, in dem die Erfahrung des geschlechtlichen und *erkennenden* Unterschiedenseins nach der Vertreibung aus dem Paradies dies zulässt. Das Gegenzivilisatorische dieser Symbolik wird bis zu einem Grad evoziert, wie der Naturverlust gerade noch verschmerzbar erscheint und jedenfalls nicht eingestanden werden darf.

Der Autor spiegelt sich hier also selbstironisch als Opfer eines Zivilisationsoptimismus, der einerseits der Utopisierung und Exotisierung der Naturwildheit nicht entraten kann, sich jedoch nicht erlauben darf, ihr ernsthaft zu verfallen. Gleichwohl wäre die »Stummheit« bei einer Sängerin aus dem Volk der Mäuse ein geradezu antimythisches Symbol, würde nicht am Ende der Erzählung klar, dass der »Gesang« immer schon ein (tierisches) »Pfeifen« und niemals das war, was vermeintlich zivilisierte Ohren unter Kunstmusik verstanden: ein Hybrid aus Religion und Utopismus, ein Surrogat – nein, ein Synonym für Metaphysik. Damit erhält »Stummheit« eine Qualität der Vermehrung statt der Verminderung. Es ist dies eine Qualität des Ur-Eigentlichen, ja des kosmischen Wissens um Wahrheit jenseits des Logos. Der späte Heidegger wird diese Einsicht einerseits radikalisieren, indem er die »nachdenklich« gewordene Wahrheit der Domäne der Kunst abspricht, andererseits aber die Aporie des mystischen Sprechens, ob als Künstler, ob als Philosoph, aufrechterhalten. »In Wahrheit singen, ist ein andrer Hauch./Ein Hauch um nichts«, formulierte Rilke 1922 in ähnlicher Ambivalenz in den *Sonetten an Orpheus*, in denen im Übrigen das *Nachsehen* des Orpheus als

---

6 Im Brief vom 29. Mai 1914 spricht er Grete Bloch gegenüber von »meiner Stummheit, mit der ich geschlagen und gesegnet bin« (B III, S. 77).

Glück der unterweltlichen Eurydike dargestellt erscheint (Rilke 1996, Bd. II, S. 242).[7]

Hier sind also bereits mystische Anklänge nicht nur in der Wörtlichkeit des Verstummungsmotivs, sondern in der gesamten Bildkonstruktion zu erkennen. Die Forschung hat bisher zu wenig die Spur zur Mystik hin verfolgt, dabei hat Kafka sie selbst gelegt. »Manches Buch wirkt wie ein Schlüssel zu fremden Sälen des eigenen Schlosses«, schreibt er, als er von der Lektüre der Schriften Meister Eckeharts berichtet (B I, S. 29). In dessen »Predigt über Jac. I, 17« konnte er z. B. auf jene Formulierung stoßen, die den Weg nach innen als Voraussetzung für kosmisches Einssein mit dem Tier im Besonderen und der Kreatur im Allgemeinen in Verbindung bringt: »Den Sinn habe ich mit den Tieren gemeinsam und das Leben (zudem) mit den Bäumen. Das Sein ist mir noch innerlicher, das habe ich gemein mit allen Kreaturen.« Die Anklänge an den Orpheus-Mythos sind auch bei Meister Eckehart (1955, S. 137) kaum zu überhören; ebenso wenig im Übrigen wie in der gesamten Verstummungsmotivik bei Kafka die Anklänge an die kabbalistische Mystik, für die die »entstofflichte« Stimme der Wahrheit am nächsten kommt, wie wir weiter unten noch sehen werden.

Auch die deutsche Mystik des Mittelalters, die in Vielem auf den *Confessiones* des Augustinus gründet, bindet die Begegnung mit dem Göttlichen in der *unio mystica* an das Schweigen, das als periodisches oder generelles *silentium* zu den Geboten des monastischen Lebens gehört. Meister Eckehart (1955, S. 43) ist hier nur ein Beispiel, wenn er sagt: »Es muß in einer Stille geschehen und in einem Schweigen, da das Wort Gottes gehört werden wird. Man kann nicht besser zu diesem Wort gelangen als mit Stille und mit Schweigen.« Abgeleitet wird dies aus dem Gedanken, dass Gott selber das Schweigen sei, allerdings ein beredtes: »Gott ist ein wort, ein ungesprochen wort […], das sich selbst spricht.«

Der »dialektische Modus von Reden und Schweigen« (Kasten 1999, S. 17) erlaubt einerseits die Mitteilung des Mysteriums, andererseits nötigt er zur Relativierung der Mitteilung angesichts des Mysteriums, dem keine Sprache gemäß ist. Mechthild von Magdeburg (1990, S. 74) steht

---

7 Rilkes Nähe zu Kafka erhellt aus den Erinnerungen Kurt Wolffs: »Und 1922 schreibt mir Rilke aus Muzot: ›Ich habe nie eine Zeile von diesem Autor gelesen, die mir nicht auf das eigenthümlichste mich angehend oder erstaunend gewesen wäre‹« (E, S. 102).

mitten in dem Konflikt von Reden und Schweigen, wenn sie den Gott ihrer mystischen Vereinigung einerseits nicht verleugnen will, indem sie nicht von ihm redet, andererseits fürchtet, die Rede sei ungeeignet, da gemünzt von den vielen, die sie benutzen: »Nun fürchte ich Gott, wenn ich schweige, und ich fürchte unbekannte Leute, wenn ich schreibe.«

Sokel (1983, S. 574) hat in Anlehnung an Nietzsche dem Musiksymbol bei Kafka »dionysische Funktion« zugesprochen. Auch diese (zu differenzierende) Einschätzung weist in eine Naturelementarität zurück, die anthropologisch im Sinne eines daseinsbejahenden Vitalismus gedacht ist. Bei Nietzsche, dem das Dionysische als »der gemeinsame Geburtsschooß der Musik und des tragischen Mythus« gilt (KSA I, S. 152), drängt sich darin »etwas Nieempfundenes […] zur Äußerung, die Vernichtung des Schleiers der Maja, das Einssein als Genius der Gattung, ja der Natur« (KSA I, S. 33). Wenn aber Kafka, dessen Begeisterung für Nietzsche ausführlich dokumentiert ist (Nagel 1983, S. 299ff.), den Begriff einer Musik, die »zu allem Physischen der Welt das Metaphysische, zu aller Erscheinung das Ding an sich darstellt« (KSA I, S. 106), nicht als solchen schon konterkariert, so legt er seiner motivischen Beleihung doch zumindest ein negatives Musikphänomen zugrunde. Nietzsche beschreibt dieses Phänomen als Kulturerscheinung, »wo der Musik ihre wahre Würde, dionysischer Weltspiegel zu sein, völlig entfremdet ist« (KSA I, S. 126). Im 19. Kapitel der *Geburt der Tragödie* geißelt der Philosoph »die Cultur der Oper« als eine dem schönen Schein ergebene, von der »Sehnsucht zum Idyll« (KSA I, S. 122) verführte, ästhetisch fremdbestimmte Dekadenzkunst, der Orpheus (neben Amphion) zwar Pate stehe, die aber ihrer »hybride[n] Entstehung« aus halb moralischen, halb künstlerischen Wurzeln wegen »zu einer leeren und zerstreuenden Ergetzlichkeitstendenz entarte[t]« sei (KSA I, S. 125f.).

Auch wenn das vitalistische Utopiemotiv immer wieder als Orgelpunkt in Kafkas Werk anklingt bzw. als »Fluchtpunkt« sichtbar – besser: konstruierbar – bleibt, so ist doch die »dionysische Funktion« schon deshalb fraglich, weil »romantische Ironie« diesem Autor zur Relativierung mystischer Idealität nicht ausgereicht hätte. Der »Schleier der Maja« ist in diesem Werk entweder kein Schleier der Mājā oder er bleibt ungelüftet oder er wird im Lüften buchstäblich »in der Schwebe« gelassen, ja gänzlich desymbolisiert. Kafka ist zu sehr (allerdings moderater) Ikonoklast, um die »metaphysische Freude am Tragischen« nicht im Empfinden schon zu relativieren (KSA I, S. 108).

Wer könnte in der künstlerischen Fiktion besser dieses Geschäft des Bildersturzes übernehmen als die – wiederum von Nietzsche unter ausdrücklicher Berufung auf Heraklit mit der dionysischen Weltbildkraft verglichenen (KSA I, S. 153) – Kinder, die in der Immanenz nicht aufgehen, weil sie imaginativ mit der Welt spielen und sie so in ihren Horizont zu bannen vermögen, während sie sie unmerklich (und keineswegs ins Metaphysische) transzendieren. Dazu muss man ihnen allerdings ihre spezifische Kindlichkeit lassen und sie nicht, wie wiederum Sokel (1983, S. 576), zur platonischen Utopie stilisieren, zu der angeblich »die Musik zurückführt«. Die Kindmotivik ist daher neben der Tiermotivik in den *Hungerkünstler*-Geschichten nicht umsonst allgegenwärtig. Auf Josefines »Kindesart und Kindesdankbarkeit« wird hingewiesen, pointiert im Sinne von Rebellion, Ausschlagen des Schutzes, der doch zu den »väterliche[n] Pflichten« (D, S. 359) des Volks gehört. Eingewoben in das kollektive Wesen der Mäuse erscheint die »Kindesart« als tradierte Mentalitäts- und Kultureigenschaft: »Eine gewisse unerstorbene, unausrottbare Kindlichkeit durchdringt unser Volk« (D, S. 364).

Der jahwitische Monotheismus als Relikt von Kafkas assimiliertem Judentum hat sich hier stets als Interpretationsfolie angeboten und spielt zweifellos mit hinein, allerdings austauschbar mit den anderen westlichen Hochreligionen. Indessen repräsentieren weder der Hungerkünstler noch Josefine Brechungen jüdischer oder anderer Glaubensgemeinschaften oder gar Volkscharaktere. Deshalb wird beispielsweise »Josefine«, trotz gewisser Anklänge z. B. an in Prag aufgetretene Persönlichkeiten wie Else Lasker-Schüler, keinesfalls »ganz offensichtlich auf nationaljüdischer Grundlage abgehandelt«, wie Binder schreibt (1994, S. 430). Unbeschadet der Tatsache, dass »das Wechselverhältnis von Volksgemeinschaft und einzelnem« (ebd.) fraglos ein Thema ist, geht es Kafka nicht um spezifische Kultmerkmale, auch nicht um Kult schlechthin, schon gar nicht um die Persiflierung von Dichterkollegen oder Kunstrichtungen wie dem Expressionismus, sondern um die Darstellung von tragikkomischen Denkbewegungen, die zu Fall kommen, indem sie die physische Welt ins Metaphysische zu übersteigen suchen.

Die Josefine-Figur ist es eben gerade nicht, »die den dionysischen

Gesang produziert« und in welcher der individuelle »Künstler zum fraglosen Erlöser der Welt« würde (Sokel 1983, S. 585). Vielmehr verweigert sich in ihr die Utopie, nimmt sich das Verlangen nach romantisierender Idealität in der Konkretion des Pfeiftons zurück, der sich metaphysischen Sphären so gewiss verschließt, wie er das Verlangen nach mythischer Volksgemeinschaft im Sinne Nietzsches noch im Aussprechen verfremdet. Nur motivisch mag sie noch an Nietzsches »Vogelstimmen« erinnern, »die von jener [mythischen] Heimat erzählen« (KSA I, S. 154) – Alabieffs *Nachtigallenlied* stellt eine Vorstellungshilfe aus dem romantischen Musikrepertoire bereit. Mit Josefine wie dem Hungerkünstler wird eine für Kafka typische Denkfigur erkennbar: die Negation der (heilsgeschichtlichen) Transzendenz im Augenblick des Transzendierens, die Demonstration der gedanklichen Schwebe durch die Demonstration der Gravität und umgekehrt.

Neumanns Befund der »Etablierung einer umgekehrten Heilsgeschichte« (1990a, S. 339f.) erweist sich zwar nicht als grundlos, doch lässt sich im Aspekt der »Rückführung des durch den Sündenfall vom Körper getrennten Zeichens in diesen selbst« (ebd., S. 419) die Folgerung einer regressiven »Kunstmetaphysik« nicht aufrechterhalten, bei aller Kafka zugestandenen Ambivalenz (KHM, S. 496). Der Mythos erscheint vielmehr als Hoffnungsfigur, die keine lebbare gedankliche Identität mehr annimmt, ohne dadurch jedoch gleich das Gegenteil von Hoffnung zu sein (deshalb ist es auch falsch, im Falle Kafkas von regelrechten »Antimythen« zu sprechen). Einmal mehr gilt, dass der Mythos zum imaginativen Transzendieren befreit, weil er der Spielraum *par excellence* ist, der Raum des Aus-drucks, der dem Ein-druck des Apriorischen (also auch des Metaphysischen!) die Waage hält. Eine »Freiheit des Geistes« gibt es für Kafka aber nur jenseits der ideologischen oder konfessionellen Sinnhorizonte, und gerade seine Mythen beweisen, dass keinerlei Vorgaben seinen Eingriffen bzw. Adaptionen entgehen können. Der 78. Aphorismus ist die Anwendungsformel sowohl für die Entmythologisierung als auch für die Neumythisierung alter Mythenstoffe: »Der Geist wird erst frei, wenn er aufhört, Halt zu sein« (N II, S. 130).

Die Protagonisten in diesen Geschichten sind allesamt sozusagen in einer paradoxen Lage. Ihre Perspektive ist die der Steigerung der Leistung ins Unmögliche, und zwar nicht etwa, weil der Bedarf nach ihrer Kunst gewachsen wäre, sondern weil sie dem Missverständnis erliegen müssen, das Publikum verlange nach noch gewagteren Darbietungen, solchen, die »die Produktion abwechslungsreicher« (D, S. 320) machen, während es sich in Wirklichkeit doch von ihnen abwendet. Auch in diesem Irrtum erweisen sie sich als kindlich, regelrecht autistisch, rechnen sie doch das Nachlassen der Begeisterung zu ihren Lasten. Der Trapezkünstler verlangt nach einem zweiten Trapez und wird sich, wie der Impresario befürchtet, mit seinen Forderungen an sich und andere »immerfort steigern« (D, S. 321). Der Hungerkünstler hungert sich zu Tode, indem er danach strebt, »nicht nur der größte Hungerkünstler aller Zeiten zu werden, der er ja wahrscheinlich schon war, aber auch noch sich selbst zu übertreffen bis ins Unbegreifliche, denn für seine Fähigkeit zu hungern fühlte er keine Grenzen« (D, S. 339). So sehr er rund um die Uhr hungert und gar am liebsten für immer gehungert hätte – tatsächlich hat es nach seinem Tod ja den Anschein, »daß er weiterhungre« (D, S. 349) –, so wenig ist er selbst je mit dieser »Leistung« (D, S. 347) zufrieden. Auch Josefine fühlt den Zwang, »sich zu neuer, ihr immer unverständlicher werdender Leistung anzufeuern«, bis sie schließlich sogar den Kunstverzicht als letztes Mittel erprobt, um die Nachfrage wieder anzuregen.[8] Gerade in der Übersteigerung ihrer Möglichkeiten zeigt sich die Überforderung der anthropologischen Substanz, die im Widerstand gegen metaphysische Experimente ihre naturrichtige Trägheit beweist.

Mit dieser Übersteigerung neigt sich die »Künstlerlaufbahn« (D, S. 368) der Figuren daher bald dem Ende zu: So erscheinen »die ersten Falten auf des Trapezkünstlers glatter Kinderstirn« (D, S. 321), mit Josefine, heißt es, »muß es abwärts gehn«, denn »[b]ald wird die Zeit kommen, wo ihr letzter Pfiff ertönt und verstummt« (D, S. 376), und der Hungerkünstler verendet im faulen Stroh seines Käfigs, von Wärtern und Publikum vergessen. Das Tempo des Zerfalls wird in Übereinstimmung mit der erzählten Zeit als »fast plötzlich«, »eines Tages« angegeben, doch schon die Bezeichnung »Umschwung« steht im Konflikt mit der Behauptung,

---

8 Dass Leisten generell eine Form von *Gehorsamleisten* und die Leistungsgesellschaft allgemein eine Brutstätte für psychogene Störungen ist, ahnte u. a. auch Thomas Mann, der den daraus folgenden Konflikt am Beispiel des blutleeren »Leistungsethikers« Gustav von Aschenbach – wieder eines Künstlers – in der Novelle *Der Tod in Venedig* (1912) gestaltete.

dass »das in Wirklichkeit nicht plötzlich [hatte] so kommen können« (D, S. 343), sondern erst »[i]n den letzten Jahrzehnten« (D, S. 333). Die Geschichte jedenfalls erzählt keinen Übergang, sondern konfrontiert den Leser mit der vollendeten Tatsache des Degenerationszustands annähernd in der Mitte der Erzählung. Analog zu einem qualitativen Sprung soll dem »Umschwung« ebensowenig Zeit zur Verfügung stehen wie dem Hungerkünstler Gelegenheit, sich an das Neue zu gewöhnen.

Wie festgestellt wurde, drängt sich aus psychologischer Sicht eine narzisstische Problematik am Grunde dieser Geschichten auf (vgl. Lange-Kirchheim 1990), in der sich allerdings, wie man ergänzen muss, eine ideologische Modelllage bereits abzeichnet. Scham und Selbstentblößung, Zerknirschung und Grandiosität, Schuld und Apologie gehen in der Konfliktmasse Hand in Hand, die artistischen »Vorführungen« (D, S. 367) erhalten einen juristisch-kriminologischen Nebensinn. Derselbe Spiegel, der in der frühen Selbstwerterfahrung des Menschen Ungenügen und Nichtswürdigkeit behauptete, soll nun stimmliche Schönheit, artistische Waghalsigkeit und überirdische Leidensfähigkeit beweisen. Das führt zu einem ambivalenten Verhältnis zu den Zuschauern und zum eigenen Handeln – und dasselbe gilt umgekehrt. Da es nur diesen einen Spiegel gibt und das vernichtende Selbstbild dort für immer eingraviert ist, sind auch die glühendsten und zahlreichsten Bewunderer nicht ernst zu nehmen, werden sie doch durch das Urteil des Spiegels Lügen gestraft. So kommt es zum Verlangen nach einer Bewunderung, die nicht bewundert: »›Immerfort wollte ich, daß ihr mein Hungern bewundert‹, sagte der Hungerkünstler. ›Wir bewundern es auch‹, sagte der Aufseher entgegenkommend. ›Ihr sollt es aber nicht bewundern‹, sagte der Hungerkünstler« (D, S. 348).

Also kann die Reaktion der Zuschauer den Wunsch nach Bewunderung niemals ganz befriedigen, so enthusiastisch sie auch sein mag. Im selben Maß, wie sie diesen stimuliert, muss sie ihn enttäuschen. Der Vorgang ist folglich zirkulär und *ad infinitum* angelegt. Reißt jedoch das Band zwischen Zuschauer und Künstler einmal ab, so bedeutet das auch das Ende der Kunst und des Künstlers. Denn »die öffentliche, eindeutige, die Zeiten überdauernde, über alles bisher Bekannte sich weit erhebende Anerkennung ihrer [Josefines] Kunst« (D, S. 370) ist nun einmal der Motor des Kunstschaffens, das dem Wunsch nach Geltung und sozialer Nützlichkeit erwächst. Für den Hungerkünstler ist der Besuch der Schaulustigen der »Lebenszweck« (D, S. 345) schlechthin. Narziss blickt auf sich selbst mit den tausend Augen des Publikums und demgemäß »[konnte] nur der Hungerkünstler selbst […] der von seinem Hungern vollkommen befriedigte Zuschauer sein« (D, S. 337).

In diesem »Sonnensystem der Eitelkeit« (GW, Bd. 9, S. 385), wie Kafka es selbst einmal nannte, verschmelzen Künstler und Publikum zur Personalunion, und der Lohn, den es für diese Janusperson zu gewinnen gilt, ist, so die bezeichnende Formulierung, »Lohn für Teufelsdienst« (ebd., S. 384). Nicht zufällig treffen sich hier die Motivelemente zu einem Symbol, das wiederum Goethes *Faust* kontextualisiert. Dort verbünden sich Teufel und Magier zu einem brisanten Team, dessen Aufgabe es ist »Speise die nicht sättigt« (Goethe 2000, V. 1678) zu beschaffen. Begierde und Genuss sollen zu einem Schaukelaggregat, einem *perpetuum mobile* der »Unersättlichkeit« montiert werden, weil im Kampf zwischen Substanz und Materie, göttlichem Funken und »Fleisch« keine andere Option bleibt als die Destruktion in der Gestalt des Menschenteufels oder des teuflischen Menschen.

Jedoch gehen diese Geschichten so wenig in einem gnostischen Szenario auf wie in einem narzisstischen. Künstlerkonflikte sind häufig narzisstisch konstelliert, das gehört sozusagen zu ihrer Grundausstattung (Kohut 1981), und die gnostische Entkoppelung von Körper und Geist, Leib und Seele bildet lediglich den (brisanten) Hintergrund von Kafkas Erzählen. Ursächlich für die ins Stocken geratende Interaktion zwischen Künstler und Zuschauer, die den Zweck der Schaustellung schließlich sabotiert, ist vielmehr die Unterhöhlung der Symbolsprache und damit der Kunstrezeption wie -produktion überhaupt, ein Zusammenwirken, das letztlich mit falschen anthropologischen Grundannahmen zusammenhängt. Auf dem Spiel steht die kollektive Verstehbarkeit, die *Lesbarkeit* des Symbols als Folge seiner Entsinnlichung, die als Voraussetzung der *Lebbarkeit* des Künstlertums rangiert. Wenn Künstlerinnen wie Josefine gezwungen sind, einen permanenten »Kampf um ihre Anerkennung zu führen« (D, S. 372) und dabei »die unwürdigsten Mittel anzuwenden« (D, S. 372), dann geht es nicht nur um unbefriedigte Eitelkeit oder vergeblich reklamierte »Ebenbildlichkeit«, sondern um Widerstand gegen eine Situation, in der die Dissoziation des kosmischen Weltbilds und damit die Ära der

Privatmythologien bereits weit fortgeschritten ist. Es geht also um eine anthropologische Heimatfindung, die die Purifikation der Zeichen zur Voraussetzung hat oder damit einhergeht. In dieser Situation scheint vorläufig noch der trotzige Kunstverzicht zu helfen, mit dem die Nachfrage nach Kunst erzwungen werden soll. »So wurde z.B. das Gerücht verbreitet, Josefine beabsichtige, wenn man ihr nicht nachgebe, die Koloraturen zu kürzen« (D, S. 373). Oder »sie schützt Müdigkeit vor, Mißstimmung, Schwäche« (D, S. 375), nur um die Aufforderung, doch zu singen, zu erpressen. Ihr Ende als Sängerin kommt indes unweigerlich, und zwar in dem Augenblick, als sie aufhört zu singen und darauf wartet, dass das Volk sie anflehe, den Gesang wiederaufzunehmen. Indem der Erpressungsweg immer länger wird, dünnt der Strom der Bewunderer langsam aus – was sollten sie noch bewundern? Mit dem Verschwinden ihrer Stimme verschwindet auch das »Gehör« im Publikum – oder es erweist sich vielmehr als längst verschwunden und nur zum Schein noch vorhanden.

Auch der Hungerkünstler »schwindet« ja im Wortsinn, um sein Publikum zu bestricken, das ebenfalls schon lange auf dem Rückzug ist. Kafkas Figur setzt nur dem allgemeinen Schwund noch eine Krone auf. Dass diese monumental sein muss, monumental selbst im Verschwinden, das lässt diesen »bedauernswerten Märtyrer« (D, S. 339) noch einmal ganz im Sinne seiner Kunst triumphieren. Nunmehr scheint der asketische Widerstand gegen die den geistigen Aufschwung hemmende Körpersphäre allein dem Irrglauben geschuldet, zur spirituellen Sinnfindung gehöre die magische Vermittlung zu »höheren Sphären«, »anderen Ufern« etc.; derselbe Irrglaube, der nach eben jener »Speise die nicht sättigt« verlangen lässt, die Formel, die seit *Faust* für die geistige Hungerkrankheit *par excellence* steht.[9]

Sobald wir die Josefine-Figur neben die des Hungerkünstlers stellen, wird auch ersichtlich, dass die Desymbolisierung der metaphysischen Metapher, die wir bereits ausmachten, mit einer neuen Symbolisierung einhergeht. In der Abkehr von der gnostischen Dualität – ihre Überwindung ist damit noch nicht geleistet! – zeichnet sich zwar die Rekonstruktion des Mythischen ab, das wiederum von der nicht erst für die Moderne

---

9 Für Schweckendiek (1970, S. 14f.) ist deshalb Faust ein Paradebeispiel für einen »Hungerneurotiker«.

typischen Idealisierung der kollektiven Symbolpartizipation beseelt ist. Hinzu kommt die romantische Vision der menschlichen Naturimmanenz, die freilich eine transzendierende Richtung einschlägt und in dieser Form wiederum »gebändigt«, ironisiert, re-»anthropologisiert« werden muss. Faust fasst diese Erfahrung *sub specie mortis* bezeichnenderweise in die hypothetischen Worte:

> »Könnt ich Magie von meinem Pfad entfernen
> Die Zaubersprüche ganz und gar verlernen;
> Stünd ich, Natur! vor dir ein Mann allein
> Da wär's der Mühe wert ein Mensch zu sein«
> (Goethe 2001, V. 11404–07).

Beispielhaft gelingt die Verschmelzung von christlicher Topologie und Naturmythologie, religiöser Parabel und Tierfabel in »Josefine«, ist doch die Maus selbst, vermutlich über die traditionell dem Teufel zugeordnete Fledermaus, ein Tier »des Teufels«, wie wir es ebenfalls aus *Faust* kennen. Kafkas Mäusephobie – eine »Mäusenacht« in Zürau beschreibt er als »Grauen der Welt« (B III, S. 365) – wäre wahrscheinlich für eine »Verteufelung« schon Grund genug gewesen; vor dem Hintergrund des mythologischen Dämons Mephistopheles jedoch erscheint das Mäusewesen Josefines erst recht geeignet, den Abfall vom hehren Musikhimmel zu demonstrieren. In dessen depravierter Gestalt kann die Verführungskraft der Musik (als Relikt der »musizierenden Sphären«) symbolisch sowohl demonstriert als auch demontiert werden.

Solcherart auf die Ästhetik projiziert, erscheint die Gott vorbehaltene *coincidentia oppositorum* ironisch als angewandtes Prinzip des Teufels, der das Paradox als Effekt entlarvt: »Denn ein vollkommner Widerspruch/ Bleibt gleich geheimnisvoll für Kluge wie für Toren« (Goethe 2000 V. 2557f.). Kafka scheint also wahrlich Grund zum »Grauen der Welt« zu haben, das mit dem Widerspruch in die Welt kommt. »Was für ein schreckliches stummes lärmendes Volk das ist«, schrieb er ins Protokoll jener »Mäusenacht«. Die schon bei Goethe »auf dem letzten Loch« (ebd., V. 2147) pfeifende Maus steht dann letztlich für einen Dichter, der »ängstlich vor der Unendlichkeit« ist und eine Ästhetik der kosmischen Endlichkeit verfolgt, zentriert auf den Menschen:

»›Die Musik ist für mich so etwas wie das Meer‹, sagte er einmal. ›Ich bin überwältigt, hingerissen zur Bewunderung, begeistert und doch so ängstlich, so schrecklich ängstlich vor der Unendlichkeit. Ich bin eben ein schlechter Seemann. Max Brod ist ganz anders. Der stürzt sich kopfüber in die tönende Flut. Das ist ein Preisschwimmer‹« (J, S. 95).

In einem anderen Gespräch lässt sich die Entstehung der Mäusesymbolik als Dichterallegorie gar direkt verfolgen. Verführbarkeit/Verführung/»Fall« auf der einen Seite und das Ideal der Vermenschlichung/»Höherführung« auf der anderen verlangen nach der Zwittergestalt einer stummen Sängerin, die zugleich ein »niederes« Tier ist. So hat diese etwas Erdnahes, das gut, aber abstoßend ist, und zugleich etwas Himmelstürmendes, das böse, aber anziehend ist. Janouchs Kafka legt hier sein ästhetisches Credo ab, indem er ein apollinisches Prinzip in gnostische Gedankenführung infiltriert:

»›Musik zeugt neue, feinere, kompliziertere und darum gefährlichere Reize‹, sagte Franz Kafka einmal. ›Dichtung will aber die Wirrnis der Reize klären, in das Bewußtsein heben, reinigen, und dadurch vermenschlichen. Musik ist eine Multiplikation des sinnlichen Lebens. Die Dichtung dagegen ist seine Bändigung und Höherführung‹« (J, S. 97).

Das Mitleid mit dem Menschen als Lebewesen, das sich seiner anthropologischen Wurzeln entfremdet bzw. ihrer entfremdet wird, ist ein ethischer Grundzug Kafkas, wie er im Werk und in privaten Schriften überall zum Ausdruck kommt. Seine Einschätzung der *condition humaine* in Zeiten von Kapitalismus (J, S. 76, S. 102), Kommunismus (J, S. 80), Antisemitismus (J, S. 73) und der allgegenwärtigen Ämterbürokratie – »Die Fesseln der gequälten Menschheit sind aus Kanzleipapier« (J, S. 80) – ist pessimistisch. Der ständig schwindende Gemeinschaftssinn in Gesellschaften, in denen die »Mehrzahl der Menschen [...] ohne das Bewußtsein überindividueller Verantwortung [lebt]«, hält er für den »Kern des Elends« (J, S. 87). Wiederum zu Janouch soll er Folgendes gesagt haben:

»Der Krieg, die Revolution in Rußland und das Elend der ganzen Welt erscheinen mir wie eine Flut des Bösen. Es ist eine Überschwemmung. Der

Krieg hat die Schleusen des Chaos geöffnet. Die äußeren Hilfskonstruktionen der menschlichen Existenz brechen zusammen. Das geschichtliche Geschehen wird nicht mehr vom Einzelnen, sondern nur noch von den Massen getragen. Wir werden gestoßen, gedrängt, hinweggefegt. Wir erleiden die Geschichte« (J, S. 81).

So stellt er in seinem Werk Leidende dar, die sich ihrer Leiden nicht erwehren, ja die in vollem Einverständnis mit ihrem Schicksal zu handeln scheinen, das sie sogar selbst verschuldet zu haben glauben. Täter und Opfer sind – *horribile dictu!* – keine Antipoden mehr, fallen in eins, nur ein Perspektivenwechsel könnte die Konfusion noch aufklären, dies aber verlangte einen archimedischen Standpunkt, eine Beobachtungsposition von außen. Da der Mensch tut, was ihm angetan wurde bzw. sich selbst antut, was er auch anderen tun wird, sind Agens und Movens von Anfang an ungeschieden.

Als Schriftsteller verzichtet Kafka demonstrativ und systematisch auf das Auktoriale, zu dem ihn sein Handwerk berechtigte, um dieses Leiden ausschließlich von innen, sprich von der Gesamtheit der Leiden heraus darzustellen. Der anfangs des Kapitels zitierte Satz, »Alle Leiden um uns müssen auch wir leiden« (N II, S. 137), verrät kein »Empathieprogramm«, sondern formuliert die Legitimation, die einen Schriftsteller zum Künstler macht. Es ist daher nur natürlich, dass gerade dieses Künstlersein, das mit Leiden und Krankheit einhergeht – »Dichtung ist Krankheit« (J, S. 60) –, zu seiner Bewältigung nach Gestaltung verlangt. Dabei wird »Passion« in allen Bedeutungsaspekten zum Leitgedanken: als Leiden, Leidenschaft und Mitleid, wobei Letzteres einem gestischen, aber auch motivisch durchgeführten *ecce homo* überlassen bleibt. Schon die Koppelung der drei Begriffsaspekte verrät ein Konzept, bei dem das Subjekt immer schuldig, der objektive Zusammenhang aber anonymisiert und grundsätzlich schuldlos ist. Die hier verhängte völlige Wehrlosigkeit gehört zu Kafkas kindlicher Ohnmachtserfahrung.

In dem Abschnitt, wo der Hungerkünstler als »Märtyrer« (D, S. 339) seiner artistischen Berufung bezeichnet wird, klingen Passagen aus dem sechs Jahre älteren Text »Auf der Galerie« an. Dort präsentiert sich das Bild der Zirkusreiterin, die nicht umsonst eine »Kunstreiterin« (D, S. 262) ist. Erneut also eine Figur aus der artistisch-komödiantischen Randzonenwelt des Theaters, wo sich die Phänomene des Spiels und des Andersseins zur Schau stellen, die nicht in die Gesellschaftsmitte passen bzw. aus dieser hinausgedrängt wurden. Im ersten Abschnitt, der die Antriebsstruktur hinter dem Tun der Reiterin enthüllt, wird das »unermüdliche Publikum« als Hauptmovens ausgemacht und mit »Dampfhämmern«, also Industriemaschinen, gleichgesetzt. Der so angedeutete Raum ist der des Zeitalters selbst, das »unter dem nichtaussetzenden Brausen des Orchesters und der Ventilatoren in die immerfort weiter sich öffnende graue Zukunft sich fortsetzte« (D, S. 262).

Damit ist ein Zusammenhang zwischen der künstlerischen und der technisch-industriellen Leistungscharakteristik hergestellt, und dies in einer nahezu gewaltsamen Allegorese, die in der ästhetischen Demontage symbolisch den Absturz der Ästhetik vollzieht. Die Wirtschaft selbst als Motor der Massenproduktion rückt in den Blick und damit eine ökonomische wie »psychotrope« Faktorengröße als Erklärung für die künstlerische Form der asketischen Selbstausbeutung um des »höheren Sinnes« willen, eine Form, die die Kunst letztlich in die Kapitulation zwingt.

Dass es dabei um zu teilendes, mit-zuteilendes Begehren geht, zeigt die Körpersprache der Zirkusartistin, welche »mit ausgebreiteten Armen, zurückgelehntem Köpfchen ihr Glück mit dem ganzen Zirkus teilen will« (D, S. 263); zeigt auch die Trauer des Zuschauers, wenn dieser, »im Schlußmarsch wie in einem schweren Traum versinkend, weint [...], ohne es zu wissen« (D, S. 263). In dem Modell der Zirkusreiterin wird obendrein die Erschwernis des Erkennens durch ein Beobachtungsdilemma gezeigt, welches, um es juristisch zu sagen – Kafka war bekanntlich Jurist –, darin besteht, dass Täter und Opfer Komplizen sind und im gegenseitigen Einvernehmen handeln. Jeder der Beteiligten trägt sowohl Täter- als auch Opfereigenschaften in sich.

Es geht hier also nicht, wie es den Anschein haben mag, um zwei Realitätsschichten oder um Sein und Schein, Tiefe und Oberfläche, sondern um das Drama der Bewusstseinsspaltung, das zur Umarmung des Täters durch das Opfer führt, wodurch dieses zum Täter wird usw. Wenn hier eine philosophische Trauer zum Ausdruck kommt, dann die um die verlorene Eindeutigkeit der Welt, in der jeder Gegner ein Mitspieler, jeder Mitspieler ein Gegner wird und jede Form der Loyalität mit Verrat einhergeht; in der aus Freundschaft Krieg wird und aus Krieg Freundschaft, ja in der »Freundschaftskriege« so möglich erscheinen wie das sportliche »Freundschaftsspiel«.

Die Pose des Publikumslieblings ist im Zirkus oft auf dramatische Weise dem physischen Sein abgetrotzt, ohne deshalb schon als Schein beklagenswert und kritikwürdig zu sein – im Gegenteil. Sowohl der Hungerkünstler als auch die Manegenreiterin beweinen sich mit den Augen nur *eines* Zuschauers, der sie nämlich selber einmal waren, den aber die Menge längst abgelöst hat. Die Menge ist als Masse der Schaulustigen kein empathisches Publikum; sie weint nicht und sie tröstet nicht.

Der Kasteite oder sich selbst Kasteiende, ob Dressurreiterin oder Fastenkünstler, lebt im Widerspruch zwischen Publikumsschelte und Publikumsabhängigkeit. Was er haben kann, genügt ihm nicht; was er nicht haben kann, entzündet seinen fortwährenden Wunsch nach einer Mittlerrolle. Künstlersein erscheint unter diesen Vorzeichen als säkularisierter Opfergang, als bloßes Nachvollziehen alter Rituale. Dass in einem solchen Kult ohne Kultteilnehmer das Opfer ein immer größeres, immer eigensinnigeres Selbstopfer ist, liegt in der Natur der Erwartungsdynamik, wie sie im nicht riten-, aber doch kultfreien Phantomraum der Manege immer noch herrscht oder zu herrschen scheint. Was diese Manege erst recht zum Folter-, ja Hinrichtungsraum macht, ist die Beteiligung des Künstlers an seiner eigenen Abschaffungszeremonie bei gleichzeitig lustvoller Maximierung seiner Leistungen. Inszeniert wird ein ewiger Abschied, der mit ewiger »Trauer« einhergeht.

Das Bild der in undurchschaubaren Herrschafts- und Geschehenstrukturen gefangenen Dressurreiterin, die scheinbar den glamourösen Mittelpunkt der Welt bildet, stellt sich neben das des Hungerkünstlers, wenn dieser in einer komödiantischen Pose, wie ein Ausstellungsstück – das Bild erinnert auch an eine *Pieta* –, den Zuschauern zur »Besichtigung« präsentiert wird. Parallelen zur Kreuzabnahme Christi sind bemerkt und als Christusparodien bezeichnet worden (HB, S. 323). Hier, wie im Übrigen in der *Verwandlung*, wird noch einmal sehr deutlich, dass der Protagonist sich selbst darbringt oder dargebracht wird, insofern er, der »Zeitstimmung« (D, S. 344) folgend, sein Selbst aufgibt, und zwar im Interesse der »Ordnung« (D, S. 349), die nach seinem Tod wiederhergestellt ist. So wirkt das Psychodrama des Hungerkünstlers und Gregor Samsas wie eine Re-inszenierung des christlichen Erlösungsdramas, wie dessen konsequente Fortsetzung, nicht nur wegen der »vierzig Tage«, die auch Moses und Elias fasteten; nicht nur wegen des antikischen Schauplatzes (»Amphitheater«) oder der *ecce-homo*-Geste des Impresarios. Kafka spart auch nicht mit Anspielungen auf den gnostischen Phänotyp von Opferreligionen, deren Mystik die kathartische Projektion auf einen Anderen oder das Andere einschließt.

Als der, der verschlungen wird und der sich selbst verschlingt, ist der Hungerkünstler in diesem Sinn auch ein Gekreuzigter, der sich selbst kreuzigt (die Selbsthinrichtung ist ja eine typische Kafka-Struktur). An seinem Beispiel wird das Schicksal der Selbstentfremdung zum annehmbaren Gesetz, denn nun lässt sich die Bürde leichter tragen, lässt die Schwäche sich gar auf andere »werfen«. »Hungerkünstler« sind deshalb nur in einer hierarchischen, ja militärisch/paramilitärisch straffen Ordnung denkbar (die »Militärkapelle« am Ende des Hungerzyklus erinnert daran), weil nur diese dem inneren Feind einen äußeren dekretieren kann, beispielsweise auf einer unteren sozialen Leitersprosse, in einem anderen Volk, einer Ethnie, einer kulturellen Minderheit, einer anderen »Rasse« usw.

Der Opferlammtopos macht den Hungerkünstler auch zum Typus des Identifikationsopfers, wie er in der katholischen Mystik z. B. als »Stigmatisierter« (mit den Wundmalen Christi Versehener) bis heute zuweilen von sich reden macht. Am eigenen fiktiven Leib soll die Figur nacherleben, was das Erlöservorbild erlitten hat. So kann der Hungerkünstler zu einem figürlichen Christuszitat und in dieser Eigenschaft zur Allegorie der christlichen Erlösungsreligion werden, bei deren Eucharistiefeier Wein in Opferblut und Brot in zu opferndes Fleisch verwandelt wird.

Wie Gregor Samsa, der die »ersehnte Speise« nicht findet, wie der Hund in den »Forschungen eines Hundes«, der die »Welt der Lüge« durch sein Hungern hinter sich lassen will, erfährt die Figur des Hungerkünstlers am eigenen Leib ein depraviertes Wandlungswunder und stirbt stellvertretend für alle Erbsündigen. Hier wird das Problem der sakramentalen Wandlung nicht nach dem Muster der Transsubstanziation gelöst, bei der die Identität der Materie nur scheinbar gewahrt bleibt, sondern Wandlung, *Verwandlung*, geschieht real vor den Augen des Publikums durch Transformation lebender in tote Materie, würdige in unwürdige Körperlichkeit.

Das ist der eigentliche Zuschnitt der »antisymbolischen Tendenzen in den Texten Kafkas« (Neumann 1990, S. 421). Es wird nicht nur tatsächlich inkorporiert, ja inkarniert und damit wörtlich genommen, was übertragen gemeint ist; es wird nicht nur Rhetorik in Klartext aufgelöst, sondern auch decouvriert, was Transzendierung *physisch* bedeutet: nämlich Diffamierung des Stoffs, Diskriminierung, Schädigung des genuin Humanen, schließlich Zerstörung der Gestalt, des Körpers, Tod der Materie.

Das ist mehr als nur die Abkehr vom Symbolverständnis Goethes oder Hegels, wie sie Anders (1951), Emrich (1958) und Martini (1961) feststellten. Das ist vielmehr Mythenbildung, so wie Sokel (1964) sie andeutet, samt Begründung einer neuen Spiritualität, die Adorno (1955, S. 326f.) aus dem Prinzip der entfremdeten Subjektivität ableitete, unter deren Bann »reine Subjektivität in Mythologie, der konsequente Spiritualismus in Naturverfallenheit um[schlägt]«.

Gewiss hat Neumann (1990, S. 415) recht, wenn er sagt, dass das tödliche Hungerexperiment »nicht der Versuch [ist], über das Essen der irdischen Speise hinauszugelangen, wie dies der zweite Adam, Christus, in der Eucharistie tut«. Nur ist es eben auch das *Scheitern des Versuchs, ohne einen solchen Versuch zu leben*, weshalb es keinesfalls »ein Schritt *vor* die Einsetzung des Essens als Begründungsakt des Gesetzes« (ebd.) sein kann.

Der Hungerkünstler ist nur als *nach*eucharistische Figur denkbar, wie ja auch die historischen Fastenwunder mit dem vom Himmel herabschwebenden »Manna«, dem Brot Gottes, in Verbindung gebracht wurden (oder sich selbst in Verbindung brachten), das sie angeblich ernähre. Die überirdische Speise erübrigt sich für ihn nicht schlechterdings. Es ist eher so, dass die irdische Speise sich verbietet, weil sie die überirdische nicht sein kann, ja weil die Erwartung der Manna-Speisung sie ganz und gar ausschließt bzw. den potenziellen Esser für Irdisches desensualisiert, wenn nicht tabuisiert hat.

Der entfesselte Logos soll bei diesem imaginativen Experiment des Autors Kafka sein Schadenspotenzial enthüllen, das in der Entwertung der Natursubstanz und der ständig lauernden Gefahr der Derealisation besteht. Daher auch die *Faust*-Zitate, die in die Erzählung eingearbeitet sind, da sie an die Verwandtschaft von Mystik und Magie, von Religion und Zauberei erinnern sollen. Wenn beispielsweise das »hohe Streben«

(D, S. 341) erwähnt ist, dann geht es nicht, wie Lange-Kirchheim (1999, S. 301) vermutete, darum, »den Bildungsheros von seinem Podest« zu stürzen oder gar »den Prototyp männlicher Größe, das künstlerische Genie« zu degradieren, sondern um die Entrümpelung platonisch-gnostischen Gedankenguts aus dem Kunstraum, damit ein prometheisch-menschenfreundliches oder aber ein archaisches Kulturverständnis erwachsen kann.

Indem ausgerechnet der Magierpakt, der doch zu höherer Macht befähigen soll, die Entkräftung (und damit Entmächtigung) zum Tode bewirkt, erscheint das Opfer der Körperlichkeit doppelt absurd. Die am Ende zu sich selbst befreite Physis erweist sich ausgerechnet dann als nicht lebensfähig, wenn sie dem Leben zurückgegeben wird. Gilles Deleuze hat diesen Absturz aus dem Reich der Ideen in seiner Masochismus-Studie einmal als »dis-phantasization« und Befreiung zur Wirklichkeit beschrieben, die im Augenblick der größtmöglichen »Realisation« das Ende der Illusionen bedeutet. Es darf aber hier auch an das um 1588 entstandene Gemälde *Landschaft mit Sturz des Ikarus* von Pieter Brueghel dem Älteren erinnert werden, ein Bild, das den Naturkosmos zum Hauptakteur, den als Bauer oder Seefahrer werktätigen Menschen zum Komparsen und das physische Ende des Daidalos-Sohns zur Marginalie erklärt. Dabei stehen bezeichnenderweise alle Motive in einem signifikanten Wirkzusammenhang. Oder denken wir noch einmal an *Faust*, wenn der »Lügengeist« im Reiseoutfit des Doktors dessen Untergang prophezeit, und das in Worten, die in Kafkas Werk unüberhörbar nachhallen:

> »Verachte nur Vernunft und Wissenschaft,
> Des Menschen allerhöchste Kraft,
> Laß nur in Blend- und Zauberwerken
> Dich von dem Lügengeist bestärken,
> So hab ich dich schon unbedingt –
> Ihm hat das Schicksal einen Geist gegeben,
> Der ungebändigt immer vorwärts dringt,
> Und dessen übereiltes Streben
> Der Erde Freuden überspringt.
> Den schlepp ich durch das wilde Leben,
> Durch flache Unbedeutenheit,
> Er soll mir zappeln, starren, kleben,
> Und seiner Unersättlichkeit

Soll Speis und Trank vor gier'gen Lippen schweben;
Er wird Erquickung sich umsonst erflehn,
Und hätt er sich auch nicht dem Teufel übergeben,
Er müßte doch zugrunde gehn!«
(Goethe 2000, V. 1851–1867)

Kafka veranschaulicht mit ästhetischer Radikalität, was aus Menschen wird, denen das Menschliche nicht genug ist: der Mensch als Krisenfall, als »anthropologische Maschine der Moderne«, von der Agamben (2003, S. 44) sprach. Dabei erspart er uns wie sich selbst – *In der Strafkolonie* bildet eine Ausnahme – die Anschauung dessen, was die Herabwürdigung der menschlichen Substanz für die Sozietät bedeutet. So ist Kafka, der gesagt haben soll, »Marquis de Sade [...] ist der eigentliche Patron unserer Zeit« (J, S. 88), der vielleicht schärfste Religionskritiker des vergangenen Jahrhunderts. Gewiss ist er sein radikalster Humanethiker, der den Boden für einen neuen, humanistisch fundierten Begriff der Zivilisation bereitet. Fraglos kann er als sein schärfster Sprachkritiker gelten, dessen Logopurismus auch stilistisch Methode ist. Mit ihm findet die Konturierung eines Symbolbegriffs statt, der dem Quantensprung in die Metaphysik (und damit der Gefahr seiner Selbstauslöschung) sich sowohl aussetzt als auch gerade noch sozusagen im Flug entkommt und damit eine uralte, protomythische Spiritualität ins Gedächtnis ruft. Seine Wirkung ist nicht mit Postulaten, Programmen oder Botschaften zu erklären, sondern mit dem Befund, dass es überhaupt keine »Botschaften« gibt, die als solche nicht schon von vornherein an der anthropologischen Substanz vorbeizielen.

So fällt es gelegentlich sogar ihm selbst schwer, zwischen Konstruktion und Dekonstruktion zu unterscheiden. Wenn daher Norris (1978, S. 434) stellvertretend für viele andere im Hinblick auf *Strafkolonie* und »Hungerkünstler« feststellt: »their subversive thrust can be salvaged from the critical tendency to make of Kafka one of the great religious writers of the century«, dann deutet sie ein Auslegungsspektrum an, wie es nicht größer sein könnte, wie es aber in der Kafka'schen Spiritualität durchaus angelegt ist. Denn da geht es eben nicht um die Abschaffung von Spiritualität überhaupt; auch nicht in erster Linie um die Fähigkeit, ohne den künstlichen Horizont einer platonischen Ideenwelt fliegen zu können. Sondern es geht um die Bevorzugung des Mythischen vor dem Mystischen bei gleichzeitiger Nutzung des mystischen Wegs. Es ist nicht so, dass Kafka sich nicht entscheiden könnte – er ist sehr radikal entschieden – oder dass es hier nur um Nuancen von Unterschieden und nicht um Welten ginge. Es ist indessen so, dass gerade die mythischen und mystischen Anklänge sich für heutige Ohren so fern und so alt anhören, dass eine neue Religionsstiftung niemals ganz ausgeschlossen scheint. Sokel (1983) bescheinigte diesem Phänomen deshalb ganz richtig, aber wiederum missverständlich unscharf, das Prädikat der »negativen Transzendenz«.

Dass hier jedoch ein Paradigmenwechsel von der Theologie zur Anthropologie, vom Gottmenschen zur Existenz stattfindet, wobei der »Menschengott« zu passieren war, liegt auf der Hand. Es ist dieser Paradigmenwechsel, der »die Zugehörigkeit des Autors zu der großen Herausdrehung der Modernen aus einem über Jahrtausende wirksamen System von religiös codierten Vertikalspannungen [belegt]« (Sloterdijk 2011, S.104). Der Hungerkünstler verkörpert einen Menschentyp der westlichen Neuzeit, der ohne abendländische Reminiszenzen nicht zu denken ist. Er ist geprägt von der dualistischen Hypothesenlage bis zur Persönlichkeitsspaltung. Seine Utopien sind gleichzeitig rückwärts und vorwärts gerichtet, progressiv und regressiv orientiert. Er leidet unter der atomistischen Sinnreduktion wie auch unter dem Verlust der Gemeinschaft. Er wahrt die Form (z.B. der Artistik), weil sie Reste der alten Vollkommenheitsfiktion repräsentiert.

Und doch bahnt sich inmitten dieser ganz unprogrammatischen Programmliteratur der Moderne, an ihrem unzweifelhaften Höhepunkt die spätere »Postmoderne« bereits an. So scheint es mir triftige Gründe zu geben, Kafkas Texte bereits als frühe Indikatoren oder Antizipationen der Postmoderne zu lesen oder womöglich sogar einer weit früher beginnenden Postmoderne zuzuschlagen. Jean-François Lyotards (1982, S. 141f.) Kriterium legt nahe,

> »[d]as Postmoderne wäre dasjenige, das im Modernen in der Darstellung selbst auf ein Nicht-Darstellbares anspielt; das sich dem Trost der guten Formen verweigert, dem Konsensus eines Geschmacks, der ermöglicht, die Sehnsucht nach dem Unmöglichen gemeinsam zu empfinden und zu teilen; das sich auf die Suche nach neuen Darstellungen begibt, nicht aber um sich

an deren Genuß zu verzehren, sondern um das Gefühl dafür zu schärfen, daß es ein Undarstellbares gibt«.

Kafka ist nicht *einer* der Pioniere, er ist *der* Pionier auf dem Weg zu einer Kunst, die das Undarstellbare dem Darstellbaren abringt, ja es sich buchstäblich einverleibt, die sich unter ästhetischen Opfern dem Genuss von Utopien verweigert, nicht ohne dabei *nolens volens* an Gemeinschaftsvollzüge in uralten Ritualen zu erinnern. Im selben Maß, wie dieser ästhetische Paradigmenwechsel anti-okzidentale Züge trägt, muss der Wunsch nach einer Archaisierung durchschlagen, die nun auch nach mythischen Formen verlangt. Dazu gehört die Vision einer vor-mosaischen Stufe des Menschseins (Mannseins), auf der Furcht und Begehren (tschechisch *strach* und *touha* – so benannte er Milena Jesenskà gegenüber die psychischen Sanktionen des Sündenfalls) nicht nur für den Beziehungsfall aufgehoben sind. Neumann (1990b, S. 184) hat an diese Antinomie erinnert. Seine Schlussfolgerungen sind weitreichend und treffen sich nahezu vollständig mit meinen eigenen:

> »Kafkas Kunstbegriff ist in höchstem Grade zwiespältig. Eine immer wieder aufbrechende Neigung, sich dem überlieferten Vorstellungs- und Begriffs-Repertoire der abendländischen Kunsttheorie anzubequemen, ist gewiß nicht zu übersehen. Der Satz über die ›Landarzt‹-Erzählung, sie sei der Versuch, ›die Welt ins Reine, Wahre, Unveränderliche [zu] heben‹ (T 838), ist eine der am häufigsten wiederholten Aussagen Kafkas, die seiner literargeschichtlichen Einpassung als ›Klassiker‹ der Literatur immer wieder Vorschub zu leisten scheint. Andererseits aber zeigen sich Elemente einer ganz anderen Aufassung von Kunst, die Züge einer subversiven, die abendländische Tradition unterlaufenden Ästhetik verraten. Es sind die Phantasien einer Kunst, die vor den Gründungsmythos der christlich-abendländischen Kultur, den im biblischen Text überlieferten ›Sündenfall‹, zurückgreifen.«

Es ist gewiss kein Zufall und hätte vermutlich den Gefallen Kafkas gefunden, um dessen völkerkundliche Lektüren und Neigungen wir wissen (T, S. 787f.), wenn auch Campbell (1989, S. 166) vonseiten der Mythenforschung »Begehren und Furcht« als Pole einer Dynamik bezeichnet, die kulturübergreifend in allen religiösen Grundtexten und Mythen am Werk sei. Seine Beschreibung dieser Dynamik als dialek-

tisches Wechselgeschehen kommt der Kafka'schen Lebens- und Werk-
problematik sehr nahe, besonders dort, wo Campbell (ebd., S. 117) den
Paradiesmythos im interkulturellen und interreligiösen Vergleich betrachtet. Im Gespräch mit Bill Moyers (M) sagt er (C):

>C: [...] Der Garten [des Paradieses, Vf.] ist der Ort der Einheit, der
Nichtdualität von Mann und Frau, Gut und Böse, Gott und Menschen.
Man ißt die Dualität, und man ist draußen. Der Baum der Rückkehr in
den Garten ist der Baum des unsterblichen Lebens, wo man weiß: Ich und
der Vater sind eins. [...] Unsere eigene Furcht vor und unser Begehren
nach dem, was wir für die Güter unseres Lebens halten, schließen uns aus
dem Garten aus.
    M: Haben alle Menschen zu allen Zeiten ein Gefühl der Ausgeschlos-
senheit von einer höchsten Wirklichkeit gehabt, von Freude, von Wonne,
von Vollkommenheit, von Gott?
    C: Ja, aber dann gibt es natürlich auch Momente der Ekstase. Der Un-
terschied zwischen dem Alltagsleben und dem Leben in diesen Momenten
der Ekstase ist der Unterschied dazwischen, außerhalb oder innerhalb
des Gartens zu sein. Man geht an Furcht und Begehren vorbei, an dem
Gegensatzpaar vorbei.
    M: In die Harmonie?
    C: In die Transzendenz. Das ist ein wesentlicher Bestandteil der mys-
tischen Erfahrung. Man stirbt seinem Fleisch ab und wird hineingeboren in
seinen Geist. Man identifiziert sich mit dem Bewußtsein und Leben, dessen
Träger der Leib nur ist. Man stirbt dem Träger ab und identifiziert sich in
seinem Bewußtsein mit dem, was der Träger trägt. Das ist der Gott.<

Im Verlauf dieses Gesprächs, in dem es soeben noch um das buddhisti-
sche Nirwana gegangen ist, wird offenkundig, wie wenig der Zustand
der »Nichtdualität« in westlichen Begriffssystemen selbst von denen gedacht werden kann, die ihn infrage stellen. Campbell demonstriert un-
gewollt (und unbewusst!) die Unauflösbarkeit des so gefassten Grund-
gegensatzes, den er im psychoanalytischen Horizont auf die Differenz
von Mann und Frau zurückführt. Wenn ihm die »Momente der Ekstase«, die er mit Transzendenzerfahrung und »Harmonie« gleichsetzt
und die doch ausdrücklich »an Furcht und Begehren vorbei« führen,
nur durch Selbstkasteiung erreichbar scheinen, dann ist die gnostische
Falle zugeschnappt; dann steht am Ende gerade *keine* kosmische »Harmonie«, sondern nur wieder die Ausgangssituation der Differenz.

Auch Campbell kann also, ähnlich wie Kafka, die »Nichtdualität«, den kosmischen Monismus nicht ohne Psychodynamik, ohne die Folgen der Objektverschmelzung denken. Dementsprechend bedeutet Objektgewinn automatisch Subjektverlust. Anziehung schlägt um in Abstoßung. Die Schaukelmechanik von Furcht und Begehren ist just dort am aktivsten, wo sie ausgesetzt sein sollte. »Gott« wird zur Alternative und damit zum metaphorischen Synonym von »Leben«.

Das Mystische indes ist nicht die Ekstase, geschweige denn die Frucht der Askese, die die Vernachlässigung der Physis als missverstandenes Eckehart'sches »Ent-werden« beschönigt, sondern die Aussetzung des Gottesbegriffs in einer *theologia negativa*, die das Unsagbare im Nichtsagbaren aufgehen lässt. Das Mystische ist immer ein Radikal-sein-Wollen im Sinne des radikalen *Sein*-Wollens, das die zivilisatorische Bewusstseinslast, derer man sich nicht entledigen kann, durch ein kontempliertes Harmoniebewusstsein erleichtert.

Eckeharts *»paupertas spiritus«*, die geistige Armut (1955, S. 157ff.) – Kafka kannte die Predigten des Meister Eckehart sehr genau (KH II, S. 388) –, ist zwar letztendlich ein Versenkungszustand am Seinsgrund, in dem es kein Erkennen, kein Wollen und kein Haben gibt. Doch gehört zum langen Weg dorthin – die östliche Mystik spricht wörtlich von *Tao* (Weg) – die Dekonstruktion der konventionalisierten Erkenntnismittel, die nur in einer universellen Bewusstseinssynthese möglich ist. Der Logos soll gerade nicht mehr »zur Sprache« kommen, um jegliche Einmischung von Sprachvorgaben, Denkmustern und Lesarten zu vermeiden.

Ein Schriftsteller wie Kafka, der allein seiner Sprache lebt und Begriffe wie das »Reine«, »Wahre« (T, S. 838; J, S. 36) oder »Unzerstörbare« (N II, S. 55, S. 65f.) im Munde führt, kann jedoch nur existieren, wenn er aus dieser Dekonstruktion eine Gestaltungsaufgabe macht und aus dem Nichtsprechen ein Anderssprechen wird. Das setzt eine Ästhetik des Mysteriums voraus, die sich von der des Rätsels und der des Geheimnisses unterscheidet. Rätsel wie Geheimnisse enthalten in der Regel Wissen vor, das irgendwo vorhanden ist oder sein wird. Mysterien dagegen sind von allen ungewusst und werden ungewusst bleiben, auch dann, wenn sie nur die Eingeweihten (Mysten) zu wissen scheinen. Potenziell sind sie als »heilig-öffentliches« Geheimnis, wie Goethe es nennt, auch kollektives Eigentum. Nur wenn dies Unbekannte im gesellschaftlichen Leben ein scheinbar Bekanntes ist, kann sich ein Ritual daraus kristallisieren, das die Gemeinschaft auf die gemeinsame Suche nach Wahrheit und letzter Wirklichkeit verpflichtet. Dabei bleibt jedoch immer im Bewusstsein, dass das Gesuchte, mit Meister Eckeharts Worten (1955, S. 22), ohne »bezeichenunge« ist. Dass der Suchende deshalb nicht findet, ist mitgedacht; auch übrigens dass er nicht findet, weil die Suche ihn an der Nicht-Suche hindert: »Wer sucht findet nicht, wer nicht sucht, wird gefunden« (N II, S. 63).

Suche ist das Thema innerhalb wie außerhalb von Kafkas Geschichten. Es ist auch die Suche nach dem suchenden Menschen, die ohne die Schreckensvisionen des Unmenschen nicht auskommt. Sein früher Tod mit genau der Anzahl an Jahren, wie der Hungerkünstler (und Christus, Moses, Elias) Fastentage ableisten: ein Tod, an dem die Unterernährung entscheidenden Anteil hat, ist eine klare Antwort auf die mehr denn je überlebenswichtige Frage: Was ist der Mensch? – *Ecce homo,* heißt die Antwort. Der Mensch ist – der Mensch. Die Ästhetik, die dieser Antwort entspricht, geht mit der Demontage der metaphysischen Bestrebungen einher, die aus der Hypostasierung des Logos erwuchsen. Aus dieser Destruktion entsteht ein Rigorismus der Eigentlichkeit. Dieser findet im Textritual den kleinsten gemeinsamen Nenner des Kunstschaffens und in Anschauungen der Naturimmanenz den Garanten für kosmisches In-der-Welt-Sein. Kafka fand solche Anschauungen bereits als 16/17-jähriger Gymnasiast bei Baruch Spinoza, Friedrich Nietzsche und Ernst Haeckel reflektiert und propagiert (vgl. Oberlin i.Vorb.).

Wiederum ist es Campbell (1989, S. 166), der in den neolithischen Kosmologien diesen gemeinsamen Nenner gegeben sieht. Gerade vor dem Hintergrund dieser Überlegungen wird Kafkas bewusste Mittelposition zwischen Archaik und Postmoderne, wird die Stellung »Vor dem Gesetz« überaus deutlich:

> »C: In den Vegetationstraditionen stößt man auf diese Vorstellungen einer Identität hinter dem Oberflächenschein von Dualität. Hinter all diesen Manifestationen ist das eine ein Strahlen, das durch alle Dinge hindurchscheint. Die Funktion der Kunst ist es, dieses Strahlen durch den geschaffenen Gegenstand zutage zu bringen.
>
>   M: Daß Tod Leben und Leben Tod ist und daß die zwei in Einklang sind?

C: Daß man zwischen Tod und Leben ein Gleichgewicht herstellen muß –
es sind zwei Aspekte derselben Sache, des Seins, des Werdens.«

Dass es gerade der Logos ist, die Welt des aufgliedernden, herrschenden, transzendierenden, ja transzendentalen Wortes, die hier verlassen wird, erhellt aus der reichlichen Musikmotivik in Kafkas Werk. Sie unterliegt bezeichnenden Abschattierungen, ja Verfremdungen, über die viel gerätselt wurde. Beispiele dafür sind »ein nicht zu unterdrückendes, schmerzliches Piepsen« (D, S. 119) in der *Verwandlung* oder jenes »Pfeifen« bzw. »tierische Piepsen« in »Josefine« (E, S. 167), aber auch die »nur dem Hundegeschlecht verliehene schöpferische Musikalität« (N II, S. 490) in den »Forschungen eines Hundes«. Beide zuletzt genannten Werke sind Spätwerke, die Spuren von Kafkas Lungenleiden verraten und sein eigenes Verstummen zu antizipieren scheinen. Nimmt man die ein Jahrzehnt ältere *Verwandlung* als Messpunkt, kann man die Entwicklung des Motivs zu einem der Entsinnlichung und »Stummheit« beobachten. Verstummen bedeutet jetzt noch entschiedener Verwesentlichung im mystischen, wiederum Eckehart'schen Sinn als *Entsagung*. »Stummheit gehört zu den Attributen der Vollkommenheit«, schreibt Kafka im November 1917 (N II, S. 50). Im Dezember greift er den Gedanken wieder auf: »Der Himmel ist stumm, nur dem Stummen Widerhall« (N II, S. 58). Schon eine Oktavheftseite danach heißt es erklärend: »Die Sprache kann für alles außerhalb der sinnlichen Welt nur andeutungsweise, aber niemals auch nur annähernd vergleichsweise gebraucht werden, da sie entsprechend der sinnlichen Welt nur vom Besitz und seinen Beziehungen handelt« (N II, S. 59).

Entsprechend relativiert, ja negiert er die Sprache als Transport- und Beschaffungsmittel der transzendierenden Erkenntnis: »Denn Worte sind schlechte Bergsteiger und schlechte Bergmänner. Sie holen nicht die Schätze von den Bergeshöhn und nicht die von den Bergestiefen« (N I, S. 8). Was allerdings die (Wort-)Kunst anlangt, so scheint sie gleichwohl legitim, allerdings nur in der Verzerrung als »Fratze«, die den Widerschein der Wahrheit sichtbar macht: »Die Kunst ist ein von der Wahrheit Geblendetsein: Das Licht auf dem zurückweichenden Fratzengesicht ist wahr, sonst nichts« (N II, S. 62).

Das bis zur Konterkarierung verfremdete Musiksymbol wird in

diesem Licht zum Eigentlichkeitszeichen vor allem dadurch, dass es die *Ent-sagung* als Schweigemodus in die Form hineinverlegt. So kann es dem Format nach Träger des Absoluten sein, während es dem Gehalt nach »Unsagbarkeit«, »Namenlosigkeit« oder auch »Nichts« bedeutet. Es besitzt einerseits die Erhabenheit des Numinosen, ist jedoch nur als »Summen« (S, S. 36), »Rauschen des Meeres« (B II, S. 55), ja als »Gesang fernster, allerfernster Stimmen« (S, S. 36), »Nachrichten vom ›Pontus‹« (B II, S. 55) von weit her vernehmlich. Ovids Exil am Ποντος Ευχεινος, Vorposten des Römischen Reiches im Barbarenland am heutigen Schwarzen Meer, zeichnet für letztere Fantasie verantwortlich, mit der sich Kafka immer wieder identifiziert, so in den Erzählungen »Beim Bau der Chinesischen Mauer«, »Schakale und Araber« und natürlich vor allem in der »Josefine«-Erzählung, die den Volkscharakter der Mäuse aus deren Diasporasituation herleitet.

Man könnte von einem »Restzeichen«, einem depravierten Symbol sprechen, das seine Botschaften dematerialisiert, bevor es sie sendet. Sein paradoxer Zeichencharakter besteht in der Geste, die das Noch-nicht-Gesagte zurücknimmt. Dieser Umschlag ist dem Zeichen gewissermaßen eingeschrieben und verursacht ein ständiges Oszillieren zwischen Negation und Bestehen: die Frequenz, auf der Kafka sendet und empfängt (die technischen Analogien bei ihm sind mannigfach). Noch der Träumende in jenem Brief vom Januar 1913, der auf der Brücke oder am Quai stehend »nichts zu hören bekam, als einen traurigen mächtigen wortlosen Gesang«, »ließ nicht ab und gieng nicht weg«, *obwohl* er doch »begriff […], daß es für Menschenstimmen nicht möglich war, sich durch diese Töne zu drängen« (B II, S. 55). Da ist dem »Gesang« noch eine gewisse, wenn auch unverständliche Botschaft eingeräumt, wohingegen im »Schweigen der Sirenen« einige Jahre später die »gewaltigen Sängerinnen« »eine noch schrecklichere Waffe als ihren Gesang, nämlich ihr Schweigen« an den Tag legen, um Odysseus zu vernichten (N II, S. 40). Solchem »Nicht-Gesang«, ob vernehmlich oder nicht (denn das steht infrage), lässt sich nun nicht mehr mit Verweilen begegnen. Gerade im Nichtsingen drückt sich die Negation geistiger (ideologischer, religiöser) Überkonstruktionen aus.

Marianne Schuller (2002, S. 225) hat zuletzt in Anlehnung an Freud völlig richtig darauf hingewiesen, dass die Verneinung, indem sie konstitutiv für das Musiksymbol in »Josefine« ist, letzlich dessen narrative Dekonstruktion leistet. Sie kommt zu dem entscheidenden Schluss, dass »[d]ie Verneinung Musik als unerreichbares Objekt [konstituiert], das symbolisch nur unter der Form, es nicht zu sein, zur Darstellung kommen kann«. Warum dies so ist, bleibt bei Schuller aber noch offen. Klar scheint nur, dass auch »das Verlangen nach diesem Glücks-Objekt, das die Musik vielleicht ist, [...] von der Verneinung betroffen [wird]«.

Kafka geht es jedoch noch um etwas anderes. Indem er das »unendliche Objekt«, wie Pascal es als Reminiszenz des Gottesglaubens thematisiert hat (ich komme weiter unten darauf zurück), als leere Utopieformel markiert – dies eben leistet die Dekonstruktion –, erscheint das Verschwinden des referenziellen Zeichens als ästhetische Hygienemaßname, die nicht nur den »Schwulst« bannen, sondern Kunst in den (kollektiven) Mythos zurückführen soll.

Das Musiksymbol bei Kafka enthält also seine eigene Auflösungsformel, nicht gerade als Antisymbol, denn es will ja auch in der *Ent-sagung* noch sagen, sondern als Tabuzeichen, das jeglichen Redeversuch als ein falsches *on dit* untersagt. Es bezeichnet poetologisch die »letzte irdische Grenze« (T, S. 878) des Sagbaren, liegt damit in der mythischen Zone, in der das Verlangen nach dem Ritus präsent ist, während dessen Sinn längst vergessen ist. Wenn die ihrer Musikalität wegen gepriesenen Hunde in den »Forschungen eines Hundes« die höchste Stufe ihrer Kunst darin erlangen, dass sie »schwiegen« (N II, S. 490), während sie doch aus dem leeren Raum eine alles überwältigende Musik emporzaubern, dann handeln sie semiologisch »gegen das Gesetz« (N II, S. 431), denn sie leben ihrer Bestimmung zur Desymbolisierung, die freilich einer Symbolisierung des Nichtbezeichenbaren gleichkommt und damit das Performative im Akt des Sprechens zum selbstreferenziellen Bedeutungsträger macht. »Sie hatten wirklich Grund zu schweigen, vorausgesetzt daß sie aus Schuldgefühl schwiegen« (N II, S. 432).

»Nahrung« steht auch in dieser noch im selben Jahr, bald nach dem »Hungerkünstler«, entstandenen Geschichte für die zu überwindende Illusion der Fülle, die doch als magischer »Sprachmundraub« verwerflich wäre. So erhebt sich die Frage, wie die Hunde ihr Schweigeexperiment, ja »ihr verschwiegenes Wesen« (N II, S. 481) überhaupt physisch bewältigen können. Der forschende Hund möchte erschließen, wie denn dieses Schweigen mit der »Lehre von dem die Nahrung herabrufenden Gesang« vereinbar sei. Aber just dort, wo es um eine Antwort auf diese Frage geht, verfällt die Erzählung selbst dem Schweigen und bricht als Fragment ab. Die Antwort gibt erst der Hungerkünstler mit seinem tödlichen Experiment, gibt Josefine, die »zu einer Zeit, wo ihr Gesang erwartet wurde, verschwunden war«, nachdem bereits »ihr letzter Pfiff ertönt und verstummt« war (D, S. 375f.).

Nicht nur die Formulierung »von dem die Nahrung herabrufenden Gesang« ruft Assoziationen an den Orpheus-Mythos wach, in welchem doch der Gesang ein Totenweckruf ist. So wie dort die *Ent-sagung* mit der Zerstörung des magischen Banns beginnt, die der Blick auf die dem Hades entsteigende Eurydike bewirkt, und mit der Konzentration auf den alle Sprachgrenzen überschreitenden Gesang, auf eine »Allwesensprache« endet, so entwickelt das Musiksymbol bei Kafka eine Konzentration auf mystische Reduzierung, die nur durch Relativierung, Depravation und schließlich Aufhebung des Sprachzeichens gelingt. Das »Rauschen« ist bei diesem Autor nicht nur im Nebenklang technischer Bestandteil der noch jungen Telephonie und damit die jeder »Hörmuschel« (S. 36) eigene »Sprache« (des Meeres), sondern ein Laut, der so signifikant *nichts*-sagend ist, dass er das Unsagbare repräsentieren kann. Die oben erwähnten »Nachrichten vom ›Pontus‹«, die Kafka in einem Traum aus »zwei Telephonhörmuscheln« zu Ohren bekommt, sind (*pons*: lat. Brücke) »Brückensignale« von einer anderen, übersinnlichen, jedoch nicht übernatürlichen kosmischen Welt.

Dass es zur Entwicklung des entsprechenden Gehörs eines Konzentrations- und in der Folge Reduktionsprozesses bedarf, der in der Entsinnlichung des Körperlichen mündet, ist, wie mehrfach erwähnt, gnostisches Erbe. Darüber hinaus aber klingt gerade darin (und »klingt« wirklich) der Orpheus-Mythos an, insoweit der sagenhafte Kitharode sich mit dem Tod Eurydikes versöhnen muss, will er als Mensch und Künstler weiterleben. Das Bündnis mit dem Tod bedeutet an sich schon eine besondere Art der Entsinnlichung, was *ex positivo* im Motiv des Totentanzes deutlich wird, der angesichts des Endes noch einmal eine starke, ultimative Versinnlichung auslebt, um damit den Untergang der Sinnenwelt zu präludieren.

Vom Mystischwerden der sich entsinnlichenden Kunst zur Allegorie des Hungerkünstlers ist es ein kleiner Schritt. Kafka beschreibt diesen Vorgang schon im Januar 1912 ausführlich in Bezug auf sein eigenes Schreiben:

> »In mir kann ganz gut eine Koncentration auf das Schreiben hin erkannt werden. Als es in meinem Organismus klar geworden war, daß das Schreiben die ergiebigste Richtung meines Wesens sei, drängte sich alles hin und ließ alle Fähigkeiten leer stehen, die sich auf die Freuden des Geschlechtes, des Essens, des Trinkens, des philosophischen Nachdenkens, der Musik zu allererst richteten. Ich magerte nach allen diesen Richtungen ab« (T, S. 341).

Die »Koncentration auf das Schreiben hin«, verbunden mit schwindender Körperlichkeit, endet schließlich im »stummen Laut« der bis an jene »letzte irdische Grenze« (T, S. 878) getriebenen Kunst, die dem Mythos einerseits und der (christlichen, kabbalistischen, östlichen) Mystik andererseits am nächsten ist. Das griechische Wort μυειν mit seiner Grundbedeutung »Augen oder Lippen schließen, verstummen« kann in beidem gehört werden.[10]

Akzentuiert man den Mythos als vorliterarische Kunstform, könnte man nun zwar, wie Bauer-Wabnegg (1986, S. 177), vom »Untergang« der Literatur sprechen. Jedoch sollte man nicht darüber hinwegsehen, dass in diesem ästhetischen Anachronismus nichts Geringeres als eine Regeneration naturnaher Sprechweisen angestrebt ist und damit, denkt man an den Ursprung der Literatur im Mythos, gerade eine Authentisierung der literarischen Form. Wenn daher Neumann (1990, S. 393) zu dem Schluss kommt, dass »[e]s scheint, als sei Musik ein Medium, das jenseits aller kulturellen Zeichen ein innig Naturhaftes und Körperwahres, eine ›unbekannte und ersehnte Nahrung‹, repräsentiert«, dann bedarf dies der Richtigstellung. Zwar repräsentiert die Musik die »ersehnte Nahrung« tatsächlich, lässt aber doch erst in der Demontage, im Widerruf ihres hohen Anspruchs »ein innig Naturhaftes und Körperwahres« erahnen.

---

10 »μυέω, in die Mysterien einweihen; μυεῖσθαι τὰ μεγάλα, sc. μυστήρια, in die großen Mysterien eingeweiht werden; τὰ Καβείρων ὄργια μεμύηται, er ist in den geheimen Dienst der Kabiren eingeweiht; οἱ μεμυημένοι, die Eingeweihten«; »μυγμός, ὁ, u. μυγμή, ἡ, der Ton, den man hervorbringt, wenn man mit geschlossenen Lippen den Atem heftig hervorstößt, Stöhnen, Seufzen« (vgl. http://www.operone.de/griech).

Nicht die Musik als solche beleiht den Mythos (wenn wir diesen als die naturnächste Stufe menschlicher Artikulation betrachten), sondern deren reduzierteste menschliche Ausdrucksform: im Tierlaut als »Pfeifen« oder »Piepsen« (E, S. 167; D, S. 119), im technischen Geräusch als »Rauschen« oder »Summen«. Führt man den Mythos auf seine sprachliche Wurzel zurück, ließe sich in diesen Lauten der zivilisatorische Übergang zur Sprache – Agamben (2001, S. 95) würde sagen: zur Fabel – bestimmen.

Gerade also das »Unmusikalische« steht für Kafka, bei seiner eingestandenen »Unmusikalität« (T, S. 291), für das Authentische, das er im dualistischen Schema nicht ohne Entsinnlichung denken kann (was materiell gesehen einer Depravierung gleichkommt). Nicht umsonst heißt es von Josefines Mäusegesellschaft nachdrücklich, dass sie »doch ganz unmusikalisch« sei (D, S. 350f.). In dieser Eigenschaft nähert sie sich dem geistigen Reifestadium, das Weisheit und – im buddhistischen wie im mystischen Sinn – kosmische Integration durch *Ent-werdung* (auf der Skala der Individuation) bedeutet. Nicht jung genug, heißt es, sei dieses Volk, um sich von den (platonischen) Attraktionen der Musik täuschen zu lassen:

> »Wir haben keine Jugend, wir sind gleich Erwachsene, und Erwachsene sind wir dann zu lange, eine gewisse Müdigkeit und Hoffnungslosigkeit durchzieht von da aus mit breiter Spur das im ganzen doch so zähe und hoffnungsstarke Wesen unseres Volkes. Damit hängt wohl auch unsere Unmusikalität zusammen, wir sind zu alt für Musik, ihre Erregung ihr Aufschwung paßt nicht für unsere Schwere« (D, S. 365).

Kafka verfremdet also sowohl das Motiv der Musik als auch das der Kindheit, das sogar gegenbildlich zur weisheitsgeläuterten Welt des Alters als »unausrottbare Kindlichkeit« (D, S. 364) aufgerufen wird und damit einen durchaus frühromantischen Kontext vorgibt. Musik, das Motiv der metaphysischen Sinnkonkretion, wird in die Schranken nicht der rationalen Kontrolle gewiesen, sondern der ästhetischen Disziplinierung, die den Ästhetizismus als Blendwerk ausschließt. Kafka ist zu reell, um anderen und vor allem sich selbst die Sinn-Illusion durch entsprechende Zeichenkonstruktionen zu erlauben. Ausdrücklich verwirft er das Brillieren mit dem schönen Schein der Wahrheit, der von schönen Worten und Bildern ausstrahlt. »Die Kunst«, um diesen wichtigen Satz zu wiederholen, »ist ein von der Wahrheit Geblendetsein.« Will sie sich behaupten, will sie also den Abglanz noch sichtbar machen, muss sie sich verbergen, ja sich vernichten: »Das Licht auf dem zurückweichenden Fratzengesicht ist wahr, sonst nichts« (N II, S. 62).

Sein Programm der Eigentlichkeit »reduziert« Anklänge an die musizierenden Sphären des einstigen Kosmos zu bedeutungsleeren Rudimenten. Josefines »Nichts an Stimme, dieses Nichts an Leistung« (D, S. 362), ja »die möglichste Nichtigkeit« auf dieser Entsinnlichungsstufe zeichnen den mystischen Zeichenminimalismus aus, der die »Schwere« des Volkes gerade nicht bestätigt, sondern aufhebt. Von ihr heißt es, »wenn darin etwas von Musik enthalten sein sollte, so ist es auf die möglichste Nichtigkeit reduziert; eine gewisse Musiktradition wird gewahrt, aber ohne daß uns dies im geringsten beschweren würde« (D, S. 366).

Egyptien und Hofmann (2001, S. 57) haben auf die »ostjüdischen Anklänge« in diesem Musikbegriff hingewiesen. Sie zitieren den jiddischen Autor Itzchak Leib Perez (1936, S. 69f.) mit einem Text aus seiner Erzählung »Die Kabbalisten« von 1936. Dort erscheint das Musikmotiv aus der kabbalistischen Mystik hergeleitet und weist manche Parallele zu dem in Kafkas »Josefine« auf, wie wir gesehen haben:

> »Sagen wir: die Stimme steht auf der Grenze zwischen Geistigem und Stofflichem! Aber wie dem sei – die Melodie, die in der Stimme gehört wird, die von den Lippen abhängt, ist noch nicht rein, noch nicht gänzlich rein, noch nichts wahrhaft Geistiges. Die wahre Melodie aber singt sich ganz ohne Stimme, im Inneren singt sichs, im Herzen, im Eingeweide.«

Kafkas Ästhetik des Logopurismus ist also letztlich auf die »feierliche Stille« (D, S. 354) gegründet. »Stiller Frieden«, heißt es schon am Anfang der »Josefine«-Erzählung, »ist uns die liebste Musik« (D, S. 350). Seine »Unmusikalität« (T, S. 291) erscheint danach als Absage an eine Musik, die mit den Sinnen kokettiert, statt diese zu vergeistigen, und die somit »eine Multiplikation des sinnlichen Lebens« darstellt (J, S. 97). Nach solchen Programmaussagen ist Ästhetik ein für allemal in Relation zur Kant'schen sprachkritischen Erkenntnisphilosophie und Epistemologie gesetzt, die Kafka allerdings unbekannt war. Kleists sogenannte »Kant-Krise« ist aufgerufen, die eine Wahrnehmungssubjektivierung weit über Kant hinaus voraussetzt.

Das Einmalige an Kafka ist jedoch nicht dieser erkenntniskritische Nachhall der »grünen Brille«, sondern eine Symbolik, die auf die Negation von

Sprachmagie und den Vollzug des mythischen Sprechrituals setzt. Sprache ist physisches Sprachhandeln: Sprechen und Schreiben. In letzter Konsequenz ist damit eine *Entschriftlichung* bei gleichzeitiger *Verkörperung* der Schrift verbunden. Die Naturalisierung der Sprache führt vom Buchstaben zum Laut und im Laut erst wird Sprechen Natur. Eine gewisse Analogie zur animalischen Welt ist damit gegeben. Man darf hier mit Fug auch an das »Gebrüll« des (dionysischen) Schattens im *Zarathustra* denken, ein Gedanke, den ich an anderer Stelle vertieft habe (Oberlin i.Vorb.).

Welch dramatische Demonstration einer solchen Verkörperung gibt Kafka selbst! Wie wird Ästhetik hier zu Vita und »Lebenskunst«! Sein ganzes Leben als Schriftsteller somatisiert er sein Verhältnis zur Sprache, stirbt schließlich, der Stimme beraubt, an Kehlkopftuberkulose! »Ich habe kein litterarisches Interesse sondern bestehe aus Litteratur«, schreibt er an Felice Bauer und fährt fort, »ich bin nichts anderes und kann nichts anderes sein« (B II, S. 261). Im selben Brief vom August 1913 umreißt er, von der Forschung trotz gelegentlicher Erinnerung (u.a. Neumann 1990, S. 397) viel zu wenig und vor allem zu oberflächlich beachtet, anhand einer Geschichte seine Poetologie der Eigentlichkeit:

> »Ich habe letzthin in einer ›Geschichte des Teufelsglaubens‹ folgende Geschichte gelesen. ›Ein Kleriker hatte eine so schöne süße Stimme, daß sie zu hören die größte Lust gewährte. Als ein Geistlicher diese Lieblichkeit eines Tages auch gehört hatte, sagte er: das ist nicht die Stimme eines Menschen, sondern des Teufels. In Gegenwart aller Bewunderer beschwor er den Dämon, der auch ausfuhr, worauf der Leichnam (denn hier war eben ein menschlicher Leib anstatt von der Seele vom Teufel belebt gewesen) zusammensank und stank.‹ Ähnlich, ganz ähnlich ist das Verhältnis zwischen mir und der Litteratur, nur daß meine Litteratur nicht so süß ist wie die Stimme jenes Mönches« (B II, S. 261f.) .

Es sind die bekannten Motive, die aufs Neue an *Faust* erinnern: der Teufelspakt, bei welchem dem Kleriker/Schriftsteller die »schöne süße Stimme« statt einer Seele eingegeben wird. Solcherart dämonisiert, erscheint das stimmliche Vermögen erneut als »Lohn für Teufelsdienst« (GW, Bd. 9, S. 384), wie die zehn Jahre ältere Formulierung heißt, die dann mythologisch stimmig – Goethes Mephistopheles zeichnet als »Herr der Ratten und der Mäuse« (Goethe 2000, V. 1516) – in der pfeifenden Maus Josefine ihren Niederschlag findet.

Wenn seine »Litteratur nicht so süß ist wie die Stimme jenes Mönches«, dann ist das jenem Prozess der Entsinnlichung geschuldet, der Kafkas Logopurismus begründet und der freilich analog zum Exorzismus den Zerfall (»Zusammenfall«) und somit Krankheit und Tod des Schriftstellers mit sich bringt. Der *Ent-zug* also des Dämons bedeutet auch das physische Ende der »Litteratur«. Die magische Inkorporation des Sinns im platonischen, religiösen Logos kann nur mit einer tödlichen Austreibung rückgängig gemacht werden. Damit ist als ethische Todsünde markiert, was von Natur aus eine ästhetische Todsünde ist: Das magische Bündnis mit dem Überzeichen, »Frucht« des Erkenntnishungers, führt zur Verfremdung, dann Abschaffung der Zeichensprache im Verstummen. Reinhard Margreiter hat das typische Sprachgebungsdilemma der Mystik einmal so beschrieben:

> »Die Gleichzeitigkeit zweier widersprüchlicher Intentionen – nämlich: völlige Symbollosigkeit und (eben damit) einen Total-Symbolismus zu konstruieren – führt (bildlich gesprochen) zu einem Zerbrechen (einer Implosion) des Symbolischen als solchen.
>
> Die Implosion erfolgt, weil die für alle normale, partikulare Symbolik konstitutive Differenz zwischen Symbol und Wirklichkeit einerseits und zwischen verschiedenen Symbolsystemen andererseits ausgelöscht ist.
>
> Der Rücknahme-Versuch aller Symbolisierung ist ein Rücknahme-Versuch aller gewohnten Orientierung und Sinnstiftung. Er kann daher sowohl als Erfüllung wie als Bedrohung der menschlichen Existenz empfunden werden« (Margreiter 1997, S. 548).

Die der Schriftstellerexistenz innewohnende Doppelgefahr des künstlerischen wie körperlichen Scheiterns wird hier am Beispiel eines Paradigmenwechsels beschrieben, wie er für die Mystik jeglicher Couleur typisch ist. Die Demontage referenzieller Kontiguitäten, wie sie in der physischen Arbeit am Zeichen vorgenommen werden muss, stellt den Mystiker wie den Schriftsteller vor die Aufgabe der Neusymbolisierung, die über die »Symbollosigkeit« führen muss und oft genug darin stecken bleibt. Dabei ist bei Kafka entscheidend, dass sein Weg der Kunst, wie die Vita zeigt, den körperlichen Zerfall bedeutet, und zwar trotz aller, ja absurderweise *wegen* aller metaphysischen Enthaltsamkeit – im oben zitierten Brief an Felice Bauer gibt Kafka sich als »gar nicht ›überaus sinnlich‹« aus und bescheinigt sich »großartige eingeborene asketische Fähigkeiten« (B II, S. 261).

Fortwährend also und ungeachtet der Vorsätze zur platonischen Abstinenz müssen der unselige »Versucher« und mit ihm die Versuchung zur Überschreitung der Erfahrungsgrenzen dem Körper (und Geist sowieso) ausgetrieben werden. In genauer Analogie zum Orpheus-Mythos ist die »schöne süße Stimme« der magische Schlüssel zur Unterwelt. Solange er in der Hand des Sängers ist, scheinen die Naturgesetze aufgehoben, eine Illusion, die schon von dessen erstbester menschlicher Reaktion Lügen gestraft wird. Von diesem Augenblick an wird das Objekt des Begehrens zum nachhaltig tödlichen Introjekt. Die Inkorporation wird im psychologischen Bild ganz besonders deutlich.

Unschwer ist in dieser Struktur des Scheiterns auch eine Reminiszenz des biblischen Genesismythos zu erkennen, der dem Menschen kein anderes Los bestimmt als die unumkehrbare Vertreibung aus dem Naturparadies. Kafka hat sich wie sein »Blutsverwandter« Kleist, der ihn nicht nur in seiner Erzählung »Über das Marionettentheater« gestaltet, gerade mit diesem Mythos intensiv auseinandergesetzt, wobei er, kaum mehr zu unserer Überraschung, die Pointe auf die verbotene »Nahrung« setzt. Essen bedeutet Erkennen dessen, was man nicht erkennen soll, weil man das Erkannte nicht zu leben vermag. Er spricht von der Unfähigkeit, »ihr [der Erkenntnis, Vf.] gemäß zu handeln« (N II, S. 132). Wir Menschen seien »nicht nur deshalb sündig, weil wir vom Baum der Erkenntnis gegessen haben, sondern auch deshalb, weil wir vom Baum des Lebens noch nicht gegessen haben«. In genauer Kenntnis des Genesistexts erinnert er daran, dass die Vertreibung aus dem Paradies nicht wegen des Sündenfalls geschehen sei, sondern »damit wir nicht von ihm [dem Baum des Lebens, Vf.] essen« (N II, S. 131). Aus der *causa* wird ein *finis*, demzufolge wir uns also noch im Paradies aufhalten müssten. In der Opposition »Baum des Lebens«/»Baum der Erkenntnis« schneidet letzterer zwar auf den ersten Blick als »Baum des Todes« ab, doch in der Ausweitung des Essensbanns auf den »Baum des Lebens« wird auch dieser mit dem Tod assoziiert. Nicht nur das *peccatum originale* bedingt daher die Sterblichkeit der Kreatur, sondern auch das flammende Cherubsschwert, das »den Weg zum Baum des Lebens zu behüten« (Gen. 3,24) hat.

Die »Todesdrohung beim Verbot des Essens vom Baume der Erkenntnis« (N II, S. 132) – »denn am Tage, da du davon issest, musst du sterben« (Gen. 2,17) – wird also durch das zweite Essverbot erst vollzogen. Da das mythische Menschenpaar nunmehr dem Tod geweiht ist, konnotiert »Nahrung« mit Tod und Leben gleichzeitig. Diese semantische Ambiguität, wie sie in der Metaphysiksymbolik möglich ist, macht Abstinenz zum Überlebensmittel, begünstigt daher die asketische Auszehrung. Nahrung als toxische Frucht schafft so den Quantensprung zum »Manna«, der »Götterspeise«, die auch noch in der Wüste vom Himmel fällt. Absurde Denkfiguren bilden den Dualismus ab, darunter ist die einfachste: »Je weniger ich lebe, desto mehr esse ich« – die schwierigste: »Je mehr ich lebe, desto weniger esse ich« oder die erbarmungsloseste: »Je weniger ich esse, desto mehr lebe ich.«

Um hier noch einen Sinn zu erkennen, muss zwischen »essen« und »essen«, »leben« und »leben«, »Nahrung« und »Nahrung« so gründlich unterschieden werden, dass keine Verwechslung mehr möglich ist. Wenn sich Heterogenität in Homologie verbergen soll, muss eine psychische Relaisschaltung für die Aufrechterhaltung der Spaltung bzw. für die Lebensfähigkeit des Widerspruchs sorgen. Die symbolbildenden Operationen des Logos erlauben dann die Überblendung von Erfahrungswelt und Sprachwelt, sobald der Bedeutungspfeil auf das Zeichen zurückzeigt und somit Bedarf nach bedeutungsstiftender neuer Kontiguität entsteht. Religion wird als Sprachschöpfung erkennbar; der Sprachschöpfer als Schöpfer *par excellence*; der Sinn des Zeichens als Sinn des Sprechens.

Metaphysische Konstruktionen entstehen durch *Über-redung*, *Besprechung*, *An-singen* und Beschwörung – mit einem Wort: durch Sprachzauber. Die »Sache« Gottes ist Chefsache der Sprache selbst, die sich nicht umsonst zum Logos befördert hat. Das Gehirn ist täuschbar, weil es eine Seele hat, die darin waltet, wie es ihr beliebt. Der Punkt der Wahrheit ist immer die Psyche. Ihre Symbolsprache zu verstehen, verlangt Einblicke in die Primärsprache des Traums, in der sogar Umkehrverschiebungen (eine Sache bedeutet ihr Gegenteil) semantischer Alltag sind. Um den Sprung in den totalen Symbolismus zu kaschieren, erhält »Gott« ein dialektisches Komplementärzeichen, den »Teufel«. Die im Grunde bereits polytheistische Opposition, die in Wirklichkeit eine Allianz ist, erlaubt es, die sinnliche Welt ohne Widersprüche im metaphysischen Kosmos aufgehen zu lassen, sprich die Begriffsgrenzen wie die Weltenübergänge fließend zu machen.

In diese Verlegenheitskonstruktion, welche die alte vegetationszyklische Gesamtimmanenz vorspiegelt, muss nur noch ein Mechanismus eingebaut werden, der verhindert, dass sie durchschaut wird. Das kann eine sophistische Tarnkappe oder ein Tabu sein. Im biblischen »Fall« wird das Erkennen selbst tabuisiert als eine dem Geistig-Göttlichen vorbehaltene Tätigkeit, der man als Mensch nur um den Preis der Auszehrung nachgehen kann. Was Kafka als »Wüten Gottes gegen die Menschenfamilie« bezeichnet und für ein »unbegründete[s] Verbot« hält (T, S. 789), ist in Wirklichkeit eine mystagogische, ja pädagogische Maßnahme. Die »Todesdrohung«, die in der Folge mit Satan assoziiert ist, ähnelt dem Schweigegebot des Mysten, das ihn mit anderen Kultteilnehmern verbindet, indem es ihn von Nicht-Mysten unterscheidet. Wittgensteins Schlusssatz seines *Tractatus logico-philosophicus*, »Wovon man nicht sprechen kann, darüber muß man schweigen« (2003, S. 111, Nr. 7), demonstriert nicht nur, dass Sprachphilosophie nötig ist, sondern enthüllt auch, warum gerade das Schweigen die religiöse Begriffswelt seit je vor der Demontage bewahrt hat.

Der magische Quantensprung, den uns noch Rilke demonstriert, indem er ihn rhetorisch demontiert, mündet also bei Kafka in eine Semiotik, die das Zeichen benutzt, um das Nichtzeichen zu propagieren. Kafkas ganze Kunst besteht geradezu in der Selbstbehauptung des Zeichens angesichts seiner Abschaffung, der absurden Zeichenhaftigkeit des Nichtbezeichnenden. Seine Testamentbeschlüsse, die auf Vernichtung seines Werks lauten, wurzeln in der vielfach erprobten und erlittenen Einsicht, dass das Bezeichnende kein Signifikat enthält außer sich selbst; dass eine Geschichte nichts als ihre Geschichte erzählt.

Dass dieses Skandalon selbst von symbolstiftender Signifikanz ist, mag Kafka geahnt haben. Es hat ihn, ganz »gegen das Gesetz« (N II, S. 431), berühmt gemacht. Orpheus, der den Schlüssel zur Unterwelt wieder zurückgab, stand dabei Pate, wie der Autor die »schöne süße Stimme« aus der Taufe hob, um damit Naturlaute wie Josefines Pfeifen anzustimmen. Das Ergebnis ist eine buchstäbliche *low-key*-»Litteratur«, die die Sprache des physikalischen Kosmos spricht, welche alle verstehen, die Ohren haben zu hören. Eurydike, als Klang, als Reminiszenz des Magischen, von dem zu scheiden war, schwingt darin immer mit als »unendliches Objekt«. Als solches bezeichnete Pascal den Kern der menschlichen Unruhe, das Movens der lebenslangen Suche nach dem

verlorenen (oder verloren geglaubten) Glück. Kafka war mit Pascal vertraut, wie der Jugendfreund Willy Haas berichtet (E, S. 84f.). Er könnte
auch diese Sätze aus den *Pensées* gekannt haben:

> »Qu'est-ce donc que nous crie cette avidité et cette impuissance, sinon
> qu'il y a eu autrefois en l'homme un véritable bonheur dont il ne lui reste
> maintenant que la marque et la trace toute vide, qu'il essaye inutilement de
> remplir de tout ce qui l'environne, en cherchant dans les choses absentes le
> secours qu'il n'obtient pas des présentes, et que les unes et les autres sont
> incapables de lui donner, parce que ce gouffre infini ne peut être rempli
> que par un *objet infini* et immuable?«[11] (Pascal 1971, S. 36)

Die längst als Kreisen durchschaute Suche nach der verlorenen Harmonie der Welt verbindet Kafka mit Kleist, die beide auf Goethes Schultern stehen und Faust soviel verdanken wie Orpheus. Dass auf dieser
Suche Mythen entstehen, ist nicht verwunderlich. »Kafkas Werk ist ein
Beweis dafür, dass in der modernen Literatur der Mythos sich nicht
so leicht liquidieren lässt« (Reffet 2005, S. 215). Denn selbst (oder erst
recht) im Kreisen erkennt man den Drang nach Richtung auf ein Ziel
hin, das unsichtbar bleibt. Albert Camus hat sich Sisyphos »glücklich«
vorgestellt (»Il faut imaginer Sisyphe heureux«, heißt es im *Mythe de
Sisyphe* unmittelbar vor dem Kafka-Anhang); und auch Kafkas Sisyphus wirkt nicht so verzweifelt, wie es auf den ersten Blick den Anschein hat oder wie man es ihm gerne unterstellt: »Sisyphus war ein
Junggeselle« (T, S. 881). Beide agieren in einer mythologischen Welt,
aus der die Mythologien verschwunden sind. In ihren Gesten, ihrem
Verhalten, ja in ihrer angeborenen Orientierung liegt ein »Als-ob«, das
sie als ehemalige Bewohner einer kosmischen Ordnung verrät. Auch
Born (1988, S. 76) sieht darin den

---

11 »Was anderes zeigt uns dieses Verlangen [nach Glauben, Vf.] und diese Unfähigkeit
[ohne Glauben zu leben, Vf.], als dass es im Menschen einst eine echte Glückseligkeit
gab, von der in ihm jetzt nur noch die leere Spur verblieben ist, die er vergeblich zu
füllen sucht mit dem, was ihn umgibt? Im Nichtvorhandenen sucht er die Hilfe, die
er vom Vorhandenen nicht bekommt. Beides kann ihm das Ersehnte nicht geben,
weil der unendliche Abgrund nur durch ein unendliches und unveränderliches
Objekt ausgefüllt werden kann« (Übersetzung und Hervorhebung im Originaltext
durch den Verfasser).

»Hinweis auf etwas Fehlendes, auf einen – offenbar als schmerzlich empfundenen – Mangel. Dieser Mangel und seine Folgen für das menschliche
Leben werden in Erzählungen und Aphorismen immer wieder von neuem
formuliert. Dichtungen dieser Art sind als Ausdruck spiritueller Sehnsucht
oder gar als nicht ausgesprochene Klage über eine Gottesferne gedeutet
worden. Nicht ausgesprochen, nicht artikuliert, weil nur Mangel spürbar
ist und die Konturen des zu Bezeichnenden gleichsam in der Ferne nicht
mehr zu erkennen sind, sondern höchstens noch zu ahnen.«

3 ÄSTHETIK DER ANTIÄSTHETIK: »DAS SCHWEIGEN DER SIRENEN«

Kafka selbst drängt vor allem im Spätwerk auf eine poetologische Rezeption der Mythen. Während er in seinen vier Prometheusvarianten
eine direkte »Mythisierung dieser Rezeptionsgeschichte« (AM, S. 688)
vornimmt, hebt sein Erzähler im »Schweigen der Sirenen« (N II,
S. 40–42) die Imagination als die eigentliche Überwindungswaffe im
Ringen um eine anthropologische Identität, im Kampf um eine zivilisatorische Bewältigungsdominanz hervor. Der Text entstand in Zürau
vermutlich noch im Spätjahr des Jahres 1917 und fällt damit in eine
Phase der »Grundsatzreflexion« (KHM, S. 82), die der Ausbruch der
Lungenkrankheit im August bewirkt hatte. In dieser Eigenschaft markiert er den geistigen Umbruch, der das Spätwerk charakterisiert.

Unmöglich, so schreibt er, könnten Wachs und Ketten allein, als
nämlich »unzulängliche, ja kindische Mittel zur Rettung«, Odysseus
vor der Verführung durch die Sirenenstimmen bewahrt haben. Hätten
die Sirenen tatsächlich gesungen, wären diese »Mittelchen« nämlich
wirkungslos geblieben, denn »[d]er Gesang der Sirenen durchdrang alles,
gar Wachs, und die Leidenschaft der Verführten hätte mehr als Ketten
und Mast gesprengt«. Tatsächlich habe es sich jedoch so verhalten, dass
die Sirenen gar nicht gesungen hätten – »eine noch schrecklichere Waffe
als ihr […] Gesang«. Einzig seinem Glauben, »sie sängen und nur er sei
behütet es zu hören«, verdanke er seine Rettung.

Die äußere Realität weicht in dieser Version der inneren: »[D]ie Sirenen verschwanden« oder »die Sirenen verschwanden ihm förmlich vor
seiner Entschlossenheit« (die überarbeitete Handschrift erlaubt zwei

Lesarten), und zwar in dem Augenblick, wie »alles an seinen in die Ferne gerichteten Blicken ab[glitt]«. Wenn Kafkas Erzähler dann einräumt, der listenreiche Odysseus habe das alles nur fingiert und »ihnen [den Sirenen] und den Göttern den obigen Scheinvorgang nur gewissermaßen als Schild entgegengehalten«, lässt er den Mythos noch deutlicher die eigenen Entstehungsvoraussetzungen exerzieren, indem er die Lenkung der Geschicke durch die Macht der Imagination behauptet. Die Allmacht der Götter endet vor der Derealisation des Helden, so will es die Fabel. Doch die Derealisation ist eine *Realisation*. Wie mächtig erweist sich hierin der Mythos selbst, prätendiert er doch eine Welt, die keine andere neben sich für wahr hält. Das eigene Bild der Wirklichkeit rettet den Helden vor dem *on dit* der Sage. Der Mythos erneuert sich in erneuter Aneignung. Nicht das Sein schafft Bewusstsein, um einmal mehr diesen Satz zu revidieren, sondern das Bewusstsein erschafft sich seine eigene Welt, die stets dem Mythos gleicht.

Was Neumann (1990, S. 398) angesichts dieser Geschichte als die »Verweigerung gegenüber dem Zauber der Stimme als einzige Möglichkeit menschlichen Überlebens« bezeichnet, ist nichts anderes als die Grundhaltung des Mythos zur Realität, die dieser nur als erzählendes Bild, als vermittelte Imagination gestattet. Alle Aussparung oder Umdeutung darin dienen dem Zweck der Orientierung in der Welt durch Reduktion ihrer Komplexität. Die höchste Stufe ist erreicht, wo er gänzlich verstummt, so wie Odysseus die Sirenengefahr verstummen lässt, und sei es nur dem äußeren Gestus nach.

Auch in diesem Zug kommt der Mythos zu sich selbst, schon indem er zu seiner eigenen Sprachwurzel zurückkehrt, der Silbe μυ, die sowohl in »Mythos« als auch in »Mystik« enthalten ist und die den Übergang vom Sprechen zum »Verstummen« (N II, S. 40) bezeichnet. Es ist ein Laut an der Grenze des Sagens, der eher einem Winseln gleicht.[12] »Aus der Tiefe schöpfen« könnte man den imaginativen *Aus-druck* in einer Bewegung von innen nach außen und Antwort auf den *Ein-druck* der Außenwelt wohl am besten nennen. Wenn der Volksmund von den »stillen

---

12 »μύ od. μῦ, ein mit geschlossenem Munde hervorgebrachter Laut, Schmerz ausdrückend; μῦ λαλεῖν, einen kaum vernehmbaren Laut hervorbringen, mucken, mucksen, von denen, die nicht laut zu reden wagen; lat. mu facere, mussare« (vgl. http://www. operone.de/griech).

Wassern« sagt, dass sie »tief gründen«, verbindet er die Überzeugung, dass Schweigen Gold sei, mit der Einsicht, dass die Ergebnisse der Stille den Wahrheiten des Lebens angemessener seien als die laute Rede. Kafka selbst spielt mit diesem Topos, indem er das mystische Schweigen mit nicht hinterfragbarem Wissen assoziiert: »Niemals ziehst Du das Wasser aus der Tiefe dieses Brunnens. Was für Wasser? Was für Brunnen? Wer fragt denn? Stille. Was für eine Stille?« (N II, S. 338)

Immer wieder wird offenbar, wie die Sprache des Spätwerks stets auch um die Frage kreist, was sie selbst »schöpft« und welchen Zweck sie verfolgt. Dabei überrascht nicht, dass das Sprechen sich immer wieder selbst thematisiert, indem es erzählt, was es vollbringen kann oder vollbringen möchte, wenn es erzählt, was andere vollbringen oder vollbringen möchten. Orpheus' Gang in die Unterwelt ist ein Beispiel für die Thematisierung des magischen Zauberworts im Kontrast zur archaischen Allwesensprache, die dem mythischen Sprechen als Natursprache am nächsten kommt: ein Beispiel auch für die »Allmacht des Gedankens« unter rituellen Bedingungen, welche zur Überschreitung der Erfahrungsgrenzen einladen. »Denn, wie beschränk ich,/wie, den gerufenen Ruf?«, lässt Rilke (1966, Bd. I, S. 466) die Orpheus-Stimme in seiner *Siebenten [Duineser] Elegie* fragen.

Hier wie in Kafkas Sirenenvarianten bricht sich das Weltbild des Mythos erkenntniskritisch als Kunstgebilde, wenngleich als eines, das der beliebig transzendierenden Überschreitung vorbeugt und Grenzen setzt. Wie Orpheus seine Eurydike wieder an den Hades verliert und von da an, wie zur Feier der Immanenz, nur noch einem alle Lebewesen hinreißenden Gesang lebt, behauptet Odysseus sich als Mensch nur, wenn er den Lockungen jener Vogelwesen widersteht. Dazu gehört die Demonstration des Nichthörens, jener »Scheinvorgang«, der den Göttern versichert, dass ihre Botschaft nicht abgelehnt, sondern schlicht »überhört« wird: ein wahrhaft prometheischer Trick, der den Aufstand gegen die Götterwelt in einem Akt des passiven Widerstands verbirgt.

Dass die »gewaltigen Sängerinnen« tatsächlich nicht sangen, wie der Erzähler es will, entgeht ja den Göttern bezeichnenderweise, ein Umstand, den der Mythos nicht erklärt, der aber gewissermaßen in der Natur der Sache, nämlich dem Paradigmenwechsel selbst liegt. Die Welt des Odysseus ist bereits nicht mehr die Götterwelt. Es heißt, er »war so listenreich, war ein solcher Fuchs«, dass der Schluss naheliegt, die kosmologische Deutungshoheit sei auf den Menschen übergegangen. Die Götter müssen sich ja täuschen, weil der Mensch auf seiner Odyssee gelernt hat, das Ruder selbst in die Hand zu nehmen. Das geht soweit, »daß selbst die Schicksalsgöttin nicht in sein Innerstes dringen konnte«.

Es liegt in der Natur des anthropologischen Paradigmas (im Vergleich zum theologischen), dass die *Wahrheit der Natur* als solche wahrgenommen wird und die *Natur der Wahrheit* eine institutionelle Überprüfung erfährt. Der Götterhimmel, einmal abgeschafft, verlangt eine ikonoklastische Gegenwahrheit, die der Mythos, nun mehr und mehr zur Schöpfung verdammt, formulieren muss. Da Odysseus vielleicht »wirklich gemerkt [hat], daß die Sirenen schwiegen«, muss er dem Schweigen ja etwas entgegengesetzt oder entgegengebracht haben, was dessen gefährlichen Einfluss neutralisieren oder parieren konnte. Was mochte das anderes gewesen sein als die in sich selbst bekämpfte Empfänglichkeit für höhere Botschaften und der Sinn fürs Natürliche?

Mit der Möglichkeit des »Scheinvorgang[s]« im Mythos wird die Frage »Fiktion oder Lüge?« zur ästhetischen Irritation, die Kafka sein Leben lang nicht losließ und die er erst in den letzten Jahren künstlerisch be- und verarbeiten konnte, wohlgemerkt vor allem in den Variationen des Orpheus-Stoffes. Während der Sirenentext von 1917, dessen Logik »nicht mehr zu begreifen ist«, diese Irritation noch an den Leser weitergibt, wird fünf Jahre später bei der Durchgestaltung der Musiksymbolik in der »Josefine«-Erzählung, aber auch im »Hungerkünstler« klar, weshalb das Schweigen die gegenüber dem theatralischen »Gesang« weitaus gefährlichere Option ist. So gesehen erweist sich nämlich gerade nicht, wie Neumann (1990, S. 398) meinte, die Verweigerung gegenüber dem Zauber der Stimme als einziges »Mittel, um ungeschoren an der Natur und ihrer Verführungskraft vorbeizukommen«, sondern die Bevorzugung des Schweigens dient im Gegenteil der Aufgabe, einem integrierten Mensch-Natur-Kosmos anthropologisch verträglich zu begegnen, ohne die Geistfunktionen zu verraten. Gerade im Schweigen soll der Verführbarkeit zum übersinnlichen Logos (z.B. der Götterwelt) eine asketische Kur verordnet werden, die Kafka um der Redlichkeit des Denkens und der Wahrheit der Psyche willen seinen Figuren und schließlich sich selbst immer entschiedener abverlangt.

Der Mythos profitiert zum einen von der Tatsache, dass ein menschlicher Laut gegen die Stille antritt; deshalb stattet der Autor, um Mythentöne zu erzeugen, den Tierlaut menschlich und den Menschenlaut tierhaft aus. Zum anderen aber setzt er eine Psychodynamik frei, in der die Differenz zwischen Fakt und Verstehen angesichts der Schrecken des Unbekannten agiert werden kann. Dass allein das Produkt Stimme dem Sprechenden zum Gefährten wird, der ihn seiner Lebendigkeit inmitten einer vermuteten Geister- und Totenwelt versichert, ist ein zusätzlicher Gewinn. Die Geschichte sagt: »Hab keine Angst, ich bin ja da!« – und dieses Ich kann der Erzähler, der Autor, das lesende Ich oder die Geschichte selbst sein. Die Stimme selbst leistet Gesellschaft, selbst wenn es die eigene ist. Während sie ertönt, *über-tönt* sie andere Stimmen, vielleicht das andere schlechthin. Kafka hat sie als Schweigen stilisiert und eine hochgespannte Ästhetik angedeutet, bei der das Ungesagte zum Unsagbaren idealisiert und die Stimme selbst zum depravierten Ton, zum ent-sagungsvollen Nichts an »Sage« materialisiert wird.

Wenn wir bereit sind, bei der Auslegung von Mythen und mythenähnlichen Formen den semantischen, performativen und psychologischen Sinn als Zweckursache zu integrieren, sind wir an ein semiologisches Konzept verwiesen, das Bedeutung um Bedeutsamkeit, Signifikanz um Relevanz, das Signifikat also um die Ebene der rezeptiven Bewusstseinsfunktionen erweitert. Auf diese Weise gerät über die psychodramatische Struktur der Szenarien hinaus auch eine soziogenetische Dimension in den Blick, die Aufschluss über zivilisatorische Spannungen und Widersprüche gibt. Da es sich bei Zeichen dieser Art häufig um Manifestationen mit einer latenten Wurzel handelt, muss mit einer Melange aus Analogie und Primärprozesslogik gerechnet werden, wie wir sie aus der »Traumarbeit« kennen, ist doch, so Barthes (1964, S. 100), »diese Disproportioniertheit zwischen Bedeutendem und Bedeutetem für den Mythos nicht spezifisch«. Verdichtungen, Rücksicht auf Darstellbarkeit, sekundäre Korrekturen haben darin ebenso ihren Platz wie scheinbar chaotische Verschiebungen, etwa die Aufhebung des Gegensatzes, das Oszillieren zwischen Feind und Freund, Mann und Frau, Täter- und Opferpositionen. Freud (StA IX, S. 450) spricht von dem »im Traum so häufigen Vorgang der Verkehrung, Verwandlung ins Gegenteil, Umkehrung der Beziehungen«, den wir also auch auf dem Feld der Mythen wiederfinden können.

Allerdings – Paul Ricœur (1974, S. 533) hat darauf hingewiesen und wir haben es hier angesprochen –, muss man bei den schöpferischen (mythopoetischen) Formen und auch schon beim Mythos selbst möglicherweise mit einer Strategie rechnen, die überwiegend der Entschleierung statt der Verschleierung dient. Die Begründung ist ichpsychologisch:

> »Weil im Traum die Verkleidung über die Entschleierung vorwaltet, blickt er eher nach rückwärts, in die Vergangenheit, in die Kindheit. Und weil im Kunstwerk die Entschleierung dominiert, ist es eher ein prospektives Symbol der persönlichen Synthese und der Zukunft des Menschen und nicht nur ein regressives Symbol seiner ungelösten Konflikte.«

Bei voller Entfaltung der Verschleierungsstrategien wäre beispielsweise mit der Umkehr der Heldenfunktion zu rechnen: der Held ein Hybridbild des Verlierers, seine Macht eine Finte der Ohnmacht, während umgekehrt der unscheinbare Sieger aus einem vermeintlichen Verlierer hervorgeht. Wie von selbst rücken bei der Lektüre von Kafkas Texten die hellenistischen und vormosaischen Mythenklassiker in den Blick, etwa die Ödipus-Sage, »wo es ein Oszillieren zwischen der Position des Opfers und des Täters gibt« (Haas 2009, S. 214); sodann die Orpheus-Sage oder der Paradies-Mythos der Genesis, in dem die Dialektik von Begehren und Furcht zum Modell des selbstverschuldeten Scheiterns wird.

Die Konglomerierung von Wunschbekenntnis und Wunschcamouflage respektive Wunschzensur, wie wir sie in der gegensatzreichen »Chemie« des Traums, in der Fusion der psychischen Bipole zuweilen finden, bringt Ambiguitäten hervor, die die Gesetze der Logik sabotieren. Gregor Samsa und Josef K. sind psychologische Allegorien mit mythologischen Wurzeln in der Problematik des Sündenfalls, wie sie in den Gestalten der beiden Cherubin mit dem Flammenschwert allegorisiert ist.

Bereits Ernst Cassirer (2009, S. 51) bescheinigte dem mythischen Denken in einer seiner »Schriften zur Philosophie der symbolischen Formen« von 1921 als Wesensattribut »die Coincidentia oppositorum, die gerade sein eigentümliches Lebenselement ist«.[13] Leichsenring (1996,

---

13 Picasso, nicht zufällig wiederum mit einem mythischen Bild, charakterisiert diese Fusion wie folgt: »Es ist schrecklich, daß man selber Adler und Prometheus ist; beides in einer Person, derjenige, der zerfleischt, wie der andere, der zerfleischt wird« (zit. n. AM, S. 679).

S. 117) untersuchte Primärprozessdenken, wie vor ihm Rapaport, Gill und Schafer (1945/46), bei Borderline-Patienten und Psychotikern. Er spricht im Fall der Objektverschmelzung von »Kontaminationen« und exemplifiziert dies unter anderem an der griechischen Mythologie:

> »In der Mythologie gibt es eine Fülle von Figuren, bei denen verschiedene Wesen primärprozeßhaft zu einem einzigen verdichtet, verschmolzen werden: etwa der Minotaurus, halb Mensch, halb Stier – oder die Sphinx, halb Mensch, halb Katze. Auch Zentauren, Chimären oder der Greif stellen solche primärprozeßhaften Verdichtungen dar, ebenso Vampire (Dracula) und Werwölfe sowie der christliche Teufel mit Bocksfuß und Schwanz.«

Durch das Degenerative solcher Bilder mag zuweilen wie eine vergessene »Sage«, wie ein *Paradise Lost* das utopisch Intakte schimmern. Im Falle der Tiermenschen könnte man an die Fusion von Mensch und Natur denken, wie sie dem Schamanentum zugesprochen wird als institutionellem Überwinder der Art- und Weltbereichsgrenzen. Anders als bei Mythen allerdings ist für die Imagination von Schwergestörten und Psychotikern typisch, dass solche Mischwesen nicht mehr als ambivalent gut *und* böse, sondern als ausschließlich böse angesehen werden. Das Spektrum wird aufgegeben, die negative Projektion überwiegt.

Solche Gleichzeitigkeit des scheinbar Unvereinbaren ist es auch, was den Leser von Kafkas Geschichten zu einer synthetischen »Aufhebung« der Logos-Mythos-Dialektik aufruft. Gerade diese Dialektik bringt das Verlangen nach Aufhebung der Rätselspannung, nach einer Ventilation des hermeneutischen Drucks hervor. Die »Konjunktion von Mythos und Moderne« (Vogl 1990, S. 218) bedingt ein Maß an Verfremdung, das diese Szenarien unverwechselbar macht. Das Moderne, hinterlegt vom Archaischen, wirkt ebenso anachronistisch, wie das Archaische plötzlich modern erscheint. Die Tatsache, dass mythische Stimmen in moderner Sprache laut werden, führt zwar zu Irritationen, doch weder notwendig zu einem Wahrheitsschwund durch Bedeutungsdiffusion noch umgekehrt zu einem Verlust der Bedeutung durch Unglaubwürdigkeit. Beim Leser entsteht vielmehr eine hohe Rezeptionserwartung, wie etwa bei einem Orakelspruch. Kafkas Geschichten wurden beispielsweise immer wieder prognostische Fähigkeiten zugesprochen, ließen sie sich doch als Antizipationen des geschichtlichen Verlaufs lesen, der auch seine eigene Familie fast ausnahmslos zu Opfern des (nationalsozialistischen) Terrors machte.

Zur Auseinandersetzung mit Kafka gehört die Frage, ob die Mythisierung einen heuristischen Wert habe bzw. wie sie in ihrem aufklärenden Bestreben, eben kein Mythos zu sein (Emrich spricht vom »negativen Mythos«) die archaische Wurzel nutzbar mache, die ausgerechnet über die Erzeugung von mehr Dunkelheit mehr Licht in die Sache bringen soll. Was die mythischen Spielanordnungen letztlich bewirken, lässt sich nur beantworten, wenn wir uns fragen, *wie* sie wirken. Für alle mythologischen Setzungen gilt, so haben wir gesehen, dass sie in erster Linie eine psychische Bedeutung haben. Sie kartografieren Imaginationen, die eine kosmologische Ordnung behaupten, in welcher die Schuld eine zentrale Rolle spielt. Mythologisieren heißt, das Spiel für eine Bühne einzurichten, die die archaische Form eines Opferaltars besitzt. Hier wollen Mächte und Kräfte benannt und in ihrer bedrohlichen Wirkung auf Menschen bestimmt sein. Die Tabuzensur, die in dieser scheinbar freimütigen Veranstaltung tatsächlich herrscht, sorgt dafür, dass letztlich die Menschen die Rechnung bezahlen. Horkheimer und Adorno sind der Bedeutung des Opfermotivs in seiner volks- und religionsmythologischen Traditionslinie nachgegangen. Danach sind Menschenopfer hypertrophe Zahlungsmittel, die an Bestechung gemahnen.

Indem der Mythos Schuld und Sühne thematisiert, also Erbringungsdefizite und deren Folgen vermeldet, liefert er nicht nur die Szenarien solch verschwenderischer Bestechung, sondern wird selbst zum Imitat einer Opferhandlung. Der Mythos »berichtet« also nicht nur, sozusagen als Chronist der Vorzeit, über die »Zahlungen« von (auch göttlichem) Blutzoll an die Götter – man denke an Prometheus oder Laokoon –, er wird vielmehr über die Fantasie selbst zum Opfergang, bei dem der mit Prometheus identifizierte Leser oder Zuhörer sich gewissermaßen an einem Kaukasusfelsen als Opfer darbringt. Mythisches Sprechen kann als die virtuelle (und letztlich gefälschte) Währung aufgefasst werden, die den Freikauf aus der Selbstobjektkonstellation, welcher der Mensch sein Subjektsein abtrotzt, ermöglicht, indem es von eben diesem Freikauf im Augenblick seiner äußersten Infragestellung (und damit der größtmöglichen Schuld) berichtet. »Die mythischen Ungetüme, in deren Machtbereich er gerät, stellen allemal gleichsam versteinerte Verträge,

Rechtsansprüche aus der Vorzeit dar.« Odysseus, von dem in diesem Zusammenhang bei Horkheimer und Adorno (2008, S. 65) die Rede ist, entzieht sich dem Selbstopfer mittels jener Gabe zur List, von welcher der Mythos in seiner logozentrischen Spätform als Ganzes lebt. Er redet sich buchstäblich heraus, erfindet z. B. Polyphem gegenüber einen falschen Namen, jenes berühmte »Niemand« (Ουδειν), das seinem wahren Namen ähnelt.

Schuld kann, aber muss nicht vom Schuldigen selbst gesühnt werden. Die Sprache als Ganzes oder in ihren Gestaltungen bietet sich an als Verhandlungsraum, als Pufferwelt, in der gerade nicht *wirklich*, aber doch *wirksam* gehandelt wird. Gerade das Epos mit seinen Wagnis- und Bestehensszenarien erlaubt seiner Zuhörer- oder Leserschaft stellvertretende Arten des Agierens, die die kathartische *Ent-schuldung* zum Ziel haben, d. h. eine imaginative Rechnungsbegleichung, die die Götter zufriedenstellt, indem sie die Seelen zufriedenstellt. Das *»tua res agitur«* erlaubt den identifikatorischen Auftritt der Psyche, die sich die direkte Konfrontation mit den »Mächten« erspart und ihren Tribut symbolisch leistet, indem sie Teil des literarischen Gottesdienstes wird. Wo es einen persönlichen Autor gibt wie in den jüngeren mythopoetischen Formen, beginnt diese Opferhandlung mit der *Ent-sagung*, sprich der literarischen Arbeit auf Kosten anderer Lebensgenüsse. Der Schuldendienst verrichtet sich also über das dem Leben abzusparende Wort, dem gerade auch in dieser Rolle eine nicht nur symbolische, sondern – als psychophysische Anstrengung – dezidiert körperliche Rolle zukommt.

Kafka selbst leitet die eigene Entsagung zwar aus dem »Willen« der Sprache ab, die ihn zum Schreiben zwinge (und damit einem »größeren Ganzen«), doch wird das Opfer nicht von einer äußeren Macht gefordert, sondern gründet in profanem Selbstzwang. An Felice Bauer schreibt er im Dezember 1912, drei Monate vor der ersten Begegnung (das »sonderbar[e]« Wort »fahnenflüchtig« zitiert er darin offenbar aus ihrem Brief):

> »[…] (wie vieles schreibe ich gegen meinen Willen, nur weil es aus mir hervorgestoßen wird; schlechter, elender Schriftsteller!) […] Kind, wie schreibst Du nur heute so sonderbar! Fahnenflüchtig könnte ich werden? Welche Fahne wäre das? Es müßte höchstens die Fahne meines Lebens sein. Und das geschieht mit Willen nicht; dazu fühle ich mich trotz alles

Jammers allzusehr mitten im Kampf. Also mit Willen und von meiner Hand geschieht es nicht.«

Eindeutiger wird dieser Passus, wenn er am Ende des Briefes die Kampfmetaphorik noch einmal aufgreift und schreibt: »Morgen fange ich wieder mein Schreiben an, ich will mit aller Kraft hineinreiten, ich fühle wie ich mit unnachgiebiger Hand aus dem Leben gedrängt werde, wenn ich nicht schreibe« (B I, S. 349f.). Hier klingt Benjamins »Verwandlung des Lebens in Schrift« wieder an.

An anderer Stelle jedoch steht das Leben gerade auf der entgegengesetzten Seite, jener nämlich, auf welcher die Schriftstellerexistenz mit dem hohen Preis der »Einsamkeit« die »Richtung aus der Menschheit [nimmt]«. Auf dieser Seite beklagt Kafka besonders den Fluch der »Selbstbeobachtung«; sie macht er für »die Wildheit des inneren Ganges« verantwortlich, der »in einer teuflischen oder dämonischen oder jedenfalls unmenschlichen Art« einem »Jagen« gleicht. Es geschieht dann nicht zufällig in diesem Zusammenhang, dass er sich vorstellen kann, »zu einer neuen Geheimlehre, einer Kabbala« zu finden, wofür »Ansätze [...] bestehen« (T, S. 877f.). Über das Religiöse hinaus wird hier die Verbindung zum Mythischen erahnbar, die das Opfermotiv in ein archaisches Licht rückt. Der Schriftsteller erbringt sein Opfer weniger über seine soziale Einsamkeit als über den äußersten Grad seiner Exposition beim – erneut die Kampfmetaphorik! – »Ansturm gegen die letzte irdische Grenze« (T, S. 878). Durch diesen »Ansturm« will er seine Kunst mit Gewalt in der Gemeinschaft verwurzeln, indem er sie (und sich selbst!) *kollektiviert*. Der gemeinsame Boden, den er sucht, verschlingt also gleichzeitig die individuelle Person. Der Schriftsteller gewärtigt daher seine eigene Auslöschung, ein Aspekt, der schon immer Bestandteil seines Ichideals war, insofern in der Kunst alles Individuell-Persönliche hinter dem Allgemeinen zurücktreten muss.

Kafkas Selbstwahrnehmung ist in dieser Hinsicht unmissverständlich, so z. B., wenn er klagt, sein Roman *Der Verschollene* gehe zwar »langsam vorwärts nur ist sein Gesicht dem meinen schrecklich gleich« (B I, S. 330), oder wenn er bei der Abfassung der *Verwandlung* den Eindruck hat, »das Herz will mich mit Klopfen weiter in sie hineintreiben, ich aber muß versuchen mich so gut es geht, aus ihr herauszubringen« (B I, S. 289).

Die feine Unterscheidung zwischen »Herz« und »ich« belegt deutlich, dass das professionelle Wissen des Schriftstellers, das »Handwerk« (B I, S. 27), die Oberhand behält. Dieses Wissen erweist sich ausdrücklich als gemeinschaftsorientiert, ja gemeinschaftssüchtig, wenn es im »Mittelpunkt der Erkenntnis« den Wunsch offenbart,

> »die ganze Menschen- und Tiergemeinschaft zu überblicken, ihre grundlegenden Vorlieben, Wünsche, sittlichen Ideale zu erkennen und mich dann möglichst bald dahin zu entwickeln daß ich durchaus allen wohlgefällig würde undzwar – hier kommt der Sprung – so wohlgefällig, daß ich, ohne die allgemeine Liebe zu verlieren, schließlich als der einzige Sünder, der nicht gebraten wird, die mir innewohnenden Gemeinheiten, offen, vor aller Augen ausführen dürfte« (B III, S. 342f.).

Wer hörte in diesem »wohlgefällig« nicht das Gebet des Opferpriesters, der um die »Gottwohlgefälligkeit« des Opfers bittet? Das Ziel eines kollektiven Grundtextes im persönlichen Schaffen lässt sich noch besser in einer etwas früheren Variante dieser selbstironischen Briefzeilen erkennen, wo es darum geht, ein Integral über all diese Gemeinsamkeiten zu bilden und »sie auf einfache Vorschriften zurückzuführen« (ebd., S. 333).

Kafka ersehnt sich offenbar eine Form der Integration, die ihm erlaubt, Tierisches und Menschliches zu vereinbaren und dafür – narzisstischerweise »als der einzige« – mit Toleranz belohnt zu werden. Bedenkt man, dass es hier um »die Bändigung des seelischen Chaos in der künstlerischen Form durch die Individualität« geht, dann wird angesichts des nahezu absurden gleichzeitigen Ringens um Kollektivgeltung sowohl das romantische »Überfließen des Ich über die Form« als auch »die Flucht vor dem Ichverlust im totalen Schaffen« verständlich. Für Rank (2000, S. 328f.) hat gerade der moderne Künstler den »kulturhistorischen Entwicklungskampf der Kunst und der Kunstideologien […] in seinem persönlichen Entwicklungsgang und seiner individuellen Künstlerwerdung in und mit sich selbst auszukämpfen«.

Ich-Auslöschung droht somit gleich von mehreren Seiten: Bedeutet das Totalitätsstreben bereits ein »Aufgezehrtwerden im Schaffensprozeß« und geht mit der »Ideologisierung des Individuums zum Künstler« (ebd., S. 325) eine ebenfalls ichbedrohliche Akzentverschiebung vom individualistischen zum kollektivistischen Identitätkonzept einher, so kommt mit dem »Verewigungsdrang« *(Exegi monumentum ...)* ein Moment hinzu, wo im Bruch mit der sterblichen Künstlerexistenz der Auslöschungsvorgang seinen Höhepunkt erreicht.

Wie zu zeigen war, hat Kafka die Unmöglichkeit des Künstlerseins unter diesen Vorzeichen in mehreren Texten gestaltet, vor allem im »Hungerkünstler«. Dessen Randexistenz ist in Wirklichkeit eine Mischexistenz, insofern er – sein Käfigdasein ist der Beleg – Tierisches und Menschliches vereint, also in der Tat »die ganze Menschen- und Tiergemeinschaft« repräsentiert. Nur in dieser Eigenschaft einer Doppel- oder Zwischenweltidentität ist er in der Lage, das Animalisch-Archaische für die Menschenwelt fruchtbar zu machen, Natur und Mensch wieder zu versöhnen, »dem Gegenglück, dem Geist«, wie Benn (1986, I, S. 135) in seinem Gedicht »Einsamer nie« das Bewusstsein nannte, zur Aufhebung zu verhelfen.

Benjamin hat früh gesehen, »daß Kafka nicht müde wurde, den Tieren das Vergessene abzulauschen«, und diese als »Behältnisse des Vergessenen« bezeichnet. Unter Hinweis auf seinen tuberkulösen Husten, den Kafka selbst als »das Tier« beschrieb, kommt Benjamin gar zu dem Schluss: »Er war der vorgeschobenste Posten der großen Herde« (BGS, S. 430f.).

Vielleicht ist ja die Qualität des Schamanenhaften, die alle Mythen als Wissende um die Welt diesseits und jenseits des Menschen auszeichnet, bei Kafka am deutlichsten gegenwärtig, eine Vermutung, die im Übrigen vor Jahren auch Huan Dok Bak (2005, S. 162) vor seinem asiatischen Hintergrund anmerkte. Auch im »Bericht für eine Akademie« ist eine solch dezidiert mythische Brücke zwischen den Welten begangen, hier begegnen wir dem *hunting ape*, wie ihn die Anthropologie im frühen *homo necans* ausmacht, in einer anderen, diesmal dominant tierischen Mischform, die an die mythischen Traditionen der Theriomorphie anknüpft. Neumann (2004) hat diese Geschichte im Licht der »Negotiationen« um die anthropologische Positionierung des Menschen in der Posthistorie gesehen und in den von Giorgio Agamben (2003) neu angestoßenen philosophischen Diskurs eingeordnet. Wie dort führen auch bei Kafka die Irritationen der Doppelidentität aus Körper und Geist zur Konstruktion eines Hybridcharakters und Artefakts, zur »anthropologischen Maschine«.

In diesen und anderen Erzählungen – dazu zählt natürlich auch *Die Verwandlung* – werden Mensch-Tier-Transformationen zu mythischen Inhalten *par excellence*, die von der alten psychischen Ambivalenz des seine Artverwandten tötenden Menschen künden und darin sowohl die einstige Unbestimmtheit der Artzugehörigkeit verraten als auch die lebensbejahende Einheit mit dem Kosmos als Begehren und Utopie.[14] Im Falle der *Verwandlung* tut es unserer These keinen Abbruch, wenn wir hier das Drama des geschundenen, ja negierten Menschen wiedererkennen, der als Einzelwesen an ein normiertes Ganzes verraten ist.

Ob Kafka in der methodischen Grenzüberschreitung des Mythopoeten, dessen »poetische Verwandlungen [...] einen Raum zwischen der Sehnsucht nach einer tödlichen Verwandlung in ein Tier und dem Entsetzen über die Verwandlung in einen Menschen [bilden]« (Tawada 1998, S. 60), nicht jenes romantisch antikisierende Ideal der Dichter-Priester-Identität im Sinn hat, das Novalis (1969, S. 340) im *Blütenstaub*-Fragment beschrieb?

> »Dichter und Priester waren im Anfang eins – und nur spätere Zeiten haben sie getrennt. Der echte Dichter ist aber immer Priester, so wie der echte Priester immer Dichter geblieben – und sollte die Zukunft nicht den alten Zustand der Dinge wieder herbeiführen?«

Offenbar handelt es sich hier um ein Ideal, das in der Einforderung Schlegel'scher und Schelling'scher Gedanken auch Rilke oder George ins poetische Werk setzten.

Wie dem auch sei: Der Mythos führt als das Doppelmedium des Sagens (in der Fabel) und des Schweigens (in der hermetischen Verhüllung) unweigerlich über die Brücke zwischen Mensch und Tier und damit zu jenen Mysterien zurück, die nach dem 4. Jahrhundert n. d. Z. ihre größte Verbreitung im mediterranen Raum fanden. Agamben (2001, S. 95) sieht in ihm das Stadium eines Übergangs von der Kindheit als ursprünglicher

---

14 Vierzig (2009, S. 154) resümiert: »Der Mensch der Steinzeit erlebt sich offenbar nicht als das herausgehobene Wesen, das sich von allen anderen unterscheidet, vielmehr scheint er sich in einer Reihe mit den Tieren zu sehen.« Armstrong (2007, S. 31) berichtet, »dass indigene Völker unserer Zeit Tiere oder Vögel häufig als ›Leute‹ bezeichnen, die auf einer Ebene mit ihnen stehen. Sie erzählen Geschichten von Menschen, die zu Tieren wurden, und umgekehrt«.

Dimension des Menschen zum Erwachsenenalter, das durch das eher enthüllende Erzählen repräsentiert wird. Das indogermanische Wort *bha* als die etymologische Wurzel von »Fabel« steht für den offenen Mund, im Gegensatz zu *in-fans* (= sprachlos).

4 EXKURS: »JOSEFINE« UND »CÄCILIE« ODER MUSIKALITÄT BEI KAFKA UND KLEIST

Kafka hat seinen unglücklichen Dichterkollegen Kleist als einen seiner »eigentlichen Blutsverwandten« bezeichnet (B II, S. 275) und aus seiner Bewunderung für den 106 Jahre Früheren keinen Hehl gemacht (B II, S. 84). Wenn er im Januar 1911 an Max Brod schreibt: »Kleist bläst in mich, wie in eine alte Schweinsblase« (B I, S. 132), dann deutet er ein spirituelles oder gar musikalisches Erbe an, das an Marsyas mit seiner Panflöte erinnern mag (Liebrand 2004, S. 77f.), jedenfalls an eine Doppelnatur aus Mensch und Tier denken lässt, die einen Laut von sich gibt. Ob in diesem brachialen Bild bereits der Satyr Nietzsches als eine jener »Ausgeburten einer auf das Ursprüngliche und Natürliche gerichteten Sehnsucht« aufscheint (KSA I, S. 57f.), jene vitalistische Mythenschicht also, die generell vom Grund von Kafkas Werk, vielfach gebrochen, heraufschimmert? Die Schweinsblase jedenfalls ist auch heute noch Bestandteil eines in manchen Volkstraditionen gebräuchlichen Geräuschinstruments, das bekanntlich weniger kultivierte Töne als urtümlich-archaische Laute hervorbringt wie rhythmisches Trommeln oder explosives Knallen. Es mochte der Untermalung gedient haben, als es noch mythisch induzierte Riten gab. Heute lebt es in bestimmten Bräuchen fort, wie z. B. in der schwäbisch-alemannischen Fastnacht bei den *Elzacher Schuttig*, und lässt dort beim nächtlichen *Schuttig-Umzug* so manchem Zuschauer das Blut in den Adern gefrieren.

Wir geraten mit diesen Assoziationen also unversehens in den Kontext früher Mythen, die wie die Höhlen des Aurignacien vom Brückenschlag von der Menschen- zur Tierwelt künden und in deren Licht die spätere zivilisatorische Gedankenwelt mit ihren »Unendlichkeitschimären«, von denen Benn (1986, I, S. 205) in seinem Gedicht *Verlorenes Ich* spricht, als Werk gnostischer Konstruktionen erscheint. Wir sind unversehens in einer Zeit vor der Ära des Geistes, als man die Geister noch mit Lauten vertrieb, lange bevor sie *be-sprochen* wurden; als das Wort wenig oder noch keine Macht hatte.

Kann aber ein Dichter einen Dichter zum »Blutsverwandten« haben wollen, der sich nicht durch »Wortmächtigkeit« auszeichnet, sondern durch die Macht des simplen Lauts? Doch nur dann, wenn beide die Vision eines Ausnahmezustands teilen, in dem »der Mensch als Mitglied einer höheren Gemeinsamkeit [...] das Gehen und das Sprechen verlernt und [...] auf dem Wege [ist], tanzend in die Lüfte emporzufliegen« (KSA I, S. 30). Wo das Wort nicht der Mitteilung dient, sondern »eine Art von Geisterbeschwörung« ist (J, S. 32) und »gewendet in der Hand der Geister [...] zum Spieß [wird], gekehrt gegen den Sprecher« (T, S. 926).

Kafka scheint Kleist als inspiratorische Naturkraft empfunden zu haben, der er seine Stimme leihen *musste*, und das in mehrfacher Hinsicht: in der Übernahme musisch-musikalischer Motivik, insbesondere der Kakofonie; in der Orientierung am Performativen der Sprache – viele Male las er aus Kleist-Texten vor, u. a. dreimal öffentlich aus »Michael Kohlhaas«, dutzende Male privat aus der »Marquise von O...« (E, S. 203) – und in der Identitätsanleihe bei dem Dichter Kleist, dem »auf Erden nicht zu helfen war« (SW, Bd. II, S. 887) und mit dessen Biografie er (deshalb) so viel gemeinsam zu haben glaubte.

Zurück zur Tierstimme, könnte man – makabrerweise analog zu Kafkas Krankheitsgeschichte – mehrere seiner Geschichten überschreiben, allen voran »Josefine, die Sängerin oder Das Volk der Mäuse«, die eine Dis- bzw. Konjunktion im Doppeltitel führt wie Kleists *Cäcilien*-Novelle mit dem ebenfalls aus acht Wörtern (15 Silben) bestehenden Doppeltitel »Die heilige Cäcilie oder die Gewalt der Musik«. Dass beide auch *letzte* Geschichten dieser Autoren sind bzw. darunter gehören, liegt auf der Hand. Dass sie stofflich wie motivisch auf den Orpheus-Mythos zurückgreifen, wurde bisher übersehen. Dabei liegt gerade dieser Gemeinsamkeit eine Ästhetik zugrunde, die beide Autoren vermutlich mehr verbindet als alles andere.[15]

Ich werde beim Brückenschlag von »Josefine« zu »Cäcilie« ein gemein-

---

15 Zum Vergleich beider Autoren vgl. die Bibliografie bei Liebrand 2004, S. 81f. sowie Hinderer 2006, S. 66–82. Einführend hierzu: Nagel 1983, S. 209–242.

sames gnostisch-dualistisches Gedankenfundament sichtbar machen, das als ironisches Strukturprinzip Fabelfiktion, Motivsprache und Symbolik dieser Geschichten diktiert. Kafkas Nähe zu Kleist wird sich dann vor allem darin erweisen, dass das Musiksymbol im eher »unmusikalischen«, kakofonischen Register zum Träger der positiven Leitidee wird, während das traditionell »Musikalische« der Kennzeichnung einer artifiziell falschen Kunstwelt dient, die mythologisch ausdrücklich »des Teufels« ist. Bei Gelegenheit der Differenzierung des Musiksymbols wird eine Position zu revidieren sein, die Kafkas Vorbehalt gegenüber dem Nur-Schönen ausschließlich auf einen »Moralismus Tolstojscher Prägung« (Nagel 1983, S. 172) zurückführt und nicht auch sowohl erkenntniskritische wie ästhetische Gründe vorbringt. Nicht zuletzt werden beide Erzählungen als poetologische Texte gelesen, die inhaltlich wie formal das ikonoklastische Ziel der Ideenreinigung mittels einer Kunstrevision – oder umgekehrt: der Kunstreinigung mittels einer Ideenrevision – verfolgen. Den wissenschaftsmethodischen Grundton halte ich dabei mit dem Plädoyer Peter André Alts (1995, S. 97ff.) für vorgeben, der zu einem »ideengeschichtlich differenzierenden Verfahren« beim Vergleich beider Autoren aufforderte. Ich möchte allerdings mit einem neuerlichen Vergleich alles andere als einem »etablierten Topos der (germanistischen) Literaturwissenschaft des 20. Jahrhunderts« zuarbeiten, wie Anna-Lena Scholz (2010, S. 78) ihn jüngst entdeckt zu haben glaubte; vielmehr möchte ich ihn nutzbar machen für das Verständnis beider Autoren, insbesondere ihrer poetologischen Experimente. Dabei wird sich dann auch Beda Allemanns (1998, S. 172) skeptische Anmerkung als obsolet erweisen, dass »auf die eigentümliche Nähe Kafkas zu Kleist immer wieder einmal hingewiesen worden ist, ein überzeugender Verwandtschaftsnachweis aber meines Wissens nicht vorliegt«.

Die Erzählung »Die heilige Cäcilie oder die Gewalt der Musik«, die Kleist als »Taufangebinde für Cäcilie M...« vom 15.–17. November 1810 in den Nummern 40–42 der *Berliner Abendblätter* abdrucken ließ, erhielt sowohl in jener als auch in der späteren, um knapp zwei Drittel erweiterten Fassung den Untertitel: »Eine Legende«. Lediglich in dieser zweiten Variante (die man als autonome zweite »Cäcilien«-Novelle betrachten sollte), wie sie dann im *Zweiten Theil der Erzählungen* im August 1811 als vorletzte von fünf Geschichten erschien, ist der Genretitel in Klammern gesetzt. Der Autor deutet so neben der Kontrafaktur eine entschiedenere Travestie an und damit die Anknüpfung an Legendenparodien wie u. a. Herders in den 1780er Jahren entstandenen Enthüllungsdialog »Die heilige Cäcilie oder wie man zu Ruhm kommt, ein Gespräch«. Das ironische Grundkonzept der Erzählung erhellt bereits aus dem Kontrast zwischen Wortlaut und Widmungsanlass: Die am 27. Oktober 1810 geborene und am 16. November in der französischen reformierten Gemeinde Berlin-Friedrichstadt morgens um 7.30 Uhr getaufte Cäcilie Müller erhält als künftige Protestantin von ihrem Paten Heinrich ausgerechnet ein Taufpräsent, das den »Triumph der Religion« (SW II, S. 296) feiert, womit – *nota bene!* – die katholische bezeichnet, die protestantische hingegen gemeint ist.

Während die Forschungsmeinungen der letzten Jahrzehnte seit Werner Hoffmeister, Wolfgang Wittkowski und Jochen Schmidt vor allem auf die ironischen, epistomologischen und narrativen Register dieser Novelle als Legendentravestie oder als die Geschichte einer Legendenbildung abhoben, wird an dieser Stelle zu zeigen sein, dass sich darin weit mehr als in anderen Erzählungen ästhetische Umbrüche abzeichnen, die auf eine Dekonstruktion des Symbolischen in der Kunst und damit generell die Demontage des herrschenden Kunstverständnisses hinauslaufen. Das Überwältigungspotenzial der Kunst problematisiert sich dabei sowohl durch das Artefakt selber als auch durch die Mechanismen der Übertragung, welche den Rezeptionsprozess steuern. Intention, Machart und Wirkung der Kunst präsentieren sich in ihrer Beziehung zueinander, wobei die Brisanz der »Kunstfertigkeit« als solcher sich in deren Fähigkeit erweist, semiotische Missverhältnisse zu kaschieren, d. h. falsche signifikatorische Tatsachen vorzuspiegeln.

So wird bei Kleist aus einer vergleichsweise typischen Heiligenlegende der Art, wie sie zur Erbauung und Festigung der Gläubigen erzählt wurde, eine gehobene, wenn auch in mancher Hinsicht skurrile *human interest story*, die dem Leser (vor allem wohl aber dem Taufkind) überraschende hermeneutische Fallen stellt. So bleibt, wie die Rezeptionsgeschichte beweist, manches zu spekulieren übrig, besonders über die »Gewalt der Töne« (SW II, S. 226) und die Bedingtheit des menschlichen Verstands bzw. der Psyche, die sich solche »Gewalt« antun lässt, und nicht zuletzt über die »wahre« Religion bzw. Religiosität und die Rolle der Kunst darin.

Dass Kleist die Legende als Konstrukt ironisiert, indem er deren Konstruktion *in actu* vorführt und dabei Psyche und Intellekt bei der Arbeit zusieht, ist verschiedentlich bemerkt worden. Nicht nur, dass »die Frage nach den Ursachen und Hintergründen des eingangs Erzählten gleichsam strukturell konsolidiert ist« (Schirmer 1990, S. 220); es findet auch eine poetologische Revision statt, die das Erzählen selbst und generell die Kunst-»Sprache« zum Sujet macht. Dass mit dem reformatorischen Bildersturm der Gehaltsebene auch ein ästhetischer einhergeht, ist für einen formbewussten Autor wie Kleist eine *Conditio sine qua non*. Der Gegenstand illustriert die Form und umgekehrt. Der Autor komponiert, indem er zerlegt. Diesem Vorgang unterliegt auf der Motivebene das Musiksymbol, das zum Paradigma einer Dekonstruktion wird.

So schwingt nicht nur der Geist einer säkularen Relativierung zwischen diesen Zeilen, der die historische Botschaft der Gegenreformation, die doch physischen Untergang und Verdammnis allen Ketzern androht, konterkariert, sondern auch der eines ästhetischen »Protestantismus«, angetrieben vom Elan der empirischen Psychologie, der seinerzeit von Gotthilf Heinrich Schubert, dem Popularisator des Mesmerismus, auf Kleist übergegangen war. Die pathogene »Gewalt der Musik« wird dann zwar zur alternativen Erklärungshypothese für die Verrücktheit der Brüder (im Sinne einer disjunktiven Lesart des Titels), doch das »Wunder« (SW II, S. 227) ist damit so wenig entzaubert wie die vielbestaunten Phänomene des Somnambulismus und der Hypnose durch die damals kursierenden Theorien des Unbewussten (vgl. Hansen 1994, S. 220f.). Bedeutsamerweise erscheint der *spiritus sanctus* durch die Kunst ersetzt, in deren »unbekannten zauberischen Zeichen« (SW II, S. 226) sich ein Verlangen nach »schwarzer Kunst« (so auch der Ausdruck Hamanns in seiner ästhetischen Schrift »Wolken«), sprich nach genialischer Magie ausdrückt und damit einer ethischen wie ästhetischen Überschreitung. So wird die Kunst am Beispiel der Musik zur säkularen Nachfolgerin beider Konfessionen, ohne dass sie dadurch schon zum rein erfahrungswissenschaftlichen Gegenstand würde. An die Stelle des klassischen Sinns treten über den Kunstsinn die Sinne in ihrer individuellen Betörbarkeit, Verletzlichkeit und Anlage zur Verrückung. Inwieweit sich darin das Scheitern einer vernünftigen, nicht nur-subjektivistischen Kunstrezeption, wie Kant sie in der *Kritik der Urteilskraft* gefordert hatte, ausdrückt, wird sich zeigen.

Unbestritten »entlarvt Kleist die Legende als ideologisches und politisches Konstrukt« (Hinderer 1998, S. 191), doch steht das nicht im Vordergrund des Interesses, das ich auf Fragen der Ästhetik, des Künstler*seins* und, wie Hammermeister (2002, S. 148f.), auf »subjektinterne und teilweise unbewusste Rezeptionsbedingungen« sowie verborgene »Reaktionspotentiale des Subjekts« gerichtet sehe. Wenn das Erkenntnisinteresse dieses Werks aber überwiegend psychologisch und kunstästhetisch akzentuiert ist, dann ist es nicht nur ein Zeugnis schöpferischer Selbstreflexion, sondern auch ein Beitrag zum rezeptions- und produktionsästhetischen Diskurs der Zeit.

Was schon die Erstfassung von einer musterhaften Heiligenlegende unterscheidet, ist das offensichtliche Augenmerk des Erzählers auf die produktiven und rezeptiven Seiten der Musik, der nach E. T. A. Hoffmann (1993, S. 49) »romantischsten« aller Künste. Mit der allgemeinen Aufwertung der Kunst als eines der Philosophie überlegenen Erkenntnismittels in Schellings idealistischem System war die Musik bereits zu einem inspiratorischen Medium geworden, nicht zuletzt in der Synthese mit der Religion, einer mit Hildegard von Bingen bereits im Hochmittelalter kultivierten Einheit, die der Musik eine – allerdings nie unumstrittene – spirituelle Funktion zuwies (Hinderer 1997; Schmidt 2003, S. 272ff.).

Getragen vom frühromantischen Subjektivismus, war der neue Musikkult, der sich in der großen Fülle von Kompositionen niederschlug, im selben Maß ein Anlass zum Enthusiasmus wie ein Grund zur Skepsis. Kleist gibt sich mit der Wahl seines Sujets als Betroffener zu erkennen, aber auch als In(tro)spekteur, der hinter die Kulissen blicken will. In der Buchfassung wird deshalb gerade die Musikmotivik noch einmal besonders ausgearbeitet. Das gilt vor allem für das mit der Erstfassung ansonsten weithin deckungsgleiche erste Textsegment (SW II, S. 216–19). Die Veränderungen dienen hier insbesondere der Konkretion des Aufführungsszenarios. So werden beispielsweise die einzelnen Instrumente beim Namen genannt. Das Erstaunliche freilich ist, wie breit und gezielt die Musik überhaupt mit Weiblichkeit in Zusammenhang gebracht wird. Da erfährt man zuallererst, dass die Frauen den Männern in Sachen Orchestermusikalität überlegen seien. Sie spielten »oft mit einer Präzision, einem Verstand und einer Empfindung, die man in männlichen Orchestern (vielleicht wegen der weiblichen Geschlechtsart dieser geheimnisvollen

Kunst) vermißt«. Sodann inszeniert sich weibliche Überlegenheit geradezu in der ausladenden Schilderung der Vorkehrungen zur Aufführung der Messe und in der Darstellung der männlichen Übermacht bzw. der verzweifelten Lage der Nonnen. Gerade durch diese Inszenierung soll die Musik (und weniger die heilige Cäcilie) die Rolle einer geheimnisvollen instrumentalen »Gewalt« bekommen, gegen die auch ein Heer männlicher Bilderstürmer »mit Äxten und Zerstörungswerkzeugen aller Art« nichts anrichten kann.

Indes so planmäßig Schritt für Schritt, wie die Erzählung hier vonstatten geht, bereitet sich kein übliches Wunder vor. Selbst scheinbar unnötige Details bleiben ja nicht ausgespart, wie z. B., dass die Nonnen »sich augenblicklich mit ihren Instrumenten an die Pulte [stellten]«. Vielmehr soll der massenpsychotische Effekt, wie er dann prompt eintritt, als Ergebnis künstlerischer Vorarbeiten und Präliminarien erscheinen und die Musik ins Licht einer durchaus »schwarzen Kunst«, ja einer absichtsvollen »*Machen-schaft*« setzen. Auch hier eine Konzentration auf die säkulare, rein handwerkliche Seite des Geschehens, vergleichbar dem rituellen Ziehen eines magischen Bannkreises.

Das Wort in der Sache hat offenbar ein Kenner, dem es, wie die Parenthese zeigt, um die größere Affinität geht, die Frauen zur Musik hätten, dazu gehört ihr *sensus communis*, der zusammen mit technischer »Präzision«, Rationalität und Geschmacks-»Empfindung« (im Sinne der Kant'schen »Affektion der Sinne«) den romantischen »Künstler« in der integrativen Konzeptualisierung Friedrich und August Wilhelm Schlegels auszeichnet (vgl. Schmidt 1985, S. 354–363).

Ein Beispiel für »Empfindsamkeit« der übersteigerten Art ist das »Nervenfieber«, an dem jene Schwester Antonia leidet. Sie würde die Aufführung geleitet haben, wenn sie nicht »bewußtlos, ihrer Glieder schlechthin unmächtig, im Winkel ihrer Klosterzelle darniedergelegen« hätte – wobei es in beiden Fassungen offen bleibt, ob sie es nicht doch tat, da »schlechterdings niemand weiß, wer eigentlich das Werk [...] ruhig auf dem Sitz der Orgel dirigiert habe« (SW II, S. 227). In Schwester Antonia ist das Gleichgewicht der Kräfte anscheinend aufgehoben, eine Art Gefahrenwarnung, wie sie auf das Schicksal der »vier gottverdammten Brüder« (SW II, S. 219) vorausweist. Musik, so wird angedeutet, ist eine Rauschdroge, die zum Tode führen kann, ja ein Instrument magischer

Betörung, wenn nicht sogar Hexerei: Teufelswerk, das auch den Geist einer Todkranken, wenn nicht einer Toten beschwören kann.

Die Beleihung des Orpheus-Mythos zeigt sich hier in einer traumnahen Kontraktionsfigur, die durch die Überblendung beider Protagonisten qua Geschlecht und Eigenschaften zustande kommt. Eurydike verschmilzt mit Orpheus. Ohnmacht und Allmacht werden zum gleichzeitigen epischen Ereignis, wobei beide Eigenschaften in unterschiedlichen Aspektmischungen auf alle Figuren übergehen. Die hier virulenten Verdichtungen und Verschiebungen sind nicht nur für den Traum, sondern für alle intermediären Prozesse charakteristisch, die mit imaginativer (kreativer) Arbeit einhergehen (vgl. Oberlin 2007a, S. 30–52).

Bezeichnenderweise ist es die (durch ihren primären Objektstatus legitimierte) Figur der Mutter, die die säkulare Erklärung findet, indem sie »auf den Gedanken gekommen war, es könne wohl die Gewalt der Töne gewesen sein, die, an jenem schauerlichen Tage, das Gemüt ihrer armen Söhne zerstört und verwirrt haben«. Im Augenblick, als sich ihr Verdacht konkretisiert, stellt sie sich, wie ehedem die zur Heiligen verklärte Schwester Antonia, vor das Pult.

> »Sie betrachtete die unbekannten zauberischen Zeichen, womit sich ein fürchterlicher Geist geheimnisvoll den Kreis abzustecken schien, und meinte, in die Erde zu versinken, da sie grade das gloria in excelsis aufgeschlagen fand. Es war ihr, als ob das ganze Schrecken der Tonkunst, das ihre Söhne verderbt hatte, über ihrem Haupte rauschend daherzöge« (SW II, S. 226).

Hier wiederholt sich das Rauschen jenes »wunderbar herabrauschenden Oratoriums« (SW II, S. 222), fällt also der Blick erneut und nunmehr unmissverständlich auf das sakrale Artefakt, das von »berauschender« und damit bewusstseinsverändernder Natur ist. Auch Schirmer (1990, S. 230) sieht das so und spricht von der »gleichsam imaginäre[n] Wiederholung der Aufführung des alten Oratoriums«. Es paßt dann zur Sicht einer kunstfremden Mutter, die ihre Söhne buchstäblich dem Rausch der Kunst zum Opfer fallen sieht, dass sie das »Musikwerk« (SW II, S. 226) direkt verdächtigt, magische Kraft zu haben, die sie »verderben« könne. Musik wird Teufelswerk, weil nur dieses das Übersinnliche mit dem Sinnlichen kurzschließt.

Wir sind hier offenbar an der geistes- und religionsgeschichtlichen Wurzel des Musikmotivs bei Kleist angelangt, nämlich an jener dualistischen Tiefenstruktur, die die antike Gnosis an die christliche weitergab. Nunmehr gilt es, eine ästhetische Aporie aufzulösen: Will man die Musik, die Kunst überhaupt rehabilitieren, muss man sie der magisch-religiösen Sphäre entreißen und damit jeglicher metaphyischen Transzendenz entledigen. Dazu muss man sie aber vorderhand in das Konzept einer Antimusik, ja einer Antikunst überführen, die der buchstäblich »irre-führenden« Harmonik eine »protestierende« Disharmonik, der schöngeistigen Kallifonie eine (wiederum ikonoklastische) Kakofonie entgegenstellt.

Dargestellt, wenn auch nicht aufgesprengt, wird diese Aporie von dem Quartett der vier harmlos »sinnverwirrten« (SW II, S. 220) Brüder, deren vokale Instrumente so »verstimmt« sind, dass sie nur Misslaute hervorbringen. Ausgerechnet die gemüts- oder geisteskranken Brüder also machen die Kunst wieder authentisch, indem sie eine regelrechte »Antimetaphysik der Töne« produzieren, die in höchst ironischem Widerspruch zu ihrem »heiligen« Gebahren steht und daher ihre Religiosität ebenso als Bigotterie entlarvt, wie sie jegliche Kunstsymbolik platonischer Provenienz infrage stellt.

Bereits Christian Moser (1993, S. 204) hat theologische Elemente calvinistischer Herkunft in dieser Novelle nachgewiesen. Zu ergänzen bleibt, dass die Überwältigung durch die spirituelle Kraft der Kunst hier auch bildlich mit dem *spiritus sanctus* und damit dem (im Calvinismus zentralen) Pfingstwunder assoziiert wird, und zwar über die biblischen Motive des Rauschens, der Gewalt, der Exaltation und des Entsetzens (der Zuschauer).[16] Auf dieser Skala sind die Werte abzunehmen, die in die Evaluierung des »Vorfall[s]« mit seiner »zu gleicher Zeit schreckliche[n] und herrliche[n]« Charakteristik und konkret in die Wertung des »Musikwerk[s]« (SW II, S. 227) einfließen. Musik ist hier

---

16 Der Text in Paulus' Apostelgeschichte lautet in Luthers Übersetzung: »Und es geschah schnell ein Brausen vom Himmel wie eines gewaltigen Windes und erfüllte das ganze Haus, da sie saßen [...] und sie wurden alle voll des Heiligen Geistes und fingen an, zu predigen mit anderen Zungen, nach dem der Geist ihnen gab auszusprechen. [...] Sie [die Umstehenden] entsetzten sich aber alle und wurden irre und sprachen einer zu dem andern: Was will das werden? Die andern hatten's ihren Spott und sprachen: Sie sind voll süßen Weines« (Apg. 2,2–13).

nicht nur Medium einer invasiven Bewusstseinsüberflutung, wie Kleist sie am eigenen Leib gegen seine eigene Überzeugung im Spätjahr 1801 erfuhr, als er »die Kirchenmusik in der katholischen Kirche« vernahm und »eine unaussprechliche Sehnsucht« verspürte, sich »niederzuwerfen und zu weinen« (SW II, S. 651).[17] Sie wird zum Testfall für die Möglichkeit von Kunst überhaupt und die Frage des Künstlertums. Das Gefühl der Überwältigung in der Hofkirche zu Dresden korrespondiert mit der kurz davor erfahrenen »ganz neue[n] Welt von Schönheit« in der Dresdner Staatsgalerie (SW II, S. 651), in der er Carlo Dolcis Gemälde *Die heilige Cäcilie an der Orgel* erblickte, das man wohl, wie Rosemarie Puschmann (1988, S. 20–27) nahelegt, zum Quellenbestand der Cäciliengeschichte rechnen darf.

Zieht man in Betracht, dass das Jahr 1801 für Kleist nicht nur das Jahr der »Kant-Krise« war, sondern auch den Beginn seiner künstlerischen Selbstfindung markiert, erscheint der berichtete Enthusiasmus im Kontext kunstphilosophischer Grundfragen wie den Fragen nach den inspiratorischen Quellen oder der Wahrheit der Kunst. Mit diesem Kontext eröffnet sich insgesamt das Feld der Hamann'schen »Gränzstreitigkeiten des Genies mit der Tollheit« und damit des Problemkomplexes »Melancholie und Wahnsinn« (Schmidt 1985, S. 106ff.; Schings 1999). Letzterer klingt in der Erzählung direkt an, wenn die »an der Ausschweifung einer religiösen Idee krank« Darniederliegenden als »äußerst trübselig und melancholisch« beschrieben werden (SW II, S. 219). Zugleich scheint Baumgartens (1907, S. 113f.) Sicht der ästhetischen Begeisterung rekapituliert, welche die Kräfte der Seele allein »lebendig zu machen« vermöge, auch um den Preis von Symptomen, »die man bei Rasenden wahrnimmt«. Aber auch Herders Warnung vor der Bewusstseinsverrückung durch »himmliche Musik« kommt in den Blick: »Auf gleiche Weise kann durch eine geistliche und, wenn man will, eine himmliche Musik die Seele dergestalt aus sich gesetzt werden, daß sie sich, unbrauchbar und stumpf gemacht für dieß irdische Leben, in gestaltlosen Worten und Tönen *selbst verlieret*« (zit. n. Brüggemann 2004, S. 429).

Nicht zuletzt steht Johann Georg Sulzers (1967, S. 427–432) Mahnung

---

[17] Der Parallele halber sei vermerkt, dass Nietzsche in der *Geburt der Tragödie* ebenfalls das katholische Hochamt erwähnt, und zwar als Vorstellungshilfe für seine Vision der dionysischen Musik.

aus der *Allgemeinen Theorie der schönen Künste* von 1793 im Raum, dass nämlich keine andere Kunst »sich der Gemüther so schnell und so unwiderstehlich bemächtigt, wie durch die Musik geschieht«, wo auch »gesunde Menschen […] bis auf einen geringen Grad der Raserey kommen«. Kant wollte dem in seiner *Kritik der Urteilskraft* vorbeugen und schlug ein rezeptionsästhetisches Modell vor, dass beim Kunstgenuss und bei der Abgabe von Kunsturteilen subjektive Sinnenlust einem *common sense* verpflichtet, um so »die Kontingenz des Bloß-Subjektiven mittels der Ansinnung hinter sich [zu lassen]«. Wie Hammermeister (2002, S. 142f.) ausführt, antwortet Kleist, indem er

> »eine Kunstwirkung schildert, die die Möglichkeit des ästhetischen Urteils als eines gemeinschaftsstiftenden unterminiert und den Weg freigibt zu einer radikalen Subjektivierung der Kunstrezeption, in der nicht das lustvolle Zusammenspiel der Fakultäten charakteristisches Kunstmoment ist, sondern der schmerzhafte Zusammenbruch des Subjektgefüges und damit (poetologisch) der Absturz in die Sprachlosigkeit«.

Aber auch wenn die »Kunst sich als eine Gefahr [entpuppt], weil in ihr nicht die Wiederkehr des Verdrängten im Produkt gezähmt ist, wie es sich für Freud darbietet, sondern weil sie im Unbewussten solche Energiereserven mobilisiert, die sich als unkontrollierbare Zersetzung der Ichfunktion äußern«, so folgt daraus nicht notwendig, dass Kleist das Kant'sche Konzept »unterminiert«. Er setzt ihm wohl eher ein neues Paradigma entgegen, das für eine neue, bessere Ästhetik im Sinne der Aufklärung beachtet werden müsste. So wenig es zwingend ist, dass er sich in diesem Punkt »von der idealistischen Ästhetik Kants ab[setzt]«, so richtig ist es, dass er »auf Distanz zu dem Teil der Kunsttheorie der Romantik [geht], die in Schellings ›System des transzendentalen Idealismus‹ aus dem Jahr 1800 ihren enthusiastischsten Ausdruck gefunden hatte« (Hammermeister 2002, S. 151).

Bevor wir aber weitere Schlussfolgerungen ziehen, soll nun ein ausführlicherer Blick auf die Zeichnung dieser Männerfiguren gerichtet werden. Was »fehlt« diesen vier Wahnsinnigen, die »an der Ausschweifung einer religiösen Idee krank lagen«? In der Erstfassung bezieht sich die Schilderung auf die ersten fünf Tage nach dem auslösenden Ereignis, während der zweite Text, der ja eine zweite Zeitebene – »Sechs Jahre darauf« (SW

II, S. 219) – einzieht, Gelegenheit gibt, die auch nach diesem Zeitraum noch unveränderte Symptomatik zu demonstrieren. Diese unterscheidet sich in den einzelnen Fassungen in den Grundzügen nur geringfügig, aber doch signifikant. In der Fassung von 1810 wird ihrem nächtlichen Gebrüll noch eine gewisse Musikalität zugesprochen. Der »Gesang« sei »zwar nicht ohne musikalischen Wohlklang, aber durch sein Geschrei gräßlich«. Ansonsten ist das nächtliche Szenario in beiden Texten fast identisch und folgt einem Ritual, welches das »öde und traurige Kloster-leben, bei Wasser und Brot« zu parodieren scheint (SW II, S. 297).

In der Erstfassung, die den Vorgang durch den frühen Abriss des Erzählfadens noch gnädig als temporär erscheinen lässt, ist das selbstfa-brizierte Andachtskreuz in der Mitte des Tisches noch nicht vorgesehen. Die vier sitzen einfach nur »in ihre dunkle Mäntel gehüllt, um einen Tisch«, stehen »gegen die Mitternachtsstunde« auf, dann wird eine Stunde lang »mit einer schauerlichen und grausenhaften Stimme, das gloria in excelsis intoniert« (SW II, S. 296), worauf sie sich niederlegen, um bis zum Sonnenaufgang zu schlafen. Die Buchfassung schildert das Szenario dann ausführlicher, dramatischer. Insgesamt scheint eine gewisse zweckvolle Routine in der »Verherrlichung des Heilands« zu bestehen, die das »geisterartige« (SW II, S. 220) bzw. »gespensterartige Klosterleben« (SW II, S. 224) der Brüder in den verflossenen sechs Jahren bis einmal zur Stunde ihres »heitern und vergnügten Todes« (SW II, S. 228) fast gerechtfertigt erscheinen lässt. Die Patienten erhalten etwas humanere Züge, etwa wenn »eine gewisse, obschon sehr ernste und feierliche, Heiterkeit« hervorgehoben wird oder ihnen Sätze und Meinungen zu-geordnet werden, die sie »schon mehr als einmal geäußert hätten«. Wenn es im Widerspruch dazu heißt, »daß kein Laut über ihre Lippen käme« (SW II, S. 220), wirkt eher dieses als jenes glaubwürdig, sodass man jetzt überhaupt an der Drastik der Verhaltensschilderung zweifeln und ein menschliches eher denn ein animalisches Gesicht mit den Kranken verbinden mag. Vom »böse[n] Geist« (SW II, S. 224) ist nur im Rückblick die Rede, und der dramatische Höhepunkt der Beschreibung schuldet seine stilistischen Eskapaden erkennbar dem als Zeuge berichtenden Veit Gotthelf, der in dem historischen Vorfall ein »gespensterartige[s] Treiben« vermutet (SW II, S. 223). Die Sprache hier spiegelt in ihrem z. T. biblischen Zuschnitt, der an die Johannesapokalypse erinnert, die abergläubische Angst des Erzählers, der noch immer kaum fassen kann, dass er selbst als Beteiligter unter den »Bösewichter[n]« (SW II, S. 221) mit dem Schrecken davonkam. Im attributreichen deskriptiven Überschwang des Erzählens verwandelt er das Vergangene in Gegenwart – Tempus ist Präsens – und scheint dabei allen Ungläubigen – offenbar ist er zum Katholizismus konvertiert – das Erlebte zum mahnenden Exempel zu erzählen. Der Wahn der vier Brüder ist jetzt nicht mehr in erster Linie die Strafe Gottes, sondern wird zur Teufelsbesessenheit und damit auch zum vielbegafften Stadtereignis:

> »[D]as Volk drängt sich, die Haustüre sprengend, über die Stiege dem Saale zu, um die Quelle dieses schauderhaften und empörenden Gebrülls, das, wie von den Lippen ewig verdammter Sünder, aus dem tiefsten Grund der flammenvollen Hölle, jammervoll um Erbarmung zu Gottes Ohren heraufdrang, aufzusuchen« (SW II, S. 223).

Hier tritt das pathologische Interesse in den Hintergrund, zugleich aber wird in der subjektiven Aufgeregtheit dieser dynamischen, stilistisch hypertrophen Schilderung der gemeinsame unbewusste Grund des Wahns erkennbar, von dem auch der Tuchhändler nicht frei ist. In diesem Licht erscheint die Symptomatik durch den christlichen Archetyp des Bösen vorgeprägt und letztlich als konsequente Erfüllung der im religiösen Wurzelgrund genährten Bilder. Die Kranken selbst wirken dagegen in ihrer ruhigen Lebensroutine bereits frei von den Agonien des Denkens und Glaubens. Lediglich die Monstrosität ihres »Gesang[s]« scheint im krassen Widerspruch zur Absicht des göttlichen Lobpreises zu stehen und mehr den »Wölfen« vergleichbar, die den Mond anheulen, indiziert aber doch gerade in dieser Eigenschaft auch die »Inbrunst« der Beter. »Wolfsgesang«, wenn man so will, heißt der stilistische Opponent zu dem manierierten Schwulst, der an den ästhetischen Erzfeind der Romantik, die Barocklyrik, erinnert. Manieristisch zurechtgemacht wirkt auch der Name des Zeugen selbst, Veit Gotthelf, der seinem Träger hier zum ambivalenten Omen wird – der »Veitstanz« (als Tanz eines Besessenen und Inbegriff der Teufelsbesessenheit) erinnert noch an den alten Legendenstoff von der Teufelsaustreibung an dem Filius des römischen Kaisers Diokletian durch den heiligen Vitus. So wird vollends klar, dass der »Fall« der Kunst aus den ornamentalen Höhen der Metaphysik in

die profanen Niederungen der *conditio humana* nur als »Sündenfall«
beschrieben werden kann, der bekanntlich den Versucher im Emblem
und den irdischen Menschen im Herzen trägt. Das Feuer des Prometheus wird zum Höllenfeuer.[18]

Es ist dann zwar richtig, dass man in dieser stilistisch inszenierten
Dissonanz die »zerbrochenen Instrumente als die ikonographischen
Attribute der Heiligen Cäcilie« zu sehen hat (Gönner 1989, S. 57). Jedoch
handelt es sich um eine De-konstruktion im Sinne der ironischen Bespiegelung, keinesfalls um die Bestätigung der klassischen Kunstästhetik,
die nun beklagenswerterweise »zerbrochen« sei. Auch weist Kleist in
der Differenz zwischen Gebrüll und Gesang nicht auf den Unterschied
zwischen Dilettantismus und Kunst hin, sondern auf den zwischen
Echtheit und Manier, menschlicher und anmaßend göttlicher Stimme.
Das gleich mitgelieferte Anschauungsmaterial für schlechte Erzählprosa
intoniert den oratorialen Stil, der die vier unglücklichen Brüder die »Gewalt der Musik« spüren ließ. Das Gefälle zur Wortnüchternheit, ja zum
Verstummen weist den Weg in die Simplizität eines neuen elementaren
Beisichseins der Kunst, einer Ästhetik des Logopurismus. Das »Gebrüll«
bei Kleist antizipiert in gewisser Weise das »Gebrüll« bei Nietzsche, das
den dionysischen Waldmenschen im *Zarathustra* (und damit Zarathust-
ras Doppelgänger) charakterisiert. Für mich steht außer Frage, dass der
Topos, wie er bei Kafka wiederkehrt, in Nietzsche und darüber hinaus
in Kleist wurzelt.

Fragt man, wo in dieser Novelle die Rolle des Schriftstellers sei, dann
sieht man diese freilich nicht nur in den vier unglücklichen Brüdern
ironisiert, denen es die Sprache verschlagen und den (zivilisatorischen)
Verstand getrübt hat, sondern man erkennt sie auch in dem »unbekannten
Meister« der Partitur, von der es heißt, dass »sie gedichtet war« (SW II,
S. 217). Darüber hinaus erscheint er als Instrumentalist und Kapellmeis-

---

18 Es ist kein Zufall, wenn später auch Nietzsche in den »Sanct-Veittänzern [...] die bac-
chischen Chöre der Griechen« wiedererkennt (KSA I, S. 29). Die dionysische Sphäre
bedeutet Eintritt in das Naturkontinuum und damit das Ende der Individuation. Der-
artige Zustände wurden allerdings keineswegs nur mit dem Teufel in Verbindung
gebracht. »In spätmittelalterlicher und barocker theologischer Spekulation wurde
der große Pan als Teufel, aber auch als Jesus Christus gedeutet« (Hunger 1974, S. 301).
Die äußeren Analogien zwischen dem bocksbeinigen Dionysos und dem klumpfüßi-
gen Teufel – beide mit Hörnern! – liegen auf der Hand.

ter an der Orgel und schließlich im Kirchenschiff, der Kunst zu Füßen. Während so der künstlerische Ort noch nicht sicher bestimmbar scheint, deutet sich die Revision einer Ästhetik an, die vom religiösen Schein oder – sagen wir es allgemeiner – vom metaphysischen Apriori lebte und für die das Jenseits zum (diesseitigen) Bedeutungsraum zählte. Indem das Mythische an Terrain zurückgewinnt, polarisiert sich der Urkampf zwischen Orpheus und Dionysos zugunsten des letzteren, des Naturgotts. Das letzte Wort haben die Laute, das Geschrei der Nymphen und Dämonen, das Heulen der Wölfe, Josefines Pfeifen, das Nachspiel des Gebrülls.

Kleist wie Kafka glauben also Grund dazu zu haben, die traditionelle Ästhetik ihres ideellen Glanzes und Wohlklangs wegen mehr zu fürchten als zu lieben. Der daraus resultierende Kampf wird um der Wahrhaftigkeit willen geführt, und zwar mit Mitteln, die den Platonismus in der Kunst, die Erwartung einer symbolischen Heils- und Heimatstiftung ironisch repräsentieren. Wir haben es mit Kontrafakturen zu tun, die an Travestien grenzen oder Travestien, die an Kontrafakturen anliegen. Dass sowohl in »Josefine« als auch in der »Cäcilien«-Novelle der Orpheus-Mythos Pate stand, erhellt aus der Tatsache, dass beide Erzählungen die wundersame Wirksamkeit der Musik ebenso illustrieren wie negieren und dass sie auf eine elementare, gleichsam vor-ästhetische Schicht des Sagens verweisen, die an die *Sage* erinnert. In beiden Erzählungen gibt es Szenarien, in denen sich eine bestehende Untergangstendenz erfüllt. Eine Art gegenreformatorischer Ästhetik flammt zwar noch einmal auf im Augenblick, da der bestehenden Kunst der Prozess gemacht wird. Doch bedeutet das letztlich erst recht deren Ende, insofern sich nunmehr erweisen muss, wes Geistes Kind die traditionellen Kunstsymbole eigentlich waren. Beide, Kleist wie Kafka, arbeiten an deren theologischen Widerlegung, indem sie eine poetologische vornehmen und dabei eine Art kosmischer Natursprache zum Maß der Dinge machen. Nirgendwo anders konnte das mythische Kunstsymbol seine Energien abschöpfen als im »unteren Kosmos« der chthonischen Sphäre, während der »obere«, olympische die menschliche Sinnenwelt nicht mehr ansprach.

Ob man hier lediglich eine neue Metaphysik am Werk sieht, wie sie z. B. auch Heidegger in Nietzsches »Götzen-Dämmerung« hineinlas, respektive ob der Begriff »Metaphysik« überhaupt noch angebracht ist, muss der philosophische Diskurs entscheiden, der mit Nietzsches eigener »Selbstkritik« vor langem begann.[19] Bei Kafka, der sich auf Nietzsches »Artisten-Metaphysik« berufen konnte, ist nicht von der Hand zu weisen, dass die Destruktion, wie er sie in »Josefine« und am deutlichsten im »Hungerkünstler« vornimmt, eine *De-konstruktion* ist, in der *ex negativo* ein spiritueller Vitalismus »anklingt«, der im Mythischen gründet. Darin (etwa im Verlangen nach *communio*) klingen Elemente des orphisch-eleusinischen Mysterienwesens ebenso an wie eine spezifisch mystische Spiritualität, die an Johannes Duns Scotus, Meister Eckehart, Mechthild von Magdeburg oder Jakob Böhme erinnert. Man kann auch sie auf Nietzsche zurückführen, insofern dessen (nominalistische) Überwindung der Metaphysik darauf abzielte, dem ontologischen Essentialismus die »Weisheit des Silen« (KSA I, S. 41) entgegenzusetzen. In dessen pantheistischer Utopie der »Weltenharmonie« »schließt sich nicht nur der Bund zwischen Mensch und Mensch wieder zusammen, auch die entfremdete, feindliche oder unterjochte Natur feiert wieder ihr Versöhnungsfest mit ihrem verlorenen Sohne, dem Menschen« (KSA I, S. 29). Kafkas Nietzsche-Rezeption noch als Jugendlicher, so wird immer wieder deutlich, fand durch seine Lektüre Haeckels und Spinozas so viel zusätzliche Nahrung und Bestätigung, dass am Ende nur eine monistische Grundüberzeugung stehen konnte, die seine Ästhetik entscheidend beeinflusste.

Kleist wie Kafka, so war zu sehen, fühlen sich einer Ästhetik verpflichtet, die das »Nur-Denkbare« oder »Nur-Sagbare« (Nietzsche sprach verächtlich von »Sprach-Metaphysik«) aus ihrem Bedeutungsraum ausklammert. Gewissermaßen »reell« soll es da zugehen, ohne magische Tricks und apriorische Setzungen. Das setzt eine Symbolik der Buchstäblichkeit und Wortgegenständlichkeit voraus, die das Körperliche und Lautliche als Natursprache einsetzt und Sprache zum performativen Ereignis macht:

> »Jetzt soll sich das Wesen der Natur symbolisch ausdrücken; eine neue Welt der Symbole ist nöthig, einmal die ganze leibliche Symbolik, nicht nur die Symbolik des Mundes, des Gesichts, des Wortes, sondern die volle,

---

19 Zur Stellung Nietzsches in der Metaphysikdiskussion, besonders zu Heideggers Interpretation des Nietzsche'schen Metaphysikbegriffs vgl. Balmer (1989, S. 27–44).

alle Glieder rhythmisch bewegende Tanzgebärde. Sodann wachsen die anderen symbolischen Kräfte, die der Musik, in Rhythmik, Dynamik und Harmonie, plötzlich ungestüm. Um diese Gesammtentfesselung aller symbolischen Kräfte zu fassen, muss der Mensch bereits auf jener Höhe der Selbstentäusserung angelangt sein, die in jenen Kräften sich symbolisch aussprechen will« (KSA I, S. 33f.).

Wo sie beide Sinn »in der wunderbaren Bedeutung der musikalischen Dissonanz« sehen, treffen sie sich in der »selbst am Schmerz percipirten Urlust« (KSA I, S. 152), in der sich »die Ahnung einer wiederhergestellten Einheit« zu Wort meldet (KSA I, S. 73). Sie entwerfen daraus eine Kunst des *ecce homo*, die über den Mythos zur anthropologischen Wurzel zurückfindet. Nach Nietzsche will der Mythos »als ein einziges Exempel einer in's Unendliche hinein starrenden Allgemeinheit und Wahrheit anschaulich empfunden werden« (KSA I, S. 112). Wenn Kleist und Kafka – Kafka mehr als Kleist – nach einer solchen anschaulich-ästhetischen Konstante suchen, dann mag immerhin ein gewisser »metaphysischer Trost« damit einhergehen (KSA I, S. 109), der ihnen ihre ständig drohende nihilistische Trostlosigkeit ertragen hilft.

VI PROMETHEUSVARIATIONEN

»Es war die Rhetorik der Anthropologie, die einen immer wieder zurück-
rief in die Antike.«

Durs Grünbein (2002, S. 97)

1 PROMETHEUS

Kafkas namentliche Behandlung des Prometheusstoffes kann als solche
kaum bezeichnet werden. Das Notat aus 117 Wörtern, das er im böh-
mischen Zürau am 16. oder 17. Januar 1918 in sein blaues Schulheft ein-
trug, scheint sich weder genau an die antiken Stoffvorlagen zu halten,
noch zwischen Sage und Bericht einen kategorialen Unterschied zu
machen, noch überhaupt dem illustren Stoff andere Varianten zuzubil-
ligen als solche, die seine Überflüssigkeit beweisen:

> »Die Sage versucht das Unerklärliche zu erklären; da sie aus einem Wahr-
> heitsgrund kommt, muß sie wieder im Unerklärlichen enden.
> Von Prometheus berichten vier Sagen. Nach der ersten wurde er weil er die
> Götter an die Menschen verraten hatte am Kaukasus festgeschmiedet und die
> Götter schickten Adler, die von seiner immer nachwachsenden Leber fraßen.
> Nach der zweiten drückte sich Prometheus im Schmerz vor den zuha-
> ckenden Schnäbeln immer tiefer in den Felsen bis er mit ihm eins wurde.
> Nach der dritten wurde in den Jahrtausenden sein Verrat vergessen, die
> Götter vergaßen, die Adler, er selbst.
> Nach der vierten wurde man des grundlos Gewordenen müde. Die
> Götter wurden müde, die Adler. Die Wunde schloß sich müde.
> Blieb das unerklärliche Felsgebirge« (N II, S. 69f.).

Allein die Zahl vier deutet die Redundanz der Serie an, das Ausdünnen
der Substanz. Ist das einer jener »Kafka-contra-Goethe«-Augenblicke,

in denen der Spätere dem Früheren die aufgeklärte Rechnung ausstellte, nachdem der aus dem Heroen- einen Geniekult gemacht hatte, der schließlich in einen Napoleonkult entgleist war?

Wenn Sagen »berichten« können, sind sie entweder keine »Sagen« oder der »Bericht« speist sich aus »sagenhaften« Quellen und ist deshalb kein Bericht. Mit einem ironischen Federstrich werden sowohl die Sagen zur Historiografie erhoben als auch diese zur Mythologie gekürt. Das stellt den Wahrheitsgehalt des einen wie des anderen infrage, während gleichzeitig ein »Wahrheitsgrund« behauptet wird, der nun freilich jenseits der menschlichen Erkenntnisoptik liegt und in einem unverrückbaren Petrusfelsen gefunden wird, der hier der Kaukasus ist. Alles, was zu sagen ist, scheint fragwürdig und angesichts des steinern »Unerklärlichen« ohnehin überflüssig. Prometheus wird entweder zum ironischen Gerücht oder zum ironischen *fait accompli*, ebenso »die Götter«, die er angeblich »verraten hatte«, als er den Menschen das himmlische Feuer (zurück-)brachte. Seine eigene Rolle als Titan ist nicht einmal der Rede wert, geschweige denn andere Eigenschaften, für die Prometheus als Menschenschöpfer, »Anwalt der Menschenrechte« (AM, S. 335) und »anthropologische […] Leitfigur« (AM, S. 361) vereinnahmt wurde.

Kafkas Erzähler rühmt seinen Prometheus nicht wegen seiner kulturstiftenden Großtaten – er gilt als Urheber der Künste, des Handwerks, als Erfinder der List, maßvoller Opferbräuche etc. –, sondern bezichtigt ihn des Verrats an den Göttern und stellt ihn als in späteren Generationen »vergessen« dar. »[G]rundlos« geworden, bedarf es seiner nicht mehr, weder als Allegorie eines Befreiers und Lichtbringers noch als Vorbild für Tyrannenaufruhr und Zivilcourage, Gewaltenteilung und Widerstand, sei es, dass sich »in den Jahrtausenden« die Verhältnisse zum Guten oder aber ein für allemal zum Schlechten gewendet haben, sei es, dass dem Los der Menschen kein Mythologem mehr zu Hilfe eilt, da die Zeiten der Kosmologien vorbei sind. Aus dem einstigen Demiurgen und Menschenfreund, dem am Ende dank Herakles triumphierenden Dulder am Kaukasusfelsen, macht Kafka einen Verlierer gegen die Zeit und die Haltbarkeit des Menschengedenkens. Nicht einmal mehr tragisch im Hades enden darf er, wie Aischylos das seinem *Gefesselten Prometheus* noch gegönnt hatte, geschweige denn, dass er durch den Pfeil des Zeus-

Sohns Herakles von dem leberfressenden Adler befreit wird, wie uns die wohl älteste Sagenschicht erzählt (Hunger 1974, S. 352f.).

Prometheus, so das Fazit, ist nicht mehr der Sage wert. Wenn er dennoch weiterlebt, dann buchstäblich »unterirdisch«: im Nichtsagen, das freilich etwas grundsätzlich anderes ist als das Vergessen. Das Ausdünnen der epischen Mythenschicht kündigt gerade eine Revision der »unterirdischen« Kräfteverhältnisse an. Wenn »Sagen« ein Beherrschen der Wirklichkeit durch das Beherrschen der Sprache bedeutet, dann signalisiert das Nichtsagen einen Zustand des Beherrschtwerdens durch das »Unsagbare« (oder »Unsägliche«). Wenn Prometheus' Wunden sich schließen, schließt sich auch das Kapitel des einst ausgetragenen Agons, ohne dass dieses damit entschieden wäre. Dann triumphieren die vor-mythischen Machtverhältnisse einer Zeit, in der weder die Sprache noch das Feuer beherrscht wurden. Nunmehr regieren nicht mehr die mythischen Götter (denn sie »wurden müde«), sondern erneut das ohne sie unbenannte Unbewusste, die dunklen Mächte, die *homo sapiens* nicht ins Licht seines »Wissens« einholen konnte.

So scheinen die »an die Menschen verraten[en]« Götter am Ende in der Tat recht zu behalten, allerdings unausgesprochen – oder intertextuell nur von Aischylos (1983, S. 30f.) prosodiert. Dieser lässt den Okeaniden-Chor Prometheus und »die Menschen, welche die/Benachbarten Länder des/Geweihten Asien bewohnen«, zwar bemitleiden, gibt aber doch fromm seinen Göttern recht, die dem frisch kreierten Menschengeschlecht das Existenzrecht ebenso streitig machen wie Prometheus das Recht auf den demiurgischen Alleingang. »Aus der objektiven Nichtswürdigkeit der Menschen mehr als ihre Existenzfähigkeit – ihre Existenzwürdigkeit gemacht zu haben, ist der von Prometheus selbst unbestrittene Verstoß gegen die Weltordnung« (AM, S. 340). Die Menschen, so das aus dem Mund der vitalistischen Griechen überraschende Credo, seien nicht wert geboren, nicht wert betrauert und nicht wert erinnert zu werden. Kafkas im Wortsinn lapidarer Schluss lässt den kosmologischen Ausrutscher als undramatisch-gleichgültige, von der Geschichte längst eingeholte Episode erscheinen, die die Brisanz des Feuers einerseits und den Primat der Dunkelheit andererseits in ein dialektisches Geschehen verwebt. Der Behauptung (im Doppelsinn) des »Unerklärlichen« ist schließlich nichts hinzuzufügen. Unverkennbar ist »die eschatologische Melancholie, die über dem Ganzen liegt. Weshalb sollte die Welt fortbestehen müssen, wenn nichts mehr zu sagen ist?« (AM, S. 689)

Die Pointierung am Ende der Kafka'schen Notiz ist im ersten Satz der Eintragung vorweggenommen. Der Mythos beweist, was zu beweisen war, nämlich, dass da nichts zu beweisen ist. Der Mythos *kann* schließlich nur wahr sein, da er Wahrheit in Geschichten und Geschichten in Symbole auflöst, die das kosmische Gesetz repräsentieren. Der Mythos ist wahr, weil er Mythos ist. Zum Zusammenbruch des mythischen Symbols kommt es erst, wenn die Geschichten nicht mehr letzter Überlieferungszweck sind, sondern nur noch Mittel zum Zweck der Allegorese. Das jetzt entstehende Verlangen nach entschlüsselbaren Zeichen lässt das Erzählte als »geschichtlich falsch« erscheinen, entwertet also das Fabulatorische durch die Demythisierung, d. h. auch durch die Desymbolisierung der Imagination.

Wenn Hans Blumenbergs Beobachtung richtig ist, dass »Kafkas Text [...] nicht *eine* Rezeption des Mythos, auch nicht das Resultat seiner Rezeptionen durch eine verfolgbare Zeitstrecke hindurch [ist], sondern die Mythisierung dieser Rezeptionsgeschichte selbst« (AM, S. 688), dann ist der Kern dieser Geschichte nicht mehr das epische Symbol, sondern die Verkümmerung der Fabel angesichts der Verkümmerung des Sinns, sprich der psychischen Relevanz der sich in der Welt verortenden Imagination. Nietzsche würde vermutlich von einer »Sokratisierung« der Psyche sprechen. Kafka mythisiert das Aussterben der epischen Symbolautonomie, also die Ausdünnung und Erübrigung des Mythos in spätantiker Zeit und danach.

Im ästhetischen Horizont dieses Abgesangs kündigt sich indes eine neue Generation von Geschichte(n) an, die man »Chiffrengeschichte(n)« nennen könnte, epische Versatzstücke ohne den kosmologischen Kontext der Mythen, die einerseits zwar die Imagination in Atem halten, andererseits aber, da sie kein rascheres narratives Tempo aufnehmen, ohne Gleichnisdeutung scheinbar nicht auskommen bzw. nicht hingenommen werden wollen. Ein Grund für die »Dunkelheit« Kafka'scher Texte ist bekanntlich die Öffnung des Erzählens für die Vokabeln und Syntax des Traums und damit die dem Wachbewusstsein vorenthaltene Mixtur aus Primär- und Sekundärprozess, die den Traum als Offenbarungs- und Verschleierungsinstrument in einem charakterisiert. Dabei steht die

Leichterkennbarkeit der Bilder deren Leichtverständlichkeit im Wege.
Nietzsche hatte das zur »Voraussetzung aller bildenden Kunst, ja auch
[…] einer wichtigen Hälfte der Poësie« erhoben, aber auch auf die »zarte
Linie« hingewiesen, »die das Traumbild nicht überschreiten darf, um nicht
pathologisch zu werden« (KSA I, S. 26ff.). Die Erzählsuggestion hält
das Verstehensinteresse des Lesers wach, während die Traumfetzen nach
einer Verdunkelung des Bewusstseins rufen oder so paradoxe Ansprüche
stellen wie die Projektion der Traumbilder in die Helle des Tags.

Kafkas Mythen, dem Schlaf und Traum abgerungen, erschließen sich
wiederum nur dem Schlaf und dem Traum, einem Zustand also, der weder
lesen noch »entschlüsseln« kann. Zwischenzustände wie Tagtraum oder
Trance, die sonst das identifikatorische Geschäft etwa in der rituellen
Praxis erledigen, ohne welche keine Mythentradition auskäme, bleiben
dem Kafka-Leser oder -Hörer kaum zugänglich. Die radikale Subjektivierung des Verstehens, die sich in mythenreichen Kulturen erübrigt, weil
Verstehen dort kollektiv über die herrschenden Kosmologien vermittelt
ist, stellt den Rezipienten nicht nur vor die Notwendigkeit der Bewusstseinsarbeit, sondern auch vor die Aufgabe der Kommunikation mit
anderen. Persönliches soll überpersönlich werden, Intimes publik. Kein
Wunder, dass bei dieser Art Literatur auch die persönlichen Schamgrenzen
durchaus ein Rezeptionshindernis sind, wenn man unter Rezeption einen
öffentlichen Diskurs versteht. »Betroffenheit«, wenn eingefordert, wird
nicht leicht zum Ausweis von Erkenntnisinteresse.

Es ist so, als enthielte Kafkas Prometheusnotiz bereits die Mythisierung
eines grundlegenden Dilemmas, das alle Mythologien und Theologien
kennen: Das Bedürfnis nach der Phänomenologisierung tief empfundener
Wahrheiten konkurriert stets mit dem Verlangen nach Mystifikation und
Bildersturz. Zu Letzterem gehört das Verschweigen, stellt doch das Sagen
allein schon eine Versinnlichung dar, die mit einer Vorstellung assoziiert
ist und damit einer ikonografischen Festlegung.

Mythos und Logos gehen seit jeher ein prekäres, ja brisantes Verhältnis ein, das eine fruchtbare Synergie einschließt, solange der Logos dem
Mythos unterworfen bleibt. Das aber gelingt nur in der Verpflichtung auf
überliefernde Narration und Epik. Das mythische Wort ist der Geschichte
dienstbar, die zum Symbol wird. Es ist niemals Symbol im Alleingang,
ja es muss stets »überlistet« werden, um sich nicht wichtiger zu nehmen

(und zu machen), als der Kontext der Mythen und der Kosmologien es will. Zur Scheidung der Ehe von Mythos und Logos kommt es erst dann, wenn nominalistische Worthypostasen die Transparenz (und Transzendenz) der Symbole zerstören und dort Wörtlichkeit einfordern, wo Imaginationen sich zu Metaphern und damit zum Teil der psychophysischen Ausdruckssprache formieren oder wenn Paraphernalia spirituelle Akte ersetzen. In Zeiten der Schrift und der Texte gewinnt das Wort in dem Maß mehr an Gewicht, als es auch außerhalb der gesprochenen Kommunikation ein Dasein führt bzw. von der Probe auf seine »Kommunizierbarkeit« möglicherweise befreit ist und damit den Ernstfall als tatsächliches »Interagens« im menschlichen Sprachspiel versäumt.

Kafkas Künstler steht periodisch vor der Aufgabe, den Mythos erfinden zu müssen, ohne dem Logos Priorität zu verleihen, d. h., er muss auch die »Logik« skandalisieren. Im Grunde wiederholt sich hier nur, was Scholem (1973, S. 128ff.) am Beispiel der kabbalistischen Überlieferung als Streit zwischen Gnosis und Platonismus bzw. jüdischer Mystik und Religionsphilosophie beschrieben hat. Kafka gerade in diesem Kontext zu sehen, den er ja immer sucht, wirft ein bezeichnendes Licht auf die ästhetische Gratwanderung zwischen Mythos und Antimythos, wobei, wie wir gesehen haben, den Spezialkonflikten zwischen Mythos und Logos, Kunst und Mystik bzw. Kunst und Metaphysik eine besondere Rolle zukommt. Was Scholem über die klassischen Zeugnisse der Kabbala, die Bücher Bahir, Sohar und die lurianischen Schriften, sagt, wobei er bezeichnenderweise eine »Affinität« zur Mystik Jakob Böhmes bemerkt, gilt auch für Kafka im Allgemeinen und die den Prozess des Mythenverlusts mythisierenden Prometheusvarianten im Besonderen: »Es gibt den systematischen Versuchen kabbalistischer Spekulationen [...] eine besondere Note, daß hier mit den Mitteln eines den Mythos ausschaltenden Denkens eine Welt konstruiert und beschrieben werden soll, die dem Mythos zugehört.«

Mit dieser paradoxen Dekonstruktion des Mythischen ist zugleich ein neuer Rezeptionstyp vorgegeben, der in der Lage ist, in den Regionen des Bewusstseins mythische Anthropologien abzurufen, so wie Freud aus den mythischen Kosmologien die Anthropologien der Psyche las; der sich also ohne die Resonanzen des Unbewussten nicht auf das Ritual der Lektüre einlässt. Kafkas Leser mag sich insofern in der Rolle des

Traumwandlers unwohl fühlen, als er sich im Zustand höchsten Selbstbesitzes erleben muss, um die andrängenden Bilder zu bewältigen. Was ihn jedoch erschüttert, ruft seine Schutzinstinkte wach, und was er schützend ablehnt, erschüttert ihn umso mehr. Weil nur der »ganze Mensch« diesem Leserideal entspricht, nähert sich das Rezeptionsritual bei Kafka dem des Mysten. Dass es hierbei auf die klassisch-hellenistischen oder vorhellenistischen Bilderwelten nicht mehr ankommt, versteht sich von selbst. Sie sind obsolet geworden wie die Prometheus-Sage, die heute keiner mehr »sagt«.

Entscheidend ist jetzt, dass neue, expressive Mythen die sprachliche Bühne betreten. Mythen, die zwar keine kosmischen Welten schaffen, aber doch den psychischen Mikrokosmos als solchen behaupten und dem Bewusstsein narrative Mythologeme erfinden, die dieses versteht, auch ohne sie zu »begreifen«. Wie die Gnosis dem philosophischen Judentum die mythischen Bilder gab, die dieses zu seiner vitalen Spiritualität und zur Begründung einer spirituellen Diskursivität brauchte, so macht Kafka das gerade erst von der Wissenschaft isolierte Gelände der Psyche durch seine mythisierenden Abbreviaturen gangbar. Und wie die gnostische Mythenwelt die Kabbala nicht mehr nur historisch, sondern auch psychologisch deutbar machte, so führt Kafka das Rezeptionsgeschehen tief in die Labyrinthe der Psychologie, welche zum Kernfach der Anthropologie avanciert. Damit sind wir wieder bei Prometheus, dem einstigen anthropologischen Leitbild, das bei Kafka einer neuen Mythengeneration weichen muss, ohne deshalb weniger »wahr« zu sein.

Denn »wahr« ist seit jeher, was »blieb« und keine Erklärungen nötig hat. Wahr ist das »Felsgebirge«, in dem Prometheus schließlich vergessen wurde, sodass seine Wunden (wiederum ohne Konsequenzen) heilen konnten. An den Phänomenen der Naturwelt ist sicherlich nicht zu rütteln, je »anorganischer« diese ist, desto weniger. »Von Goethes ›Granit‹ bis zu Kafkas ›unerklärlichem Felsgebirge‹ reicht die Metapher einer Urschicht aller Ereignisse, die selbst der Rechtfertigung, der Theodizee, nicht mehr bedarf« (AM, S. 687).

Wenn der Mensch das Organische, das Veränderliche *par excellence* ist, dann muss es dem neuen Mythos darum zu tun sein, das Unveränderliche im Ephemeren zu finden. Das Modell der Zivilisation, das Kafka mit wenigen Strichen im »Bau der chinesischen Mauer« entwirft, sucht die Urschicht der Ereignisse nicht dort, wo doch das metaphorische Augenmerk hinfällt, im steinernen Riesenwerk, sondern darin, was dieses Riesenwerk scheitern lässt. Die »Feinde« stehen dabei innen wie außen. Der behauene Stein ist freilich nicht der Felsen des Kaukasus, und doch liegt auch er im Osten wie jener, in einer Himmelsrichtung, die bekanntlich das Licht bringt. Prometheus steht in Kafkas China zwischen den Zeilen. Er wird dort nicht zitiert, manifestiert sich aber im Gesamtgeschehen. Sein Name »Der Vorausdenkende« verbirgt sich bereits in den Vorkehrungen zum Bau der Mauer, die »[f]ünfzig Jahre« dauern. Es ist durchaus seine Geschichte, die erzählt wird, weil erzählt wird, wie Mythen entstehen, insbesondere solche, die Anthropogenese und Kulturgeschichte »erklären«.

Das Beherrschtwerden durch das Unsagbare in einem vorzivilisatorischen, jederzeit von neuem überhandnehmenden Zustand sowie der Kampf um die Beherrschung des Feuers sind auch hier die Themen, die Bewahrung des Lichts in der Dunkelheit, die Bedrohung der Dunkelheit durch das Licht. Auch hier also finden wir ein Szenario, das die kulturgeschichtliche Funktion des »Sagens« im Widerstreit mit dem *Nicht*sagen oder auch dem »*Ver*sagen« reflektiert (vom »*Ent*sagen« war bereits die Rede) und dabei Mythos und Bewusstsein ins Verhältnis setzt. Kafkas China – er selbst »im Grunde [...] Chinese«, wie er in Bezug auf ein chinesisches Gedicht im Mai 1916 an Felice Bauer schreibt (B III, S. 161; B II, S. 53) – ist nicht nur der fiktive Ort, auf den er seine zeitgeschichtlichen Erfahrungen und Prognosen projiziert, sondern die Arena der Psyche, in der der Kampf des kulturschaffend-mächtigen Bewusstseins mit den Mächten des Unbewussten stattfindet. Kafkas China ist der Schauplatz einer anthropologischen Bilanz und zugleich das Material für eine radikale Poetologie des modernen Mythos.

2 »BEIM BAU DER CHINESISCHEN MAUER« ODER DIE GRENZEN DER ZIVILISATION

Kafkas Interesse an martialisch-exotischen Kulissen wie der Chinesischen Mauer, der er eine Geschichte widmet, mag nicht zuletzt der Umgebung seines neuen Arbeitszimmers geschuldet gewesen sein. Zu dieser gehörte der tausendjährige Prager Burgpalast Hradschin (Hradčanské námešsti), auf dessen Nordwall man die Burgwächterhäuschen des Alchimistengässchens erbaut hatte. Von Schwester Ottla hatte er dort das Häuschen mit der Nummer 22 überlassen bekommen. Er nutzte es vom späten November 1916 bis April 1917 abends zum Schreiben. Von dort wird man die täglichen Marsch- und Appellgeräusche der noch bis Ende 1918 als Kaserne dienenden Burg nicht gerade gehört haben – Kafka schwärmt von der »Stille dort« (B III, S. 289) –, doch werden sie bei weiterer Annäherung an die Burg gelegentlich nicht zu überhören gewesen sein und ihn an den sich weltweit ausdehnenden Krieg erinnert haben. Dort entstanden nach fast zweijähriger Schreibpause in rascher Folge die Eintragungen in vier der sogenannten *Acht Oktavhefte* (A–H), darunter die »Kleinen Erzählungen«, die im Mai 1919 zusammen mit »Ein Landarzt«, »Auf der Galerie« und »Ein Brudermord« unter dem Gesamttitel *Ein Landarzt* bei Kurt Wolff in Leipzig erschienen. Die nächtliche Schreibarbeit dieser kaum fünf Monate währenden Schaffensperiode machen dem Namen der Lokalität alle Ehre: Die (schriftstellerische!) Alchimie lebt. Kafka ist indes der erste seiner Zunft, der zwar – *horribile dictu!* – wie seine legendären Prager Leidensgenossen am Ende den Hungertod stirbt,[1] davor aber noch Gelegenheit hat, reines Gold zu laborieren. Seit diesen Monaten ist die Weltliteratur um ein fantastisches Vermögen reicher.

Der zwischen Ende Februar und Ende März 1917 im Heft C verfasste Text »Beim Bau der chinesischen Mauer« ist nicht als ganzer in jenen Erzählband aufgenommen worden. Das ist zum einen seiner Unfertigkeit geschuldet – dagegen glaubt Stadler (2007, S. 158) darin eine zyklische »Endlosschlaufe« zu entdecken –, zum anderen lässt es darauf schließen, dass Kafka ihn nicht zu den »zweifellosen«, auf Anhieb geglückten Texten zählte wie etwa *Das Urteil*, »Der Heizer« oder »Der Hungerkünstler«. Lediglich ein Abschnitt mit 328 (von insgesamt 4.669) Wörtern wurde dort als neunte von vierzehn »Kleinen Erzählungen« unter dem Titel

---

1 Die Legende besagt, dass Rudolf II. einst die Alchimisten in diesen Häuschen gefangen gehalten haben soll, damit sie ihm den Stein der Weisen suchen und Gold herstellen. Als sie sich dem Zwang aber verweigern wollten und ihre Gefäße zum Protest in den Hirschgraben warfen, wurden sie in eisernen Käfigen an Bäumen aufgehängt, bis sie verhungerten (vgl. Binder 2008a, 138f.).

»Eine kaiserliche Botschaft« abgedruckt (S. 221–222): offensichtlich das Kernstück des Textes und als Binnengeschichte ohne Kontextbezug, daher leicht zu isolieren, im Übrigen auch ohne orientalisches Kolorit. Der vollständige Text erschien erst 1931, sieben Jahre nach Kafkas Tod, neben 21 anderen Stücken aus dem Nachlass als Titelgeschichte in der von Max Brod besorgten Ausgabe im Gustav Kiepenheuer Verlag in Berlin.

Dass gleich eine längere und zwei mittellange Arbeiten jener Zeit östlich-exotische, auch martialische Anklänge enthalten – in den *Landarzt* vollständig aufgenommen wurden davon die Texte »Schakale und Araber« (dort S. 213–217) und »Ein altes Blatt« (dort S. 208–210) –, weist nicht nur auf einen engen Entstehungszeitraum, sondern auch auf einen gemeinsamen Assoziationsgrund hin, in dem sich Kafkas Drang nach weiträumigen Abstraktionen, nach archaisch-mythischen Modellwelten und Weltmodellen widerspiegelt. China ist für die meisten Europäer jener Zeit noch immer eher ein fernes exotisches oder aber propagandistisches Gerücht als erfahrene Wirklichkeit. Das Gleiche gilt freilich umgekehrt. An bizarrer mythischer Fremdheit unterscheidet es sich wenig von dem *Kubla Khan* des Samuel Taylor Coleridge, wie er es in seiner *Vision of a Dream* von 1797/98 verewigte (Gardner 1972, S. 544ff.). Im Zuge des romantischen Mythen- und Symbolkults hatte Johann Jakob Bachofen den Osten zu einem geheimnisvollen, fremden Kulturkreis mystifiziert, sodass dieser geradezu zu dem *Anderen* schlechthin, ja zum Unbewussten der eigenen Kultur werden konnte (vgl. Assmann 1997). Der nach der republikanischen Revolution am 12. Februar 1912 abgedankte sechsjährige letzte Kaiser Pu Yi, der im Juli 1917 noch einmal von Monarchisten für 12 Tage ins Amt eingesetzt wurde, wird die europäischen Gemüter mehr beschäftigt haben als die revolutionären Machtkämpfe zwischen Dr. Sun Yat-Sen und dem Marschall Yuan Shi-Kai, der 1916 ermordet wurde, nachdem er sich selbst zum Kaiser proklamiert hatte. Das seit Langem marode Kaisertum im fernöstlichen Riesenreich war nach dieser letzten Zuckung nicht nur endgültig obsolet geworden, sondern tatsächlich abgeschafft, wie ja auch mit dem Tod von Franz Josef I. am 21. November 1916 die k. u.k Donaumonarchie ihren letzten potenten Kaiser verlor und damit faktisch zu Ende war, ebenso wie die Ära des zaristischen Russlands nach der Abdankung von Nikolaus I. auf Druck der Revolutionäre im März 1917 zu Ende ging. Die Kaiserfrage war somit in aller Munde, dazu gehörte der Schock angesichts des Machtvakuums im auseinanderbrechenden Vielvölkerstaat Österreich-Ungarn. Die Ära Franz Josef hatte immerhin 68 Jahre gedauert. Zu alledem bewegte die Frage der Regierungsbildung in dem sich abzeichnenden autonomen tschechisch-slowakischen Einheitsstaat, den vom Londoner Exil aus Tomáš Garrigue Masaryk anstrebte und am 18. Oktober 1918 auch verwirklichte, wonach der Hradschin zum Sitz der neuen Regierung wurde. Nimmt man den Rücktritt des deutschen Kaisers Wilhelm II. und die Ausrufung der deutschen Republik am 9. November 1918 hinzu, so sind es, neben einigen kleineren Monarchien, vier große, traditionsreiche Kaiserthrone, die binnen weniger Jahre anderen Regierungsformen weichen mussten – wahrlich ein kolossaler Umbruch.

Kafka hatte es unter diesen Vorzeichen nicht allzu schwer, die historische Verfallsuhr und im Gegentakt dazu die Klopfzeichen der versunkenen Zeit vom Grunde der Kulturgeschichte schlagen zu hören. Dem öffentlichen Diskurs, der in den Skandalgeschichten um die Bevormundung von Kaiser Kuang-Hsü (1875–1908) durch die Kaiserwitwe T'su Hsi bereits reichlich Nahrung erhalten hatte, waren die Analogien zu gewissen europäischen Monarchien bereits seit Jahrzehnten zum Topos geworden (Weiyan 1986, S. 17f.). Im Spiegel der niedergehenden Ch'ing- und Manchu-Dynastien hatte man im Europa des 18. und 19. Jahrhunderts bereits die Untergangsomen für Feudalpraktiken im eigenen Land erkannt, die inmitten der sozialen und ökonomischen Umbrüche immer weltfremder, volksfremder geworden waren. Im Zuge dessen war der »Orientalismus« in Alltagskultur und Kunst eingezogen – Goethes *West-Östlicher Diwan* ist ein älteres, Döblins *Die drei Sprünge des Wang-lun* ein jüngeres Beispiel, das Kafka kannte (J, S. 57). Mit der zunehmenden Kolonialisierung des chinesischen Riesenreichs war im Übrigen auch die Überzeugung gewachsen, dass der europäische Westen dem Osten überlegen sei.

Genau diese eurozentrische Einstellung geißelt Hans Heilmann im Vorwort zu seiner Anthologie *Chinesische Lyrik vom 12. Jahrhundert v. Chr. bis zur Gegenwart*, die Kafka besaß, sodass wir in ihr eine der literaturgeschichtlichen und landeskundlichen Quellen seines Chinabilds besitzen. Die andere verbürgte Quelle ist Julius Dittmars Reisebericht *Im neuen China*, in welchem Kafka allerdings neben einer detaillierten

Beschreibung des politischen Zerfalls, insbesondere auch des Kaisertums, die Auffassung lesen konnte, dass China trotz all seiner überragenden Kulturleistungen dem Untergang geweiht sei, wenn es sich nicht westlicher Führung anschließe. Dass er sich gerade aus diesem zwar wohlinformierten, jedoch tendenziös eurozentrischen Buch einige der Stoffdetails für seine Erzählung entlieh, ist nicht verwunderlich, erlaubt es doch zugleich die Ironisierung der europäischen Kolonialarroganz. Noch ist die blutige Niederschlagung des »Boxer«-Aufstands samt jenem traurigen Tiefpunkt deutscher Redekunst, der sog. »Hunnenrede« Wilhelms II. am 27. Juli 1900, in Erinnerung: »Pardon wird nicht gegeben! Gefangene werden nicht gemacht!« Noch hat man vielleicht jene Plakate vor Augen, die vor der »Gelben Gefahr« warnten. Die Parteinahme des Künstlers für die Kultur verlangt nach einem literarischen Sprachrohr, das die Frage der (westlichen) Zivilisation noch einmal von Grund auf neu stellt. Wenn Kafka von den Deutschen gesagt hat, »die wollen nicht erkennen, begreifen, lesen«, ist er von deren Einordnung ins Lager der Gegenzivilisation ohnehin nicht weit entfernt. Auch der Mythos kommt dabei zu Hilfe: »Die Deutschen haben den Gott, der Eisen wachsen ließ. Ihr Tempel ist der preußische Generalstab« (J, S. 74f.).

Dass er dabei schließlich auf eine Phraseologie zurückgreift, die römische Berichte über die Hunnen um Attila als Quelle nutzen, ist wenig verwunderlich, bietet sie doch die Gelegenheit, die Kolonisatoren des Westens, also jene, die den Zivilisationsfortschritt für sich beanspruchten, ironisch zum Exempel der Barbarei zu machen. Die wilhelminische Propaganda hatte die Hunnen als nachahmenswerte Eroberungsmacht angepriesen, wohl auch unter der (falschen) historischen Prämisse, die asiatischen Reiternomaden der Hsiung-Nu, die seit dem 8. vorchristlichen Jahrhundert regelmäßig in China einfielen, seien mit den europäischen Hunnen identisch. So repräsentieren die nomadisierenden Nordländer-Barbaren in seinem Szenario letztlich auch die kriegstreibenden Deutschen unter ihrem letzten Kaiser, die europäischen Allianzmächte inbegriffen.

Mit der Orientierung nach Osten schlägt Kafka also »Ein altes Blatt« auf, das ihn wie seine Zeitgenossen an laufende Umbrüche gemahnt, und betritt wie später Brecht ein Mythenfeld, in dem archaische Resourcen schlummern: Typen und Archetypen, zur Karikatur verzerrte raubtierhafte Nomaden, »Schakale und Araber«, kollektive Gespenster und Alpträume. Die scheinbar anachronistische Wahl der Stoffe hat dabei neben der mythischen Stilisierung zwei weitere Gründe: Zum einen sind die Umwälzungen, wie sie in Deutschland, Österreich und Russland aktuell vor sich gehen, im vergleichsweise avangardistischen China bereits seit einem halben Jahrzehnt Vergangenheit; und zum anderen lässt sich das politische Beharrungsvermögen in einer mehrtausendjährigen, vom Kaisertum geprägten Kultur wie der chinesischen weitaus imposanter darstellen als an den vergleichsweise ephemeren europäischen Beispielen. Kafka selbst spricht vom »ältesten Reich der Erde« (N I, S. 355) und deutet damit das symbolische Potenzial an, das »Zhong Guo«, dem »Reich der Mitte«, innewohnt. Goebel (1996, S. 203) konnte zeigen, dass Kafkas Fabelkonstruktion in »Ein altes Blatt« den tatsächlichen Machtverhältnissen am Hof des Kinderkaisers Kuang-Hsü nachempfunden ist. Unnötigerweise zieht er daraus freilich den Schluss: »Kafka's text is not a timeless, mythological parable, but makes a historically concrete statement about China as it was known to the European public around the turn of the century.«

Warum aber wählt Kafka gerade den als Nomadenwall gedachten und letzten Endes, bei allem Aufwand, wenig effektiven, im Lauf zweier Jahrtausende auf über 6.000 km ausgedehnten Monumentalbau der chinesischen Mauer als Gegenstand der Erzählung? Signifikanterweise markiert die große Mauer den Beginn der ununterbrochenen Traditionslinie des Kaiserreichs zwischen 221 v. Chr. und 1912, dem noch einmal ein Vorspiel von mindestens 2.000, ja sogar, zählt man die sogenannten »legendären Kaiser« hinzu, 2.600 Jahren vorangeht. Chinas erster Kaiser Shi Huang-di, Begründer der Ch'in-Dynastie (daher der Name »China«), ließ sie in kaum 20 Jahren auf einer Länge von gut 2.000 Kilometern als Bollwerk gegen die Hsiung-Nu errichten, indem er die bis dahin vorhandenen Wälle integrierte und ausbaute. Von jenen gefürchteten Steppennomaden des Nordens soll ein Minister des Kaisers gesagt haben: »Die Hunnen leben ausschließlich von Fleisch, tragen Felle und haben keine Häuser. Sie ziehen umher wie die Vögel in der Wildnis.«[2]

---

2 Zitat ohne Quelle bei James Barrat: Filmtext zum Video »Die große Mauer«. In: www.schaetze-der-welt.de. ©SWR 2004.

Kafka schreibt über die »Nomaden aus dem Norden« (N I, S. 358) in »Ein altes Blatt« in eben diesem Sinne, indem er sie selbstironisch in den Horizont des Namens Kafka stellt (das tschechische Wort *kavka* bedeutet »Dohle«[3]): »Ihrer Natur entsprechend lagern sie unter freiem Himmel, denn Wohnhäuser verabscheuen sie. [...] Unter einander verständigen sie sich ähnlich wie Dohlen« (D, S. 264). Dabei mag seine Nietzsche-Lektüre nachgewirkt haben, jedenfalls bringt Nietzsche in der *Geburt der Tragödie* den »uralten dionysischen Mythos« mit dem drachentötenden Siegfried in Verbindung und gemahnt an die »Vogelstimmen«, die von der einstigen »mythische[n] Heimat« der Deutschen erzählen, nicht ohne den – prometheischen! – Eroberungsdrang der Germanen zu beschwören: »Wotan's Speer selbst wird seinen Weg nicht hemmen können!« (KSA I, S. 154)

Das Verlangen nach chthonischem Natureinssein, nach animalischer »Naivität«, das in den griechischen Mysterienspielen seinen Ausdruck u. a. im Zerfleischen von Tieren durch die kultischen Bacchai findet – »Im orgiastischen Taumel zerfleischen sie junge Rehkälbchen und verzehren das rohe Fleisch« (Hunger 1974, S. 110) –, wird so erneut mit den mythischen Kosmologien »aus dem Geist der Musik« assoziiert, die für Nietzsche »Traumlitteratur« *par excellence* sind. Wenn dieser über die Dionysien schreibt, »gerade die wildesten Bestien der Natur wurden hier entfesselt, bis zu jener abscheulichen Mischung von Wollust und Grausamkeit«, dann gibt er Kafka das Stichwort für sein Nomaden-Szenario (KSA I, S. 31f.).

Im Fragment »Beim Bau der chinesischen Mauer«, das unmittelbar vor »Ein altes Blatt« ins Oktavheft eingetragen ist, dichtet er den Eindringlingen aus dem Norden daher »Gesichter der Verdammnis« an, wie sie »auf den wahrheitsgetreuen Bildern der Künstler« zu sehen sind (N I, S. 347), die in ihrer karikaturhaften Scheußlichkeit nicht zufällig an eine Höllendarstellung von Breughel oder Hieronymus Bosch erinnern, wobei die bocksbeinigen Satyrdarstellungen der Antike dem Dante'schen Teufelsbild mythischen Kontext verleihen. Übertroffen wird dies wüste Bild noch vom

---

3 Kafka soll, Janouch zufolge, ausdrücklich Folgendes von sich gesagt haben: »Ich bin doch ein gefährlicher Vogel, ein Dieb, eine Dohle. Das aber ist nur Schein. In Wirklichkeit fehlt mir der Sinn für glänzende Dinge. Ich bin grau wie Asche. Eine Dohle, die sich danach sehnt, zwischen den Steinen zu verschwinden« (J, S. 20).

Szenario der fleischfressenden Bestien, die einen Ochsen »ansprangen, um mit den Zähnen Stücke aus seinem warmen Fleisch zu reißen« – letztere Schilderung wiederum in »Ein altes Blatt« (N I, S. 360), das im nachträglich eingefügten Titel den gestrichenen Zusatz »aus China« enthält. Halten wir zwei im Stil der römischen Barbarentypologien abgefasste Texte des 4. und 6. Jahrhunderts über die Hunnen Attilas daneben, so ergibt sich ein archetypisches Zerrbild, das weniger das kategoriale Anderssein der Eroberer als die Schreckensperspektive der Eroberten illustriert.

Die historischen Hunnen, ein teils nomadisierendes, teils sesshaftes Steppenvolk Zentralasiens, das ethnisch schwer einzuordnen ist, siedelten nach ihren Eroberungszügen zum Schwarzen Meer schließlich unter Attila in der ungarischen Tiefebene und im Wiener Becken bis in das Gebiet der Donauzuflüsse Drau und Save hinein. Zur Legendenbildung, die ihren militärischen Erfolgen (auch in Söldnerdiensten), ihrem technologisch ausgefeilten Kriegswerkzeug und ihrer Angriffslust geschuldet war, trug auch der römische Schriftsteller Ammianus Marcellinus (1971, S. 26ff.) bei, aus dessen Sicht sie »im Zustand unbeschreiblicher Wildheit« lebten »wie Tiere, die keinen Verstand haben« und sich »von den Wurzeln wilder Kräuter und dem halbrohen Fleisch von jedwedem Getier ernähren, das sie zwischen ihre Schenkel und den Pferderücken legen und etwas erwärmen«. Da sie »ohne Haus, ohne Gesetze und feste Lebensweise« sind, werden sie den Sesshaften zur »Saat des ganzen Verderbens«, ein »ungezähmtes Menschengeschlecht, das von einer schrecklichen Begierde erfüllt ist, fremdes Gut zu rauben«.

Unschwer sind die spätantiken Barbarenklischees in diesem Porträt zu erkennen, das in manchen Zügen den Germanenbeschreibungen des Pomponius Mela gleicht. Für die Römer sind die »Barbaren« das schlechthin »Unrömische«, wie auch die Griechen darunter diejenigen verstanden, die nicht ihre Sprache sprachen, sondern »unverständliches Zeug stammelten« (das altindische Adjektiv *barbara-* ahmt lautmalerisch ein Stammeln nach). Iordanes Gotus fügt dieser Beschreibung wenig Neues hinzu, wenn er Attilas Krieger in seiner Gotengeschichte als »über alle Begriffe roh und wild« bezeichnet und ihnen ein scheußliches Aussehen bescheinigt: »[S]ie hatten nämlich ein schreckliches, schwärzliches Aussehen und [...] einen abscheulichen Klumpen und kein Gesicht, eher Punkte als Augen« (Mommsen 1982, S. 121ff.).

Kaum weniger drastisch beschreibt Kafka die »Nordvölker« als Ausbund der Scheußlichkeit. »[W]ie Heuschrecken« (N I, S. 339) erscheinen sie auf ihre Fresswerkzeuge reduziert: »[D]ie aufgerissenen Mäuler, die mit hoch zugespitzten Zähnen besteckten Kiefer, die verkniffenen Augen, die schon nach dem Raub zu schielen scheinen, den das Maul zermalmen und zerreißen wird« (N I, S. 347). Offensichtlich greift er mehrere der historischen Barbarenklischees auf, vor allem solche, die das Wilde und Ungeschlachte in Sprache, Aussehen, Lebensweise und Ernährung beschreiben, schließlich deren Raub- und Mordlust. Leitmotivisch wird vor allem auch deren Gemeinsamkeit mit Tieren hervorgehoben, besonders abstrus dort, wo gemeinsame Ernährungsgewohnheiten geschildert werden: »Auch ihre Pferde fressen Fleisch, oft liegt ein Reiter neben seinem Fleisch und beide nähren sich vom gleichen Fleischstück jeder an seinem Ende« (N I, S. 360). Das alles fügt sich schließlich zum Bild eines Ungeheuers, dem Popanz des monströs Anderen, dem keine Macht der Welt »widerstehen« (im Doppelsinn) kann.

So sind die Nomaden mit ihren »Grausamkeiten, die sie ihrer Natur gemäß begehen« (N I, S. 347), nicht zufällig vom Zuschnitt jener legendären Mongolenführer Altan-Khan und Dschingis-Khan, von denen letzterer gesagt haben soll: »Das größte Vergnügen eines Mannes ist: seine Feinde zu besiegen, ihre Familien ins Unglück zu stürzen, ihre Pferde zu reiten und ihre Frauen und Töchter zu lieben.«[4] In der historischen Überblendung mit den Hunnen, die unschwer mit den Kolonialmächten in Asien, wenn nicht exklusiv mit den wilhelminischen Deutschen zu assoziieren sind, stehen sie für das Antizivilisatorische schlechthin und lassen sich als überwertige Alb- und Angstfantasien bestimmen, wie sie aus paranoidem Sicherheitswahn (der ein Unsicherheitswahn ist) hervorgehen können. Sie sind die monokausale – und propagandistische – Rechtfertigung des Mauerbaus, aber zugleich doch auch der Preis und die Legitimation des zivilisatorischen Fortschritts, der mit Sesshaftigkeit, Besitzstandswahrung und Gütervermehrung verbunden ist.

Gewissermaßen als Reverseite der Medaille sind so die »Barbaren«, wie auch die Chinesen sie nannten (Dittmar 1912, S. 36), als Feind- und

---

4 Zitat ohne Quelle bei James Barrat: Filmtext zum Video »Die große Mauer«. In: www. schaetze-der-welt.de. ©SWR 2004.

Abgrenzungstypus ein Produkt, ja ein Erhaltungsprinzip der Sesshaftigkeit, eben das *Andere* der Kultur. Diese prägt *intra muros* stadtbürgerliche Lebens- und Verhaltensformen aus, die *extra muros* negiert werden, wenn nicht faktisch, dann fiktiv. Beide Seiten unterscheiden sich ideologisch so grundsätzlich, dass auch keine Verständigung zwischen ihnen mehr möglich scheint. Kafka stellt diese Konsequenz in »Ein altes Blatt« pointiert dar:

> »Sprechen kann man mit den Nomaden nicht. Unsere Sprache kennen sie nicht, ja sie haben kaum eine eigene. [...] Unsere Lebensweise, unsere Einrichtungen sind ihnen ebenso unbegreiflich wie gleichgültig. Infolgedessen zeigen sie sich auch gegen jede Zeichensprache ablehnend. Du magst dir die Kiefer verrenken und die Hände aus den Gelenken winden, sie haben dich doch nicht verstanden und werden dich nie verstehen« (D, S. 264f.).

»Draußen« bleibt das wilde Leben, die ungehemmte Triebhaftigkeit, der ungezügelte Affekt, aber auch Armut und Tod, während »drinnen« die Mühen der Wohlstandsicherung, die Vermehrung der Nachkommenschaft im Mittelpunkt stehen, aber auch Triebverzicht, Normzwänge und Bürgerpflichten. Nur in dieser Konstellation können die Barbaren zum erziehungswirksamen Popanz werden, zum »Bösen« schlechthin, der als Spiegel schlechten Verhaltens den Kindern vorgehalten wird, ein Indikator dafür, dass die Gefahr letztlich von innen droht: »Sind die Kinder böse, halten wir ihnen diese Bilder hin und schon fliegen sie weinend an unsern Hals« (N I, S. 347). Die Verzerrung gelingt umso besser – und auch darin kommt Kafka seinen römischen Schriftstellerkollegen nahe, die sich auf Fremdberichte stützten –, als der Ich-Erzähler wie seine Landsleute keinen der vermeintlichen Eindringlinge je zu Gesicht bekam: »[G]esehen haben wir sie nicht.« Er stellt sogar ihre Existenz gänzlich infrage, wenn er einräumt, dass »wir sie niemals sehen [werden], selbst wenn sie auf ihren wilden Pferden geradeaus zu uns hetzen« (N I, S. 347). Als das »Andere der Kultur« haben sie keinen ontologischen Eigenwert, sie sind reine Psyche oder, um es pointierter zu sagen, sie sind das Unbewusste der Zivilisation, also das eigene Innere, das nach außen *ex-kommuniziert* wurde. Der Mangel an Verständigung, das Versagen der Kommunikation entspringt letztlich der Bewusstseinszensur, die Subversion in Invasion umwandelt.

Norbert Elias (1997, S. 342) zeigte am Beispiel der Sexualaufklärung, wie der Prozess der Zivilisation vom »Bann des Schweigens« und einer »Mauer der Heimlichkeit« bestimmt wird. »Es sind die soziogenen Verdrängungen in ihnen [den Erwachsenen, Vf.], die dem Sprechen Widerstand leisten.« Ohne Metaphern aus dem Bereich des Martialischen kommt offenbar weder die Psychologie noch die Soziologie aus.

Sie werden also zum kontrapunktischen Reflex innerhalb einer Dialektik, die als ein sich selbst steuernder sozialpsychologischer Mechanismus der Gegengewichte und Gegenbilder bedarf. Mit der physischen wie sprachlichen Absenz des Gegenpols als dem Aggregatzustand des Unbewussten wird indes auch die Mauer zum imaginär überhöhten Schutzwall, zur psychischen Hyperbel, wie ja auch der gesamte Staatsapparat hypostasiert und damit mystifiziert wird. Auch er gerät damit in die Nähe der Fiktion oder ist Fiktion. Der Kaiser, die ganze aus Stein gehauene Kultur nimmt die abstrakten Züge einer Chiffre an, die zusammen mit ihrem Pendant »draußen« die Formel für das menschliche Kulturschaffen in seiner Rückfallbedrohung bildet. Die Dialektik der Aufklärung ist nur ein anderer Ausdruck für die dem Zivilisationsproblem innewohnende Dialektik von Schaffen und Zerstören, wie Kafka sie in diesem historisierenden Bild zusammenfasst.

Monumentalmauer und Erzbarbaren: die Superlative bedingen einander. Die Statik der Eingrenzung fordert Abgrenzung und schafft die Dynamik der permanenten Bedrohung. Das rationalistische Baukalkül im Dienst der Kultur weckt das Irrationale. Da man hier nicht von einem statischen Freund-Feind-Schema reden kann, geht es nur am Rande um den volkspädagogischen Aspekt der »Funktionalisierung solcher Feindbilder zur Manipulation naiver Menschen« bzw. um die machtstrategische »Mobilisierung kollektiver Ängste und Schutzbedürfnisse«, wie Jochen Schmidt vermutet (2004, S. 357). In erster Linie haben wir es mit einem psychodynamischen Konfliktfeld zu tun, das die im Menschen wirkenden Natur- und Kulturkräfte in ihrer konflikthaften Wechselwirkung zeigt. Das kaiserzentrierte Regierungssystem entspricht einer Trägheits- und Bewahrungsstruktur, der die Angst vor Vergeblichkeit und Totalverlust zugrundeliegt.

Die Apokalypse ist immer der *andere* Pol der Kulturkonstruktion – und nicht unbedingt ihr Kältepol! Der »einfache stille Bürger« (N I,

S. 342), dessen Weltbild in Alles oder Nichts zerfällt, hat sie vor Augen, weil er in der Projektion seiner Ängste und Befreiungsfantasien sich selbst zum Feind wird bzw. weil das Bewusstsein sich ein System der unsichtbaren Ableitung schafft. Da der Vorgang unbewusst ist, unterliegt der Wahrheitsgehalt projizierter Bilder keiner Realitätsprüfung. Ihr Inhalt ist Wahn, in dem der Wähnende sich zwar nicht wiederfindet, der ihn jedoch ganz enthält. Alles, was die Anthropogenese auf ihrem Weg zur Kultur bedroht – und das ist das evolutionsgeschichtlich weit Ältere – wird »hinaus« (aus der Stadt, der Gesellschaft, dem Land) verbannt und damit »wegdualisiert«. Insbesondere der Tod lauert »draußen«, ein Aggressor, mit dem man sich noch am leichtesten identifiziert, zum vermeintlichen Schutz.

In diesem hochgespannten System sind, wie wir gesehen haben, nicht nur die Barbaren von fragwürdiger Faktizität. Sie sind der eine Pol der Projektionsdynamik. Der Kaiser bzw. das Kaisertum als der andere Pol ist nicht weniger »sagenhaft«. Seine objektive Gestalt und Existenz stehen in Zweifel – gerade das ist ja das Thema des gesamten zweiten Teils von Kafkas Erzählung, während der gesamte erste Teil der Frage nach dem Sinn des Mauerbaus gewidmet ist: »Nun gehört zu unsern allerundeutlichsten Einrichtungen jedenfalls das Kaisertum.« Seine Existenz ist nur unzweifelhaft in den Augen des Volks, damit wird die Perspektivität des Kaiserbilds zum Prinzip, ja das Imaginäre zu dessen eigentlichem Gehalt: »Gerade über das Kaisertum aber sollte man meiner Meinung nach zuerst das Volk befragen, da doch das Kaisertum seine letzten Stützen dort hat« (N I, S. 349).

Zum Prinzip wird innerhalb dieser Perspektivität auch der doppelte Anachronismus des Kaisertums, indem einerseits »[l]ängst verstorbene Kaiser [...] in unseren Dörfern auf den Tron gesetzt [werden]«, während andererseits das Volk »die Gegenwärtigen [...] unter die Toten [mischt]« (N I, S. 352f.). Natürlich bekam das Volk so wenig einen Kaiser wie einen Nomaden je zu Gesicht. Der Erzähler, der als 20-jähriger Bauführer zum beginnenden Mauerbau kam und aus dem südöstlichen China stammt, bemerkt dazu konsequent: »Wenn man aus solchen Erscheinungen folgern wollte, daß wir im Grunde gar keinen Kaiser haben, wäre man von der Wahrheit nicht weit entfernt« (N I, S. 354).

Die »Wahrheit«, um dies zu paraphrasieren, liegt also in der Richtung des Imaginären, nicht des Realen. Kafkas Erkenntniszange setzt an diesem Punkt zum entscheidenden Griff an, der den Wesenskern des Mythos als psychische Handlung und imaginatives Übergangsobjekt zu fassen bekommt. Gerade an diesem Punkt tritt deutlich auch der Einfluss Nietzsches, insbesondere dessen Prometheus-Rezeption zutage. Nietzsche hatte die Kunst als apollinische Traumwelt beschrieben, in der der Künstler lebe und leide, um sich über die anthropologischen Widersprüche hinwegzutrösten. »Apollo, als der Gott aller bildnerischen Kräfte, ist zugleich der wahrsagende Gott. Er, der seiner Wurzel nach der ›Scheinende‹, die Lichtgottheit ist, beherrscht auch den schönen Schein der inneren Phantasiewelt« (KSA I, S. 27). Diese Welt ist eine Kunstwelt, die das Dionysische, also die chthonische Naturregression, durch einen schwer erarbeiteten Selbstbetrug in Schach hält. Unschwer wird gerade in diesem Zusammenhang Nietzsches Traumkonzeption als Vorspiel der Freud'schen »Traumarbeit« erkennbar, lässt sich doch dort ein Gestaltungsprinzip ausmachen, das die psychische Not der Bewusstseinsspaltung lindern hilft.

Nietzsche konstruiert eine Analogie zwischen Prometheus und Apollo, indem er die Zauberei des Fantasiespiels – dazu zählt das Inventar des Mythos, wie z.B. die Götterwelt – als Widerstandsakt gegen die Naturkräfte beschreibt, die den Bewusstseinsfortschritt hemmen. Die Griechen, so folgert er, hätten gegen die chthonischen Urmächte »jene künstlerische Mittelwelt der Olympier« mobilisiert, und zwar eigens zu dem Zweck, »jene ganze Philosophie des Waldgottes, sammt ihren mythischen Exempeln« (KSA I, S. 36), wenn nicht zu überwinden, so doch zu kaschieren.[5]

Mit den – *nota bene* von Menschen erschaffenen! – Göttern also sei der Eintritt des Menschen in die Selbstbestimmung und damit die Kulturgeschichte überhaupt erst möglich geworden. Der Mythos erscheint einmal mehr als Vehikel, wenn nicht gar als Geburtszange der Zivilisation, und dies umso mehr, als der Logos in ihm seinen Anfang nimmt. Gleichzeitig

---

5 Die Kultursoziologie vertritt hierzu mit Norbert Elias (1997, S. 370) eine ähnliche Meinung: »Die Religion, das Bewußtsein der strafenden und beglückenden Allmacht Gottes, wirkt für sich allein niemals ›zivilisierend‹ oder affektdämpfend. Umgekehrt: Die Religion ist jeweils genau so ›zivilisiert‹, wie die Gesellschaft oder wie die Schicht, die sie trägt.«

wird aber auch erkennbar, dass Mythos und Logos notwendig in ein und demselben Szenario spielen, wo sie die Rollen des Unbewussten und des Bewussten bekleiden. Der Mythos ist im Brion'schen Sinne kollektiver »Container« des Unbewussten und (qua Logos) Sprachrohr des Bewussten gleichzeitig. Verhüllung und Enthüllung gehen also sozusagen »naturgemäß« Hand in Hand. Kafkas China-Geschichte ist in diesem Sinne auch eine Geschichte des Mythos.

Nietzsches evolutionspsychologische Deutung leitet aus dieser Überlegung den Mythos des menschenschaffenden Prometheus ab, der ja mit Gaia (nach Aischylos) eine irdische Mutter hat: »So rechtfertigen die Götter das Menschenleben, indem sie es selbst leben – die allein genügende Theodicee!« (KSA I, S. 36) Damit wird in der Tat nicht mehr und nicht weniger gesagt, als dass Kultur nur durch die imaginative Kraft des Mythos zu stiften war, ja vielleicht sogar selber nur ein Mythos ist, der »aus tiefster Nöthigung« entstand, nur »[u]m leben zu können« (ebd.). Denken wir hier auch an den Affen Rotpeter in Kafkas »Bericht für eine Akademie«, der einzig deshalb zum Menschen wird, weil er einen »Ausweg« sucht (D, S. 304). Lässt sich aber der Mythos als wahrhaft prometheischen Akt bestimmen, ist es kein Wunder, dass nunmehr die Nähe zur Paradies- und Sündenfallgeschichte zum Vorschein kommt. Denn auch dort geht es um einen kosmologischen Alleingang und die Überschreitung menschlicher Befugnisse einerseits und die nachträgliche Rationalisierung des Kulturzustands als zwangsläufige Entwicklung andererseits.

Im Grunde macht die Überhebungsthematik jede Mythenerzählung zur Prometheusvariation, wenn es darum gehen soll, das kosmologisch illegitime Auftauchen des Menschen aus dem Naturzustand im Nachhinein als schicksalhafte Notwendigkeit zu rechtfertigen, dem Logos also nicht nur einen guten Grund, sondern auch eine mythische Heimat zu geben. Prometheus als Wohltäter, der den Menschen das Feuer (sprich die Herrschaft über das Feuer) bringt und dafür an den Kaukasusfelsen geschmiedet wird, korrespondiert mit Satan-Luzifer, der Adam und Eva das Bewusstsein von Gut und Böse schmackhaft macht und dafür im Staub kriechen muss. Beide Male, wenn auch mit unterschiedlicher Pointierung, verlassen die Menschen das Paradies des Naturzustands und legen mit ihrer Animalität ihre Bewusstlosigkeit ab. Im Prometheus-Mythos trägt der

rebellische Titanensohn die Konsequenz ebensowenig allein wie der Satan
der Genesis. Mit Pandoras Büchse, die Zeus zur Strafe schickt, ergießt
sich endloses Unheil über die Menschen. Im alttestamentarischen Mythos verlieren die Menschen gar ihre Unsterblichkeit. Sie müssen fortan
im Schweiße ihres Angesichts ihr Brot verzehren und unter Schmerzen
gebären, ein Fluch, den auch Bacon für den Prometheus-Mythos geltend
macht, wie wir noch sehen werden.

Nietzsche kommt angesichts solcher Analogien zu dem Schluss, »dass
zwischen beiden Mythen ein Verwandtschaftsgrad existiert, wie zwischen Bruder und Schwester« (KSA I, S. 69). Den Prometheus-Mythos
favorisiert der Frauenfeind als den männlichen Part, da in ihm die Strafe
für den »Frevel« bewusst in Kauf genommen werde, um die Kulturtat
zu ermöglichen. In der Genesis dagegen sei der Ursprung des Übels
keine kulturelle Großtat, sondern eine infame List, die erst durch Evas
Verführbarkeit greifen könne.

Die Prometheus-Sage hat für Nietzsche eine dionysische Komponente,
weil die titanische Frevelei das »Unapollinische« zum Vorschein bringe
(KSA I, S. 70). Prometheus sei ein »Doppelwesen«, das eine »zugleich
dionysische und apollinische Natur« besitze (KSA I, S. 71) und dessen
Ambivalenz auf den langwierigen Übergang von der Natur- zur Kulturgeschichte verweise. Noch ist die apollinische Traum- und Scheinwelt,
die die Bedrohung durch die naturmagischen Sirenen kaschieren soll,
nicht soweit etabliert, dass sie nicht wieder zurückgenommen werden
könnte. Die Kunst, um dies zu paraphrasieren, gehört nicht ein für alle
Mal dem Schein an, wie sie auch niemals ganz dem Wesen angehört, wo
sie mystischerweise aufhörte zu sein. Die Kunst also ist die Zwischenwelt,
die desto »schöner« scheint, je verführerischer die Sirenen singen.

Der Künstler geht nun aber auf dem schmalen Grad zwischen beiden
Welten, einerseits der Zeichenwelt des Logos, andererseits der Symboltiefe
des Mythos verpflichtet. So sehr er den schönen Schein täglich neu dem
Ungestalten entgegensetzt, so sehr muss er ihn tendenziell zerstören,
indem er sich selbst zerstört. Kunst, Mythos, Traum – sie sind Flucht-
gebiete in zwei Richtungen: nach vorn in die Bewusstseinssynthese der
anthropologischen Widersprüche und zurück in die Präintelligenz der
Hominiden und die Anfänge der menschlichen Kognition.

Ontogenetisch ist Entwicklung als ein Wachstum im Übergang vom

Primär- zum Sekundärprozess beschrieben worden, wobei periodische Mischzustände auch noch beim Erwachsenen beide Prozessstadien präsent halten, inbesondere im Wachtraum und in der künstlerischen Produktivität, die freilich obendrein ästhetische Bewusstheit und handwerkliche Durcharbeitung voraussetzt. Der prometheische ist wie der orphische Künstler ein »sagender« und »ent-sagender« zugleich, ein Myste, der teilhat und schweigt. Es ist, als sei der Logos in eine Welt geboren, die er als die uneigentliche gar nicht meint, ohne jedoch etwas anderes meinen zu können als eben sie; als halte der (künstlerische) Logos um des eigenen Erhalts willen am Mythos fest, der fest im Symbol gründet und damit in einem kosmologischen Zusammenhang, der keiner Begründung bedarf.

Wenn Nietzsche dem Künstler »Frevel« bescheinigt, dann ist solches Bewusstsein überhaupt erst in Zeiten möglich, da Überlieferungen nicht mehr sakrosankt sind und Mythen in auktorialer Verantwortung erzählt werden. Es versteht sich, dass der »titanische Künstler« erst lange nach den Anfängen des Logos zum Wortkünstler werden konnte, der freilich an sein mythologisches Wort noch halb und halb glaubte. Sein Preis für den »Frevel« der Göttererfindung ist – ganz prometheisch – seine Strafe: »Der titanische Künstler fand in sich den trotzigen Glauben, Menschen zu schaffen und olympische Götter wenigstens vernichten zu können: und dies durch seine höhere Weisheit, die er freilich durch ewiges Leiden zu büßen gezwungen war« (KSA I, S. 68).

In diesem antagonistisch gespannten Kunst- wie Zivilisationsmodell, dessen Pole sich gegenseitig ins Bild heben und gleichzeitig relativieren, macht die Mauer als Monumentalbauwerk – hier entsteht ein denkbar ironischer Bildwiderspruch – gerade durch die Eigenschaft der Fragilität sich metaphorisch besonders auffällig. Festgemacht wird das am »System des Teilbaues« (N I, S. 341), um das unablässig die Fragen des Erzählers kreisen, wobei er die – von Kafka so erfundene – systematische Entstehung der Mauer in Teilabschnitten sozialpsychologisch zwar rechtfertigt, militärstrategisch aber *ad absurdum* führt. Denn »es soll Lücken geben, die überhaupt nicht verbaut worden sind, nach manchen sind sie weit größer als die erbauten Teile« (N I, S. 338). Die Mauer ist demnach in ihrer planmäßigen Lückenhaftigkeit eine robuste Fehlkonstruktion.

Es ist diese »Kernfrage des ganzen Mauerbaues« neben grundsätzlichen

Überlegungen über den Sinn einer Mauer überhaupt, die schließlich zu der Einsicht führen, »dass die Führerschaft etwas Unzweckmäßiges wollte« (N I, S. 345). Weniger der Erklärung als der weiteren Mystifikation dient die Feststellung, »daß wir Chinesen gewisse volkliche und staatliche Einrichtungen in einzigartiger Klarheit, andere wieder in einzigartiger Unklarheit besitzen« (N I, S. 348) – eine Einsicht, die im zweiten Teil der Erzählung zu den summarischen Reflexionen über das Kaisertum und zu dessen grundsätzlicher Infragestellung führt.

So erscheint die Mauer als solche, die doch ein Gigantenwerk wie kein anderes ist und in ihrer steinernen Mächtigkeit ein kaum überbietbares Symbol der Stärke, nicht nur »grundsätzlich als zweck- und sinnlos« (Schmidt 2004, S. 358), sondern geradezu als paradoxe Verkörperung einer fundamentalen »Schwäche«. Diese sei zwar »in der Hauptsache von der Regierung verschuldet«, jedoch liege in deren Unfähigkeit, »die Institution des Kaisertums zu solcher Klarheit auszubilden«, auch »eine Schwäche der Vorstellungs- oder Glaubenskraft beim Volke« (N I, S. 355), womit sich mit dem Volk, bei dem »das Kaisertum seine letzten Stützen« hat (N I, S. 349), als dem perspektivischen Träger des Kaiserbilds der logische Kreis wieder schließt.

Die Mauer ist also eine Manifestation der Führungsschwäche, die als Führungslosigkeit, schließlich als überwertige und zeitlose Führungsfiktion gedeutet werden kann, wie die reale Geschichte sie hervorgebracht hat. Der Kaiser entspricht damit einer »Leerstelle«, die »von menschlichen Wunschprojektionen und Erfüllungsphantasien besetzt wird« (Schmidt 2004, S. 361). Es sind Projektionen, die einem nach innen geschwächten, in seinem Selbstwert tief angefochtenen Volk entspringen: einerseits als Imago aus den Dunkelzonen des kollektiven Bewusstseins, andererseits als übermenschliches Leitidol, wie es aus dem Fehlen anthropologisch verträglicher (soll man sagen »philanthropischer«?) Wertdeduktionen resultiert, sodass der Kaiser als Hypostasierung des Sinns »groß durch alle Stockwerke der Welt« erscheint (N I, S. 350).

Wenn Nietzsche am Ende seiner Betrachtung des *Gefesselten Prometheus* auf die »Moira« zu sprechen kommt, die bei Aischylos, anders als bei Homer, über Götter und Menschen waltet, deutet er eine Denkfigur an, die insbesondere die Relativität des Kaisers in Kafkas Geschichte verstehen hilft. Dort bilanziert er nämlich, »dass der tiefsinnige Grieche einen unverrückbar festen Untergrund des metaphysischen Denkens in seinen Mysterien hatte, und dass sich an den Olympiern alle seine skeptischen Anwandlungen entladen konnten« (KSA I, S. 68). Dem Prometheus-Mythos unterstellt dies eine auf den ersten Blick absurde Handlungslogik: Der Held würde sozusagen *nolens volens* zum Rebellen und Kulturstifter, weil er die olympischen Götter als die falschen erachte und nicht anerkenne.

Kulturschöpfung aus Religionskritik, und das im Namen einer Naturreligion? Und warum dann die Strafe durch eben jenes Naturgesetz? Nietzsche kann auch hier nicht umhin, dionysische und apollinische Kräfte in eins zu denken, wobei er den Weg der Evolution als nicht umkehrbar hinnehmen muss. Prometheus ist der Menschenschöpfer, weil er Figur eines Mythos ist, der auf die Anthropogenese antwortet und weil die Anthropogenese als leidvoll empfunden wurde und durch den Mythos bewältigt werden will. Die Götter im Mythos sind Strukturen, die als Arbeitshypothese und Widerlager menschlichen Handelns erfunden wurden, entweder zur Begrenzung oder zur Überschreitung. Der Erzähler – oder besser: das Textsubjekt – imaginiert seinen eigenen Kaiser*mythos* (eine regelrechte Figur ist der Kaiser ja gerade nicht) in eben diesem Sinne und lässt ihn von innen heraus, als Mythos im Mythos, die Gesamtkonstruktion spiegeln. Er kommt hier vielleicht Flauberts (1980 S. 31) Ideal am nächsten, ein »Buch über Nichts« (»un livre sur rien«) zu schaffen, eine poetische Konstruktion, die sich auflöst, indem sie entsteht. Das dafür nötige Medium von Widersprüchen ist an die Moderation des Erzählers gebunden, der alles Berichtete in der Schwebe lässt, alles Behauptete einschränkt oder widerruft, ein Klima der Skepsis schafft und scheinbar den Leser das Figurenspiel mitspielen lässt. »Mythen-Schreiben« könnte man diesen Lesevorgang nennen, bei dem hypothetische Figuren auf dem Spielfeld der Imaginationen verschoben werden.

Wie der Kaisermythos textintern seinen imaginären Status behält, so stellt sich auch die Mauer als Produkt eines Wahns dar: Folge der »besitzenden« Lebensweise, wie sie psychologisch als Angst vor dem Güterverlust, gleichzeitig als Überhandnehmen des Unbewussten erklärbar ist. In ihrer paradoxen Lückenhaftigkeit spiegelt sie nicht nur ihre eigene Ineffizienz und die Unmöglichkeit eines Schutzes unter den

Auspizien der Angst – »Wovor du Angst hast, dem entkommst du nicht«,
sagt ein rumänisches Sprichwort –, sondern auch die Verlockung zum
Tabubruch, die bereits ausführlich beschriebene Mischung aus Furcht
und Begehren. Es ist dieselbe Mischung, die die motivationale Grund-
struktur von Prometheus-, Paradies- und Babylon-Mythos bildet. Erst
die Durchlässigkeit der Mauer lässt das psychodynamische Wechselgeschehen metaphorisch einleuchten. Inbesondere wird das Nebeneinander
von Lücke und Mauer auch als gleichsam psychologisches Bauprinzip
erkennbar, das sich wiederum die Psychoanalyse, etwa als »Prometheus-
Syndrom«, zunutze machen könnte.

Nun verketten sich nicht nur zwei entgegengesetzte Motivationen zu
einer, sondern der Prometheus-Mythos erscheint jetzt auch mit seinen
beiden Protagonisten, indem der Titelheld Gesellschaft von seinem
ungleichen Bruder Epimetheus erhält. Mit dessen Auftritt öffnet sich
bekanntlich die Büchse der Pandora. Hier wird mit einem Mal deutlich,
dass Prometheus' Gegenspieler nicht nur die kulturfeindlichen Kräfte aus
den Reihen der Moiren oder Götter sind, sondern dass sie gewissermaßen
aus dessen eigenen Reihen stammen. Epimetheus, der »Unvorsichtige«,
der sich mit Pandora vermählt, durchschaut eben nicht die olympischen
Winkelzüge, die zur Strafe der Menschen eingefädelt sind. Indem sie dann
die unheilbringende Büchse öffnet und den Fluch über die Menschheit
bringt, ist es im Grunde er selbst, der dem Bruder den Kampf ansagt.
Die Mauer, um in Kafkas Bildlogik zu bleiben, trennt also nicht mehr
allein Natur von Kultur, Urgeschichte von Geschichte, sondern sie führt
mitten durchs eigene Lager hindurch (tatsächlich verläuft die Chinesische
Mauer ja »mitten« durch das heutige China).

Wie nahe Kafka an der griechischen Mythenstruktur von Prometheus
und Epimetheus in dieser Erzählung, aber auch, das wird zu zeigen
sein, im fünf Jahre älteren *Urteil* ist, erhellt nicht nur aus der speziellen
Mauermetaphorik, die auf gegenseitige Durchlässigkeit von beiden Seiten
abhebt, sondern auch aus der Darstellung gewisser »kaiserlicher« Phänomene. Sie zeigen sozusagen das Innenleben der Mauerbauer und tragen
so zur Veranschaulichung der dialektischen Wirkkräfte bei. Fast schon
im frauenfeindlichen Ton à la Nietzsche lässt Kafka seinen Erzähler von
den Frauen am kaiserlichen Hof erzählen, die ihren archaisch-grausamen
Lustbarkeiten frönen. Sie sind im monumental-mythischen, ja biblischen

Duktus als Archetypen stilisiert. Das ist umso auffälliger, als sie nur an dieser einen Stelle erwähnt werden. Offenbar sollen sie ein Pendant zu den Barbaren bilden, die also nun hinter weiblicher Maske auch nach innen dringen:

> »Die kaiserlichen Frauen, überfüttert in den seidenen Kissen, von schlauen Höflingen der edlen Sitte entfremdet, anschwellend in Herrschsucht, auffahrend in Gier, ausgebreitet in Wollust, verüben ihre Untaten immer wieder von Neuem; je mehr Zeit schon vergangen ist, desto schrecklicher leuchten alle Farben und mit lautem Wehgeschrei erfährt einmal das Dorf, wie eine Kaiserin vor Jahrtausenden in langen Zügen ihres Mannes Blut trank« (N I, S. 353).

Eine ähnliche, wenn auch nicht durch Frauen herbeigeführte Situation bietet sich in »Ein altes Blatt«. Das Invasionsszenario ist dort durchgeführt, die Nomaden sind im Land und schalten nach Belieben. Die Kapitulation der Eroberten drückt sich am schärfsten dort aus, wo die Lage des kaiserlichen Hofes beschrieben wird. Dieser verbirgt sich im Schloss, während rings herum das Belagerungsleben sich bereits normalisiert hat. Der Erzähler stellt resigniert fest, dass offenbar nun »[u]ns Handwerkern und Geschäftsleuten […] die Rettung des Vaterlandes anvertraut [ist]«. Seine Klage gipfelt in folgenden Worten: »[W]ir sind aber einer solchen Aufgabe nicht gewachsen; haben uns doch auch nie gerühmt, dessen fähig zu sein. Ein Mißverständnis ist es, und wir gehen daran zugrunde« (D, S. 266f.). Der Feind ist nun also im Land, er lebt mitten unter den Bewohnern, vollzieht dort seine grobschlächtigen Sitten, aber außer den üblichen Requirierungen entstehen der Bevölkerung anscheinend keine Nachteile, sodass sie offenbar zur Kollaboration zu gewinnen ist.

Das Erstaunliche dieses Bildes ist, dass die Besetzung unmerklich und undramatisch verläuft: »Auf eine mir unbegreifliche Weise sind sie bis in die Hauptstadt gedrungen, die doch sehr weit von der Grenze entfernt ist. Jedenfalls sind sie also da; es scheint, daß jeden Morgen mehr werden« (D, S. 264). Der Feind kommt somit unversehens, als sei er bereits im Land gewesen, ja sogar Teil der Bevölkerung. Wenn der erzählende Schuster morgens seinen Laden öffnet, kann er die eigenen Soldaten erst auf den zweiten Blick von den Nomaden unterscheiden, jedenfalls hält er es für nötig, eigens auf den Unterschied hinzuweisen: »Es sind aber nicht unsere Soldaten, sondern offenbar Nomaden aus dem Norden« (D, S. 264). Wenn der Feind womöglich schon im Lande war, bevor er dort überhaupt erscheint, ist das Pandora-Motiv aufgerufen, zeigt dieses doch weniger die Anpassung der Mauerbauermentalität an die Rohheiten der Eindringlinge als vielmehr die Tatsache, dass keine Eindringlinge existieren, wohl aber eine Sittendegeneration in den eigenen Reihen. Pandora ist die Infiltration des Unheils aus den eigenen Reihen in die eigenen Reihen, insofern der Gatte Epimetheus ist und Prometheus der Schwager.

Wenn Francis Bacon in *De sapientia veterum liber* im Jahre 1609 den Prometheus-Mythos interpretiert, dann schließt er sich einer Deutungstradition an, die Pandora unter dem Sittenaspekt betrachtet. Er identifziert sie und ihre Gaben kurzerhand mit der in Hochkulturen angeblich überschießenden Sinnlichkeit:

> »Pandora wird zurecht im allgemeinen als Verkörperung des Genusses (voluptas) und der Lust (libido) beschrieben, die nach der Einführung der Künste, der Kultur und des Luxus in das bürgerliche Leben (vita civilis) durch die Gabe des Feuers gleichsam entzündet wird. [...] Und hieraus sind dem Geist, dem Körper und dem Schicksal des Menschen unendliche Übel, sowie zu späte Reue erwachsen, und dies nicht nur bei einzelnen, sondern auch in Monarchien und Republiken, denn aus dieser Quelle entspringen Kriege, Aufstände und Tyranneien« (Bacon 1991, S. 67f.).[6]

Aus psychoanalytischer Sicht liest sich das als Beschreibung des im Prozess der Zivilisation ausufernden Unbewussten, verhält sich die (ironische) »Gabe« der Pandora als Werk des Epimetheus doch umgekehrt proportional zu dem seines Bruder, den Bacon für seine »Voraussicht« lobt. Mit anderen Worten: Die als Inbild der entfesselten Triebe charakterisierte Pandora wäre gerade der Wunschtraum

---

6 »And it is a common but apt interpretation, by Pandora to be meant pleasure and voluptuousness, which (when the civil life is pampered with too much art and culture and superfluity) is engendered, as it were, by the efficacy of fire [...]. From this do infinite miseries, together with too late repentance proceed, and overflow the minds, bodies and fortunes of men, and that not only in respect of particular estates, but even over kingdoms and commonwealths; from this fountain have wars, and tumults, and tyrannies derived their origin« (Bacon 1907, S. 266f.).

des Prometheus, das, was er sublimatorisch in die Kulturschöpfung ableitet. Überraschend stellt Bacon auch den Heroismus des Prometheus als beklagenswerte Askese dar, die schließlich in der Strafe der Götter kulminiert. Die am Kaukasusfelsen erlittenen Qualen sind also nicht die Qualen der Frustration, sondern die der Selbstaggressionen des Unbewussten, das dem Heroen den Leib zerreißt. Offenbar weiß Bacon um die Dialektik der Aufklärung ebenso Bescheid wie um die Psychomachien der Seele. Es bleibt die Frage offen, ob Epimetheus nicht am Ende doch das bessere Los zieht. Für mich ist diese psychologisch einfühlsame Schilderung einer der Glanzpunkte der Bacon'schen Schrift, in der sich die materialistische Seelenkunde der Zeit abzeichnet:

> »Die Nachfolger des Prometheus dagegen sind weise und vorausschauend und verhindern und beseitigen durch ihre Vorsicht zahlreiche Übel und Widrigkeiten. Mit diesem Vorzug verbindet sich jedoch der Nachteil, daß sie sich zahlreiche Genüsse und Erholungen fernhalten und, was noch schlimmer ist, sich mit Sorgen, Einsamkeit und inneren Ängsten quälen und foltern. Denn an die Säule der Notwendigkeit gefesselt, werden sie von zahllosen Gedanken gequält (die wegen ihrer Flüchtigkeit durch den Adler repräsentiert werden), die unaufhörlich ihre Leber zerhacken, zerfleischen und wegfressen« (Bacon 1991, S. 68).[7]

Solchem Befund liegt ohne Frage bereits ein Spaltungsmodell des Bewusstseins zugrunde, das uns erneut an Picassos Satz erinnert: »Es ist schrecklich, daß man selber Adler und Prometheus ist; beides in einer Person, derjenige, der zerfleischt, wie der andere, der zerfleischt wird« (AM, S. 679). Es ist gewiss kein Zufall, wenn über 300 Jahre nach Bacon auch die Kultursoziologie und -psychologie nach Spaltungstheorien

---

[7] »But they that are Prometheus's scholars are men endued with prudence, warily foreseeing things to come, shunning and avoiding many evils and misfortunes. But to these their good properties they have this also annexed, that they deprive themselves and defraud their genius of many lawful pleasures and divers recreations, and, which is worse, they vex and torment themselves with cares and troubles, and intestine fears. For, being chained to the pillar of necessity, they are afflicted with innumerable cogitations (which, because they are swift, may be fitly compared to an eagle), and those griping, and, as it were, gnawing and devouring the liver« (Bacon 1907, S. 267f.).

greift, um den »Prozeß der Zivilisation« beim Eintritt in die Moderne zu beschreiben:

> »Das relativ hohe Maß von Gespaltenheit des ›Ich‹ oder des Bewußtseins, das für die Menschen in unserer Phase der Zivilisation charakteristisch ist und das in solchen Begriffen wie ›Über-ich‹ und ›Unterbewußtsein‹ zum Ausdruck kommt, korrespondiert der spezifischen Zwiespältigkeit des Verhaltens, zu der das Leben in dieser zivilisierten Gesellschaft zwingt. Es entspricht dem Maß von Regelung und Einklammerung, das den Triebäußerungen hier im Verkehr der Menschen auferlegt ist« (Elias 1997, S. 355f.).

Mehr und mehr wird angesichts dieser Überlegungen auch klar, dass Kafkas Mauermetapher zwei Bedeutungskomponenten hat: die der Abwehr und die der Einkerkerung. Was als Schutz vor Feinden gedacht ist, ummauert mehr und mehr die eigene Freiheit und »untermauert« damit die Gefangenschaft. Die Mauer ist so Garant und Hindernis der Zivilisation in einem. Angesichts ihrer Höhe, Ausdehnung und Geschichte erscheint sie in Kafkas Erzählung weit eher als monumentales Gefängnis denn als Schutzwall der Freiheit, wobei freilich – denken wir an die Lückenhaftigkeit – auch der Freiheit ein symbolisches Tor gelassen ist. In ein Bewusstseins- und Pathologiemodell übertragen, wird diese Ambivalenz besonders plausibel, handelt es sich doch beispielsweise bei Neurosen um Abwehrmaßnahmen, die weder frei noch produktiv sind.

Lange vor Kafka hat Edgar Allan Poe diese Konstellation am Beispiel seines die Prosperität als solche verkörpernden *Prince Prospero* in der Erzählung »The Masque of the Red Death« in einem vergleichbaren Modell gezeigt, auf das ich hier nur am Rande eingehen kann.[8] Auch in jenem Text von 1842 ist von einer Mauer die Rede, die ein weitläufiges Gebäude umgibt und die Grenzlinie darstellt zwischen Sicherheit innen (»security«) und dem Tod außen, die Grenzlinie der Zivilisation: »This was an extensive and magnificent structure, the creation of the prince's own eccentric yet august taste. A strong and lofty wall girdled it in« (Poe

---

8 Janouch hatte Kafka mitgeteilt, dass *Die Verwandlung* von seinem Freund Alfred Kämpf mit Poes Werk verglichen und sogar als »tiefer und wertvoller« bezeichnet worden war (J, S. 29).

2001, S. 136). Außerhalb dieser Mauern lauern, mythisch personifiziert, daher die Eigennamen: »Darkness and Decay and the Red Death« (ebd., S. 150). Innerhalb gibt es zur Feier der vermeintlichen Sicherheit Lustbarkeiten ohne Ende, ganz im Sinne der Bacon'schen Pandora. Bei Poe sind sie als Exzesse des verfeinerten Geschmacks markiert und münden schließlich in jenen Maskenball, auf dem der Tod als reine, körperlose Maskerade alle dahinrafft. Nicht materiell-physische Gewalt beendet dieses Drama, sondern der Faktor Psyche. Mit der Höhe der Mauern wachsen die Unzuträglichkeit der Gefangenschaft und die Vulnerabilität der Seele ins Bodenlose. Der prosperierende Prometheus in Poes Geschichte scheitert auf der Flucht vor der Pest, die jeden Ort zum Gefängnis macht. »Das menschliche Wesen«, so psychologisiert der Erzähler bei Kafka, »verträgt keine Fesselung, fesselt es sich selbst, wird es bald wahnsinnig an den Fesseln zu rütteln anfangen und Mauer Kette und sich selbst in alle Himmelsrichtungen zerreißen« (N I, S. 344).

Dass wir es bei den hier angesprochenen Szenarien mit Mauern zu tun haben, die ihre Funktion nicht erfüllen, überrascht also keineswegs. Ob Jericho, Troja oder Babylon, immer geht es um Architekturwerke, die zur Wehr oder Machtdemonstration erbaut sind und die schließlich zerstört oder genommen werden. Wie kaum ein anderer universaler Topos steht die Mauer für Versuche, die Fahnen der Zivilisation in die *Terra incognita* des Naturkosmos zu pflanzen. Auch Kafkas Erzähler erinnert an das alttestamentarische Szenario, wenn er mit leiser Ironie feststellt, »daß damals Leistungen vollbracht worden sind, die wenig hinter dem Turmbau von Babel zurückstehn«. Die Einflechtung des vormosaischen, biblischen Kontexts geschieht über die Figur eines »Gelehrten«, der die Meinung kundtut, »erst die große Mauer werde zum erstenmal in der Menschenzeit ein sicheres Fundament für einen neuen Babelturm schaffen«, und der dazu »allerdings nebelhafte Pläne des Turmes« liefert. Der Einwand angesichts des nicht einmal halbkreisförmigen realen Mauerverlaufs lautet: »Das konnte doch nur in geistiger Hinsicht gemeint sein.« Das lässt nicht darüber hinwegsehen, dass in dem Werk des vermeintlichen Gelehrten tatsächlich »Vorschläge bis ins Einzelne gemacht [werden], wie man die Volkskraft zu dem künftigen neuen Werk straff zusammenfassen solle« (N I, S. 343f.), das Ganze als propagandistische Verführung enttarnend. Da der Gelehrte ausdrücklich als Beispiel für die »Verwirrung der Köpfe« erwähnt ist (N I, S. 344), unterscheidet sich auch dieser bizarre Architekturvorschlag nicht von dem tatsächlichen Mauerbau. Dieser lässt sich schließlich nur damit rechtfertigen, dass entweder »die Führerschaft etwas Unzweckmäßiges wollte« (N I, S. 345) oder aber gar nicht existiere bzw. just die Lücke sei, die eben jene »Schwäche der Vorstellungs- oder Glaubenskraft beim Volke« repräsentiere (N I, S. 355). Sie, die Schwäche, welche »geradezu der Boden auf dem wir leben [zu sein scheint]« (N I, S. 356), spiegelt ein Leben wider, »das unter keinem gegenwärtigen Gesetze steht« (N I, S. 354f.). Damit gleicht sie dem Leben der Zikkurat-Erbauer, die, lange bevor Moses das Gesetz Jahwes offenbart wurde, in spiritueller Anarchie lebten. Die Mauer wird jetzt mit einer Akzentverschiebung zum Abbild einer Konfusion durch Schwäche – oder einer Schwäche durch Konfusion –, die, so der Erzähler, zustandekommt, »weil sich so viele möglichst auf einen Zweck hin zu sammeln suchten« (N I, S. 344).

Spätestens hier nun wird endgültig klar, dass die Mauer eher ein Gefängnis umrahmt, als die Freiheit schützt; dass von ihr Zwänge ausgehen, gegen die sich Widerstand meldet; dass auch dieses Babylon nie gebaut oder in Ruinen enden wird; dass dieser wie jeder andere Projekttotalitarismus zur Auflösung der Zweckgemeinschaft führt. Wenn Kafka dreieinhalb Jahre später im September 1920 wieder auf die Babel-Mythe zurückkommt, wird er aus den systematischen Lücken der Chinesischen Mauer eine Art Dauerpendenz machen. Im späteren Text, auf den wir am Ende des Kapitels noch einmal zurückkommen, wird der Turm erst gar nicht gebaut. Stattdessen verbrauchen sich alle Energien in der Vorbereitung auf den dereinstigen Tag des Baubeginns. Dieser gerät dann unversehens zum Tag des ersehnten Erlösungsschlags, an dem »die Stadt von einer Riesenfaust in fünf kurz aufeinander folgenden Schlägen zerschmettert werden wird« (N II, S. 323). Aus der heilsgeschichtlich gedachten Korrektur Jahwes, der die Zerstreuung seines Volkes durchsetzen will, wird eine Eschatologie des Unglücks, das aus den eigenen, den menschlichen Reihen heranwächst.

Bereits in der früheren Geschichte wurde ja Gott das Heft aus der Hand genommen, waren es doch die Mauerbauer selbst, die »die Kette und sich selbst [...] zerreißen« und damit den Weiterbau verhindern.

Erst an dieser Textstelle wird auch schärfer erkennbar, was der Sinn der Anspielung auf den Turmbau zu Babel über das Hybrismotiv hinaus eigentlich ist: Sie illustriert eine Art von Verwirrung, die zwar keine Sprachverwirrung im Sinne des Topos ist, auch keine Verwirrung, die ein Gott als Strafe für kosmologische Grenzüberschreitungen verhängt, sondern ein massenpsychologisches Irresein an der Gleichschaltung der Ziele und Antriebe, an der Uniformierung des Willens und der Ausschaltung der Individualität im Dienste des »Volkswerk[s]« (N I, S. 342). Damit wird keine historisch-politische, erst recht keine theologische, sondern eine psychologische Erklärung versucht, die die Mündigkeit und individuelle Verantwortlichkeit des Menschen zur Voraussetzung seiner seelischen Gesundheit und darüber hinaus zur *Conditio sine qua non* einer intakten Volksgemeinschaft und eines funktionierenden Staatswesens, ja jeder geglückten Zivilisation macht.

Kafka verlegt hier überraschend den Fokus auf die Voraussetzungen der Selbstbestimmtheit und rückt die kulturtradierten Autoritätsstrukturen als Ursache der individuellen und kollektiven Selbstgefährdung in den Blick. Das wird vollends deutlich, wenn Versatzstücke aus der völkischen Ideologie jener Zeit auftauchen; wenn gar Volksaufmärsche und deutscher Hurra-Patriotismus der Kriegszeit gegenwärtig werden; wenn schließlich im Vorbeimarsch der »Arbeitsheere«, im Defilieren der »mit Ehrenzeichen [B]eschenkten« aus den Abschnitten der großen Mauer die Etappen der (deutschen) Front werden:

> »[W]ie ewig hoffende Kinder nahmen sie von der Heimat Abschied, die Lust wieder am Volkswerk zu arbeiten wurde unbezwinglich, sie reisten früher von zuhause fort als es nötig gewesen wäre, das halbe Dorf begleitete sie lange Strecken weit, auf allen Wegen Grüße, Wimpel und Fahnen, niemals hatten sie gesehn wie groß und reich und schön und liebenswert ihr Land war, jeder Landsmann war ein Bruder, für den man eine Schutzmauer baute und der mit allem was er hatte und war sein Leben lang dafür dankte, Einheit! Einheit! Brust an Brust, ein Reigen des Volkes, Blut, nicht mehr eingesperrt im kärglichen Kreislauf des Körpers, sondern süß rollend und doch wiederkehrend durch das unendliche China« (N I, S. 342).

Jetzt sind es also der Irrationalismus der nationalen Ideologie, die Mobilisierung, der Krieg, auf die Kafka im Frühjahr 1917 in diesen Passagen Bezug nimmt. Zumindest verrät er hier, dass er im Zeitmilieu eines

Krieges lebt und den Taumel der nationalen Begeisterung persönlich kennt.[9] Jetzt erhält das »Nachbuchstabieren der Anordnungen der obersten Führerschaft«, durch das man sich angeblich erst »selbst kennengelernt und gefunden« hat (N I, S. 344), eine zeitgeschichtliche und überdies erschreckend »prophetische« Dimension.

Insgesamt wird das Scheitern, das der Krieg in politischer und menschlicher Sicht bedeutet, mit Wurzeln sichtbar, die in einer langen Geschichte des autoritären Sozialklimas und der ideologischen Überkonstruktionen gründen. In der Tat wirkt in solchem Zusammenhang ein erneuter babylonischer Turmbau nicht absurd, ebensowenig wie die irrwitzige Regie eines Mauerbaus, die Lücken ins »System des Teilbaus« (N I, S. 341) einer Wehranlage plant, welche doch nur als Ganzes funktionstüchtig ist. Robert Musil wird ein halbes Jahrzehnt später *Das hilflose Europa* in diesem Sinne als ein »babylonisches Narrenhaus« bezeichnen (Kiesel 1989, S. 500).

Es ist deshalb auch nicht verwunderlich, dass Kafka zur Pointierung der komplexen Zusammenhänge – und damit geht er nun weit über das Sozialpsychologische hinaus ins Anthropologische – auf ein simplifiziertes Modell zurückgreift, just jene Binnengeschichte, die er für den Band *Ein Landarzt* auswählt und mit dem Titel »Eine kaiserliche Botschaft« versieht (D, S. 280–282). In ihr wird das komplexe Bedingungsgeflecht individualisiert. Die kollektive Dynamik erhellt nun musterhaft aus einem scheinbaren Einzelfall, der in direkter Du-Ansprache als der des Lesers respektive (in Selbstanrede) des Erzählers suggeriert wird. Wie sehr er dabei den Konflikt in der Problematik des anthropologischen Selbstverständnisses ansiedelt, beweist allein schon die Rede vom »jämmerlichen Untertanen«, dem neben der Qualität als »Schatten« die Größen- bzw. Distanzattribute »winzig« und »in die fernste Ferne geflüchtet« zugeordnet werden. Der bedeutungsschwere Einleitungssatz mit seiner in schroffen

---

9 Kafkas ehemaliger Mitschüler Ernst Popper berichtet über eine Begegnung mit ihm im Juli 1914, kurz nachdem Österreich Serbien den Krieg erklärte. Er will Kafka in einem der Demonstrationszüge auf dem Prager Wenzelsplatz gesehen haben, »die im Dienste des österreichischen Hurra-Patriotismus standen«. Kafka habe mit den Armen herumgefuchtelt und sei »wie in Trance« gewesen. Später habe Kafka ihm gesagt, »daß sein Begeisterungsausbruch durchaus nicht dem Krieg gegolten habe, den er fürchte und verabscheue, sondern daß es die Größe des patriotischen Massenerlebnisses gewesen war, die ihn überwältigt hatte« (E, S. 114).

Metaphern- und Wortstellungsgegensätzen hervorgehobenen Antithetik, seinen einhämmernden Appositionen und pochenden Alliterationen lässt wenig Zweifel an der Relevanz, gleichzeitig aber der Vergeblichkeit des Wunschszenarios: »Der Kaiser, so heißt es, hat Dir, dem Einzelnen, dem jämmerlichen Untertanen, dem winzig vor der kaiserlichen Sonne in die fernste Ferne geflüchteten Schatten, gerade Dir hat der Kaiser von seinem Sterbebett aus eine Botschaft gesendet.«

Das »Sterbebett« eines Kaisers steigert natürlich nicht nur die Bedeutung der »Botschaft« und des Adressaten, indem es das berühmte »Sterbenswörtchen« und also die *summa vitae* ist, die nur Auserwählten zukommt, sondern signalisiert auch durch die monumentale Kulisse und den »durch Jahrtausende« ausgedehnten Zeitraum die Übergeschichtlichkeit des Vorgangs. Sowohl die opernhafte Theatralik des Sterbens als solche – »vor der ganzen Zuschauerschaft seines Todes [werden] alle hindernden Wände […] niedergebrochen« – als auch der zeitliche Größenmaßstab deuten die Konstanz und Tragweite des Sehnsuchtsszenarios an neben dessen Überwertigkeit und dem Maß des Leidens an der Individuation des »Einzelnen«. Die »Botschaft eines Toten« ist im Oktavheftentwurf noch die »Botschaft eines Toten an einen Nichtigen«, was die kosmische Verlorenheit dieses »Einzelnen« zusätzlich unterstreicht (deshalb wird es dann zum Druck gestrichen). Eine Botschaft, die »niemals, niemals« ankommt, ist entweder nie weggeschickt worden, also reiner Wunschtraum – »Du […] erträumst sie Dir«, heißt es –; oder sie ist zwar angekommen, enthält aber nicht die erwartete oder gar die denkbar ungünstigste Nachricht (wird somit zum Alptraum); oder sie ist angekommen mit der Nachricht, dass die Botschaft »niemals, niemals« ankommt.

Unschwer ist dieser jahrtausendealte Erfüllungstraum als Anfrage an ein System zu erkennen, das solche Botschaften entweder nicht enthält oder systematisch verhindert. Erinnert sei an Kafkas desillusionierenden Satz: »Fragen aber die sich nicht selbst im Entstehen beantworten werden niemals beantwortet« (T, S. 755). Die Tatsache, dass überhaupt eine Botschaft erwartet wird, setzt jedoch nicht das System als solches, sondern den Erwartenden ins Unrecht, der aus der jahrtausendealten Erfahrung nicht lernt. Offenbar hebt die Parabel auf die Unvereinbarkeit von Ideologie und Anthropologie, von System und Einzelnem ab. Die Frage nach dem Platz im Sonnensystem, um den es geht, ist die falsche Frage, die zwar zu den anthropologischen, nicht aber den kosmologischen Tatsachen gehört, wenn diese mit metaphysischer Erwartung befrachtet sind. Da die menschliche Substanz ohne Einordnung in eine mythologische Gesamtarchitektur nicht auskommt, muss entweder etwas an dieser Architektur marode sein (der babylonische Nachbau zerfällt) oder aber an der anthropologischen Substanz. Versteht man die erwartete Botschaft als »Ausweg« aus der Bewusstseinskrise der Individuation, dann bedeutete deren Empfang entweder die Umkehrung der Anthropogenese (also Regression in die Naturgeschichte) oder aber– das wäre das Höchste – eine erneute Platz-anweisung in der kosmologischen Ordnung des Mythos.

Nun aber bildet die alles überstrahlende »kaiserliche Sonne« zwar den hierarchischen Gegenpol zum »Schatten« des Untertanen, doch scheint ihr dramatischer »Untergang« (um im Bild zu bleiben) weder ein Wi-derspruch im System noch in der Logik des Untertanen zu sein. Nimmt man die polare Beziehung zwischen Kaiser und Untertan wörtlich, so bedeutet der Untergang des einen doch den Aufgang des anderen. Kai-ser und Untertan verhalten sich wie der astronomische Zyklus von Tag und Nacht. Die »Botschaft« bindet also den Hingang des einen an den Aufgang des anderen. Wenn wir im astronomischen System bleiben und Kafka keinen Bildbruch beging, dann können Kaiser und Untertan nur ein und dieselbe Person sein oder zwei Aspekte einer Person.

Das führt uns zum Spaltungsmodell zurück, das oben angesprochen wurde, als das Stichwort an Norbert Elias ging. Die verklärte »Botschaft« des absoluten Herrschers steht nun erkennbar für eine feierliche »Abso-lution«: den Freibrief des Unbewussten, wie man ihn sich zwar immer erträumt, aber nie ausgestellt bekommt. Projizieren wir das Drama der Ontogenese auf die Anthropogenie, insbesondere auf das konfliktreiche Verhältnis von Kultur und Natur, dann stünde die erträumte »Botschaft« für eine messianische Wunderheilung, die die Verletzungen der mensch-lichen Natur im Lauf der Zivilisationsgeschichte wiedergutmacht. Die »Botschaft« also als Billet für den Wiedereintritt ins Paradies, und sei es, um Kleist zu zitieren, »durch die Hintertür«? Gut möglich, dass alle Mythologien und Religionen aus dem Wunsch heraus entstanden, die Differenz des Menschen zur Natur und damit die Widersprüche der Anthropogenie aufzuheben.

In diesem Zusammenhang scheint mir eine andere Pointierung ebenso wesentlich. Weiter oben wurde gesagt, dass der Prometheus-Mythos in der Kafka'schen Projektion eine Poetologie des Mythos liefert. Der Mythos wurde als Kulturleistung verstanden, ja als Vehikel der Zivilisation, wobei dem Logos eine fortschrittstragende Rolle zukam. Hier nun scheint eben dies in eine konzise Parabel gepresst, die im Übrigen unverkennbar Versatzstücke aus dem persönlichen Schrifttum enthält. In dem schon verschiedentlich zitierten Brief an Max Brod vom Juli 1922 (GW, Bd. 9, S. 382–387), der ausführlich über die schriftstellerische Arbeit reflektiert, berichtet Kafka über zwei Komponenten seiner Existenz, die sich schematisch in Tag und Nacht aufspalten. Der nächtliche Teil ist der empfängliche Tagesabschnitt, in dem alle seine Arbeiten entstehen. Darin findet »[d]ieses Hinabgehen zu den dunklen Mächten, diese Entfesselung von Natur aus gebundener Geister« statt, mit anderen Worten: alles, »von dem man oben nichts mehr weiß, wenn man im Sonnenlicht Geschichten schreibt«. Seine ganze Schriftstellerei beschreibt Kafka an dieser Stelle als ein unentrinnbares »Sonnensystem der Eitelkeit«, wobei der dunkle Part als »das Teuflische« gilt. Er sieht also seine Arbeit im Bild einer astronomischen und einer mythologischen Kosmologie, die beide dualistisch bzw. polar strukturiert sind. Die Pole werden von Anfang an mit Leben und Tod assoziiert. Schreiben bedeutet »Teufelsdienst«, nächtliches Untergehen, langes Sterben, während Nichtschreiben Leben ohne masochistischen Lustgewinn bedeutet, auch wenn dieses »unerträglich« erscheint und »mit dem Irrsinn enden [muß]«. In dieser Spannung stellt er sich vor: »Ich wollte sterben und sehn, wie man mich beweint. […] Der Schriftsteller in mir wird natürlich sofort sterben, denn eine solche Figur hat keinen Boden, hat keinen Bestand, ist nicht einmal aus Staub.«

Die poetologische Dialektik wird hier durch die zugrundeliegende Psychodynamik besser verständlich. Wenn nämlich, um weiter im Bild zu bleiben, der Untergang des einen den Aufgang des anderen bedingt, also das *Ent-sagen* des Schriftstellers das *Ver-sagen* des Bürgers und umgekehrt, dann ist die »Botschaft« vom einen zum anderen eben nicht – die Computersprache liefert das Wort – »kompatibel«. Es gibt Irrwege, aber keine Kommunikationswege zwischen beiden, die zu einem Zusammenspiel führen könnten. Die Erwartung einer Exkulpation aus den Gönnervorräten des Kaisers entspricht dem Begehren des »Lohn[s] für

Teufelsdienst«. Ein Kaiser, der selbst in seiner Sterbestunde noch an einen »in die fernste Ferne geflüchteten Schatten« wie an einen verlorenen Sohn denkt, hat überväterliche und übermütterliche Qualitäten gleichzeitig, die als narzisstische Überflutung fantasiert werden. Gleichzeitig ist sein Sterben die notwendige Voraussetzung für das psychische Überleben des (stets regressionsgeneigten) »Untertanen«, der sich damit wieder in einen gesunden Menschen verwandeln kann.

Warum aber, wird man fragen, ist der Kaiser und nicht der Untertan in diesem Bild der Sterbende? Die Verschiebung der Analogie ist nicht leicht zu verstehen, wird aber plausibel, wenn man an die Transformationstechnik des Traums denkt, der hier die kreative Textregie innehat. Er berechnet die Größe der erwarteten Gratifikation aus der »Größe« der Entsagung und bildet diese in der Überdimensionalität des Kaisers ab (man beachte den ostentativen Gegensatz: »groß durch alle Stockwerke der Welt« – »jämmerlicher Untertan«). Analog spiegelt das groteske Schausterben vor aller Öffentlichkeit das Leiden des Schriftstellers in der Entsagung wider – man denke auch an das Schicksal des Hungerkünstlers. Dabei sorgt das Ausmaß des hieraus gezogenen »Selbstgenuss[es]« im Reueverhältnis zur empfundenen Lebensschuld für die eigentliche Größendimensionierung. Dazu kommt das Selbstmitleid des Textsubjekts: wer wollte nicht wie ein Kaiser sterben, wenn ihm das Mitgefühl eines ganzen Reiches sicher wäre?

Als Alter Ego und fiktives Größenselbst des Untertanen macht also gerade der Kaiser dessen Hunger nach Anerkennung augenfällig, wie er nebenbei (oder vornehmlich?) auch die subjektive »Fallhöhe« des Schriftstellerschicksals vergrößert. Wenn sich dann alles um den Boten, den Weg des Boten vom einen zum anderen, dessen Hindernisse usw. dreht, dann ist das Wort wieder einmal der Alleinherrscher der Szene. Dass es indessen ausbleibt, dieses Wort, macht seine Rolle bedeutsam, zeigt es doch auch die Problematik der künstlerischen Arbeit, die einerseits (unbewusst) Traumarbeit leistet, andererseits aber (bewusst) die »Arbeit am Mythos« vollbringt. Mag seine fehlende Materialität auch auf die spielerische »Schwebe« und Enigmatik des künstlerischen Logos verweisen, möglicherweise auch auf das Flaubert'sche Ideal des »livre sur rien«: In der verhinderten Ankunft des Boten offenbart sich der Anachronismus des Mythischen, auf das die Kunst nicht verzichten kann.

Es ist also nicht so, dass grundsätzlich, wie Schmidt (2004, S. 371f.) es als »eine noch subversivere Lektüre« anbietet, »das Bedürfnis nach Sinn und sinnvermittelnder Autorität in Frage gestellt wird«. Nichts läge dem nach Sinn regelrecht »schürfenden« Kafka ferner als das. Vielmehr bleibt das Bedürfnis nach Sinn als Fluch oder Segen das über jeden Zweifel erhabene Thema. Allerdings steht die »Fragerichtung« und damit das Vermögen des »antwortenden« Logos zusammen mit der Erwartung des Fragenden zur Diskussion. Gerade die Demonstration der Riesenanstrengung, Verbindung mit dem taghellen Bewusstsein aufzunehmen, wie Musil es ausdrücken würde, macht einerseits die existenzielle Dringlichkeit der Sinnfrage deutlich. Andererseits soll aber unterstrichen werden, dass deren Fokus nicht im religiösen, sondern im anthropologischen Bereich liegt, die Fragerichtung also stets auf den Menschen zurückweist. Sinn ist dann das, was der Mythos *kann*, der die kosmologische Einbettung Einzelner durch die gemeinsame Erfahrung des Menschseins leistet und so die Individuation bestehen und die Sozialisation gelingen hilft. Sinn ist das geistige Material, das Menschen und Kosmos in einem Geflecht von Geschichten miteinander verbindet. Sinn ist also an den festen Platz des Menschen im narrativen Spielraum dieser Geschichten gebunden, die von nichts anderem als von seiner Rolle handeln. Sinn ist letztlich die (mögliche) Erklärung der motivationalen Antriebe dieses Handelns, dem stets eine narrative Zielspannung im Sinne eines Telos, aber auch einer Entelechie, eines Entfaltungspotenzials, zugrundeliegt. Indem die Mythen von der Entwicklung der Helden erzählen, liefern sie die Verstehensgrundlage für die Stellung des Menschen in der Welt. Der Sinn des Mythengeschehens *ist* der »Sinn« schlechthin. Einen anderen gibt es nicht.

In der Parabel wird somit nicht die Fragwürdigkeit der Sinnerwartung als solche zum Thema, sondern die Grenzen des »Sinns«. Diese bemessen sich an den Erwartungen, die an den Logos als sinnaufschließendes Instrument gestellt werden. Besonders dann, »wenn der Abend kommt«, wird manche mögliche Nachricht dem Traum von einer »Botschaft« nicht genügen, und das besonders in Zeiten, denen der Mythos verlorenging. Setzt Kafka hier nicht ein eindrucksvolles Denkmal dem Sinn, der sich in erster Linie von den *Sinnen* speist? »Der Mensch«, soll er gesagt habe, »kann zum Sinn nur durch seine Sinne kommen« (J, S. 125). Auch das ist im Kern ein Gedanke, der auf Kafkas maßgebliche Jugendlektüre, Ernst Haeckels *Welträtsel*, zurückgehen dürfte, dessen forcierter Monismus den Heranwachsenden stark beeinflusste. Ein solcher Sinn erfüllt sich in Lebensbejahung, im vitalistischen Einssein mit dem Naturkosmos, und sei es in der Verschmelzung – siehe Prometheus – mit dem Anorganischen, dem »Felsgebirge«, das über jede Sinnfrage erhaben ist und daher »bleibt«.

Die Hypostasierung des Kaisers ist deshalb vor allem auch ein Warnbild vor konkretistischer Metaphysik, wie sie alle menschliche Sinnerwartung im Gepäck führt. Wenn man den Sinn auf die »jenseitigen Dinge« einengt, wird er zum *Un-sinn*. Überschreitet der Logos die Grenzen des Mythos, dann ist der Weg der »Botschaft« zu weit, um anzukommen. Der Mythos, der kaum Worte um die Stellung des Menschen im Universum macht, benutzt kurze Wege. Die »kaiserliche Botschaft« ist ein Plädoyer für die Überlieferung, in der die metaphysische Sinnfrage als solche noch gar nicht vorkommt: ein Mythenplädoyer also, das, der Lage des heutigen Künstlers eingedenk, die »Nachtzonen« des Bewusstseins als die hellsten begreift.

Vergessen wir nicht die Grundbedeutung des Wortes »Orientierung«, mit der Kafka allein schon bei der Wahl dieses fernöstlichen Stoffes zu spielen scheint. Der Blick nach Osten ist ein Blick ins »Morgenland«, in die Sonnenaufgangsrichtung. Dort kommt sie her, die Sonne, die in der Erzählung mit dem ältesten Kaisertum der Welt identifiziert wird. China ist für Kafka die Pionierkulisse des Sündenfalls der Zivilisation. Im Licht dieser Fabel erscheint die Gegenwart des Jahres 1917 erhellbar: für weitere achtzehn Monate noch die Wirklichkeit Österreich-Ungarns, also der geografisch ostwärts weisenden Donaumonarchie. Die fiktionale Ausrichtung der Erzählung nach Osten signalisiert, dass es zu jener Zeit doppelt problematisch, allerdings auch doppelt lehrreich ist, sich dorthin zu orientieren, wo das Kaisertum herkommt.

Am Ende aber scheint ihm die Projektion Europas auf die chinesische Großfläche doch nicht geheuer gewesen zu sein, vielleicht, weil er wusste, dass die eurozentrische Sicht der ihm fremden Kulturmaterie nicht gerecht werden kann. Der nach »Ein altes Blatt« letzte Eintrag zur Sache »Orient« im Oktavheft lautet: »Diese (vielleicht allzusehr europäisierende) Übersetzung einiger alter chinesischer Manuscriptblätter stellt uns ein

Freund der Aktion zur Verfügung. Es ist ein Bruchstück. Hoffnung, daß die Fortsetzung gefunden werden könnte, besteht nicht« (N I, S. 361).

3   »DAS URTEIL« ODER DIE BÜCHSE DER PANDORA

> »Das Vorhaben, die Geschichte des Menschen zu verstehen, wird so lange scheitern, wie wir nicht in der Lage sind, das Allgegenwärtige des Fremden in uns zu erkennen. Die Einsicht ist versperrt, weil wir den Terror und das Leid, denen wir ausgesetzt waren, verleugnen müssen. Diese Verschüttung der Quellen des Opferseins führt dazu, daß der Gehorsam immer wieder inszeniert und weitergetragen wird. Dabei ist das Perfide am Gehorsam seine eingebaute Sicherung: Gegen ihn zu verstoßen bedeutet, mit Schuld überladen zu sein. Zugleich halten wir uns für frei und autonom.«
>
> *Arno Gruen* (2004, S. 54)

Vor mir liegt *Das Urteil* in der 1916 in Leipzig erschienenen Ausgabe des Kurt Wolff Verlags mit der Widmung »Für F.«. Es ist ein 29 Seiten dünnes Heftchen, die Nummer 34 in der berühmt gewordenen, durch den Materialmangel im Krieg verursachten einheitlichen Gestalt der Reihe *Der jüngste Tag*: schwarzer Umschlagkarton mit aufgeklebtem hellblauen Deckelschildchen. Mit der Reihe wollte Kurt Wolff von 1913 an dafür sorgen, dass »Schöpfungen der jüngsten Dichter, hervorgebracht durch das gemeinsame Erlebnis unserer Zeit [...] zu billigstem Preise in weiteste Kreise dringen«. Das ist ihm nicht gelungen, jedenfalls nicht auf Anhieb. Das mit 1.000–2.000 Exemplaren aufgelegte *Urteil* erlebte zwar im Sommer 1919 eine Nachauflage, doch dürfte von ihr nur ein Teil verkauft worden sein, sodass vermutlich weit weniger als 3.000 Exemplare insgesamt für den Spottpreis von 80 Pfennig unters Volk kamen.

Das Urteil war in einer einzigen Nacht entstanden, nämlich vom 22. auf den 23. September 1912, nach Kafkas eigenen Angaben »von 10 Uhr abends bis 6 Uhr früh in einem Zug« (T, S. 460). An der ästhetischen Eichlatte und der euphorisierenden Wirkung auf den Autor gemessen, ist es praktisch ein Erstlingswerk, obwohl hochwertige Texte davor verfasst wurden, später zusammengefasst in den »Hochzeitsvorbereitungen auf dem Lande« oder »Beschreibungen eines Kampfes«, und obwohl ein damals unveröffentlichter Schlüsseltext »Die städtische Welt« (T, S. 151–158, S. 461) aus dem Jahr 1911 die spätere Geschichte in vielen Einzelheiten vorwegnahm (vgl. Beharriell 1973, S. 29f.).

»Das ›Urteil‹, an dem mir eben besonders gelegen ist, ist zwar sehr klein, aber es ist auch mehr Gedicht als Erzählung, es braucht freien Raum um sich und ist auch nicht unwert ihn zu bekommen« (B III, S. 201): So wird er knapp vier Jahre später an Wolffs Vertreter Georg Heinrich Meyer schreiben. Nach Hunderten von Manuskriptseiten, die in knapp 15 Jahren entstanden waren und wieder im Ofen verschwanden, nach der ersten Fassung des *Amerika*-Romans und den oben erwähnten, über acht Jahre verteilten kleineren Arbeiten, von denen lediglich acht kleine Prosastücke aus der *Betrachtung* in der Zeitschrift *Hyperion* veröffentlicht waren, war dies sein erstes Werk, dem Kafka »Zweifellosigkeit« (T, S. 463) bescheinigte und das damit nach eigenem Urteil rundum gelungen war. Er war inzwischen 29 Jahre alt, blickte auf eine fünfjährige Praxis als Versicherungsjustitiar und Spezialist für Arbeitsunfälle zurück und hatte das Gefühl, dass sein Leben nutzlos vergehe, solange er es nicht ganz und gar dem Schreiben widme.

Das Jahr 1912 brachte mit dem *Urteil* nach heutiger Sicht den Durchbruch und die vorübergehende Wende, wenn sich auch an den Lebensumständen des Autors nichts änderte. In seiner wohl produktivsten Arbeitsperiode wird nun der »amerikanische Roman«, der als Projekt bereits verworfen war, in einer Neufassung unter dem Titel *Der Verschollene* von Ende September an auf mehrere hundert Seiten vorangetrieben. Kafka dachte in diesem Jahr zum erstenmal an eine Buchpublikation. Bereits am 14. August hatte er an Ernst Rowohlt geschrieben und ihm ein »kleines Buch« in Aussicht gestellt, das noch im selben Jahr unter dem Titel *Betrachtung* mit 18 Prosaskizzen in einer Auflage von 800 nummerierten Exemplaren erschien. In jenem Sommer hatte er eine Woche in Weimar, danach drei Wochen in »Just's Jungborn«, einem FKK-Freiluftsanatorium zwischen Harzburg und Ilsenburg, verbracht. Zurück in Prag lernte er noch im August auf einer Gesellschaft die Stenotypistin Felice Bauer kennen, seine spätere Verlobte, die aus Berlin zu Besuch war und bei seinem Freund Max Brod verkehrte. Ihr widmet er schließlich auch *Das Urteil*, nachdem dessen inspirierte Niederschrift in Zeiten großer innerer Bewegung ihn wohl selbst am meisten überrascht haben dürfte.

Erst zwei Tage davor hatte er, vermutlich verliebt und bei seiner chronischen Bindungsangst tief aufgewühlt, seinen ersten Brief an Felice geschrieben, deren Initialen nun nebst »bäuerlichen« Anklängen – Kafka wird das erst im nachhinein bewusst – in den Namen der Braut im *Urteil* einfließen: Frieda Brandenfeld. Noch immer wohnt er in der Wohnung der Eltern (das ändert sich erst in seinem 31. Lebensjahr, und dann nur vorübergehend), derzeit in der Niklasstraße 36 im fünften und obersten Stock des Eckhauses »Zum Schiff« direkt am Brückenkopf der neuen Čechbrücke. Der Blick vom Fenster seines Zimmers geht über die von vier engelgekrönten Säulen flankierte Brücke mit Tramlinie und Mautstation auf die Grünanlagen des Belvedere-Plateaus und die Kronprinz-Rudolf-Anlagen. Es ist der Blick auf die Moldau und die Straße hinab, der ihm mehrmals in diesem Jahr das Selbstmordszenario eingab, so auch Anfang Oktober 1912, zwei Wochen nach dem Durchbruch: »Ich bin sehr lange am Fenster gestanden, und es hätte mir öfters gepaßt, den Mauteinnehmer auf der Brücke durch meinen Sturz aufzuschrecken.« Schon vier Jahre davor hatte er geschrieben: »Ich paßte vorige Woche wirklich in diese Gasse, in der ich wohne und die ich nenne ›Anlaufstraße für Selbstmörder‹, denn diese Straße führt breit zum Fluß, da wird eine Brücke gebaut« – die eben erwähnte Čechbrücke.

Im *Urteil* blickt ein scheinbar abgeklärter Georg Bendemann ebenfalls »aus dem Fenster auf den Fluß, die Brücke und die Anhöhen am anderen Ufer«. Wir sind am Anfang der Erzählung und genau 24 Textseiten von seinem Selbstmord entfernt, der nicht als Fenster-, sondern als Brückensturz geschehen wird und von dem auf den ersten 16–17 Seiten noch nicht das Geringste zu ahnen ist. Erst mit dem »Nein!« des scheinbar gebrechlichen Vaters, den er ins Bett legt und mit der Bemerkung beschwichtigt: »Sei nur ruhig, du bist gut zugedeckt«, ändert sich alles jäh, und dann geht alles sehr schnell. Es fängt also, wenn man so will, sehr harmlos an und wird dann plötzlich sehr ernst, oder es fängt sehr oberflächlich an und wird dann plötzlich sehr »gründlich«.

An Felice Bauer schreibt Kafka am 3. Juni 1913: »Findest Du im Urteil irgendeinen Sinn, ich meine irgendeinen geraden, zusammenhängenden, verfolgbaren Sinn? Ich finde ihn nicht und kann auch nichts darin erklären« (B II, S. 201). Ein paar Tage später resümiert er:

»Das ›Urteil‹ ist nicht zu erklären. [...] Die Geschichte steckt voll Abstraktionen, ohne daß sie zugestanden werden. Der Freund ist kaum eine
wirkliche Person, er ist vielleicht eher das, was dem Vater und Georg gemeinsam ist. Die Geschichte ist vielleicht ein Rundgang um Vater und Sohn
und die wechselnde Gestalt des Freundes ist vielleicht der perspektivische
Wechsel der Beziehungen zwischen Vater und Sohn. Sicher bin ich dessen
aber auch nicht« (B II, S. 205).

Offenbar kann er also die Zusammenhänge, die er *nolens volens* mit
dieser Geschichte in einem Modell dargestellt hatte – einem bewusst-
seinstopografischen und psychodynamischen Modell, würden wir heute
sagen –, selbst nicht erklären. Er weiß nur, dass sich das so und nur
so gestalten lässt. Keinerlei Anflug von notorischen Zweifeln, die ihn
sonst plagten und plagen. Die Intuition erweist sich nicht nur stärker
als der Verstand. Sie findet auch in dieser Unbeirrtheit zum erstenmal
die Zustimmung des Intellekts, und das ohne die Erwähnung der Psychologie – ja seine Unfähigkeit zur psychologischen Erklärung scheint
gerade eine der Voraussetzungen für das Entstehen dieser Geschichte
im Sinne eines unreflektierten »Geschehenlassens«, auch wenn er am
23. September 1912 im Rückblick auf die Niederschrift festhält: »Gedanken an Freud natürlich« (T, S. 461).

Ihm war hingegen mit Sicherheit bewusst, dass mit dem Feld der Liebe
der wahre Schauplatz eines jeden Psychodramas betreten wird: »Fol-
gerungen aus dem ›Urteil‹ für meinen Fall«, schreibt er am 14. August
1913 orakelnd: »Ich verdanke die Geschichte auf Umwegen ihr [Felice
Bauer, Vf.]. Georg geht aber an der Braut zugrunde« (T, S. 574). Aus
seinem Tagebucheintrag vom 11. Februar 1913, in dem er vermerkt, die
Geschichte sei »wie eine regelrechte Geburt mit Schmutz und Schleim
bedeckt« aus ihm herausgekommen (T, S. 491), lässt sich erkennen, wie
sehr er darum rang, das eigene Innere überhaupt auf die Welt zu bringen,
und wie abstoßend dieses, ja wie abstoßend allein schon die Introspektion
ihm erschien. So unverständlich fremd kann das Eigene nur erscheinen,
wenn im Namen der Ablehnung durch andere ein Alter Ego aufwuchs
– es geht ums Erwachsenwerden, um Sozialisation –, das dem Ursprung
der Ablehnung das Wort redet, also dem oder den Ablehnenden gleicht
und vergessen musste, wen es da in sich desavouiert. Der »Freund« in
Petersburg trägt unübersehbar die düsteren Merkmale jener »Geburt

mit Schmutz und Schleim bedeckt«: ein Zeichen, dass der Autor hier
eines Fremden in sich ansichtig wurde, und zwar eben mit den Augen
jenes *Anderen*.

Dieser posiert nun in der Figur Georg Bendemanns, der den Andrang
des Ungeschützten, Unerwünschten, Verhassten in sich nicht überleben
kann. Die identifikatorische Irritation wird literarisch – *literally!* – in
einer Doppelgängerkonstruktion umgesetzt, die »das Allgegenwärtige
des Fremden« (Gruen 2004, S. 54) anschaulich macht. Dabei erscheint
ein Vorgang inszeniert, den Ferenczi (1984, S. 9–57) 1909, also bereits
drei Jahre vor Entstehung des *Urteils* als »Introjektion« beschrieben hat.
Man könnte somit entweder von einer Begegnung mit dem (überwiegend
aggressiven, »bösen«) Introjekt sprechen oder von einer umgekehrten
Introjektion. Generell geht es um eine Identitätsdiffusion, die durch die
Anwesenheit nicht-integrierter Ich-Anteile bzw. Selbstrepräsentationen
verursacht wird. Schafer (1968, S. 72) sprach von der »inner presence« von
Objekten, zu denen das Subjekt einen affektiven inneren Dialog unterhält.
In diesem Sinne lässt sich das Figurenspiel als Traumhandlung verstehen,
in der die Simultaneität von Bewusstseinsereignissen inszenierbar wird
und wo mit den üblichen Vorgängen der Verdichtung und Verschiebung
zum Zweck der Verschlüsselung des manifesten Bewusstseinsinhalts
gerechnet werden muss.

Der Anfang der Geschichte zeigt jenes Alter Ego im unbeirrten
bürgerlichen Rollenspiel. Das Ende aber offenbart die unausweichliche
Wahrheit. Georg Bendemann ist erst wieder am Ende derjenige, der
er von Anfang an *ist* – und dann schon todgeweiht. Man könnte auch
sagen, dass er lange auf dünnem Eis geht, bevor er plötzlich einbricht
und ertrinkt. Kafka versetzt uns in einen Geist, der sich seiner autodestruktiven Anteile nicht bewusst ist und der keine andere Wahl hat, als
der Verdrängung zuzuarbeiten, will er überhaupt existieren. Insofern ist
er ein *Gebundener* (»Bendemann«), ein marionettenhaft *Ab-hängiger*,
der neben den Opfer- auch Tätereigenschaften besitzt. Vor allem ist er
ein großes Kind, und er lebt mit seinem Vater zusammen, der ein großes
Kind ist: eine Situation voller Sprengkraft, in der Wahrheit und Lüge
alle Mischzustände eingehen können und ununterscheidbar werden; in
der Machtwahn und Demutsgebaren im Wechsel den Alltag bestimmen.
Die Mutter ist seit »etwa zwei Jahren« tot, kein Puffer also zwischen

beiden, kein vermittelndes Prinzip, kein emotionales Ventil. Neben dem Blutband gibt es noch ein weiteres, das unselig Bendemann junior mit dem Senior verbindet: das »Geschäft«, die Firma, das Zusammenleben »in gemeinsamer Wirtschaft« (U, S. 8).

Was erwarten wir? Nicht ausgerechnet eine dritte Figur in Form eines phantomartigen Briefpartners, des sogenannten »Jugendfreund[s]« (U, S. 5), der zu einer vierten Figur, »einem Fräulein Frieda Brandenfeld«, Georgs »Braut«, in Konkurrenz tritt (U, S.10f.). Wir erwarten schon gar nicht, dass diese ganze Geschichte sich um diesen »Freund« kristallisiert, der zwischen Vater und Sohn zum Zankapfel wird, an welchem die Geister sich zugleich scheiden und offenbaren. Dass der Konflikt mit dem Selbstmord des Sohnes und dem Zusammenbruch oder gar Tod des Vaters endet, überrascht uns nicht so sehr; auch nicht, dass der Vater seinen Sohn ausdrücklich »zum Tode des Ertrinkens« verurteilt (U, S. 28), womit nicht zuletzt eine vorgeburtliche Existenz, ein illusionärer Neuanfang in den Blick rückt.

In diesem psychischen Leidensmodell gibt es keinerlei verträgliche (und für alle erträgliche) Lösungsoption. Vater und Sohn sind spiegelbildlich gruppiert. Erzeuger und Erzeugnis bilden die *dramatis personae*, der Letztere die leibseelische Reproduktion des Ersteren und ein Beispiel für Konflikttransmission. Kafka vereint zwei Generationen in einem Typus. Er zeigt den Sohn als Vater – und den Vater als Sohn: Ursache und Wirkung im kybernetischen Zyklus: ein Teufelskreis. Kein Autor hat familiale Identitäten so konstelliert: mit umgekehrten Vorzeichen, reziproken Entwicklungskurven. Im *Urteil* wie auch in der *Verwandlung* scheitert der Versuch (wenn man von »Versuch« sprechen will), gegen das »Gesetz« der Psyche eine bürgerliche Existenz zu behaupten (und umgekehrt!) und dabei mehr zu sein als ein »Ausgestoßener«, ein Paria, unfähig, eine eigene Welt zu errichten, geschweige denn zu repräsentieren.

Während unbestritten ist, dass Momente des Ödipus-Mythos in dieser Erzählung strukturbildend sind, soll hier erstmals gezeigt werden, dass der mythologische Leitgedanke dem Prometheus-Mythos folgt. *Das Urteil* besetzt nicht nur alle Rollen der mythischen Vorlage, es vollzieht auch schon im Titel einen kosmologischen Eklat, der das Ende eines Anfangs und Anfang eines Endes ist. Auch Georg Bendemann ist ein

Prometheus, der von einem Epimetheus und einer Pandora sabotiert wird und der in seinem Aufstand gegen die Opferaltäre der Väter sein Lebensrecht einbüßt.

Wie Goethe es in seinem epochalen Prometheus-Gedicht pointierte, künden jene Opferaltäre in aufgeklärter Sicht von nichts anderem als der »Armut« und Abhängigkeit der Götter, die sie allerdings zu einem gefährlichen und eifersüchtigen, ja unbesiegbaren Gegner machen. Dabei verlaufen die Fronten nicht zwischen Freundes- und Feindesland, ja nicht einmal diesseits und jenseits der Kampfpositionen, sind also nicht eindeutig auf verschiedene Subjekte verteilt, sondern zerteilen ein und dieselben Personen in Loyalitäts- und Bewusstseinszonen wie zur Illustration des Freud'schen Strukturmodells, allerdings in verdichteter Form, ohne erkennbare Strukturgrenzen: Der Rebell verschmilzt mit dem Herrscher, der Herrscher kollaboriert mit dem Aufständischen, die Kräfte des Widerstands stellen sich in den Dienst der Bewahrung, der Aufschwung der Revolution erlahmt im pessimistischen Stillstand.

Die letzten Anklänge an eine (kosmologische) Ordnung gehen in diesem Gewirr der Kraftvektoren verloren – und doch hat selbst dieser Verlust noch, wie die Geschichte in ihrer ästhetischen Integrität und ihrem wider alle Abrede behaupteten *Sinn* beweist, seine Ordnung. Georg, der Freund und der Vater sind wie ein Gewölbe mit seinen Kraftgegensätzen eins – bis eine vierte Kraft die statischen Verhältnisse zum Kippen bringt. Die sogenannte »Braut« macht die Eifersucht zum Hauptakteur, weil nun auch der Freund geisterhaft präsent wird und als potenzieller Gegner der Verlobung aus dem russischen Exil sein Recht fordert. Genau dort liegt auch der Ursprung ihres Namens, der an rurale Provinz (»-feld«) und Schwendefeuer (»Brand-«) denken lässt, damit auch das Prometheische mit Frucht und Weiblichkeit verknüpft und dem (»apollinischen«) Antrieb des Kulturschaffens einen (»dionysischen«) »Gegentrieb« assoziiert.

Im Mythos ist Pandora diese Gegenkraft, die dem schwachen Epimetheus durch göttliche Intervention untergeschoben wird, welcher sie trotz der Warnungen seines *vor-sichtigen* Bruders ihrer verführerischen Reize wegen zur Frau nimmt. In Kafkas Geschichte erliegt Prometheus-Bendemann diesen Reizen (»[w]eil sie die Röcke gehoben hat«, wirft der Vater ihm vor), was – denken wir an Bacons Mitgefühl mit dem asketisch kulturschaffenden Widerständler Prometheus – einer wohlverdienten

Belohnung, allerdings auch dem Ende der schöpferischen Kraft zum Umsturz gleichkommt.

Damit also ist, so oder so, das Unheil in die Wiege der Familie gelegt. Die *Eva prima* kann im Haus des Rebellen als dessen Wahlverwandte großen Schaden anrichten, insofern sie nun in der Sphäre der Menschen wirkt, deren Eden sie mittels ihrer Büchse (der einstmaligen Schlange) zerstört. In der Folge »endet« dann nicht nur die Kunst und das Kunsthandwerk, sondern auch der Künstler, der Mythos selbst. Am »Fall« des Prometheus entscheidet sich das Schicksal des Mythos, wobei allerdings das antike Original mit Herakles eine späte Ehrenrettung bereithält, während Kafkas *Urteil* ein Todesurteil ist ohne Aussicht auf Revision. Mit dem Teuflischen, das auf Bendemann-Prometheus zurückfällt – »noch eigentlicher warst du ein teuflischer Mensch!« (U, S. 28) –, erhält auch diese »Arbeit am Mythos« ein gnostisches Fundament. Die Personalunion Bendemann/Freund reiht sich ein in die Künstler-Bürger-Aporien und damit in Doppelwesen, die wie der Hungerkünstler nur in der Selbstbeschädigung reüssieren und im Schatten der (körperlichen, bürgerlichen) Ordnung vegetieren.

Kehrt man die Figurenverhältnisse am Anfang der Geschichte nur einen Augenblick um und setzt den »Freund« anstelle des Protagonisten mit exakt dessen Erfolgsmerkmalen, dann erblickt man vermutlich einen Karrierekünstler à la Werfel, Baum oder Brod, der sich frei und sicher in der Welt bewegt, von allen geliebt und von keinem Vater terrorisiert. Für Kafka ist das, sowohl, was die Karriere, als auch, was den Vater anlangt, gewiss keine Alltagsrealität. So bildet diese Versuchsanordnung denn auch nicht die Anfangs-, sondern die End- und – *horribile dictu!* – Lösungskonstellation. Auch nur die Aussicht auf die Rehabilitierung des verfemten Freundes lässt die von Anfang an fragile Lebenskonstruktion des Bendemann-Alter-Egos in sich zusammenstürzen. Der Sturz vom Brückengeländer ist schließlich nichts anderes als die Kapitulation vor den latenten inneren Kräfteverhältnissen, die sich nun wiederherstellen und die Figurenhierarchie ebenso auf den Kopf stellen, wie sie den lebensgeschichtlichen Weg der Ich-Konstruktion anachronistisch umkehren. Die mentale Brückenfunktion, um im Bild zu bleiben, wird letztlich aufgegeben.

Daher rührt also Kafkas eigene, höchst luzide Einschätzung, »Georg geht aber an der Braut zugrunde« (T, S. 574), – womit manifest wird, dass die identifikatorische Ablehnung des Freundes der Absage an die teils beneidete, teils geringgeschätzte Rand-/Künstlerexistenz gleichkommt. Denn der »Sohn nach meinem Herzen« (U, S. 22), wie der Vater den Freund apostrophiert, kommt nur deshalb in die Gunst der väterlichen Sympathie, weil er die Gegenbild-Imago ist, die dem Vater seine Patriarchenrolle zurückgibt bzw. weil ein kleiner Aufwiegler im väterlichen Kosmos keinen Schaden anrichtet.

Dass hier ein durch und durch *Anderer*, ein archaisches Bendemann-Ich in den Weiten Russlands buchstäblich *ver-kommt*, bedeutet dem Vater nur die Bestätigung der einstigen, zu perpetuierenden Machtverhältnisse, die er genießt wie der »Freund« seine väterliche Gunst. Epimetheus, als »Gegner des Gegners« Prometheus, unterstützt also den kosmologischen *status quo ante*, ohne es zu wollen, was ihm wohl des Zeus Gunst, aber sonst keinerlei Vorteile verschafft – er beerbt den Bruder ja nicht! Pandora hingegen wird zum Füllhorn der ungezügelten Sinnlichkeit, zumindest nach Bacons Auslegung, was den biblisch-göttlichen (nicht den olympischen) Zorn auf den Plan ruft.

Sehen wir uns die Entwicklung im Phasenverlauf einmal näher an. Am Anfang steht ein Scheinfriede, ein ruhiger, sonniger Bürgersonntag im Frühling. Georg Bendemann hat seinem nach Russland emigrierten Freund die Verlobung »angezeigt«. Jetzt verschließt er den Brief und blickt versonnen aus eben jenem Fenster auf die Čechbrücke. Er ist zufrieden, er wähnt sich sicher. Sein Geist schweift bedauernd nach Petersburg. Für ihn ist der Freund ein Gescheiterter auf der ganzen Linie, einer, »der sich offenbar verrannt hatte«, nicht nur, weil dessen Geschäfte nicht gut gingen und weil dieser sich »für ein endgültiges Junggesellentum ein[richtete]« (U, S. 6), sondern weil sich auch eine Rückkehr für ihn praktisch als unmöglich erwies, da ihm die Heimat fremd geworden war. Georg hat ihm die Verlobung gegen innere Widerstände mitgeteilt, wollte er dem Unglücklichen doch nicht von seinem Glück berichten, wie er dem Erfolglosen schon davor nicht von seinen geschäftlichen Erfolgen berichtet hatte, so die oberflächliche Logik. Durchgerungen hat er sich schließlich, als er zu dem Schluss kommt, dass der Freund ihn eben genau so hinnehmen müsse, wie er, Georg Bendemann, in Wirklichkeit sei. Die dürre Nachricht lautet so:

»Die beste Neuigkeit habe ich mir bis zum Schluß aufgespart. Ich habe mich mit einem Fräulein Frieda Brandenfeld verlobt, einem Mädchen aus einer wohlhabenden Familie, die sich hier erst lange nach Deiner Abreise angesiedelt hat, die Du also kaum kennen dürftest. Es wird sich noch Gelegenheit finden, Dir Näheres über meine Braut mitzuteilen, heute genüge Dir, daß ich recht glücklich bin und daß sich in unserem gegenseitigen Verhältnis nur insofern etwas geändert hat, als Du jetzt in mir statt eines ganz gewöhnlichen Freundes einen glücklichen Freund haben wirst« (U, S. 12).

Nach diesen und ein paar weiteren Phrasen, denen eine verklausulierte Nicht-Einladung zur Hochzeit folgt, »war Georg lange, das Gesicht dem Fenster zugekehrt, an seinem Schreibtisch gesessen« (U, S. 13) – wir kehren zum Anfang der Erzählung zurück, der Binnenrahmen schließt sich und die Geschichte geht ab hier ihren äußeren Gang.

Auch der psychologisch ungeschulte Leser nimmt in diesen erschreckend gefühlsarmen Briefzeilen, nimmt in der geistigen Abwesenheit nach der Niederschrift das innere Zittern wahr, das diesen Georg Bendemann bei aller äußeren Gelassenheit an diesem Sonntagvormittag überkommt. Die Offenbarung seiner fragilen Lebenskonstruktion steht spürbar bevor, der Absturz seiner Bürgerexistenz, die auf den Schultern und gleichzeitig auf Kosten seines erbärmlichen Vaters gedeihen konnte. Der Lügendetektor hätte also jetzt vermutlich eine volle Amplitude ausgeschlagen, und zwar nicht, weil Bendemann die Verlobung erfunden hätte, sondern weil er sich mit einem falschen Selbstbild belügt. Bendemann ist nicht Bendemann. Ein anderer ist in ihm präsent, dessen Bestimmung der Misserfolg wäre, die Einsamkeit, die Entfremdung, die Heimatlosigkeit: alles Eigenschaften, die den Petersburger Freund kennzeichnen, der somit die Verkörperung des Fremden ist, der in Bendemann schlummert.

In den förmlich-hohlen Phrasen des Briefes spiegelt sich also das Stereotyp der kleinbürgerlichen Existenz wider, die Georg auf den Rudimenten seines kindlichen Selbst errichtet hat und für die ihn das Leben mit dem Schein einer heilen Welt belohnt, sprich: mit Freunden, einer Braut, schwarzen Zahlen, Firmenchef- bzw. Patriarchenrolle und Heimat. Die seitenlange Reflexion über des Freundes Misserfolg im Ausland nennt nirgends geschäftliche Gründe für dessen Scheitern. Lediglich seine Kränklichkeit scheint dafür verantwortlich. Darüber

hinaus aber wird (verräterisch ich-loyal) angedeutet, dass in »der Fremde«
eben nichts Reelles gelingen kann: »So arbeitete er sich in der Fremde
nutzlos ab, der fremdartige Vollbart verdeckte nur schlecht das seit den
Kinderjahren wohlbekannte Gesicht, dessen gelbe Hautfarbe auf eine
sich entwickelnde Krankheit hinzudeuten schien« (U, S. 6).

Heute würde man an dieser Stelle vermutlich das englische Wort
loser ins Spiel bringen, das unverhohlen unterstellt, der Misserfolg sei
selbstverschuldet und eine unverzeihliche Dummheit obendrein. An
der Motivik des »alten Kindes« lässt sich unschwer ablesen, dass in der
Tat das Scheitern programmatische Züge trägt, aber nicht durch eine
genetische, sondern eine psychische Bestimmung: die zur Unmündigkeit, zum Gehorsam, zur Angst vor Autorität. So heißt es verräterisch,
dass der Petersburger Freund im Falle der Rückkehr in den Augen der
Daheimgebliebenen »ein altes Kind sei und den erfolgreichen, zu Hause
gebliebenen Freunden einfach zu *folgen* habe«. Bei diesem Jugendfreund
kann sich Georg Bendemann nicht nur keinen *»Erfolg«* – man achte auf
das Wortspiel –, sondern auch keine unabhängige Entwicklung vorstellen.
Er erscheint ihm so kindlich wie ehedem, so lebensuntüchtig wie ehedem.
Und in eben dieser »Zurückgebliebenheit« auf der Stufe des unmündig
gehaltenen Kindes wird der Freund als Selbstaspekt erkennbar, der dem
»junge[n] Kaufmann« (U, S. 5), wie Bendemann anfangs vorgestellt wird,
sein wahres Seelenalter, seinen zerrissenen Seelenzustand, aber auch seine
verlorene Vitalkraft zurückspiegelt. Das Petersburger Pendant mit all
seinen negativen Vorzeichen kann ja nur als depravierter Soll-Reflex auf
den normgerechten Ist-Zustand Bendemanns verstanden werden, also
als spiegelbildliches Derivat, in dem entsprechend all das gebrochen *(to
bend)* erscheint, was menschlich wertvoll ist, etwa die größere Freiheit
von bürgerlichen Zwängen im Besonderen und von zivilisatorischen
Adaptionsleistungen im Allgemeinen: Eigenschaften, die das Leben
Bendemanns gegenbildlich konterkarieren.

In ihm, so mag man rekonstruieren, ist seinerzeit etwas ausgewandert,
was man seinen naiven Lebensoptimismus nennen könnte, freilich bereits
in inferiorer Brechung, welche die Einwirkung des dominanten Vaters
verrät; etwas also, das von Anfang an als »untauglich« diskreditiert war
und nun als »Fremdes« (eben in der »Fremde«) ein verschollenes Dasein
fristet. Ein bürgerliches Identitätstereotyp wurde ihm stattdessen zur

Heimat, das die Identifikation mit dem Aggressor stets einschließt, weil die Angst vor der feindlichen Autorität deren Umarmung, darüber hinaus aber die Überanpassung als Charaktermerkmal bedingt. Die archaischen Stufen des Kindseins (und der Kindlichkeit) liegen als »sein Petersburg«, sein Ausland, genau so weit von ihm entfernt, wie er sich als Folge der Bewusstseinsdissoziation von ihnen entfremdete und entfernte.

Arno Gruen (2004, S. 28f.) macht immer wieder darauf aufmerksam, »daß das Fremde in uns die Folge einer Kultur ist, die Kinder in ihrem Lebendigsein nicht wahrnehmen kann und darf. Diese Strukturen sind sowohl Quelle der Gewalt als auch Ursache für die Entstehung von Identitätsdefiziten.« Hier geht es in erster Linie nicht um die in der wissenschaftlichen Kafka-Rezeption vielbeschworene Doppelidentität von Künstler und Bürger, sondern um einen Mangel an Selbstkohärenz, wie er durch autoritär inszenierte Erwachsenenobrigkeit während der Kindheit entsteht. »Die für unsere Kultur typische Identität, die auf einer Identifikation mit Angst einflößenden Autoritäten beruht, ist [...] ständig von Auflösung bedroht« (ebd., S. 28).

Dass hier stets auch Eigenes, ja Ur-Eigenes im Sinne eines Urselbst oder Identitätskerns auf dem Spiel steht, ist ein Gemeinplatz. Dennoch muss in Erinnerung gerufen werden, dass dieses Eigene kein platonisches »Eigentliches« ist, sondern eine psychologische Größe, die auch die Literaturwissenschaft nicht umhin kann im Rahmen des Theoriediskurses zu definieren. Spätestens seit Neumanns (1981) zusammenfassender Darstellung der Deutungsansätze im Bezug auf *Das Urteil* ist klar, dass eine dualistisch vergröbernde Psychologie mehr Worte macht, als sie Verhaltensbilder und innere Handlungsfolgen erklären kann.

Zum Inventar von Bendemanns erwachsenem »Inland« gehören neben dem Unternehmerjob auch das typische Wertdenken des Geschäftsmanns; natürlich auch die Braut, mit der er »recht glücklich« ist (U, S. 12): traditionelle Mediokritäten, die in einer normierten Gesellschaft Gefühle ersetzen. Weil ihm das angepasste Leben materiellen und gesellschaftlichen Erfolg bescherte und die kindliche Versagersuggestion (oder den Versagerfluch) auf Abstand hielt, richtete er sich darin ein, während der Freund ihm das genugtuend abschreckende Beispiel des Scheiterns lieferte, die stets nötige Folie des Kontrasts, die die Mühen der Überanpassung rechtfertigt. Das Gegenbild des Unmaskierten und offenbar

Unmaskierbaren – »der fremdartige Vollbart verdeckte nur schlecht das seit den Kinderjahren wohlbekannte Gesicht« (U, S. 6) – wurde ihm bei aller Entfremdung zu einem wirklichen Pendant, einem stabilisierenden Gegengewicht, dem Alibi für eine verpasste Selbstverwirklichung. Sie verhalf ihm dazu, die unterdrückte Passion des Kindes von der Mission des Erwachsenen durch Bewusstseinsdistanz zu trennen, um diese zu stützen und jene zu bewahren. Der Freund, so gesehen, ist nichts anderes als der sprichwörtliche »Stachel der Erinnerung«, der mit (masochistischen) Schmerzen, aber auch mit Freuden verbunden ist, weil er an den Sieg über die Leiden der Kindheit erinnert und diachrone Ich-Kohärenz überhaupt ermöglicht. Frühere Selbstrepräsentationen oder Ich-Stadien bedürfen keines Widerrufs, um zurückgelassen zu werden bzw. bleiben erhalten, auch wenn sie verlassen sind.

So sehr die dualistische Lesart »Ur-Ich« versus »Fassaden-Ich« herkömmlicher Deutungspraxis entspricht (Beharriel 1973), so klar ist auch, dass die Erzählung in diesem Oppositionsmodell keineswegs aufgeht. Die bloße Rede von einem abgelegten »eigentlichen Selbst« oder von »Georgs kindliche[m] Ur-Ich« (Gray 2003, S. 27), das dem erwachsenen Bewusstsein nur in depravierter Gestalt erscheinen kann, impliziert einen platonischen Kontrast von Idee und Wirklichkeit, Ursprung und Derivat, der in dieser Zurechtlegung nicht existiert. Keineswegs ist das weggespaltene Ich-Relikt, dem der Petersburger Freund entspricht, einfach eine Bewusstseinsreminiszenz, die sich zur bürgerlichen Sozialisation wie das Orginal zur Fälschung verhielte. Vielmehr konstituieren beide Aspekte die (mindestens) zwei Seiten der Persönlichkeit, wie sie das Erwachsensein in einer Kultur der Bevormundung kennzeichnen. Es ist wieder Sokel (1983, S. 41), der dies als erster würdigt, wobei er allerdings auf dem idealistischen Kontrast beharrrt und annimmt, dass »Fassadenmensch« und »eigentliches Selbst« in beiden Figuren repräsentiert seien. Damit bildet er Kafkas Konstruktion nur wiederum ab, statt ihr mimetische Plausibilität zu verleihen. Denn es gilt doch der Tatsache Rechnung zu tragen, dass die »Figur in der Figur« eher einer Konjunktion als einer Disjunktion entspricht. Das Selbst in Reinform gibt es so wenig wie die reine Maske bzw. »Fassade«. Kafka macht das in einer Eintragung deutlich, die die Ursache der Selbstdiskrepanz in der »Verantwortung« gegenüber anderen bestimmt: »Ich stand niemals unter dem Druck einer andern Verantwortung, als jener, welche das Dasein, der Blick, das Urteil anderer Menschen mir auferlegten« (N II, S. 322). Hier wird zweifellos variiert, was Arthur Rimbaud in seinem Brief an Georges Izambard vom 13. Mai 1871 lapidar in die Worte fasst: »Je est un autre« – die Formel für die iterative Unabgeschlossenheit des Selbstbilds im Milieu der normierten Gesellschaft, die den Individualismus, den sie erzeugt, als Errungenschaft stilisiert und zugleich als Abweichung geißelt. Jedoch rechtfertigt das noch nicht eine Hierarchisierung oder gar Polarisierung der Selbstrepräsentationen und damit eine qualitative Unterscheidung mit Werten auf einer idealistischen Skala. Alle Identitätsschichten bilden beim geistig gesunden Menschen eine mehr oder weniger schmerzliche heterogene Einheit, die freilich unter großer innerer Spannung stehen kann bis hin zur Zerrissenheit, von der Kafka klagte, sie würde eines Tages die wahre Ursache seines Todes sein:

> »Falls ich in nächster Zeit sterben oder gänzlich lebensuntüchtig werden sollte – diese Möglichkeit ist groß da ich in den letzten zwei Nächten starken Bluthusten hatte – so darf ich sagen, daß ich mich selbst zerrissen habe. Wenn mein Vater früher in wilden aber leeren Drohungen zu sagen pflegte: Ich zerreiße Dich wie einen Fisch – tatsächlich berührte er mich nicht mit einem Finger – so verwirklicht sich jetzt die Drohung von ihm unabhängig. Die Welt […] und mein Ich zerreißen in unlösbarem Widerstreit meinen Körper« (N I, S. 401f.).

Das Problem ist weniger die Vielheit (und sei es Gegensätzlichkeit) der Ich-Aspekte als vielmehr die Einheit, wenn sie Vielheit einschließen soll, was Kafka in seinem Konzept der »Eigentümlichkeit« durchreflektiert (N II, S. 7ff.). Letztlich läuft ja doch alles darauf hinaus, »daß zumindest unter Lebenden sich niemand seines Selbst entledigen kann« (N II, S. 12). So können Spaltungsphänomene auftreten und ein Maß an Selbstentfremdung bewirken, das auch den weitesten Identitätsbegriff überfordert. Wenn das Selbst aus der Kohärenzerfahrung austritt, liegt freilich wie bei der Depersonalisation eine Persönlichkeitstörung vor, bei der z.B. ein negatives Introjekt einen suizidalen Sog entwickeln kann.

Den schwierigen Zusammenhalt der Gegensätze drückt Kafka in der Doppelgängerkonstruktion aus, die den eigentlichen Konflikt(re)generator der Erzählung bildet. Zugleich erlaubt uns die Personalunion der Figuren sozusagen einen Blick auf die Antriebsenergien der Prometheus-Figur, die ja nicht in erster Linie gegen die olympische Bevormundung, sondern für eine menschenwürdige *conditio humana* kämpft. Insofern bilden Bendemann und sein Freund ein motivationales Spektrum ab, das beide Antriebe vereint: die Rebellion gegen das autoritäre Gesetz der Väter und die Loyalität mit dem Menschlichen in seiner Bedürftigkeit: Gott und Mensch als kategorialer Grundgegensatz, der Ehrgeiz, Überheblichkeit, Gehorsam, Selbstherrlichkeit als das *prinzipiell Unmenschliche* auf der einen (göttlichen) Seite gegen das *prinzipiell Menschliche* auf der anderen (menschlichen) Seite hält – und damit fast eine perfekte Theodizee liefert. Eine ironische Pointe hat dieses ungleiche Bündnis dort, wo – bleiben wir in der Sprache des Mythos – der geprellte Zeus am Ende gar gemeinsame Sache mit den Menschen macht. In Bacons Auslegung, in der Entmythologisierung und Mythologisierung im Dienst der Vision eines alttestamentarischen Kosmos Hand in Hand gehen (Rippel 1991), hat Zeus sogar von vornherein nichts dagegen, dass die Menschen das Feuer besitzen, im Gegenteil, er macht ihnen noch ein Geschenk:

> »Denn die beklagte Tat gefiel Jupiter wie den übrigen Göttern außerordentlich, ja, sie waren so entzückt, daß sie den Menschen nicht nur den Gebrauch des Feuers gestatteten, sondern ihnen ein weiteres Geschenk machten, das überaus annehmbar und wünschenswert war: ewige Jugend« (Bacon 1991, S. 61).[10]

Bendemann – das verrät seine unpersönliche Sprache – ist in seinem Erwachsenenleben eine Ziffer, eine Position, ein Paragraf geworden, ein 08/15-Zustand, der *per se* nach Individualität und Leben verlangt, weil er aus der Komplizenschaft mit der (unmenschlichen) Autorität hervorgegangen ist. Als er das Zimmer seines Vaters betritt, um ihm zu sagen, »daß [er] nun doch nach Petersburg [s]eine Verlobung angezeigt habe« (U, S. 15), ist er noch ganz Bendemann junior, der es geschafft hat, nach dem Tod der Mutter, vor allem natürlich dem damit verbundenen Rückzug des Vaters aus den vorderen Reihen der Firma, das Personal

---

10 »[...] for the information was pleasing to Jupiter and all the gods; and therefore in a merry mood granted unto men, not only the use of fire, but perpetual youth also – a boon most acceptable and desirable« (Bacon 1907, S. 259).

zu verdoppeln und die Umsatzzahlen zu verfünffachen. Im Zimmer ist es dunkel, der Schatten einer hohen Mauer fällt auf das Fenster. Das Privileg der Aussicht auf den Fluss hatte er, der Sohn, sich angemaßt, der aber nun, geplagt von Gewissensbissen, dem Vater den Tausch anbietet. »[M]ein Vater ist noch immer ein Riese« (U, S. 14), wundert er sich, hat er ihn doch »schon seit Monaten« (U, S. 13) nicht mehr in seinem stickigen Zimmer besucht. In dem »noch« kommt das noch immer nicht ganz geklärte Größenverhältnis zwischen den beiden zum Ausdruck: Georg, ähnlich wie Gregor in der imaginären »Vorgeschichte« der *Verwandlung*, überragt seinen Vater inzwischen an erwachsener Persönlichkeitsstatur, aber eben doch »noch« nicht genug, um endgültig zu triumphieren. Schwächemerkmale, wie sie vordem der Freund aufwies, erscheinen dem Vater verliehen und von Bendemann junior gern gesehen, sind sie doch die Trophäen seines scheinbaren Sieges. Konkret hat der Vater »irgend eine Augenschwäche« (U, S. 14) und einen »zahnlosen Mund« (U, S. 16), dazu ein »müdes Gesicht« unter »struppige[m] weißen Haar« (U, S. 19).

Es ist somit keineswegs eine »verblüffende Behauptung« (Gray 2003, S. 38), wenn wir den Vater bald sagen hören: »Wohl kenne ich deinen Freund. Er wäre ein Sohn nach meinem Herzen« (U, S. 22). Das sagt er jetzt, wo er auf dem Punkt der Wahrheit ist, und wir ahnen, dass auch für den Vater der Freund einst ein *ungeliebter* Sohn war. Das war vor drei Jahren, als er noch selbst Patriarch der Familie und unangefochtener Firmenchef war und jenen Freund bei dessen Besuch in der Heimat seine »Abneigung« (U, S. 20) spüren ließ – ja, Patriarch der Familie war er überhaupt nur, solange er den Freund in der Fremde wusste. Mit dem Tod der Frau aber setzte die Trauer ihn auf Erinnerung und spülte Urgestein herauf, sei es, dass er menschliches Gebrechen nun überhaupt erst kennen lernte, sei es, dass ihm die Dimension der Liebe erst im Bindungsverlust und über der Erfahrung der Verletzlichkeit aufging. Der Freund wurde zum Spiegelbild – *oder das Spiegelbild zum Freund*: Diese Option hält Kafka ausdrücklich bereit, indem er den Vater die Existenz eines realen oder doch im landläufigen Sinne »wirklichen« Freundes bestreiten lässt: »Du hast keinen Freund in Petersburg« (U, S. 19).

Aus alledem ergibt sich jetzt aber keineswegs, dass Georg »im Namen seines verdrängten Ur-Ichs, das den historischen Bedingungen gemäßer

handelt als sein nach bürgerlichen Maßstäben ›erfolgreiches‹ Ersatz-Ich«
verurteilt wird (Gray 2003, S. 38). Vielmehr ist es gerade so, dass der Sturz
des Sohnes wie in einem rückwärts laufenden Film den symbolischen Par-
rizid im Rollentausch reinszeniert. Die sich hier aufbäumende Autorität
des Vaters müsste ja, wie gehabt, jedwedem »Ur-Ich« das Existenzrecht
entziehen, gesetzt, es gäbe ein solches und man verstünde darunter einen
positiv affirmierten ursprünglichen Identitätskern. Wenn tatsächlich mit
Georg auch der Freund liquidiert wird, dann deshalb, weil des Freundes
»Vertreter hier am Ort« (U, S. 24) sich in den furchtbaren Patriarchen
zurückverwandelt, den ihn der Sohn gezwungen hat aufzugeben. Hier erscheint Kafkas Traumlogik geradezu realistisch, übrigens auch darin, dass
dieser Sieg wie bei allen Größenmanien nur ein Pyrrhussieg ist und mit
dem Ende der Geschichte die gesamte *dramatis personae* untergeht.

Der Vorschlag Albrecht Webers (1968), alle Figuren als psychische
Repräsentationen zu lesen, erscheint hier in seiner Konsequenz umso
legitimer, als bei Kafka und vergleichbarer Literatur – zu Kleist habe ich
diesbezüglich den Nachweis geliefert (Oberlin 2007a) – von einem Textsubjekt auszugehen ist, dessen Bewusstseinsgeschehen sich als Interaktion
und Dialog im intermediären Geschehen entfaltet. Die Offenbarung der
psychischen Wahrheit ist trotz und gerade wegen aller Verschleierungsstrategien der Tatsache zu verdanken, dass metonymisch nur immer das
Ganze eines Beziehungsnetzes zur Darstellung kommen kann, ist doch
jede *actio* zugleich eine *reactio* im Kräftespiel interdependenter »Spieler«.
Für sie beide, Vater und Sohn, ist dieser Freund also zu verschiedenen
Zeiten das Konterfei des jeweils abgespaltenen Fremden in ihnen, der mit
den Merkmalen des Opfers und Außenseiters behaftet ist. Er repräsentiert in dieser Eigenschaft das Zentrum ihrer emotionalen Vitalität, den
verletzlichen Teil ihres Selbst: jene »verborgene Eigentümlichkeit«, deren
»Verurteilung« (N II, S. 10f.) Kafka nicht müde wird zu beklagen. Im
Schicksal des Freundes werden die früh verdrängten (»ausgewanderten«)
Inferioritätsqualen der Kindheit sichtbar. Je nachdem, welchen Platz im
weiteren Leben sie innehaben, welche Rolle sie spielen, ob die Abspal-
tung aufrechterhalten werden muss oder nicht, fungiert dieser Freund
entweder als Kontrast- oder als Identifikationsfigur. Solange Georg in
der spiegelbildlichen Wiederholung der früheren Verhältnisse die patri-
archalische Vaterrolle innehat, während Bendemann senior zuerst zum

Kind regrediert, dem die Trikothose, die Socken ausgezogen werden, dann zum Kleinkind, das ins Bett getragen wird, solange nimmt der Vater die Leidenszüge des Freundes an und behauptet von sich dann folgerichtig selbst: »Ich war sein Vertreter hier am Ort« (U, S. 24).

Im entscheidenden Vorspiel des Höhe- und Wendepunkts hat Georg eine Übermacht aus Zweien, ja, aus Dreien gegen sich, zählt man ihn selbst noch zu den Gegnern hinzu. Diesem massierten Angriff auf die emotionsarme *persona* des Geschäftsmanns wird er sich ergeben müssen, offenbart er ihm doch, dass er selbst ein *Anderer* ist: »Auf seinen Armen trug er den Vater ins Bett. Ein schreckliches Gefühl hatte er, als er während der paar Schritte zum Bett hin merkte, daß an seiner Brust der Vater mit seiner Uhrkette spiele« (U, S. 21). Eine unglaubliche Szene, zu deren Bezeugung Kafka uns hier in den Zuschauerraum ruft: Der Sohn als Vater erlebt den Vater als Sohn – und fällt zurück in die eigene Kindheit, »fällt« im Wortsinne, denn das Ganze ist ein Sturz mit derselben Energie im Fallen, wie sie zur Progression in die Erwachsenenidentität und in die autoritäre Funktion des Geschäftsmanns und potenziellen Familienvaters aufzubieten war. Wenn Beicken (1974, S. 250) feststellt, diese Geschichte eröffne keinerlei Perspektive, dass »wahre Autonomie und Emanzipation möglich sind, ohne in den negativen Zustand des Freundes zu fallen und ohne die soziale Sphäre verlassen zu müssen, wie also Selbstverwirklichung in der menschlichen Gesellschaft möglich sei«, dann weist er in die richtige Richtung, schießt aber übers Ziel hinaus. Der Vater, den Kafka uns präsentiert, ist nicht jeder Vater oder der Vater schlechthin, sondern selbst ein Produkt einer autoritär organisierten Kultur, die ihre Kinder frühzeitig zu Vasallen oder aber unglücklichen Rebellen »erzieht« und ihnen asketische Identitätsideale schmackhaft macht, die Lustgewinn aus der Unterdrückung anderer schöpfen. Seine Stimme hat freilich ein Volumen, das »kulturweit« ist. Ob hier die Stimme der religiösen Autorität gemeint ist, wie Grözinger (2003, S. 146ff.) vermutet, lasse ich dahingestellt. Sehr wohl trägt die jüdische Traditionshierarchie dazu bei, dass zwischen autoritärer und autorisierter bzw. autoritativ beglaubigter Stimme nicht mehr zu unterscheiden ist.

Das letzte, was für Georg zur Vollendung dieser (selbst)repressiven Identitätsmuster nötig gewesen wäre, nämlich der endgültige Sturz des Vaters durch dessen physisches Ende, schafft er dann nicht oder eben nur um den Preis seines eigenen Todes. Das ist in der Logik der Psyche (die die Logik des Traums ist) vollkommen »realistisch«, sind doch biografische Spuren auf dem Grund der Seele nicht zu verwischen. Der Vater lässt sich nun einmal nicht »zudecken«, nicht einmal (und vor allem nicht) jetzt, wo der Sohn zum Ausbau seiner Patriarchenrolle sich anschickt, eine Frau zu nehmen, womit der Generations- und Machtwechsel endgültig vollzogen wäre:

> »›Bin ich jetzt gut zugedeckt?‹ fragte der Vater, als könne er nicht nach-schauen, ob die Füße genug bedeckt seien.
> ›Es gefällt dir also schon im Bett‹, sagte Georg und legte das Deckzeug besser um ihn.
> ›Bin ich gut zugedeckt?‹ fragte der Vater noch einmal und schien auf die Antwort besonders aufzupassen.
> ›Sei nur ruhig, du bist gut zugedeckt.‹
> ›Nein!‹ rief der Vater, daß die Antwort an die Frage stieß, warf die De-cke zurück mit einer Kraft, daß sie einen Augenblick im Fluge sich ganz entfaltete, und stand aufrecht im Bett. Nur eine Hand hielt er leicht an den Plafond. ›Du wolltest mich zudecken, das weiß ich, mein Früchtchen, aber zugedeckt bin ich noch nicht‹« (U, S. 22).

Es folgen Vorwürfe des Vaters, Georg habe den Freund deswegen be-trogen, weil dieser »ein Sohn nach [s]einem Herzen« gewesen sei, und es sei ihm nur darum gegangen, ihn »unterzukriegen«, um zu heiraten (U, S. 23). Eifersucht also kommt ins Spiel, um Liebe oder Nicht-Liebe geht es jetzt in erster Linie, und damit sind wir am Punkt der Wahrheit und am Angelpunkt der Psychomechanik, die alles auf das tragische Ende hin beschleunigt: den Sturz des Vaters, den Selbstmord Georgs und dessen letzte, leere, halb fehladressierte Worte: »Liebe Eltern, ich habe euch doch immer geliebt« (U, S. 29). Im Augenblick seines Triumphs, als der Vater »aufrecht im Bett« steht, nachdem er eben noch wie ein Kleinkind mit Georgs Uhrkette gespielt hat, ist sein »Schreckbild« eine unglückseligen Mischung aus Offenbarung, Leidensgeständnis, fort-gesetztem Selbstbetrug und grausam-taktischer Liebeserklärung (U, S. 22f.). Der Vater prahlt nicht einfach mit seiner noch vorhandenen Vi-talkraft, so als erhöbe er jetzt Anspruch auf die unumschränkte frühere Herrschaft, sondern er wirft sich, seine eigenen Kräfte aufbrauchend, trotzig auf, um seinem Sohn die affektverzerrte Wahrheit zu sagen und also einen Zerrspiegel vorzuhalten, der diesen in völlige Konfusion und infantile Abhängigkeit »stürzt«. Er gesteht ihm eifersüchtig seine enttäuschte Vaterliebe und bezichtigt die Braut niedriger Verführungskünste und ihn selbst der reinen Befriedigung sexueller Lüste. Dann hält er ihm vor, er habe der »Mutter Andenken geschändet« (U, S. 24), ein verräterischer Satz, in dem der Vater, die Frau als »unsere« Mutter bezeichnend, seine eigene emotionale Abhängigkeit zu erkennen gibt und noch einmal das »alte Kind« hervorstreicht. Diese Eigenschaft war für den Petersburger Freund reserviert, geht aber nun, da der Vater sich mit diesem in dessen Schwäche identifiziert, auf ihn über: »[D]er Freund geht zugrunde in seinem Rußland, schon vor drei Jahren war er gelb zum Wegwerfen, und ich, du siehst ja, wie es mit mir steht« (U, S. 28). Er wirft ihm sein gesellschaftliches Leben vor, die Maskerade, die Georg überhaupt erst nach außen handlungsfähig machte: »Und mein Sohn ging im Jubel durch die Welt […] überpurzelte sich vor Vergnügen und ging vor seinem Vater mit dem verschlossenen Gesicht eines Ehrenmannes davon!« (U, S. 25) Schließlich sagt er ihm auf den Kopf zu, dass er unreif sei, und das in einer Formulierung, die in ihrer absurden Logik frappant ist: »Wie lange hast du gezögert, ehe du reif geworden bist! Die Mutter mußte sterben, sie konnte den Freudentag nicht erleben« (U, S. 27f.). Hier soll der Sohn die Verantwortung nicht nur für seine verhinderte seelische Reife übernehmen, sondern auch – über eine assoziative Falle – für den Tod der Mutter: eine doppelte und doppelt unmögliche Bürde für einen Menschen. Das ist argumentative Hexenkunst, die den tief gestörten Vater in seiner Abhängigkeit besser charakterisiert als seine theatralischen Posen, die Georg in Ermangelung der Argumente – auf welche Logik soll er denn antworten? – ohnmächtig nachäfft, wobei er vollends sein erwachsenes Gesicht verliert.

Die Braut wird in dieser Erzählung zum Testfall der psychischen Gesundheit der Figuren, wobei sie selber als Handelnde gar nicht in Erscheinung tritt. Immer wenn in einem solchen Fall Fantasien der Vereinigung mobilisiert sind, etwa bei einem überwiegend mütterlichen Frauentypus, kann der narzisstische Schub mit Szenarien einhergehen, in denen sich Sexualisierung und Inzesthemmung durchmischen. Man muss sich noch einmal verdeutlichen, unter welchen Umständen Eifersucht extreme Züge annehmen und gegebenenfalls tödliche Folgen haben kann. Eifersucht treibt die wildesten Blüten auf dem Boden einer Pathologie, wenn die Angst vor dem Bindungsverlust mit der Angst vor dem Selbstverlust einhergeht. Der Partner wird nicht selten mit aller Gewalt festgehalten, um den nochmaligen Verlust des Selbstobjekts zu verhindern und die erneute narzisstische Niederlage zu vermeiden. In der vermeintlichen Ablehnung durch den Partner wird eine Art Generalablehnung erfahren, sodass sich in der befürchteten Trennung unversehens das archaische Urdrama der Deprivation wiederholt, bei dem es um nichts Geringeres ging als um Leben und Tod.

Nun haben wir es dank Kafkas Verwirrspiel nicht nur mit einer, sondern gleich mit mehreren Eifersüchten zu tun. Vater Bendemann ist in der neu entstandenen Dreieckskonstellation eifersüchtig auf Georg, dessen Braut er auf reine Sexualmerkmale reduziert (»weil sie die Röcke gehoben hat«), womit er sein erotisches Interesse als Nebenbuhler verrät. Gleichzeitig ist er eifersüchtig auf die Braut, die ja nun ins Familiengefüge eingreift, das mühsam eroberte Gleichgewicht stört und ihm den Sohn (und damit auch das Produkt seiner eigenen Frau) wegzunehmen droht, und dies in einer Situation, wo er sich ihm schon unterworfen, ja ergeben hat, wenn auch nicht (oder weniger) als Mann, sondern als »altes Kind«. Das Dritte, was ihn eifersüchtig macht, ergibt sich aus dem Blickwinkel seiner Frau, in deren Andenken er lebt. Aus diesem Blickwinkel ist er eifersüchtig auf die Braut, als deren »Nebenbuhlerin« er sich fühlt. An diese weibliche Eigenschaft erinnert sein Schlafrock, den er zur Demonstration der Verführungskünste der Braut hochrafft. Als seien diese Eifersüchte des Vaters mit ihren verschiedenen Ursachen und Zielobjekten nicht genug, kommt nun auch noch die Eifersucht der Braut auf den Freund und die des Freundes auf die Braut hinzu. Letztere spiegelt vor allem die Eifersucht des Vaters auf die Braut wider, ist doch der Freund in Kafkas Modell die Vertretung des Fremden in den abgedunkelten Seelenkammern beider Protagonisten, die sich in ihrer Typeneigenschaft zu einer Personalunion zusammenschließen und damit für eine gemeinsame Vertretung eignen. In Georgs Vorbehalt, den Freund zur Hochzeit einzuladen, kommt nebenbei – es ist gesagt worden – ein homoerotischer Zug zum Vorschein, der zu seinem verkümmertem Größenselbst passt. Im Drang nach Bespiegelung ist der Wunsch nach gespiegelter sexueller Männlichkeit enthalten.

Erst in diesem Schmelzofen der Eifersüchte mit ihren vielfältigen Energiequellen kann das Material von Georgs Persönlichkeitskonstruktion (denn um sie geht es vordringlich) einen Aggregatzustand erreichen, der diese instabil macht und schließlich kollabieren lässt. Die Braut hat dabei eine reaktionsauslösende Rolle. Kafkas Eindruck, sie sei der alleinige Grund für Georgs Untergang, ist nur insofern richtig, als sie es ist, die den zu weit gespannten, zu unvollkommen gestützten Brückenbogen zum Einsturz bringt. Man könnte auch sagen, dass sie der zündende Sprengsatz ist, der die latenten Spaltungsenergien bei der Zerstörung der Persönlichkeiten in großem Stil freisetzt.

In Kafkas *Urteil* wird uns also ein Modell des Leidens und Scheiterns vor Augen geführt, das die Opfer- und Tätereigenschaft nicht einseitig auf Vater und Sohn verteilt, sondern beiden Figuren *beide* Eigenschaften zuweist. Es ist nicht nur ein Modell des individuellen Scheiterns. Denn eine *Degeneration* im Wortsinn ist es, was hier zwischen Erzeuger und seinem Erzeugnis geschieht: die absurde Selbstvernichtung der Familie. Letztlich läuft unter diesen Vorzeichen alles auf eine Sabotage des natürlichen Generationenwechsels hinaus. Das ist also weit mehr als ein »Widerstreit zweier Generationen«, wie Milena Jesenská in ihrem »Nachruf auf Franz Kafka« schrieb (MI, S. 380). Und obwohl es hier stupende Ähnlichkeiten mit Initiationsritualen gibt – Eliade (1978, S. 273ff.) spricht im Kontext der eleusinischen Mysterienrituale von einem symbolischen *regressus ad uterum*, wie wir ihn auch im »Tode des Ertrinkens« im *Urteil* zu erkennen glauben –, geht diese Geschichte doch in Initiationssymbolik nicht vollständig auf. Peter von Matt (2006, S. 109) gebührt das Verdienst, diesen Zusammenhang, vor allem mit Kafkas »Geburt« als Autor und Künstler auch in den gegebenen Selbstkommentaren, herausgearbeitet zu haben. Jedoch lässt die Doppelgängerkonstruktion (die von Matt nicht einordnen kann) nicht übersehen, dass die Identitätsproblematik letzten Endes auf eine *De-sozialisation* statt einer *Re-sozialisation* zielt und damit auf eine Option, die »nicht lebbar« ist. Das Erwachsenwerden Georg Bendemanns hat unter den gegebenen Umständen keine Chance auf Verwirklichung, stehen doch Vater und Freund ihr prinzipiell im Wege. Will man dennoch Georg (und womöglich auch den Autor) als Initianden sehen, muss man von einer »Initiation in den Untergang«, also eher (um im Bild zu bleiben) von einer »Fehlgeburt« sprechen. Damit wäre die Problematik des Hungerkünstlers aufgerufen, also die der Selbstschädigung, der Askese, die Kafka auch zur Erklärung seiner Krankheit anführt. Zugleich hätte man aber den Begriff der Initiation auf den Kopf gestellt und könnte auf eine ironische Lesart der Schlusskadenz des *Urteils* nicht verzichten.

Welch gewaltiges Potenzial an Destruktivität in einer suizidalen Struktur wie dieser schlummert, das lässt die Geschichte der industrialisierten Länder bis heute erahnen, die den Menschen über seine Arbeitskraft und ökonomische Effizienz definieren, Parameter, die auch bei der Berechnung seiner (militärischen) Schlagkraft eine Rolle spielen. Hier scheitert, genau genommen, kein Prometheus beim Versuch eine neue Kosmologie zu gründen, sondern eine neue Kosmologie scheitert daran, einen Prometheus zu finden, der die Partei der Menschen ergreift. Damit aber verliert der Mythos seine Substanz, er wird unmenschlich, schließlich missbrauchbar im Dienste der Macht. Es ist Kafkas vierte und letzte Variante des Prometheus-Mythos, die dessen Ende besiegelt: »Nach der vierten wurde man des grundlos Gewordenen müde. Die Götter wurden müde, die Adler. Die Wunde schloß sich müde« (N II, S. 70). Von den Menschen ist nicht mehr die Rede. Es wäre jedoch nicht überraschend, wenn wir in seinen Aufzeichnungen irgendwo im Kontext des *Urteils* die Worte Arno Gruens fänden:

> »Ich möchte hier mein Augenmerk auf die Angepaßten richten, die als ›nicht krank‹ eingestuft werden, auf die Erfolgreichen im Wettbewerb, im Herrschen, im Besitzen, im Erobern, also auf jene, die scheinbar frei sind von Angst, Spannung und Leiden. Der Versuch, Menschen in Kranke und Nicht-Kranke einzuteilen, ist zum Scheitern verurteilt, weil er die eigentliche Krankheit, die unser Opfersein hervorbringt, nicht berücksichtigt. Wenn aber diese Grundlage unserer Entwicklung ignoriert wird, muß unser Geschichtsbewußtsein ein unvollständiges sein. Das Vorhaben, die Geschichte des Menschen zu verstehen, wird so lange scheitern, wie wir nicht in der Lage sind, das Allgegenwärtige des Fremden in uns zu erkennen« (Gruen 2004, S. 54).

4 »BEIM BABYLONISCHEN TURMBAU« ODER DIE »ARBEIT AM MYTHOS«

Kafka erzählt uns, kaum überraschend, die Geschichte des Turmbaus zu Babel (N II, S. 318–323) in starker Abweichung vom Original, das dem elften Buch der Genesis eher eine Zusammenfassung aus circa 200 Wörtern als eine regelrecht erzählte Geschichte wert ist. »Das Wesentliche des ganzen Unternehmens«, schreibt er um den 15. September 1920,

> »ist der Gedanke, einen bis in den Himmel reichenden Turm zu bauen. Neben diesem Gedanken ist alles andere nebensächlich. Der Gedanke, einmal in seiner Größe gefaßt, kann nicht mehr verschwinden; solange es Menschen gibt, wird auch der starke Wunsch da sein, den Turm zu Ende zu bauen.«

So bleibt dann auch in seiner Version das ganze Vorhaben in den Planungen und Vorbereitungen stecken. Diese werden so gründlich und in so perfekter Antizipation der späteren logistischen Aufgaben verrichtet, »als habe man Jahrhunderte freier Arbeitsmöglichkeiten vor sich«. Schließlich vertraut die eine auf die andere Generation »mit ihrem vervollkommneten Wissen«. Streit bricht aus um die schöneren Arbeiterquartiere, Ausbau und Verschönerung der Stadt nehmen alle Energien in Anspruch, es kommt dazu, dass man »die Sinnlosigkeit des Himmelsturmbaues erkannte«, bis dann am Ende nur noch zweierlei wuchs: die »Kunstfertigkeit« und die »Kampfsucht«. In der Summe ist »[a]lles was in dieser Stadt an Sagen und Liedern entstanden ist [...] erfüllt von der Sehnsucht nach einem prophezeiten Tag, an welchem die Stadt von einer Riesenfaust in fünf kurz aufeinander folgenden Schlägen zerschmettert werden wird«.

Alles, was die Genesis an archaischer Mythologie bewahrt und was ihrer heilsgeschichtlichen Orientierung als Beleg der menschlichen Verfehlung dient wie der »Verlust der sprachlichen Einheit und [die] Zerstreuung der zweiten, nachsintflutlichen Menschheit als Folge eines neuerlichen ›luziferischen‹ Planes« (Eliade 1978, S. 162), kommt in Kafkas Variante nicht vor; auch nicht die göttliche Strafe als solche, überhaupt kein Gott, kein christlicher und kein Jahwe. Schließlich wird auch der Turm erst gar nicht erbaut, sondern bleibt für immer in Planung. Die anfängliche Devise, »man könne gar nicht langsam genug bauen«, geht allmählich in die Meinung über, »daß der Turm auch mangels der nötigen Konzentration sehr langsam oder lieber erst nach allgemeinem Friedensschluß gebaut werden sollte«, eine Bedingung, die das Projekt nicht nur endgültig zum Scheitern verurteilt, sondern auch eine Umkehrdialektik in Gang setzt, die das eine zur Bedingung des andern macht: Um den Turm nicht zu bauen, schiebt man den Frieden auf. Um den Frieden aufzuschieben, baut man den Turm nicht. Die Unterlassung des Turmbaus dient also offenbar sogar dazu, die Kämpfe fortzusetzen, während man diese als Grund für den unterlassenen Bau vorschützt. Der Turm bei Kafka existiert ausschließlich in der Fantasie, wo er eine strategische Rolle spielt. Diese speist die »Sagen und Lieder«, welche ihrerseits den Befreiungsschlag, jene erlösende »Riesenfaust« beschwören, die allem ein Ende macht.

Eine eschatologische Ausrichtung hat also dieser Text auch, nur steht erneut nicht das Heil, sondern das Unheil am Ende, wobei freilich auch dieses utopisch besetzt wird, sonst wäre nicht »von der Sehnsucht nach einem prophezeiten Tag« die Rede. Die finale Struktur, die von einem autodestruktiven Antrieb, ja einer Untergangs-»Sehnsucht« ausgelöst oder beschleunigt wird, erinnert an *Das Urteil*, wo Georg »das Geländer fest[hielt], wie ein Hungriger die Nahrung« (U, S. 29); erinnert an *Die Verwandlung*, den »Hungerkünstler«, die »Strafkolonie«, den *Prozeß*. Sie gehört zu dem Paket, das Kafka in fast jeder Geschichte aufschnürt und von dem er (als jedermanns »Lebenspaket«) im Entstehungskontext des »Turmbau«-Texts sagt: »[I]mmer nur in einem Widerspruch kann ich leben. Aber wohl jeder, denn lebend stirbt man, sterbend lebt man« (N II, S. 320). Zum Stichwort »Essen/Nahrung« schreibt er am selben Tag – es ist der 15. September 1920, der Tag der ersten Abschiedsgedanken in einem Brief an Milena Jesenskà: »Es fängt damit an, daß Du in Deinem Mund zu seiner Überraschung statt des Essens ein Bündel von soviel Dolchen stopfen wolltest, als er nur faßt« (N II, S. 320). An Milena selbst hatte er am 5. September von der Beziehung als einem Gebäude geschrieben, und das mit Worten, die deutlich auf das Babel-Szenario anspielen:

> »Und das ist ja gewiß etwas Lästerliches, so auf einen Menschen zu bauen und darum schleicht ja auch dort die Angst um die Fundamente, aber es ist nicht die Angst um Dich, sondern die Angst, daß überhaupt so zu bauen gewagt wird. Und darum mischt sich zur Gegenwehr (aber es war wohl auch ursprünglich) soviel Göttliches in Dein liebes irdisches Gesicht« (MI, S. 253).

Kafkas Beziehungsangst greift hier zu dem Bild der Hybris, das seine Verstiegenheit als Liebhaber, noch dazu als Liebhaber einer verheirateten Frau – Milenas 10 Jahre älterer Ehemann war der Literat Ernst Pollak – auf ein mythologisches, zwangsläufiges Scheitern hin perspektiviert. Das »Göttliche«, das er in ihr Gesicht projiziert, steht für die unausweichliche Verhinderung der Beziehung, wobei der hier externalisierte Verhinderungsgrund natürlich in ihm selbst liegt, der in dieser Dialektik die uns bekannten »luziferischen« Züge trägt. Kafka vermag sich nicht anders denn als Saboteur seiner eigenen Beziehungen zu denken, die er mit seinem »Seelenheil« assoziiert.

Was erlaubt uns nun, seine Version der Babylongeschichte mit den Erzählungen *Das Urteil* und »Beim Bau der chinesischen Mauer« in die Reihe der Prometheusvariationen einzuordnen? Sieht man sich die biblische Vorlage zunächst genauer an, so wird deutlich, dass sie auf vermutlich weit ältere mythische Reste antwortet. Eliade (1978, S. 162) vermutet in der Zikkurat ein Himmelsleitermotiv, das er auf schamanische Praktiken der ekstatischen »Himmelsreise« per Trance zurückführt, die nun allerdings aus der Sicht des jahwitischen Monotheismus als Hybris umgedeutet werde:

> »Denn von der Zikkurat glaubte man, sie stehe auf dem Erdnabel und berühre mit ihrer Spitze den Himmel. Wenn der König oder Priester die Stockwerke einer Zikkurat erstiegen, so gelangten sie rituell, d.h. symbolisch, in den Himmel. Für den Verfasser des biblischen Berichts war diese Glaubensvorstellung, die er wörtlich nahm, gleichermaßen einfältig wie auch sakrilegisch: sie wurde also radikal umgedeutet, d.h. genauer, sie wurde ent-sakralisiert und ent-mythologisiert.«

Bernhard Greiner (2002, S. 6f.) widerspricht dieser Deutung zwar, indem er sie für »eine Lektüre der Bibel in griechischer Tradition« hält. Die Menschen Babylons wollten »Gott nicht entmachten, sondern eine Gemeinschaft werden und bleiben als Volk und Sprachgemeinschaft«. Die Strafe erfolge deshalb nicht eigentlich wegen des Turmbaus, sondern weil sie das Gebot zur globalen Besiedlung (statt der Siedlungskonzentration) missachteten: »Seid fruchtbar und mehret euch und füllet die Erde!« Allerdings muss er mit Gershom Scholem doch konzedieren, dass der Ehrgeiz der Menschen, sich mit dem Turmbau »einen Namen [zu] machen« (Gen. 11,4), in der jüdisch-theologischen Auslegung durchaus die Macht Gottes infrage stellen hieß.

Hier wird also, so oder so, eine »Verstiegenheit« gegen das – noch vormosaische – »Gesetz« mit einer gerechten Strafe bedacht, die in der Verwirrung der Sprachen und der Zerstreuung der Bevölkerung besteht. Und in diesem Zusammenhang folgt als Begründung in Bereschit 11,6 der Satz, den Buber und Rosenzweig (1954, S. 33) etwas ungelenk in die Worte übersetzen: »Nichts wäre nunmehr ihnen zu steil, was alles sie zu tun sich ersännen.« In der Pattloch-Bibel begegnen wir dagegen dem lapidaren Satz: »Nichts von dem, was sie vorhaben, wird ihnen unmöglich sein.«

Es ist also mit keinem Wort davon die Rede, dass die räumliche Annäherung an den Himmel die Menschen den Göttern zum Verwechseln ähnlich mache; auch nicht, dass die göttliche Macht um ihr Unsterblichkeitsmonopol fürchten müsse, weil der Mensch, wie es schon im dritten Kapitel der Genesis heißt, »geworden ist wie einer von uns, so dass er Gutes und Böses erkennt« (Gen. 3,22) und nun nicht nur den Lebensbaum als Quelle der Unsterblichkeit finden, sondern sich auch von Gott abwenden könne (was wiederum das Problem der Theodizee aufwirft). Vielmehr wird der Stein des Anstoßes im technologischen Potenzial des Menschen gesehen, das kulturgeschichtlich im Übergang von der Jäger- und Sammlerkultur zum Ackerbautypus zwischen 9.000 und 7.000 v. d. Z. – Gordon Childe sprach von der »neolithischen Revolution« – als bedrohlich empfunden wurde. Vergessen wir nicht, dass Kain nach dem Mord an seinem Bruder Abel zum »Erbauer einer Stadt« wurde (Gen. 4,17). Die Wortwurzel von Abel ist »Hirte«, die von Kain dagegen »Schmied«, als dessen Zunftpatron wiederum Prometheus firmiert. Eliade (1978, S. 160) merkt hierzu an: »Der erste Mord geschieht also durch einen Menschen, der in gewisser Weise das Symbol der Technologie und der Stadt-Kultur inkarniert. Alle Techniken sind – wenigstens implizit – der ›Magie‹ verdächtig.«

Wenn also aus der Sicht des Jahwismus in technologischen Innovationen ein kosmologischer Umbruch befürchtet wird, den es durch eine Diversifizierung des Logos zu verhindern gilt – so sehr fürchtet man die Macht der Sprache! –, so wird darin auch die nostalgische Parteinahme für den gerade verlassenen Kulturstatus des Nomadenhirtentums sichtbar, die sich im Übrigen auch in der Auflösung der Stadtbevölkerung äußert. Die mesolithischen oder neolithischen Nomadenkulturen scheinen aus monotheistischer Sicht unverfänglicher, friedlicher, vielleicht menschlich »intakter«, jedenfalls mythengläubiger: eine Idealisierung, die wir heute gut nachempfinden können. Entscheidend jedenfalls ist, dass der Mythos von Babel den Turmbau nur insofern in den allegorischen Mittelpunkt stellt, als dieser metonymisch für das technologische Know-how des Städters und seine welt-, ja weltenverändernde Kraft steht. Folgt man Greiner (2002, S. 4) in der Annahme, dass der Name »Babel« etymologisch nicht auf *bābal* (»mischen, verwirren«), sondern auf *bab-ilu* (»Tor Gottes«) zurückgehe, dann ergibt sich freilich eine nochmalige Akzentverschiebung zugunsten des Sprachmissbrauchs. Denn nun erscheint die Verwendung des göttlichen Namens für Menschenwerk als die eigentliche Wurzel der Tabuverletzung und die Sprache selbst wiederum als sakrilegverdächtige Kulturtat, die es z. B. durch Sprachenvielfalt zu irritieren gilt.

Die Vertikale als Expansionsdimension des Welteroberers wird in dieser wie jener Deutungsakzentuierung zum Gefahrensymbol. Obwohl sie in Kafkas Text nicht ausdrücklich auftaucht, erkennen wir sie doch auch dort in der Bewegung der »Riesenfaust« wieder, die in Umkehrung der Vertikalrichtung *(actio = reactio)* in einem uns heute wohlbekannt erscheinenden Untergangsszenarium auf die Stadt niedergeht. Zugleich nimmt dieses Bild die kriegerischen *Hand*lungen als das auf, was sie sind, nämlich *Hand*greiflichkeiten – ein Beispiel für Kafkas Metapherninszenierungen, die uns hier freilich noch an das alte Freundschaftsspiel zwischen Faust und Mephistopheles erinnern (der Turmbau als »luziferischer« Akt). Die Auslassung einer sichtbaren kosmologischen »Straftat« überrascht uns bei Kafka zwar nicht, doch scheint er hiermit das biblische Original eher zu radikalisieren als endgültig zu entmythologisieren, ist es doch dort in erster Linie das Potenzial, das Unmögliche zu vermögen, und weniger der faktische Übergriff auf die Himmelssphäre, die Jahwes Intervention herausfordert.

Wenn wir aber von Potenzial sprechen, das obendrein in schamanischen Praktiken der geistigen »Himmelsreise« wurzelt, sind wir auf dem Feld der Imaginationen, auf welchem, gewiss mehr noch als in der Technologie, »nichts unmöglich« ist. Auch hierin also radikalisiert und substanziiert Kafka die mythische Vorlage, indem er sie auf das Mythische selbst und die ihm zugrundeliegenden psychischen Tatsachen perspektiviert. Das imaginierende Bewusstsein erscheint nun selbst als das kosmologische

Agens, ja als Erfinder der kosmischen Demiurgen und deren Widersacher, und das im Arbeitspakt mit dem Logos, der deshalb in der Babylonvariante seiner sozialen und synergetischen Virulenz verlustig geht. »Das Wesentliche des ganzen Unternehmens ist der Gedanke«, heißt es daher nicht umsonst – und in Verlagerung des Größenaspekts von der physischen Qualität zur Imagination gleich darauf: »Der Gedanke, einmal in seiner Größe gefaßt, kann nicht mehr verschwinden.«

Wir sind also bei Kafka, mehr noch als im vormosaischen Original, auf dem Feld der Objektrepräsentanz: der Sprache, der Literatur, des Mythos selbst. Es ist die mythenschaffend imaginative Kraft des Menschen, die den kosmischen Kreis schlägt, die kosmologischen Setzungen vornimmt, d. h. die Götter einsetzt und absetzt und dem Bewusstsein eine abgezirkelte Weltenheimat schafft. Die göttlichen Gigantomachien, denen die menschlichen Psychomachien zugrundeliegen, dienen dem Ausdruck einer Innenwelt, die zur Aneignung der Außenwelt usurpatorische, ja demiurgische, wenn nicht gar omnisziente Fähigkeiten entfalten muss, um die Ordnung der Welt zu garantieren. Kafka betont ausdrücklich diesen Sachverhalt, ja überbetont ihn, wenn er schreibt: »[J]a die Ordnung war vielleicht zu groß, man dachte zu sehr an Wegweiser, Dolmetscher, Arbeiterunterkünfte und Verbindungswege.«

Diese ordnenden Bewegungen des Geistes, die nach Transzendenz greifen und sich aus den Energien der Psyche speisen, sind das eigentliche Baumaterial der mythischen Welt. Prometheus ist eine archetypische Bewusstseinsfigur, die dem Menschen das Menschliche aus den Tiefen des Kosmos holt, den es in seine Vorstellung von sich und der Welt domestiziert. Dass er an Zeus scheitert, bevor er über ihn triumphiert, gehört zu den Spielregeln des Bewusstseinsraums, der ein intermediärer, von psychodynamischen Kämpfen erschütterter »Binnenweltraum« ist. Denn auch Zeus ist eine Bewusstseinsfigur, die einen Prometheus braucht, um sich erschüttern zu *lassen* und die Kräfte der Imagination im agonalen Spiel zu bannen.

Zeus und Prometheus sind vielleicht sogar der Ursprung von Kafkas Doppelgängern, einer Gegnerpartnerschaft, ohne die seine Mythen und vielleicht Mythen insgesamt nicht entstehen könnten. Der Autor braucht also einen Prometheus, der seinerseits wieder ein auktoriales Prinzip braucht, das er überwinden kann. So ist der Mythos in seinem Zugriff auf den Kosmos immer wieder von sich selbst bedroht und immer wieder liegt sein Erfindergeist im Kampf mit einem »Gesetz«, das als »Gesetz der Väter«, als »Welt an sich«, als hypostasierte »Norm«, als die Bewusstseinsstandards des sozialisierten Erwachsenen große Angst einflößt: die Angst, diese nicht zu bewältigen, ohne dabei sich selbst verloren zu gehen. Es ist dieselbe Angst, mit der das Kind um seine Spielwelt, der Künstler um die Spielräume der Fantasie fürchtet. Da der Mythos stets auf der Suche nach dem genuin Menschlichen ist, ist auch die Angst um das Menschliche, um dessen würdige Stellung im Kosmos der Generalbass aller Mythen. Niemand ist so ungeschützt dieser Angst ausgeliefert wie das Kind, wie der Künstler, der sich am Einlasspunkt der Psyche aufhält, wo die »große« Welt hinein- und das »kleine« Bewusstsein hinausströmen und wo die Gefahr des »Ertrinkens« und »Untergehens« immer gegenwärtig ist. Kafkas Kunst »hält« dieses Terrain so lange wie möglich und verzichtet dabei auf Stauwehre, die es vor Überflutung bewahren. Es ist gerade das Ungeschützte dieses Ausgesetztseins, das uns immer wieder fasziniert und die Alpträume der Kindheit wachruft. Es ist der prekäre Stand der Psyche, die ihre Initiation in den Erwachsenenkosmos erfährt, der im 20. Jahrhundert unter Vorzeichen der industriellen Zivilisation und der autoritären Normierung des Menschen immer mehr einem Moloch ähnelt. Dabei müssen wir uns selber zusehen, wie wir in einem Strom schwimmen, der immer stärker wird, je weniger wir von uns selbst mitnehmen; immer tiefer, je schwerer wir an dem tragen, was an Fremdem in uns einfließt.

Gerade die Verselbstständigung der Mythen bei Kafka beweist die Plastizität der menschlichen Bewusstseinswelt, die freilich dann am größten ist, wenn das überlieferte Sagengut an Verbindlichkeit verliert und neues an seiner statt produziert werden muss. Kafka setzt der Gefährdung der inneren Welt seine Bewusstseinskosmologien entgegen, die an alten Figurationen und Strukturen einerseits nicht vorbeikommen, andererseits diese manipulieren, wobei ebenso viel Bedrohung abgewendet wie abgebildet, ebenso viel Mythologie reproduziert wie relativiert wird. Wenn es ein Gegenteil zu den Stereotypen des Kitsches gibt, dann wird es hier erkennbar: am Maß der Vorgerücktheit in die Gefahrenzonen des Bewusstseinsfremden, an der Intensität der dieses Fremde parierenden Imaginationen. Auch dass ein Künstler sich dabei an Altes klammert, ohne dessen Verlässlichkeit zu erfahren, wird hier evident.

Kafkas viele Beispiele mythisierter, ja mythologisierter Ohnmacht machen deutlich, dass auch noch die wüstesten Alpträume Träume sind, die das Bewusstsein durcharbeiten, in gewisser Weise ordnen und vor noch Schlimmerem bewahren, nämlich dem Abriss der Mythen überhaupt. Es ist dann einer der seltenen Augenblicke, wo wir zusehen können, wie die Psyche sich selbst mythologisiert, um den letztmöglichen Halt zu finden. Die »Faust im Wappen« – das könnte auch das Emblem der mythenschaffenden Fantasie selbst sein, die sich stets dem Äußersten konfrontiert: ihrer Auslöschung. Diese wiederum wäre nichts anderes als die erwartete Reaktion auf die unvermeidlichen Frevel des Denkens.

5 »POSEIDON« ODER DAS WARTEN AUF DEN WELTUNTERGANG

Unmittelbar vor der eigentlichen Poseidon-Geschichte befindet sich im Nachlasskonvolut der ersten Septemberhälfte 1920 die selten erwähnte Skizze einer Zirkusvorstellung, in der wir den peitschenschwingenden Direktor aus dem Prosastück »Auf der Galerie« wiederzuerkennen glauben, »nun ein weißhaariger alter Herr« (N II, S. 300).

Das Fragment kündigt eine skurrile »Wasserpantomime« an, bei der Poseidon, Odysseus, die Sirenen und Venus nacheinander in einem Schwimmbecken inmitten der Manege auftreten, vermutlich in unverwechselbarer Kostümierung mit den typischen Accessoires. Das Spektakel hat angeblich keinen anderen Zweck, als zur »Darstellung des Lebens in einem modernen Familienbad« überzuleiten. Dabei werden die dem Meer assoziierten Sagengestalten als Publikumsmagneten prostituiert, allen voran Venus, die sogar »nackt aus den Fluten steigen« muss. Der Direktor, »noch immer der straffe Zirkusreiter, verspricht sich vom Erfolg dieser Pantomime sehr viel«. Man erfährt, dass angesichts »große[r] Verluste« ein Erfolg »auch höchst notwendig« sei. Das Fragment bricht nach den Worten »[n]un ist man hier im Städtchen« (N II, S. 300) ab.

Verwundert fragt sich der Leser, was das absurde Spektakel denn so erfolgversprechend mache: der Geschmack der Kleinstädter am klassizistischen Unterhaltungskitsch, die Nacktheit der Venus oder die Verfremdung des antiken Bildungsinventars durch das »Familienbad«-Szenario, das im Übrigen natürlich, von der Profanierung einmal abgesehen, durch die Verwandlung der Manege in ein Schwimmbad an sich schon eine Verfremdung darstellt, in diesem Fall der Zirkuswelt selbst. Sollte diese Massierung der *fin de siècle décadence* tatsächlich das Zeug haben, die Kassen klingeln zu lassen? Oder wird vielmehr im Illusionismus der Zirkusshow die Erfolgsillusion des Direktors *ad absurdum* geführt? Wird hier also ein letztmaliges Mythologiespektakel und mit ihm ein ganzes Zirkusunternehmen buchstäblich »zu Wasser«, wie der Volksmund sagt?

Kein Zweifel, dass die Ironisierung der antikenseligen Bildungsbürgerlichkeit, die auch Kafka als Zögling eines altsprachlichen Gymnasiums kennenlernte, zur Spielanordnung dieser Notizen gehört. Kein Zweifel auch, dass ihr Autor einen Seitenhieb gegen gewisse Geschmacksverirrungen führt, für die das Publikum sich damals wie heute als wenig resistent erwies. Eingeschlossen scheint hier freilich auch eine Persiflage der literarischen Zunft selbst, die sich mit dem alten Mythenstoff beschäftigt oder gar überhaupt einer künstlerisch-literarischen Tätigkeit nachgeht. Schließlich lässt sich nicht übersehen, dass das Mytheninventar selber einmal in seiner Beharrlichkeit, dann freilich in seiner Überalterung, schließlich in seiner zeittypischen Komplizenschaft mit dem Kitsch zur Sprache kommt, ja zu guter Letzt in seiner Rolle als billige Unterhaltungsware, wie sie die damals bereits angelaufene amerikanische und französische Stummfilmindustrie mit ihren z. T. unerträglich dummen Streifen exemplifiziert.

Mythen, so das Fazit, dauern zwar fort. Mit Mythen kann man vielleicht sogar noch Kasse machen (dazu muss man sich allerdings auf den schlechten Geschmack verlassen können). Mythen läuten, wenn sie nur genügend säkularisiert, ja politisiert werden, ein vergnügungsseliges Zeitalter ein. Jedoch ist der Umgang mit ihnen von vornherein dem Untergang geweiht: Alles, was von ihnen übrig ist, ist Erinnerung. Die psychische Imagination dazu stellt sich entweder gar nicht oder nur sehr flüchtig ein. Der Kitsch als Massenware (z. B. in der Werbung) reicht zwar an die Verbreitung und Rezeption der Mythen in »mythischer Zeit« heran. Das Diktat seiner stereotypen Bilder aber beflügelt die Vorstellung nicht, sondern legt sie fest und dämmt die imaginative Eigenleistung zurück.

Mit dem unmittelbar nachfolgenden Poseidon-Text (N II, S. 300–302) erweist Kafka seine Referenz dem griechischen Meeresgott (und, wie man weiß, dem regnerischen Herbstwetter jenes Jahres) nun ganz exklusiv. Dieser wird auf einmal zu einem weltfremden Büroarbeiter stilisiert: »Poseidon saß an seinem Arbeitstisch und rechnete«, heißt die einleitende Zeile, die an jeder traditionellen Mytheneröffnung vorbeischreibt und dennoch nichts anderes tut, als von Anfang an einen Mythos gegen den Kitsch zu erzählen. Poseidon erfüllt in ihm die verfremdend-befremdliche Rolle eines Bürochefs, dem die »Verwaltung aller Gewässer« anvertraut ist und der die eingehenden Daten höchstpersönlich im Einzelnen nachrechnet. In dieser Arbeit geht er so auf, dass keine andere für ihn vorstellbar ist. Wenn es eine gewisse »Unzufriedenheit mit dem Amt« gibt, so resultiert diese aus dem Ärger, der aufkommt, »wenn er von gewissen Vorstellungen hörte, die man sich von ihm machte, wie er etwa immerfort mit dem Dreizack durch die Fluten kutschiere«. Nicht nur der Erzähler also, sondern auch seine Figur hat etwas gegen das Neptunus-Klischee einzuwenden, das zu desavouieren die Geschichte sich vornimmt. Davon abgesehen aber mag an der Empörung des Poseidon auch die Tatsache nicht ganz schuldlos sein, dass ihm seine Tätigkeit »in der Tiefe des Weltmeeres« keine Zeit und Gelegenheit lässt, sein Verwaltungsgebiet in Augenschein zu nehmen: »So hatte er die Meere kaum gesehen, nur flüchtig beim eiligen Aufstieg zum Olymp, und niemals wirklich durchfahren.«

Kafkas Poseidon ist also ein »Schreibtischtäter«, der die Realität nur aus der Zahlenbilanz kennt und sich mit dem Ortstermin Zeit lässt. »[E]r warte damit bis zum Weltuntergang«, heißt es, womit sowohl die Ursache als auch die Wirkung seiner Derealisation bezeichnet sind. Darin erweist er sich jedoch als eine poetologische Reflexionsfigur, die den Mythos als solchen bespiegelt. Dieser nämlich flüchtet sich *per definitionem* vor der Realität in die Imagination bzw. produziert eine Realität, die sich aus Projektionen speist. Gleichzeitig zeigt sich in der skurrilen Fiktion, was Blumenberg die »Mythisierung dieser Rezeptionsgeschichte« genannt hat (AM, S. 688). Denn hier wird mindestens soviel zeitgeschichtliches Material aus Kafkas Gegenwart eingeschleust, wie der originale Kern des

Mythos Substanz liefert. Dabei ist der ironische Ansatz in der Verfremdung nicht zu überhören. Der Poseidon des 20. Jahrhunderts ist zum Verwaltungschef, zum anonymen Großadministrator (oder soll man sagen Großrevisor?) geworden, ein pedantischer Super-Rechner, der die »schöne grüne Weide« des Lebens (Goethe 2000, V. 1582) so wenig kennt wie der Stubengelehrte Faust, bevor er sich mit teuflischer Hilfe auf Weltfahrt macht.

Trotz aller Ironie aber bleibt Poseidon Poseidon, denn »seit Urbeginn war er zum Gott der Meere bestimmt worden und dabei mußte es bleiben«. Der Mythos also lebt, und was für den Meeresgott gilt – »Es war auch sehr schwer, etwas anderes für ihn zu finden« –, gilt für den Zweck des Mythos allgemein: Die imaginäre Welt der »Vorstellungen«, ob in klassischer Bebilderung oder nicht, bleibt ein unveräußerlicher Teil der Gesamtwelt. Sie steht für die »unendliche Arbeit« des Bewusstseins, das der eigentliche Kosmokrator ist.

VII ZUSAMMENFASSUNG

Kafkas künstlerische Obsession, mythische Formen, Themen und Strukturen zu schaffen, die an alten Mythologemen anknüpfen, indem sie sich diesen hinzufügen und sie sogar ersetzen, wird von beispiellosem Erfolg gekrönt. Das zeigt die Rezeptionsgeschichte seines Werks, die ihn inzwischen zu dem »weltweit meistgelesenen Autor deutscher Sprache« macht (KH, S. XIII). Daran ändert auch die Tatsache nichts – und insofern könnte man auch von einem Misserfolg sprechen –, dass seine Geschichten es auch nach hundert Jahren noch nicht geschafft haben zum »Volksgut« zu werden. Offenbar bestätigt sich in dieser bis dahin unübertroffenen Darstellung psychischer Welterfahrung ein mythisches Ausdrucksgesetz, das durch alle Zeitalter hindurch beständig blieb und anthropologische Wurzeln vermuten lässt: Sein funktionaler Ursprung liegt in der Absicht, das in Individuation und Weltbegegnung Verschmerzte nicht nur gleichsam öffentlich zu be- respektive zu verarbeiten, sondern so zu kommunizieren, dass die Teilhabe anderer das eigene Los einordnen und ertragen hilft. Dabei ist entscheidend, dass die ausgelösten Imaginationen eine gewisse Weltbegrifflichkeit und damit auch Weltsicherheit stiften, auch wenn ihre Mitteilung womöglich keine oder sogar pointiert gar keine »kaiserliche Botschaft« enthält, ja die Mythisierung des Wartens selbst, noch tröstlich genug, an deren Stelle treten kann.

Denn die wirklich entscheidende »Botschaft« bildet sich im Bewusstsein des Lesers oder Zuhörers, der darauf wartet, ja immer schon darauf gewartet hat und weiter darauf warten wird, dass ihn eine Nachricht aus mythischen Quellen erreicht. Der Mythos selbst, könnte man sagen, ist nichts anderes als eine Botschaft, die ein Leben lang auf sich warten lässt: das ewige Vorspiel der Offenbarung, die ewige Vertröstung auf die kosmische Einheit. Die mythische Quelle selbst, wenn es eine gibt, ist weniger oder gar nicht entscheidend. Dabei spielt auch keine Rolle, ob diese Nachricht unwahrscheinlichen, unmöglichen oder in sich widersprüchlichen Gehalts ist. Gerade in der Behauptung der eigenen imaginativen Bewusstseinsarbeit, der eigenen Synthese der Widersprüche, und sei es wider besseres Wissen, liegt eine der Gratifikationen des Mythos, die das Subjekt zur Selbsterfahrung und Stabilisierung seiner Ich-Funktionen benötigt. Jungs Appell, den Widerspruch offensiv zu »leben«, trägt dessen Eigenschaft als anthropologischer Grundtatsache Rechnung, die durch keine kausallogische Gesetzlichkeit außer Kraft zu setzen ist: »Wir selber müssen paradox sein, denn erst dann leben wir unser Leben, erst dann kommen wir zur Ganzheit und zur Einheit der Persönlichkeit« (JGW, Bd. 12, §18). Hiobs Klage und Weltbildkritik wird dann nicht nur verstanden, weil sie anderen aus dem Herzen spricht, sondern weil sie in einem monotheistischen Weltbild »widersetzlich« ist, aber dennoch die Stellung des Menschen im Kosmos behauptet, sei diese auch anmaßlich überschätzt. Selbst die Hybris gehört zum absurden Spiel des Bewusstseins, denn nur sie ist fähig, ein lediglich vorgebenes »Ganzes« durch eine kosmologische Einzelleistung zu ersetzen und damit dem Fremden, der Welt außerhalb des Subjekts, ein Gebilde der eigenen Imagination entgegenzusetzen. Die Erfindung der Götter findet in Bewusstseinsräumen statt, die sich zum »Weltinnenraum« erweitern und dazu eine Bilderwelt erschaffen, die das Gesetz der Psyche zum Gesetz des Kosmos machen. Der babylonische Turm *musste* als eine Bastion des Ausdrucks gegen die Eindrücke einer andrängenden Objektwelt erfunden werden. Er *musste* scheitern, weil die Pläne zu hoch griffen, der Vorstoß zu weit zielte, das Subjekt überhand nahm, weil zur psychischen Gesundheit die Verhandlung des Innen mit dem Außen gehört, die stets auf einen für beide Seiten befriedigenden Kompromiss hinauswill. Der Turm zu Babel, die Chinesische Mauer sind noch keine Kompromisse. Sie sind überschießende Forderungen an den kosmischen Verhandlungspartner, die zwar von vornherein mit einem Abzug rechnen, aber doch Hoffnung haben, er möge so klein wie möglich sein. Das imaginierende Bewusstsein überzieht seine Größe, um sich im Ergebnis keine allzu große Korrektur nach unten einzuhandeln. Das ist Bazar-Diplomatie, dazu gedacht, am Ende den für beide Seiten noch akzeptablen Mittelwert zu erzielen.

Doch auch ein Prometheus wirkt nicht allein durch seine angemaßte Größe in der Erhebung gegen das olympische Gesetz, sondern wesentlich durch seine Leidenskarriere. Diese wird zwar eines Tages von Herakles, dem Zeus-Sohn, beendet, dauert aber doch eine mythische Ewigkeit lang. Und Sisyphos verdankt seinen Ruhm weniger der List, mit der er Zeus hintergeht, als seiner Duldsamkeit, die an der Demontage der Götterwelt allein dadurch mitwirkt, dass sie das *ecce homo*, die Leidensfähigkeit des Menschen, unterstreicht. Diese wird als Aufruf zur kosmischen Verantwortung des Menschen verstanden, dessen Werk, und sei es das absurdeste, durch die behauptete Würde immer noch »Sinn macht«. Die Theodizee, das lehrt Kafkas Erfolg im Verbreitungsraum der großen Weltreligionen, ist in der Parteinahme für den Menschen noch am besten »aufgehoben«. Je mehr Aussprache dem Zweifel, dem Widerspruch, dem Paradox erlaubt ist, desto weiter und wohnlicher wird der kosmologische Raum, der den Menschen neben den Göttern beherbergt und der diesem ein imaginativer »Spielraum« ist. Die Götterwelt ist demnach umso haltbarer, je mehr sie der Menschenwelt gleicht, und mag sie in Dämonen aufgehen. In einem von Menschen oder seinesgleichen geschaffenen Kosmos kann es indes nur menschlich zugehen. Einen anderen Kosmos aber gibt es nicht.

Entgegen dem Anschein ist Kafkas Werk weit mehr dem *Zweifel am Zweifel* gewidmet als der Ausleuchtung einer kosmischen Gesamtarchitektur, in deren Mittelpunkt der Mensch stünde. Dieser Schriftsteller, der kaum jemals glauben konnte, dass er einer ist, und es dennoch wusste, lässt Hiob, Orpheus, Sisyphos und Prometheus auf der menschlich bescheidensten Ebene auftreten. Das macht ihn zum »Beter«, der freilich kein Jünger ist, eher einer jener »Wüstenväter« (J, S. 94), wie man sie sich vielleicht in den buddhistischen Höhlen von Dun Huang vorstellt. Auf Janouchs resümierende Frage: »Dichtung tendiert also zur Religion«, erwidert Kafka: »Das würde ich nicht sagen. Zum Gebet aber sicherlich« (J, S. 35). »Schreiben als Form des Gebets« (N II, S. 354), solch spirituelle Frömmigkeit entspringt einem anthropologischen Rigorismus, der mit den Götterbildern kollaboriert, um über ihre Erübrigung zu verhandeln.

Kafka ist somit kein Bilderstürmer der verwüsteten Altäre. Für eine theologische Revolution fehlt ihm die Konfession. Man könnte aber von einem Theologen des Menschen sprechen, wenn man der großen Worte nicht (wie er selbst) überdrüssig wäre und nicht weitere Missverständnisse befürchten müsste. Prometheus ist die vielleicht emblematischste Leitfigur in seinem Werk, eine, der es um das wärmende Feuer zu tun ist, das Feuer, das Menschen überleben hilft und sie um einen Mittelpunkt versammelt. Von einem Nihilismus bei diesem Autor zu sprechen, widerspricht seinen ästhetischen Ordnungsversuchen, die die Menschenwelt auf ihrer Odyssee des Leidens einem Gesamtkosmos zurückgewinnen will, und sei es nur in einem Ithaka, das am Anfang einer neuen Odyssee steht.

Dass Kafka sich in den Überlieferungskontext mythischer Sprechweisen einreihen kann, hat drei Grundvoraussetzungen, die wohl einzig bei diesem Autor zusammenkommen:

1. *Der authentische Traumcharakter vieler seiner Bilder und damit die Nähe zu einer »Sprache der Seele«, wie jeder sie kennt.*

    Dass ein Schriftsteller auf seinen Traumfundus zurückgreifen, ihn gar wachträumend »produzieren«, modellieren und bearbeiten kann, ist allein noch nicht das Außergewöhnliche; dass aber einer diesen Fundus fast methodisch ausschöpft, ja sein Leben der Annäherung an jene Quellen widmet, wobei er ein teils genuin-eigenes, teils mythisches Urbild-Reservoir zur Gestaltung nutzt, das dürfte auf literarischem Feld einzigartig sein. Traumarbeit und ästhetische Modellierung gehen ein in dieser Intensität und Einschließlichkeit höchst prekäres Bündnis ein. Die Berührungsstelle zwischen Bewusstem und Unbewusstem liegt im gerade noch oder gerade schon (ver)handlungsfähigen Wachbereich, der freilich naturgemäß äußerst flüchtig ist. Seine chronische Schlaflosigkeit, die ihn zeitlebens mit Kopfschmerzen quält, gehört zu den Begleiterscheinungen, ist womöglich sogar eine Voraussetzung dieses Phänomens, das ihm das Leben vergällt. Es ließe sich von einem »Wachschlaf« sprechen, einem Zustand, in dem der Schlaf als Kontrollverlust permanent verschoben und gegen (hochteure!) Schuldbescheinigung beliehen wird.

Kafka beklagt diesen Zustand am bewegendsten im Jahr 1922,
wobei er in sich zwei Lebenstempi ausmacht, die sich gegenseitig
– was für ein Bild der Dysfunktion! – in den Takt fallen:

»Zusammenbruch, Unmöglichkeit zu schlafen, Unmöglichkeit zu wachen,
Unmöglichkeit das Leben, genauer die Aufeinanderfolge des Lebens zu
ertragen. Die Uhren stimmen nicht überein, die innere jagt in einer teuflischen oder dämonischen oder jedenfalls unmenschlichen Art, die äußere
geht stockend ihren gewöhnlichen Gang. Was kann anderes geschehen, als
daß sich die zwei verschiedenen Welten trennen und sie trennen sich oder
reißen zumindest aneinander in einer fürchterlichen Art« (T, S. 877).

Wer hätte über das Schuldmotiv bei Kafka je aus ärztlicher Sicht
geschrieben, wo dieser doch sein Leben lang bekennt, seinem Körper zu schaden, und schließlich sogar der Meinung ist, sich seine
Tuberkulose regelrecht »eingehandelt«, wenn nicht »verdient« zu
haben (MI, S. 7)?

Künstler aller Zeiten haben versucht, mit ästhetischem Hand-
werkszeug die Nahtstelle zwischen beiden Bewusstseinsbereichen
aufzusuchen, wo die Psyche bei der Arbeit sozusagen *in flagranti*
ertappt wird und die Vermählung von Primär- und Sekundärprozess
unter den Augen eines künstlerischen Gestaltungswillens geschieht.
Die Surrealisten um André Breton, aber auch Autoren der »Beat
Generation« der 1950er Jahre wie Jack Kerouac und Allen Ginsberg
haben den »Arbeitsplatz Psyche« ins Rampenlicht gestellt, manchmal mithilfe von Drogen – ein Weg, der dem abstinenten Kafka
sicherlich verschlossen war. Die Manier der *écriture automatique*
unterscheidet sich grundsätzlich vom »Schreiben« Kafkas, der wie
übrigens auch Poe den handwerklichen Gesichtspunkt stets her-
vorhob: »Die Kunst hat das Handwerk nötiger als das Handwerk
die Kunst« (B I, S. 27). »Surrealist« ist er allenfalls in dem Sinne,
wie alle Kunst Surrealismus ist, wurzelt sie doch in seelischen
Motivationslagen, die sie nicht anders kann als preiszugeben.
Ansonsten aber ist Kafka ein Geschichtenerzähler, der mythische
Szenarien von weit größerer, allgemeinerer Gültigkeit schafft, als
individuelle Seelenprotokolle das können. »Seelendarstellungen«

sind für ihn nur interessant, wenn in ihnen die erlebten Strukturen vieler zum Ausdruck drängen und einen kosmologischen Horizont aufspannen.

2. *Die Poetologie des »wortabgewandten« Sprechens, die einem speziellen Logopurismus entspringt, wie er in Annäherung an mystische Sprachgebung gesucht wird.*

Da dieser »Ton« bei aller Raffinesse nur durch Simplizität erlangbar ist, reicht er an anderes Überlieferungsgut heran, wie beispielsweise das Märchen oder das Volkslied, beides dem Mythos eng verwandte Formen. Zu dieser Poetologie gehört eine Ausdruckssymbolik, die eine gestische, »körpernahe«, geradezu stummfilmartige Charakteristik besitzt und dazu ähnliche Mittel verwendet wie der Traum. Schemen und starke Kontraste gehören ebenso dazu wie traumlogische Verläufe, erzeugt durch Verdichtungs- und Verschiebetechniken bis zur Inversion. Da eine »psychosomatische« Symbolsprache vor allem unbewusst verstanden wird, entsteht eine intellektuelle Verstehensnot, die umso stärker werden kann, je wachsamer die Zensur ist, die das Bewusstsein im Augenblick seines »Verrats« ausübt. Der Verstehenswiderstand entzündet die Neugier, sodass das auf den ersten Blick »Unfassliche« als Faszinosum erlebt wird, das bestehende Gesetze bedroht oder verletzt.

Kafka inszeniert eine scheinbar fremde Ordnung, die einer anderen Lebensweise oder Lebenszeit, ja einer anderen, archaischen Wertewelt zugehört, in der das Menschenleben mythischen Gesetzen unterworfen ist. So sehr diese Ordnung subversive Züge hat, so sehr führt sie den Leser zu den Grundfragen der Existenz zurück. Uralte Sageweisen scheinen hier wiederholt, die die Kognition, nicht selten auch die Gesetze der Sprache permanent unterwandern. Sie lösen identifikatorische Reflexe aus, welche das Verlangen nach kosmologischen Einordnungsformeln erfüllen. Die symbolische »Entschlüsselung« – der »Schlüssel zu fremden Sälen des eigenen Schlosses« (B I, S. 29) – hat vorwiegend psychischen Erlebnischarakter. Dieser weckt zwar die Nachfrage nach logischem Verstehen, dämpft sie aber gleichzeitig ab und sucht soziale Resonanzen in rituellen Gemeinsamkeiten. Der Logos wird so in den

Mythos zurückgebettet, zu dem er, als Inbegriff des Erfundenen, Fabelhaften, schon in Gegensatz geriet. Er wird in die mythische Sprachgemeinschaft re-patriiert, gewissermaßen *re-sozialisiert*, ohne dass freilich das Ritual dazu schon (oder noch) vorhanden wäre.

Insoweit die symbolische Erlebnisweise im Kult einer homogenen Kulturgemeinschaft dazu führt, die Gruppe als Verifikator und Verstärker, ja als *Mit-Erfinder* der eigenen Imagination zu erfahren, wird im Mythischen der Weltzusammenhang erlebt. Das ist Voraussetzung für mythische Erfahrungen insgesamt. Da Kafkas Geschichten mit ihrem überindividuellen, ja beharrlich antisubjektiven Horizont solche »Welterfahrungsmythen« sind, die das Menschsein auf Grunderfahrungen der Individuation und Sozialisation perspektivieren, entsteht eine Stärkung der Individualerfahrung mit anthropologischer Selbst- und Artgewissheit. So kann Kafka der Intention nach in die Reihe der großen Mythenerzähler wie Homer, Hesiod oder Aischylos treten, die scheinbar oder tatsächlich Stoffe aufnehmen, die es schon immer gegeben hat, mit der Einschränkung freilich, dass die Sprache des Mythos nicht mehr selbstverständlich wie ehedem verstanden wird, sondern mit Einspruch zu rechnen hat. Dabei können seine Mythen in dem Maße »Weltmythen« sein, wie sie sich dem Innersten des Menschen nähern, also eher eine kleine als eine große Welt zeigen, ja oft genug das Banale clownesk und mitleidheischend zum Ereignis machen. Solche Weltsichten sind »Schlüssellochkosmologien«, die Bedürfnisstrukturen des imaginierenden Bewusstseins nach außen wenden. Kafka entwirft also keine transzendentalen Ordnungsmodelle, sondern zeigt eine Welt im Menschenmaß, einen Mikrokosmos, der in sich unwiderleglich gefügt ist, weil er einem anthropologischen Gesetz genügt, mag dieses Gesetz auch *naturgemäß* voller Widersprüche sein. Nur in diesem Sinne kreiert er Mythen, die Fiktionen wiederum nur insofern sind, als sie dem Freud'schen »Familienroman« ähneln; der enthüllt bekanntlich die Wahrheit dadurch, dass er sie auf signifikante Weise zu verbergen sucht.

Die Ästhetik des Logopurismus, wie Kafka sie von Meister Eckehart gelernt hat, wendet die mythische Form ins Mystische, indem sie die Mittel des Ausdrucks aufs äußerste beschränkt und die Substanz- und Relevanzerfahrung des Lesers schärft. Das Motto »Jedes Wort ist zuviel!« forciert den *Ausdruck* der Innenwelt gegenüber dem *Eindruck* der Außenwelt. Nicht also ein Mehr an Worten bedeutet Schutz vor der Realität, sondern ein dediziertes Weniger, das mit einem Zugewinn an Substanz einhergeht. Dies führt letztlich zu einer Ästhetik des Antilogos: ein Weg, der so radikal ist, dass er die metaphysischen Energien des Logos aufnimmt, um sie seinen eigenen, anthropologischen Zwecken zuzuführen, sie für diese sozusagen zu säkularisieren.

3. *Der Rückgriff auf mythische Überlieferung und Sageweisen, die dem Bedürfnis nach imaginativer kosmologischer Einordnung entsprechen, und das auf einer intermediären Bewusstseinsebene, die für die Balancefindung von Akkommodation und Assimilation verantwortlich ist.*

Wenn Erzählungen fesselnd sind, ohne »zwingend« zu sein; wenn sie als richtig erachtet werden, ohne »wahr« zu sein, oder für wahr gelten, ohne »wahrscheinlich« zu sein; wenn ihre Aussage gegenüber der Faktenwelt Autonomie behauptet, ja die Frage des Verhältnisses von Wirklichkeit und Fiktion gar nicht erst aufkommen lässt, dann sind wir im Medium der mythischen Formen. Dieses schließt ein Fantasieren in subjektkonstitutiven und gleichzeitig gemeinschaftsbildenden Imaginationen ein. Kafka kultiviert diese Sageweisen wie kein anderer. Dabei kommt ihm seine spezielle Sprachästhetik zuhilfe, die das Wort zum gleichsam somatischen Ereignis macht und für quasikultische Handlungen performativ auf- und ausrüstet. Die vielzitierte Körperlichkeit seiner Sprache, die Benjamin als Erster beobachtete, verhilft ihr zu einer außerordentlich hohen, geradezu liturgischen Objektwürde. Noch mehr als das geschriebene Wort besitzt das »Schreiben« selbst diese Würde, also das schriftliche Sprechen, das inszenatorische Festhalten des gesprochenen Worts.

Ich habe in diesem Buch Winnicotts Modell des Übergangsobjekts bzw. der Übergangsphänomene zur Erklärung dieser dyadischen Tiefenstruktur herangezogen. Piagets Forschungen auf dem Gebiet der Kognitionsentwicklung trugen zusätzlich dazu bei, die Bedeutung der Imagination im Prozess der Subjektbildung und Objekt(an)erkenntnis besser zu verstehen. Vor diesem Hintergrund erschien uns der Mythos als das vorgeschichtlich wie ontogenetisch bedeutsamste Mittel, die individuelle Weltbegegnung zu bestehen. Archetypische Medien erweisen sich als die unverzichtbaren Ausgleichshilfen, wenn im Balancespiel zwischen Akkommodation und Assimilation die Subjektwerdung gelingen soll. Nicht zuletzt tragen sie dazu bei, die Handlungsfähigkeit des Einzelnen in Gemeinschaft mit anderen zu erweitern. Es wurde klar, dass die Kunst als Nachfolgerin des Mythos den *horror vacui* oder das *mysterium tremendum, terribile et fascinans* (Otto 1991) wie in urgeschichtlichen Zeiten bestehen hilft und dass darin einer ihrer Produktions- und Rezeptionsgründe liegt. Kafkas Beitrag auf diesem Gebiet ist in seiner Tragweite kaum zu überschätzen, führt er doch die Kunst auf den elementaren Mythos zurück, und das nicht zufällig in Zeiten, in denen man gerade erst begonnen hat, die Symbolik der Mythen aus ihrer psychischen Funktion heraus zu verstehen. Pointiert verwebt er Anthropologie und Kosmologie zu einem *sine qua non* des modernen Kunstschaffens.

Für die Deutungspraxis hat dies eine Reihe von Konsequenzen, die bisher zu wenig bedacht wurden:

1. Mythische Formen gehen in keiner anderen Form auf. So sehr das im Grunde für die Kunst insgesamt gilt, so entschieden muss das für die Mythik unterstrichen werden. Ein Mythos kann nacherzählt, historisch bezogen, sprachgeschichtlich und wirkungsästhetisch analysiert, psychologisiert oder psychoanalysiert, als anthropologisches oder ethnologisches Zeugnis betrachtet werden; eine Deutung jedoch im Sinne einer Exegese oder Allegorese zielt an seinem Kern vorbei. Mythen sind nicht deutbar, sondern nur *leb-bar* oder *er-lebbar* bzw. in ihrer Relevanz für das emotionale Erleben zu verstehen. Darin erweist sich ihre Verwandtschaft mit dem Ritus, dessen »Funktion [...] darin besteht, die Kontinuität des Erlebten zu gewährleisten« (Lévi-Strauss 1975a, S. 298f.). Freilich sind Deutungen in der modernen, anders als in der archaischen Welt weder verboten noch zu vermeiden, bedient sich doch der Mythos des Logos, in welchem wir stets – und stets vergeblich –

eine »kaiserliche Botschaft« erwarten. Der Verlass auf den Logos lässt den Mythos erst recht vergessen, dass zum Spiel der »heiligen Handlung«, wie Agamben (2001, S. 103) sie definiert, der Mythos gehört nebst dem Ritus. Das Warten auf das ausbleibende Komplement wird nun selbst mythisiert. Deuten wir Kafka, deuten wir unverhofft uns selbst als Wartende, denen die Botschaft im fehlenden Komplement vorenthalten bleibt. Mit dieser hermeneutischen Einschränkung müssen wir *leben*. Kafka lesen ist ein Ritual ohne Ritus in einem Gemeinderaum ohne Gemeinde mit einer Botschaft, die nie ankommt.

2. Mythen sind sich selbst genügende, sich selbst semantisierende Erzählrituale, deren Symbolik im psychischen Imaginationserlebnis der Erzähler und Zuhörer aufgeht, wobei dazu die Gemeinschaftserfahrung gehört, die den Weltbezug des Einzelnen aus der Isolation befreit, in eine soziale Affirmation und darüber hinaus in eine anthropologische Gesetzmäßigkeit stellt. Die Symbolik der Mythen hat keinen anderen Referenzwert als den intersubjektiven psychischen Vorstellungsinhalt, der stets in einem individualgeschichtlichen und kulturgenetischen Zusammenhang steht, also Entstehungslinien etwa zur Biografie, zur Kult- und Religionsgeschichte, zur Geschichte des Stammes, der Ethnie, des Volkes etc. aufweist. Mythen sind »Innengeschichten«, die intersubjektiv zu »Außengeschichten« werden, weil Gruppen und erst recht Massen Objektivitätsillusionen stiften können. Kafkas Werk baut auf diese Mechanismen, ohne sie voraussetzen zu können, ja es macht den Mangel an Gemeinschaft genau in dem Maße spürbar, wie dieser Mangel den mythischen Gestus untergräbt.

3. Will man den Begriff »Deutung« im Falle der Mythen aufrechterhalten, so muss man die Imaginationswertigkeit, die psychische und soziale Relevanz des Mythos sowohl für die Identität des Einzelnen als auch für die Gemeinschaft erörtern. Die »Bedeutung« des Mythos ist ein Konglomerat aus identifikatorischen Wertigkeiten, psychischen und sozialen Funktionen, wie sie alle der individuellen Erhaltung (evtl. Therapie) im Interesse des Kollektivs respektive der Erhaltung des Kollektivs im Interesse des Einzelnen dienen. Nicht zuletzt gehört zur Semantik des Mythos seine traditionelle

Nichtdeutung bzw. das Tabu, das seine Deutung in esoterischen Gemeinschaften verbietet. Kafkas Werk scheint indes ohne die Deutung nicht auszukommen, weil ihm die soziale, die eigentlich mythentragende Bedeutung nicht *per se* zukommt, die allgemeine »Gläubigkeit« oder schlicht Akzeptanz nicht garantiert ist. Ein »Volksgut Kafka« gibt es nicht. Immerhin aber ist der Name bereits zur Legende und gar das »Kafkaeske« zum Begriff für Manipulationen an der anthropologischen Substanz, ja für das Ideologische schlechthin, geworden. Und wer weiß, ob nicht eines Tages *Das Schloß*, *Der Prozeß*, *Die Verwandlung* von Mund zu Mund weitererzählt werden! Geschieht das denn nicht schon in den Abbreviaturen des Small Talks oder des Witzes, wenn von den unsäglichen Mühen der kleinen Eroberungen in großen Strukturen (der Wirtschaft, des Staates, der Bürokratie) die Rede ist? Wenn der Einzelne seine große Genugtuung bei kleinsten Erfolgen feiert oder umgekehrt seine größten Erfolge bei kleinster Genugtuung? Ist nicht das Leben, wie wir es leben, schon ein einziger »Kafka«? Und hat nicht gerade die deutsche Geschichte des 20. Jahrhunderts gezeigt, dass der Mythos ohne einen anthropologischen *common sense* zur Ideologie verkommt?

4. Kann auf Deutung nicht verzichtet werden, dann muss sie erklären, auf welche Bewältigungsnöte die Geschichten antworten, weshalb dieser Autor gelesen wird und was diese Lektüre im Leser und dem jeweiligen oder universalen Rezipientenkollektiv bewirkt. Nicht zuletzt müsste sie die Geschichte des Bewusstseins selbst nachzeichnen, dessen Darstellung mit Kafka einen Wendepunkt erfährt. Nach Shakespeare hat keine künstlerische Bespiegelung des Unbewussten mit dessen Verlangen nach mythischen Konfigurationen in dieser Form, Intensität und Breitenwirkung stattgefunden. Bezogen auf die Dynamik des Bewusstseinsgeschehens, ist mir keine Dichtung bekannt, die so kompromisslos und so unbekümmert »psychomimetisch« wäre und dennoch stets des Gegenteils bezichtigt würde. Das geht nur zusammen, wenn man die übliche Scheu vor seelischer Introspektion, von Kafka selbst angefangen, gerade auch und besonders für die Kafka-Rezeption geltend macht, allen voran die literaturwissenschaftliche, die sich

jahrzehntelang mit hausgemachten Privatpsychologien behalf und dabei ihre Abneigung gegen jedwede »Psychologisierung« stets mit Kafkas Psychologievorbehalt – »Zum letztenmal Psychologie!« (N II, S. 134) – rechtfertigte. Diese Scheu wirkt bis heute mindestens so verzögernd wie beschleunigend auf die Rezeption. Kafka würde nicht gelesen werden ohne die stets garantierte Empathie, die der Leseridentifikation vorausgeht. In Wirklichkeit, scheint es, geht die Kafka-Rezeption bereits weit über Kafka hinaus. Nicht nur, dass kaum ein Intellektueller heutzutage es sich leisten kann, diesen Autor zu ignorieren. Er muss sich, will er dazugehören, einen Tabuzwang antun, der die Tendenz hat, ihn aus der Loyalität zu dieser Literatur letztlich hinauszutreiben. Denn es ist neben den Reminiszenzen der »Mythengläubigkeit« der Tabuzwang, der ihm ausgerechnet die »Introspektion« verdächtig macht. Auf der Höhe des »Kafka-Widerstands« fungiert nämlich die Verstehensverweigerung als der eigentliche Brückenschlag. Wer »nein« sagt, ist bereits mitten unter den Jasagern – und «Wahrsagern«! Kafka verlegt alle Fronten ineinander.

5. Da Mythen identitätsbildend sind, müsste in diesem Zusammenhang auch interessieren, welchen Identitätsbedürfnissen sie zuarbeiten und welchen anderen (physischen, sozialen, politischen, ökonomischen, ideologischen, kultischen) Bewältigungsnöten sie Imaginationshilfen bieten. Die Kafka-Rezeption findet in Wellen statt, die es zu erklären gilt. Und sie findet auf jedem Kontinent, in jeder Kultur und Ethnie anders statt. Daran wird sich auch in Zukunft nichts ändern.

VIII SIGLEN UND ALPHABETISCHES LITERATURVERZEICHNIS

1 SIGLEN

AM   Blumenberg, Hans (2006): Arbeit am Mythos. Frankfurt/M. (Suhrkamp).

B   Kafka, Franz (1958): Briefe 1902–1924. Hg. von Max Brod. Frankfurt/M. (S. Fischer).

B I   Kafka, Franz (1999): Briefe 1900–1912. Kommentierte Ausgabe. Hg. von Hans-Gerd Koch. Frankfurt/M. (S. Fischer Verlag).

B II   Kafka, Franz (1999): Briefe 1913–März 1914. Kommentierte Ausgabe. Hg. von Hans-Gerd Koch. Frankfurt/M. (S. Fischer Verlag).

B III   Kafka, Franz (2005): Briefe April 1914–1917. Kommentierte Ausgabe. Hg. von Hans-Gerd Koch. Frankfurt/M. (S. Fischer Verlag).

BGS   Benjamin, Walter (1991): Aufsätze, Essays, Vorträge. Gesammelte Schriften. Hg. von Rolf Tiedemann und Hermann Schweppenhäuser. 3 Bde. Frankfurt/M. (Suhrkamp).

BKW   Broch, Hermann (1974–81): Kommentierte Werkausgabe. Hg. von Michael Lützeler. Frankfurt/M. (Suhrkamp).

D   Kafka, Franz (2002): Drucke zu Lebzeiten. Kritische Ausgabe. Hg. von Wolf Kittler, Hans-Gerd Koch & Gerhard Neumann. Frankfurt/M. (Fischer Taschenbuch Verlag).

DA   Kafka, Franz (2002): Drucke zu Lebzeiten. Apparatband. Kritische

Ausgabe. Hg. von Wolf Kittler, Hans-Gerd Koch & Gerhard Neumann. Frankfurt/M. (Fischer Taschenbuch Verlag).

E   Koch, Hans-Gerd (2005): »Als Kafka mir entgegenkam ...« Erinnerungen an Franz Kafka. Erweiterte Neuausgabe. Berlin (Wagenbach).

GW   Kafka, Franz (1950ff.): Gesammelte Werke [in Einzelbänden]. Hg. von Max Brod. 9 Bände. Frankfurt/M. (S. Fischer Verlag).

H   Kafka, Franz (1983): Hochzeitsvorbereitungen auf dem Lande und andere Prosa aus dem Nachlass. Hg. von Max Brod. Frankfurt/M. (Fischer Taschenbuch Verlag).

J   Janouch, Gustav (1961): Gespräche mit Kafka. Aufzeichnungen und Erinnerungen. Frankfurt/M. (Fischer Bücherei KG).

JGW   Jung, Carl Gustav (1971–1994): Gesammelte Werke. 20 Bde. Olten (Walter Verlag).

KH   Binder, Hartmut (Hg.) (1979): Kafka-Handbuch in zwei Bänden. Stuttgart (Kröner).

KHM   Engel, Manfred & Auerochs, Bernd (Hg.) (2010): Kafka Handbuch. Leben – Werk – Wirkung. Stuttgart et al. (Metzler).

KSA   Nietzsche, Friedrich (1967ff.): Sämtliche Werke. Kritische Studienausgabe in 15 Bänden. Hg. von Giorgio Colli und Mazzino Montinari. Berlin et al. (De Gruyter).

MI   Kafka, Franz (1983): Briefe an Milena. Erweiterte Ausgabe. Hg. von Jürgen Born & Michael Müller. Frankfurt/M. (S. Fischer Verlag).

N I   Kafka, Franz (2002): Nachgelassene Schriften und Fragmente I. Kritische Ausgabe. Hg. von Malcolm Pasley. Frankfurt/M. (Fischer Taschenbuch Verlag).

N II   Kafka, Franz (2002): Nachgelassene Schriften und Fragmente II. Kritische Ausgabe. Hg. von Jost Schillemeit. Frankfurt/M. (Fischer Taschenbuch Verlag).

NA I   Kafka, Franz (2002): Nachgelassene Schriften und Fragmente I. Apparatband. Kritische Ausgabe. Hg. von Malcolm Pasley. Frankfurt/M. (Fischer Taschenbuch Verlag).

NA II   Kafka, Franz (2002): Nachgelassene Schriften und Fragmente II. Apparatband. Kritische Ausgabe. Hg. von Jost Schillemeit. Frankfurt/M. (Fischer Taschenbuch Verlag).

P   Kafka, Franz (2002): Der Prozess. Kritische Ausgabe. Hg. von Malcom Pasley. Frankfurt/M. (Fischer Taschenbuch Verlag).

PA   Kafka, Franz (2002): Der Prozess. Apparatband. Kritische Ausgabe. Hg. von Malcom Pasley. Frankfurt/M. (Fischer Taschenbuch Verlag).

S   Kafka, Franz (2002): Das Schloss. Kritische Ausgabe. Hg. von Malcolm Pasley. Frankfurt/M. (Fischer Taschenbuch Verlag).

SA   Kafka, Franz (2002): Das Schloss. Apparatband. Kritische Ausgabe. Hg. von Malcolm Pasley. Frankfurt/M. (Fischer Taschenbuch Verlag).

StA   Freud, Sigmund (1969–1975): Studienausgabe in 10 Bänden mit Ergänzungsband. Hg. von Alexander Mitscherlich, Angela Richards, James Strachey & Ilse Grubrich-Simitis. Frankfurt/M. (S. Fischer Verlag).

SW   Kleist, Heinrich von (1993): Sämtliche Werke und Briefe. 2 Bde. Hg. von Helmut Sembdner. Neunte, vermehrte und revidierte Auflage. München (Hanser).

T   Kafka, Franz (2002): Tagebücher. Kritische Ausgabe. Hg. von Hans-Gerd Koch, Michael Müller & Malcolm Pasley. Frankfurt/M. (Fischer Taschenbuch Verlag).

TA   Kafka, Franz (2002): Tagebücher. Apparatband. Kritische Ausgabe. Hg. von Hans-Gerd Koch, Michael Müller & Malcolm Pasley. Frankfurt/M. (Fischer Taschenbuch Verlag).

TK   Kafka, Franz (2002): Tagebücher. Kommentarband. Kritische Ausgabe. Hg. von Hans-Gerd Koch, Michael Müller & Malcolm Pasley. Frankfurt/M. (Fischer Taschenbuch Verlag).

TB   Kafka, Franz (1967): Tagebücher 1910–1923. Hg. von Max Brod. Frankfurt/M. (S. Fischer Verlag).

U   Kafka, Franz (1916): Das Urteil. Eine Geschichte. Bücherei »Der jüngste Tag«. Bd 34. Leipzig (Kurt Wolff Verlag).

V   Kafka, Franz (2002): Der Verschollene. Kritische Ausgabe. Hg. von Jost Schillemeit. Frankfurt/M. (Fischer Taschenbuch Verlag).

VA   Kafka, Franz (2002): Der Verschollene. Apparatband. Kritische Ausgabe. Hg. von Jost Schillemeit. Frankfurt/M. (Fischer Taschenbuch Verlag).

2 REFERENZLITERATUR

Adorno, Theodor W. (1955): Prismen. Kulturkritik und Gesellschaft. Frankfurt/M. (Suhrkamp).

Adorno, Theodor W. (2003): Gesammelte Schriften. Hg. von Rolf Tiedemann. Kulturkritik und Gesellschaft I (Prismen. Ohne Leitbild) und Kulturkritik und Gesellschaft II (Eingriffe. Stichworte). Frankfurt/M. (Suhrkamp).

Agamben, Giorgio (2001): Kindheit und Geschichte. Zerstörung der Erfahrung und Ursprung der Geschichte. Frankfurt/M. (Suhrkamp).

Agamben, Giorgio (2003): Das Offene. Der Mensch und das Tier. Frankfurt/M. (Suhrkamp).

Aischylos (1983): Prometheus, gefesselt. Übertragen von Peter Handke. Frankfurt/M. (Suhrkamp).

Allemann, Beda (1998): Kleist und Kafka. Ein Strukturvergleich [1980]. In: Allemann, Beda: Zeit und Geschichte im Werk Kafkas. Hg. von Diethelm Kaiser und Nikolaus Lohse. Göttingen (Wallstein Verlag). S. 169–188.

Alt, Peter André (1995): Kleist und Kafka. Eine Nachprüfung. Kleist-Jahrbuch 1995, S. 97–120.

Anders, Günther (1951): Kafka: Pro und Contra. München (C.H. Beck).

Anz, Heinrich (1981): Umwege zum Tode. Zur Stellung der Psychoanalyse im Werk Franz Kafkas. In: Bohnen, Klaus et al. (Hg.): Literatur und Psychoanalyse. Vorträge des Kolloquiums am 6. und 7. Oktober 1980. Kopenhagener Kolloquien zur deutschen Literatur. Bd. 3. Kopenhagen et al. (Fink), S. 211–231.

Arendt, Hannah (1986): Eichmann in Jerusalem. Ein Bericht von der Banalität des Bösen. München (Piper).

Armstrong, Karen (2007): Eine kurze Geschichte des Mythos. Berlin (dtv).

Assmann, Aleida (1997): Ex oriente nox. Ägypten als das kulturelle Unbewusste der abendländischen Tradition. In: Steahelin, Elisabeth & Jaeger, Bertrand (Hg.): Ägypten-Bilder. Freiburg/Schweiz et al. (Univ.-Verlag Freiburg), S. 173–186.

Assmann, Jan & Assmann, Aleida (1998): Mythos. In: Cancik, Hubert et al. (Hg.): Handbuch religionswissenschaftlicher Grundbegriffe. Bd. 4. Stuttgart (Kohlhammer), S. 179–200.

Bacon, Francis (1860): The New Organon or The True Directions Concerning the Interpretation of Nature (The Works IV). Hg. von James Spedding et al. London. Faks.-Neudruck. Stuttgart/Bad-Cannstatt (Frommann).

Bacon, Francis (1907): The Essays. The Wisdom of the Ancients. New Atlantis. London et al. (Cassell and Company).

Bacon, Francis (1962): Das Neue Organon. Übersetzt von Rudolf Hoffmann. Berlin (Akademie-Verlag).

Bacon, Francis (1991): Weisheit der Alten. Hg. und mit einem Essay von Philipp Rippel. Frankfurt/M. (Fischer).

Bak, Huan Dok (2005): »Ich bin Ende oder Anfang.« Franz Kafka als ein Grenzgänger in der elliptischen Welt und sein Verhältnis zu den Anderen. In: Schmidt-Dengler, Wendelin & Winkler, Norbert (Hg.): Die Vielfalt in Kafkas Leben und Werk. Furth im Wald (Vitalis), S. 151–165.

Balmer, Hans Peter (1989): Überwundene Metaphysik? Zur Bedeutung Nietzsches in der Gegenwartsphilosphie. In: Coreth, Emerich & Balmer, Hans Peter (Hg.): Metaphysik in un-metaphysischer Zeit. Düsseldorf (Patmos), S. 27–44.

Barner, Wilfried; Detken, Anke & Wesche, Jörg (Hg.) (2003): Texte zur modernen Mythentheorie. Stuttgart (Reclam).

Barthes, Roland (1963): Sur Racine. Paris (Éditions du Seuil).

Barthes, Roland (1964): Mythen des Alltags. Frankfurt/M. (Suhrkamp).

Barthes, Roland (2008): Die Vorbereitung des Romans. Vorlesung am Collège de France 1978–1979 und 1979–1980. Hg. von Eric Marty. Frankfurt/M. (Suhrkamp).

Bateson, Gregory (1981): Ökologie des Geistes. Anthropologische, psychologische, biologische und epistomologische Perspektiven. Frankfurt/M. (Suhrkamp).

Battegay, Raymond (1987): Die Hungerkrankheiten. Unersättlichkeit als krankhaftes Phänomen. Frankfurt/M. (Fischer Taschenbuch Verlag)

Bauer-Wabnegg, Walter (1986): Zirkus und Artisten in Franz Kafkas Werk. Ein Beitrag über Körper und Literatur im Zeitalter der Technik. Erlangen (Palm & Enke).

Baumgart, Franzjörg (Hg.) (2007): Entwicklungs- und Lerntheorien. Erläuterungen, Texte, Arbeitsaufgaben. Bad Heilbrunn (Klinkhardt).

Baumgarten, Alexander Gottlieb (1907): Ästhetik. Nach einer Kolleghandschrift. In: Poppe, Bernhard: Alexander Gottlieb Baumgarten, seine Bedeutung und Stellung in der Leibniz-Wolffischen Philosophie und seine Beziehungen zu Kant; nebst Veröffentlichung einer bisher unbekannten Handschrift der Ästhetik Baumgartens. Münster (Univ. Diss.).

Beckmann, Martin (1993): Franz Kafkas Erzählung »Beim Bau der chinesischen Mauer«: Selbsterfahrung als Existenzproblem. Neophilologus 1993(72), S. 424–445.

Behariell, Frederick L. (1973): Kafka, Freud, And »Das Urteil«. In: Durzak, Manfred et al. (Hg.): Texte und Kontexte. Studien zur deutschen und vergleichenden Literaturwissenschaft. Festschrift für Norbert Fürst zum 65. Geburtstag. Bern et al. (Francke Verlag), S. 27–47.

Beicken, Peter U. (1974): Franz Kafka. Eine kritische Einführung in die Forschung. Frankfurt/M. (Athenäum).

Beicken, Peter U. (1978): Tendenzen der Neueren Kafka-Forschung. Newsletter of the Kafka Society of America 2. Philadelphia (Philadelphia Univ. Press).

Benjamin, Walter (1964): Über Literatur. Frankfurt/M. (Suhrkamp).

Benjamin, Walter (1978): Briefe. Hg. von Gershom Scholem und Theodor W. Adorno. Bd. 2. Frankfurt/M. (S. Fischer).

Benjamin, Walter & Scholem, Gerschom (1980): Briefwechsel 1933–1940. Hg. von Gershom Scholem. Frankfurt/M. (Suhrkamp).

Benn, Gottfried (1986): Sämtliche Werke. Stuttgarter Ausgabe in Verbindung mit Ilse Benn. Hg. Von Gerhard Schuster. Stuttgart (Klett-Cotta).

Benstock, Bernard (1991): Narrative Con-Texts in Ulysses. Basingstoke et al. (Macmillan).

Benveniste, Emile (1974): Probleme der allgemeinen Sprachwissenschaft. Übersetzt von Wilhelm Bolla. München (List).

Bettelheim, Bruno (2008): Kinder brauchen Märchen. München (dtv).

Bibel. Die Heilige Schrift des Alten und Neuen Testaments. Nach den Grundtexten übersetzt und herausgegeben von Vinzenz Hamp, Meinrad Stenzel und Josef Kürzinger. Aschaffenburg 1966. (Pattloch Verlag).

Binder, Hartmut (1994): Else Lasker-Schüler in Prag. Zur Vorgeschichte von Kafkas »Josefine«-Erzählung. Wirkendes Wort 44(3), S. 405–438.

Binder, Hartmut (2008): Kafkas Welt. Eine Lebenschronik in Bildern. Reinbek bei Hamburg (Rowohlt).

Binder, Hartmut (2008a): Prag. Literarische Spaziergänge durch die Goldene Stadt. Mittelfels (Vitalis-Verlag).

Bion, Wilfred R. (1970): Attention and Interpretation. London (Tavistock).

Bion, Wilfred R. (1992): Lernen durch Erfahrung. Frankfurt/M. (Suhrkamp).

Blake, William (1975): The Marriage of Heaven and Hell. Oxford (Trianon Press).

Bleicker, Peter U. (1975): Franz Kafka. Eine kritische Einführung. Frankfurt/M. (Athenäum).

Blumenberg, Hans (1979): Schiffbruch mit Zuschauer. Paradigma einer Daseinsmetapher. Frankfurt/M. (Suhrkamp).

Blumenberg, Hans (1981): Die Lesbarkeit der Welt. Frankfurt/M. (Suhrkamp).

Blumenberg, Hans (2006): Arbeit am Mythos. Frankfurt/M. (Suhrkamp).

Bohnen, Klaus; Jorgensen, Sven-Aage & Schmöe, Friedrich (Hg.) (1981): Literatur und Psychoanalyse. Vorträge des Kolloquiums am 6. und 7. Oktober 1980. Kopenhagener Kolloquien zur deutschen Literatur. Bd. 3. Kopenhagen et al. (Fink).

Bolus, Michael & Schmitz, Ralf W. (Hg.) (2006): Der Neandertaler. Ostfildern (Thorbecke).

Born, Jürgen (1988): »Dass zwei in mir kämpfen« und andere Aufsätze zu Kafka. Wuppertaler Broschüren zur allgemeinen Literaturwissenschaft. Wuppertal (Universitätsdruck).

Born, Jürgen (1990): Kafkas Bibliothek. Ein beschreibendes Verzeichnis. Frankfurt/M. (S. Fischer Verlag).

Brasch, Thomas (1977): Eulenspiegel. In: Brasch, Thomas: Kargo 32. Versuch auf einem untergehenden Schiff aus der eigenen Haut zu kommen. Frankfurt/M. (Suhrkamp).

Brod, Max (1966): Über Franz Kafka. Eine Biographie. Frankfurt/M. (Fischer).

Brüggemann, Wilhelm (2004): Kleist. Die Magie. »Der Findling«, »Michael Kohlhaas«, »Die Marquise von O...«, »Das Erdbeben in Chili«, »Die Verlobung in St. Domingo«, »Die heilige Cäcilie oder die Gewalt der Musik«. Würzburg (Königshausen & Neumann).

Buber, Martin & Rosenzweig, Franz (Übers.) (1954): Die fünf Bücher der Weisung. Köln et al. (Hegner).

Buchholz, Michael & Gödde, Günter (2005/6): Das Unbewusste und seine Metaphern. In: Buchholz, Michael & Gödde, Günter (Hg.) (2005/6): Macht und Dynamik des Unbewussten. 3 Bände. Gießen (Psychosozial-Verlag), Bd. 1, S. 671–712.

Buchholz, Michael & Gödde, Günter (Hg.) (2005/6): Macht und Dynamik des Unbewussten. 3 Bde. Gießen (Psychosozial-Verlag).

Büchner, Georg (1994): Werke und Briefe. Münchner Ausgabe. München (dtv).

Burke, Kenneth Duva (1960): Myth, Poetry and Philosophy. Journal of American Folklore 73, S. 283–306.

Burke, Kenneth Duva (1966): Language as Symbolic Action. Essay on Life, Literature and Method. Berkely (Univ. of California Press).

Burkert, Walter (1997): Homo necans. Interpretationen altgriechischer Opferriten und Mythen. Berlin et al. (De Gruyter).

Burrows, David J.; Lapides, Frederick R. & Shawcross, John T. (Hg.) (1973): Myths and Motifs in Literature. New York (The Free Press).

Caillois, Roger (1986): Der Krake. Versuch über die Logik des Imaginativen. München (Hanser).

Campbell, Joseph (1968): The Masks of God. Creative Mythology. New York (Viking Press).

Campbell, Joseph (1989): Die Kraft der Mythen. Bilder der Seele im Leben des Menschen. Zürich et al. (Artemis).

Cassirer, Ernst (1954): Philosophie der symbolischen Formen. Dritter Teil: Phänomenologie der Erkenntnis. Darmstadt (Wiss. Buchgesellschaft).

Cassirer, Ernst (2009): Schriften zur Philosophie der symbolischen Formen. Hamburg (Meiner).

Cremerius, Johannes; Fischer, Gottfried; Gutjahr, Ortrud; Mauser, Wolfram & Pietzcker, Carl (Hg.) (1999): Größenphantasien. Würzburg (Königshausen & Neumann).

Danzer, Gerhard (1998): Franz Kafka oder die Schwierigkeit, ein Ich zu bauen. In: Rattner, Josef & Danzer, Gerhard (Hg.): Österreichische Literatur und Psychoanalyse. Würzburg (Königshausen & Neumann).

Deleuze, Gilles & Guattari, Félix (1974): Kafka – pour une littérature mineure. Paris (Édition de Minuit).

Deleuze, Gilles & Guattari, Félix (1976): Kafka. Für eine kleine Literatur. Frankfurt/M. (Suhrkamp).

Derrida, Jacques (1992): Préjugés. Vor dem Gesetz. Hg. von Peter Engelmann. Wien (Passagen Verlag).

De Santillana, Giorgio & Deckend, Hertha von (1977): Hamlet's Mill. An Essay Investigating the Origins of Human Knowledge and its Transmission through Myth. Boston (Godine).

Devereux, Georges (1986): Frau und Mythos. München (Fink).

Dilthey, Wilhelm (1913): Das Erlebnis und die Dichtung. Lessing, Goethe, Novalis, Hölderlin. Leipzig u. Berlin.

Dittmar, Julius (1912): Im neuen China. Reiseeindrücke von J. Dittmar. Hg. von Nicolaus Henningsen. Köln (Schaffstein).

Duerr, Hans Peter (1990): Sedna oder Die Liebe zum Leben. Frankfurt/M. (Suhrkamp).

Durkheim, Emile (1960): Les formes élémentaires de la vie religieuse. Paris (Presses Univ. de France).

Eco, Umberto (1998): Lector in fabula. Die Mitarbeit der Interpretation in erzählenden Texten. München (dtv).

Eggert, Hartmut & Golec, Janusz (Hg.) (1999): »... wortlos der Sprache mächtig«. Schweigen und Sprechen in der Literatur und sprachlicher Kommunikation. Stuttgart/Weimar (Metzler).

Egyptien, Jürgen & Hofmann, Dietrich (2001): Ostjüdische Anklänge in Kafkas Erzählung »Josefine, die Sängerin oder Das Volk der Mäuse«. Textanalyse und Unterrichtsmaterialien. In: Wallas, Armin A.: Aspekte jüdischer Literatur 25/2. Innsbruck (Studien Verlag), S. 49–65.

Eliade, Mircea (1961): Mythen, Träume und Mysterien. Salzburg (Otto Müller Verlag).

Eliade, Mircea (1978): Geschichte der religiösen Ideen. Bd. 1. Von der Steinzeit bis zu den Mysterien von Eleusis. Freiburg (Herder).

Eliade, Mircea (1979): Geschichte der religiösen Ideen. Bd. 2. Von Gautama Buddha bis zu den Anfängen des Christentums. Freiburg (Herder).

Eliade, Mircea (1988): Das Mysterium der Wiedergeburt. Versuch über einige Initiationstypen. Frankfurt/M. (Insel).

Elias, Norbert (1997): Über den Prozess der Zivilisation. Soziogenetische und psychogenetische Untersuchungen. Bd. 2. Wandlungen der Gesellschaft. Entwurf zu einer Theorie der Zivilisation. Frankfurt/M. (Suhrkamp).

Emrich, Wilhelm (1958): Franz Kafka. Bonn (Athenäum).

Enders, Markus (2008): Die Mythologie ist ein Kunstwerk der Natur. Zum Konzept einer Neuen Mythologie bei Friedrich Schlegel, in Schellings »System des transzendentalen Idealismus« und im »Ältesten Systemprogramm des Deutschen Idealismus«. In: Halfwassen, Jens & Gabriel, Markus (Hg.): Kunst, Metaphysik und Mythologie. Heidelberg (Universitätsverlag C. Winter), S. 67–88.

Engel, Manfred & Lamping, Dieter (Hg.) (2006): Franz Kafka und die Weltliteratur. Göttingen (Vandenhoeck & Ruprecht).

Engel, Manfred & Auerochs, Bernd (2010): Kafka-Handbuch. Leben–Werk–Wirkung. Stuttgart (Metzler).

Fairbairn, William R. D. (1937): Prolegomena to a Psychology of Art. British Journal of Psychology 28.

Ferenczi, Sándor (1984): Introjektion und Übertragung. In: Ferenczi, Sándor (Hg.): Bausteine zur Psychoanalyse. Bd. 1. Theorie. Frankfurt/M. (Ullstein).

Flaubert, Gustave (1980): Correspondance II. 1851–1858. Hg. von Jean Bruneau. Paris (Gallimard).

Flores, Angel (Hg.) (1977): The Problem of the Judgement. Eleven Approaches to Kafka's Story. New York (Gordian Press).

Frey Christoph (1983): Franz Kafkas »Das Urteil«. In: Frey, Christoph: Das Subjekt als Objekt der Darstellung. Untersuchungen zur Bewußtseinsgestaltung fiktionalen Erzählens. Stuttgart (Heinz), S. 250–309.

Fromm, Erich (1951): The Forgotten Language. New York (Holt, Rinehart and Winston).

Fromm, Erich (2000): Märchen, Mythen, Träume: eine Einführung in das Verständnis einer vergessenen Sprache. Reinbek bei Hamburg (Rowohlt).

Frye, Northrop (1963): Fables of Identity. Studies in Poetic Mythology. San Diego et al. (Harcourt Brace Jovanovich).

Frye, Northrop (1973): Anatomy of Criticism. Four Essays. Princeton (Princeton Univ. Press).

Frye, Northrop (1976): Spiritus Mundi. Essays on Literature, Myth and Society. Bloomington (Indiana Univ. Press).

Gardner, Helen (1972): The New Oxford Book of English Verse. 1250–1950. Oxford (Clarendon Press).

Geertz, Clifford (1983): Dichte Beschreibung. Beiträge zum Verstehen kultureller Systeme. Frankfurt/M. (Suhrkamp).

Gehlen, Arnold (1950): Der Mensch. Seine Natur und seine Stellung in der Welt. Bonn (Athenäum).

Gehrig, Gerlinde & Pfarr, Ulrich (Hg.) (2009): Handbuch psychoanalytischer Begriffe für die Kunstwissenschaft. Gießen (Psychosozial-Verlag).

Gillespie, Gerald (2006): Nein oder Ja: Kabbalistische Züge in den Romanen von Kafka und Joyce. In: Engel, Manfred & Lamping, Dieter (Hg.): Franz Kafka und die Weltliteratur. Göttingen (Vandenhoeck & Ruprecht), S. 263–275.

Goebel, Rolf J. (1996): Kafka's »An Old Manuscript« and the European Discourse on Ch'ing Dynasty China. In: Hsia, Adrian (Hg.): Franz Kafka und China. Bern et al. (Lang), S. 97–111.

Goethe, Johann Wolfgang (1965): Gedichte, Versepen. Ausgewählt von Walter Höllerer. Frankfurt/M. (Insel).

Goethe, Johann Wolfgang (2000): Faust. Der Tragödie Erster Teil. Stuttgart (Reclam).

Goethe, Johann Wolfgang (2001): Faust. Der Tragödie Zweiter Teil. Stuttgart (Reclam).

Gönner, Gerhard (1989): Von »zerspaltenen Herzen« und der »gebrechlichen Einrichtung der Welt«. Versuch einer Phänomenologie der Gewalt bei Kleist. Stuttgart (Metzler).

Gray, Richard T. (2003): »Das Urteil« – Unheimliches Erzählen und die Unheimlichkeit des bürgerlichen Subjekts. In: Müller, Michael (Hg.): Franz Kafka. Romane und Erzählungen. Edit. Interpretationen. Stuttgart (Reclam), S. 11–41.

Green, André (2003): Geheime Verrücktheit. Grenzfälle der psychoanalytischen Praxis. Gießen (Psychosozial-Verlag).

Greiner, Bernhard (2002): Archäologie der Hermetik. Geschichten des Turmbaus zu Babel. In: Kaminski et al. (Hg.): Hermetik, Literarische Figurationen zwischen Babylon und Cyberspace. Tübingen (Niemeyer), S. 1–20.

Grözinger, Karl Erich (2003): Kafka und die Kabbala. Das Jüdische in Werk und Denken von Franz Kafka. Berlin (Philo Verlagsgesellschaft).

Grotzer, Peter (1985): Narr, Gaukler, Hungerkünstler als Allegorie des Schriftstellers. Colloqium Helveticum: Cahiers suisses de littérature générale et comparée 1985(1), S. 65–81.

Gruen, Arno (2004): Der Fremde in uns. München (dtv).

Grünbein, Durs (2002): Zwischen Antike und X. In: Seidensticker, Bernd & Vöhler, Martin (Hg.): Mythen in nachmythischer Zeit. Die Antike in der deutschsprachigen Literatur der Gegenwart. Berlin (De Gruyter), S. 97–100.

Grünig, Günther (2005): Die Reise zu den Höhlen mit Malerei. Die eiszeitlichen Höhlen Frankreichs und Spaniens mit ihren Kunstwerken. Marburg (Tectum Verlag).

Haas, Eberhard (1990): Orpheus und Eurydike. Vom Ursprungsmythos des Trauerprozesses. Jahrbuch der Psychoanalyse 26, S. 230–252.

Haas, Eberhard (1998): Rituale des Abschieds. Anthropologische und psychoanalytische Aspekte der Trauerarbeit. Psyche – Zeitschrift für Psychoanalyse 52, S. 451–471.

Haas, Eberhard (2009): Melancholie. In: Gehrig, Gerlinde & Pfarr, Ulrich (Hg.): Handbuch psychoanalytischer Grundbegriffe für die Kunstwissenschaft. Gießen (Psychosozial-Verlag), S. 201–227.

Hacks, Peter (2002): Iphigenie, oder: Über die Wiederverwendung von Mythen [1963]: In: Seidensticker, Bernd & Vöhler, Martin (Hg.): Mythen in nachmythischer Zeit. Die

Antike in der deutschsprachigen Literatur der Gegenwart. Berlin (De Gruyter), S. 117–119.

Habermas, Jochen (1997): Vom sinnlichen Eindruck zum symbolischen Ausdruck. Philosophische Essays. Frankfurt/M. (Suhrkamp).

Haeckel, Ernst (2009): Die Welträtsel [1899]. Hamburg (Nikol Verlag).

Haider, Frithjof (2003): Verkörperungen des Selbst. Das bucklige Männlein als Übergangsphänomen bei Clemens Brentano, Thomas Mann, Walter Benjamin. Frankfurt/M. (Lang).

Halfwassen, Jens & Gabriel, Markus (Hg.) (2008): Kunst, Metaphysik und Mythologie. Heidelberg (Universitätsverlag C. Winter).

Hammermeister, Kai (2002): Kunstfeindschaft bei Kleist. Der ästhetische Diskurs in »Die heilige Cäcilie«. Kleist-Jahrbuch 2002, S. 142–153.

Hansen, Uffe (1994): Der Aufklärer in extremis. Heinrich von Kleists »Die Marquise von O…« und die Psychologie des Unbewussten im Jahre 1807. In: Bohnen, Klaus & Øhrgaard, Per (Hg.): Aufklärung als Problem und Aufgabe. Festschrift für Sven Aage Jørgensen zum 65. Geburtstag. München/Kopenhagen (Fink), S. 217–234.

Harrow, Martin & Quinlan, Donald M. (1985): Disordered Thinking and Schizophrenic Pathology. New York (Gardner Press).

Harter, Deborah (1987): The Artist on Trial. Kafka und »Josefine, die Sängerin«. Deutsche Vierteljahresschrift für Literaturwissenschaft und Geistesgeschichte 61, S. 151–162.

Hayman, Ronald (1983): Kafka and the Mice. In: Kurzweil, Edith & Phillips, William (Hg.): Literature and Psychoanalysis. New York (Columbia Univ. Press), S. 290–299.

Heilmann, Hans (Hg. & Übers.) (1905): Chinesische Lyrik vom 12. Jahrhundert vor Chr. bis zur Gegenwart. Die Fruchtschale I. München (Piper).

Hiebel, Hans H. (1998): Franz Kafka. Kafkas Roman »Der Prozess« und seine Erzählungen »Das Urteil«, »Die Verwandlung«, »In der Strafkolonie« und »Ein Landarzt«. Begehren, Macht, Recht. Auf dem französischen Strukturalismus (Lacan, Barthes, Foucault, Derrida) beruhende Textanalysen. Aachen (Gesamthochschule in Aachen).

Hinderer, Walter (1997): Literarisch-ästhetische Auftakte zur romantischen Musik. Jahrbuch der deutschen Schillergesellschaft 41, S. 210–235.

Hinderer, Walter (1998): »Die heilige Cäcilie oder die Gewalt der Musik«. In: Hinderer, Walter (Hg.): Kleists Erzählungen. Interpretationen. Stuttgart (Reclam), S. 181–215.

Hinderer, Walter (2006): »Kleist bläst in mich, wie in eine alte Schweinsblase«. Anmerkungen zu einer komplizierten Verwandtschaft. In: Engel, Manfred & Lamping, Dieter (Hg.): Franz Kafka und die Weltliteratur. Göttingen (Vandenhoeck & Ruprecht), S. 66–82.

Hoffmeister, Werner (1967): Die Doppeldeutigkeit der Erzählweise in Heinrich von Kleists »Die heilige Cäcilie oder die Gewalt der Musik«. In: Lederer, Herbert (Hg.): Festschrift für Werner Neuse. Berlin (Schneider), S. 44–56.

Hoffmann, Ernst Theodor Amadeus (1993): Kreisleriana Nr. 3. In: Hoffmann, Ernst Theodor Amadeus: Sämtl. Werke. Hg. von Hartmut Steinecke et al. Bd. 2,1: »Fantasiestücke in Callots Manier«. Frankfurt (Deutscher Klassiker Verlag).

Holt, Robert R. (1989): Freud Reappraised. A Fresh Look at Psychoanalytic Theory. New York (The Guilford Press).

Honold, Alexander (2005): Kafkas vergleichende Völkerkunde: »Beim Bau der Chinesischen Mauer«. In: Dunker, Alex (Hg.): (Post-)Kolonialismus und Deutsche Literatur. Impulse der angloamerikanischen Literatur- und Kulturtheorie. Bielefeld (Aisthesis), S. 203–218.

Horkheimer, Max & Adorno, Theodor W. (2008): Dialektik der Aufklärung. Philosophische Fragmente. Frankfurt/M. (Fischer).

Hunger, Herbert (1974): Lexikon der griechischen und römischen Mythologie. Reinbek bei Hamburg (Rowohlt).

Huizinga, Johan (1987): Homo Ludens. Vom Ursprung der Kultur im Spiel. Reinbek bei Hamburg (Rowohlt).

Iordanes Gotus (1982): Iordanis Romana et Getica. Monumenta Germaniae Historiae. Bd. 5,1. Hg. von Theodor Mommsen. München (Weidmann'sche Verlagsbuchhandlung).

Iser, Wolfgang (1984): Der Akt des Lesens. München (Fink).

Iser, Wolfgang (1993): Das Fiktive und das Imaginäre. Perspektiven literarischer Anthropologie. Frankfurt/M. (Suhrkamp).

Janssen-Zimmermann (2001): Grenzenlos. Literatur zwischen Ost und West von 1949 bis 1989. Eine Bibliographie. Frankfurt/M. (Lang).

Jahraus, Oliver & Neuhaus, Stefan (Hg.) (2003): Kafkas »Urteil« und die Literaturtheorie. Zehn Modellanalysen. Stuttgart (Reclam).

Jang, Byon-Heui (2007): Mythos und Wahrheit. Dekonstruktivistische Lektüre des Mythos Kafkas. Berlin (uni-edition).

Janouch, Gustav (1981): Gespräche mit Kafka. Aufzeichnungen und Erinnerungen. Erw. Neuausgabe. Frankfurt/M. (Fischer Taschenbuch Verlag).

Jamme, Christoph (1999): »Gott an hat ein Gewand«. Grenzen und Perspektiven philosophischer Mythos-Theorien der Gegenwart. Frankfurt/M. (Suhrkamp).

Jauß, Hans Robert (1991): Ästhetische Erfahrung und literarische Hermeneutik. Frankfurt/M. (Suhrkamp).

Jones, Ernest (1978): Die Theorie der Symbolik und andere Aufsätze. Frankfurt/M. (Ullstein).

Kasten, Ingrid (1999): Die doppelte Autorschaft. Zum Verhältnis Sprache des Menschen und Sprache Gottes in mystischen Texten des Mittelalters. In: Eggert, Hartmut & Golec, Janusz (Hg.): »... wortlos der Sprache mächtig«. Schweigen und Sprechen in der Literatur und sprachlicher Kommunikation. Stuttgart/Weimar (Metzler), S. 9–30.

Kaus, Rainer J. (1998): Erzählte Psychoanalyse bei Franz Kafka. Eine Deutung von Kafkas Erzählung »Das Urteil«. Heidelberg (Universitätsverlag C. Winter).

Kaus, Rainer J. (2002): »Eine kleine Frau«. Kafkas Erzählung in literaturpsychologischer Sicht. Heidelberg (Universitätsverlag C. Winter).

Kazewa, Eugenia (2005): Kafka und die russische Literatur. In: Schmidt-Dengler, Wendelin & Winkler, Norbert (Hg.): Die Vielfalt in Kafkas Leben und Werk. Furth im Wald (Vitalis), S. 187–198.

Kernberg, Otto F. (1981): Objektbeziehungen und Praxis der Psychoanalyse. Stuttgart (Klett-Cotta).

Kernberg, Otto F. (1983): Borderline-Störungen und pathologischer Narzißmus. Frankfurt/M. (Suhrkamp).

Kiesel, Helmuth (1989): Aufklärung und neuer Irrationalismus. In: Schmidt, Jochen (Hg.): Aufklärung und Gegenaufklärung in der europäischen Literatur, Philosophie und Politik von der Antike bis zur Gegenwart. Darmstadt (Wiss. Buchgesellschaft), S. 497–521.

Kilcher, Andreas & Kremer, Detlef (2004): Die Genealogie der Schrift. Eine transtextuelle Lektüre von Kafkas »Ein Bericht für eine Akademie«. In: Liebrand 2004, S. 45–72.

Kittler, Wolf & Neumann, Gerhard (Hg.) (1990): Schriftverkehr. Freiburg (Rombach).

Klein, Melanie (1930): Die Bedeutung der Symbolbildung für die Ichentwicklung. Internationale Zeitschrift für Psychoanalyse 16, S. 57–72.

Klein, Melanie (1994): Das Seelenleben des Kleinkindes und andere Beiträge zur Psychoanalyse. Stuttgart (Klett).

Kleist, Heinrich von (1993): Sämtliche Werke und Briefe. 2 Bde. Hg. von Helmut Sembdner. Neunte, vermehrte und revidierte Auflage. München (Hanser).

Knight, William F. (1936): Cumaeaen Gates. A Reference of the Sixth Aeneid to the Initiation Pattern. Oxford (Blackwell).

Knoblauch, Steven H. (2000): The Musical Edge of Therapeutic Dialogue. New York (The Analytic Press).

Köhlmeier, Michael (2002): »Man weiß ja fast gar nichts.« In: Seidensticker, Bernd & Vöhler, Martin (Hg.): Mythen in nachmythischer Zeit. Die Antike in der deutschsprachigen Literatur der Gegenwart. Berlin (De Gruyter), S. 209–210.

Koch, Hans-Gerd (2006): Brods erlesener Kafka. In: Engel, Manfred & Lamping, Dieter (Hg.): Franz Kafka und die Weltliteratur. Göttingen (Vandenhoeck & Ruprecht), S. 169–178.

Kofler, Peter (2004): Im Lautschatten der Sprache das Schweigen der Schrift. Rhetorischkommunikationstheoretische Überlegungen zu »Eine kaiserliche Botschaft«. In: Locher, Elmar & Schiffermüller, Isolde (Hg.): Franz Kafka. »Ein Landarzt«. Interpretationen. Bozen (Studien Verlag), S. 153–166.

Kohut, Heinz (1981): Die Heilung des Selbst. Frankfurt/M. (Suhrkamp).

Kraft, Hartmut (Hg.) (2008): Psychoanalyse, Kunst und Kreativität. Die Entwicklung der analytischen Kunstpsychologie seit Freud. Berlin (Medizinisch Wiss. Verlagsgesellschaft).

Kremer, Detlef (1989): Die Identität der Schrift. Flaubert und Kafka. Deutsche Vierteljahresschrift für Literaturwissenschaft und Geistesgeschichte 63, S. 547–573.

Kris, Ernst (1977): Die ästhetische Illusion. Phänomene der Kunst in der Sicht der Psychoanalyse. Frankfurt/M. (Suhrkamp).

Kristeva, Julia (Hg.) (1975): Langue, discours, société: pour Emile Benveniste. Paris (Du Seuil).

Lachmann, Renate (Hg.) (1982): Dialogizität. München (Fink).

Lange-Kirchheim, Astrid (1986): Alfred Weber und Franz Kafka. In: Demm, Eberhard (Hg.): Alfred Weber als Politiker und Gelehrter. Stuttgart (Steiner), S. 114–119.

Lange-Kirchheim, Astrid (1990): Individuation oder Irrsinn? Zu Franz Kafkas Erzählung »Erstes Leid«. In: Buhr, Gerhard et al. (Hg.): Das Subjekt der Dichtung. Würzburg (Königshausen & Neumann), S. 347–363.

Lange-Kirchheim, Astrid (1999a): Nachrichten vom italienischen Hungerkünstler Giovanni Succi. Neue Materialien zu Kafkas »Ein Hungerkünstler«. In: Cremerius, Johannes et al. (Hg.): Größenphantasien. Würzburg (Königshausen & Neumann), S. 315–340.

Lange-Kirchheim, Astrid (1999): Franz Kafka »Ein Hungerkünstler« – Zum Zusammenhang von Essstörung, Größenphantasie und Geschlechterdifferenz (mit einem Blick auf neues Quellenmaterial). In: Cremerius, Johannes et al. (Hg.): Größenphantasien. Würzburg (Königshausen & Neumann), S. 291–313.

Langer, Susanne K. (1965): Philosophie auf neuem Wege. Das Symbol im Denken, im Ritus und in der Kunst. Berlin (Fischer).

Lauer, Gerhard (2006): Die Erfindung einer kleinen Literatur. Kafka und die jiddische Literatur. In: Engel, Manfred & Lamping, Dieter (Hg.): Franz Kafka und die Weltliteratur. Göttingen (Vandenhoeck & Ruprecht), S. 125–143.

Lao-tse (1985): Führung und Kraft aus der Ewigkeit. Das »Tao-te-king« in der Übertragung von Erwin Rouselle. Frankfurt/M. (Insel Taschenbuch).

Lehmann, Hans-Thies (2006): Der buchstäbliche Körper. Zur Selbstinszenierung der Literatur bei Franz Kafka [1984]. In: Liebrand, Claudia (Hg.): Franz Kafka. Neue Wege der Forschung. Darmstadt (Wiss. Buchgesellschaft), S. 87–101.

Leib Perez, Itzchak (1936): Chassidische Erzählungen. Aus dem Jiddischen übertragen von Ludwig Strauß. Berlin (Schocken).

Leichsenring, Falk (1996): Borderline-Stile. Denken, Fühlen, Abwehr und Objektbeziehung – eine ganzheitliche Sichtweise. Bern (Lang).

Leikert, Sebastian (2008): Den Spiegel durchqueren. Die kinetische Semantik in Musik und Psychoanalyse. Gießen (Psychosozial-Verlag).

Leikert, Sebastian (2009): Musik. In: Gehrig, Gerlinde & Pfarr, Ulrich (Hg.): Handbuch psychoanalytischer Grundbegriffe für die Kunstwissenschaft. Gießen (Psychosozial-Verlag), S. 217–227.

Lévi-Strauss, Claude (1967): Strukturale Anthropologie I. Frankfurt/M. (Suhrkamp).

Lévi-Strauss, Claude (1975): Strukturale Anthropologie II. Frankfurt/M. (Suhrkamp).

Lévi-Strauss, Claude (1975a): Mythe et oubli. In: Kristeva, Julia (Hg.): Langue, discours, société: pour Emile Benveniste. Paris (Du Seuil), S. 294–301.

Liebrand, Claudia & Schößler, Franziska (Hg.) (2004): Textverkehr. Kafka und die Tradition. Würzburg (Königshausen & Neumann).

Liebrand, Claudia (2004): Kafkas Kleist. Schweinsblasen, zerbrochene Krüge und verschleppte Prozesse. In: Liebrand, Claudia & Schößler, Franziska (Hg.): Textverkehr. Kafka und die Tradition. Würzburg (Königshausen & Neumann), S. 73–100.

Liebrand, Claudia (Hg.) (2006): Franz Kafka. Neue Wege der Forschung. Darmstadt (Wiss. Buchgesellschaft).

Lösener, Hans (2000): Der Sinn als Tätigkeit des Textes. Zu einem Fragment von Franz Kafka. Jahrbuch für Internationale Germanistik. Reihe A. Band 60, S. 199–204.

Locher, Elmar & Schiffermüller, Isolde (Hg.) (2004): Franz Kafka. »Ein Landarzt«. Interpretationen. Bozen (Studien Verlag).

Longxi Zhang (1988): The Myth of the Other: China in the Eyes of the West. Critical Inquiry 15, S. 108–131.

Lyotard, Jean-François (1982): Beantwortung der Frage: Was ist postmodern? Tumult. Zeitschrift für Verkehrswissenschaft. 1982(4), S. 131–142.

Mahlendorf, Ursula R. (1985): Franz Kafka's »Josephine the Singer or the Mouse-folk«. Self-Cohesion by Struggle. In: Mahlendorf, Ursula R.: The Wellsprings of Literary Creation. Columbia (Camden House), S. 119–146.

Marcellinus, Ammanius (1971): Römische Geschichte. Lat.-dt. und mit einem Kommentar versehen von W. Seyfarth. Hg. von W. Seyfarth. Teil 4. Berlin (Akademie Verlag).

Margreiter, Reinhard (1997): Erfahrung und Mystik. Grenzen der Symbolik. Berlin (Akademie Verlag).

Martini, Fritz (1961): Das Wagnis der Sprache. Stuttgart (Klett).

Matt, Peter von (2006): Eine Nacht verändert die Literatur. In: Liebrand, Claudia (Hg.): Franz Kafka. Neue Wege der Forschung. Darmstadt (Wiss. Buchgesellschaft), S. 102–115.

Mayer, Hans (1964): Ansichten. Zur Literatur der Zeit. Reinbek bei Hamburg (Rowohlt).

Mechthild von Magdeburg (1990): Das fließende Licht der Gottheit. Hg. von Hans Neumann. Zürich (Artemis).

Meier, Isabelle (2005): Primärprozess, Emotionen, und Beziehungsmuster in Tagträumen. Bern (Lang).

Meister Eckehart (1955): Deutsche Predigten und Traktate. Hg. und übersetzt von Josef Quint. München (Hanser).

Mertens, Wolfgang & Waldvogel, Bruno (Hg.) (2002): Handbuch psychoanalytischer Grundbegriffe. Stuttgart/Berlin/Köln (Kohlhammer).

Mitchell, Stephen A.; Kierdorf, Theo & Höhr, Hildegard (2005): Psychoanalyse als Dialog. Einfluss und Autonomie in der analytischen Beziehung. Gießen (Psychosozial-Verlag).

Mitscherlich-Nielsen, Margarete (1977): Psychoanalytische Bemerkungen zu Franz Kafka. Psyche. Zeitschrift für Psychoanalyse und ihre Anwendungen 31(1), S. 60–83.

Mommsen, Theodor (1982): Iordanis Romana et Getica. Monumenta Germaniae Historiae. Bd. V, 1. Nachdruck der 1882 erschienenen Ausgabe. München (Scriptores).

Morse, Mitchell J. (2000): Veblen, Kafka, Vico, and the Great Wall of China. The Yale Review 88(3), S. 101–110.

Moser, Tilmann (1986): Das zerstrittene Selbst. Kafkas Erzählung »Eine kleine Frau«. In: Mauser, Wolfgang et al. (Hg): Phantasie und Deutung. Würzburg (Könighausen & Neumann), S. 194–206.

Moser, Christian (1993): Verfehlte Gefühle. Wissen – Begehren – Darstellen bei Heinrich von Kleist und Rousseau. Würzburg (Königshausen & Neumann).

Müller, Michael (Hg.) (2003): Franz Kafka. Romane und Erzählungen. Edit. Interpretationen. Stuttgart (Reclam).

Müller, Michael (Hg.) (2004): Franz Kafka. Romane und Erzählungen. Interpretationen. München (Piper).

Muschg, Walter (2009): Die Zerstörung der deutschen Literatur und andere Essays. Berlin (Diogenes).

Nagel, Bert (1983): Kafka und die Weltliteratur. Zusammenhänge und Wechselwirkungen. München (Winkler).

Nägele, Rainer (2004): Es ist als wäre. Zur Seinsweise eines alten Blattes. In: Locher, Elmar & Schiffermüller, Isolde (Hg.): Franz Kafka. »Ein Landarzt«. Interpretationen. Bozen (Studien Verlag), S. 61–72.

Neubaur, Caroline (1987): Übergänge, Spiel und Realität in der Psychoanalyse Donald W. Winnicotts. Frankfurt/M. (Athenäum).

Neumann, Gerhard (1981): Franz Kafka. Das Urteil. Text, Materialien, Kommentar. München (Carl Hanser Verlag).

Neumann, Gerhard (1990): Kafka und die Musik. In: Kittler, Wolf & Neumann, Gerhard (Hg.): Schriftverkehr. Freiburg (Rombach), S. 391–398.

Neumann, Gerhard (1990a): Hungerkünstler und Menschenfresser. Zum Verhältnis von Kunst und kulturellem Ritual im Werk Franz Kafkas. In: Kittler, Wolf & Neumann, Gerhard (Hg.): Schriftverkehr. Freiburg (Rombach), S. 399–432.

Neumann, Gerhard (1990b): Nachrichten vom »Pontus«. Das Problem der Kunst im Werk Franz Kafkas. In: Kittler, Wolf & Neumann, Gerhard (Hg.): Schriftverkehr. Freiburg (Rombach), S. 165–198.

Neumann, Gerhard (2004): »Ein Bericht für eine Akademie«. Kafkas Theorie vom Ursprung der Kultur. In: Locher, Elmar & Schiffermüller, Isolde (Hg.): Franz Kafka. »Ein Landarzt«. Interpretationen. Bozen (Studien Verlag), S. 275–293.

Neumarkt, Paul (1970): Kafka's »A Hunger Artist«: The Ego in Isolation. American Imago 27(2), S. 109–121.

Nietzsche, Friedrich (1969): Werke. Hg. von Karl Schlechta, 3 Bde. München (Hanser).

Norris, Margot (1978): Sadism and Masochism in two Kafka Stories: »In der Strafkolonie« and »Ein Hungerkünstler«. MLN 93(3) German Issue, S. 430–447.

Novalis (1969): Werke. Hg. von Gerhard Schulz. München (Beck).

Noy, Pinchas (2008): Die formale Gestaltung in der Kunst: Ein ich-psychologischer Ansatz kreativen Gestaltens [1979]. In: Kraft, Hartmut (Hg.): Psychoanalyse, Kunst und Kreativität. Die Entwicklung der analytischen Kunstpsychologie seit Freud. Berlin (Medizinisch Wiss. Verlagsgesellschaft), S. 135–155.

Nyborg, Eigil (1981): Zur Theorie einer tiefenpsychologischen Literaturanalyse. In: Bohnen, Klaus etal. (Hg.): Literatur und Psychoanalyse. Vorträge des Kolloquiums am 6. und 7. Oktober 1980. Kopenhagener Kolloquien zur deutschen Literatur. Bd. 3. Kopenhagen et al. (Fink), S. 53–66.

Oberlin, Gerhard (2004/5): Sein im Untergang. Rainer Maria Rilkes Schreibblockade und seine letzten poetologischen Dichtungen. New German Review 20, S. 8–40.

Oberlin, Gerhard (2007): Goethe, Schiller und das Unbewusste. Gießen (Psychosozial-Verlag).

Oberlin, Gerhard (2007a): Modernität und Bewusstsein. Die letzten Erzählungen Heinrich von Kleists. Gießen (Psychosozial-Verlag).

Oberlin, Gerhard (2007b): Gott und Gliedermann. Das »unendliche Objekt« in Heinrich von Kleists Erzählung »Über das Marionettentheater«. Kleist-Jahrbuch 2007, S. 273–288.

Oberlin, Gerhard (i. Vorb.): Haeckels »Welträtsel« und Kafkas Rätselwelt. Die Ästhetik Franz Kafkas im Licht seiner Jugendlektüren. In: Orbis Litterarum 67.

Ogden, Thomas H. (1988): Die projektive Identifikation. Forum der Psychoanalyse 4, S. 1–21.

Ostrowski-Sachs, Margret (Hg.) (1965): Aus Gesprächen mit C.G. Jung. Marbach (Obleser Publizistik).

Otto, Rudolf (1991): Das Heilige: Über das Irrationale in der Idee des Göttlichen und sein Verhältnis zum Rationalen. München (Beck).

Pascal, Blaise (1971): Pensées sur la religion, et sur quelques autres sujets. Edition de Port-Royal 1671 et ses compléments (1679–1776), présentée par Georges Couton et Jean Jehasse. Saint-Étienne (Ed. de l'Univ.).

Perez, Itzchak Leib (1936): Chassidische Erzählungen. Aus dem Jiddischen übertragen von Ludwig Strauß. Berlin (Schocken).

Perler, Dominik & Wild, Markus (Hg.) (2005): Der Geist der Tiere. Philosophische Texte zu einer aktuellen Diskussion. Frankfurt/M. (Suhrkamp).

Piaget, Jean (2007): Jean Piaget über Jean Piaget. In: Baumgart, Franzjörg (Hg.): Entwicklungs- und Lerntheorien. Erläuterungen, Texte, Arbeitsaufgaben. Bad Heilbrunn (Klinkhardt), S. 214–224.

Piaget, Jean (1969): Nachahmung, Spiel und Traum. Die Entwicklung der Symbolfunktion beim Kinde. Stuttgart (Klett).

Pietzcker, Carl (1992): Lesend interpretieren. Zur psychoanalytischen Deutung literarischer Texte. Würzburg (Königshausen & Neumann).

Poe, Edgar Allan (2001): Six Great Stories – Meistererzählungen. Übersetzt von Hella Leicht. München (dtv).

Prechtl, Peter & Burkard, Franz-Peter (2008): Metzler Lexikon Philosophie. Begriffe und Definitionen. Stuttgart/Weimar (Metzler).

Preece, Julian (Hg.) (2002): The Cambridge Companion to Kafka. Cambridge (Cambridge Univ. Press).

Puschmann, Rosemarie (1988): Heinrich von Kleists Cäcilien-Erzählung. Kunst- und literaturhistorische Recherchen. Bielefeld (Aisthesis Verlag).

Rank, Otto (1990): The Myth of the Birth of the Hero [1909]. In: Rank, Otto; Raglan, Lord & Dundes, Alan: In Quest of the Hero. Princeton (Princeton Univ. Press).

Rank, Otto (2000): Kunst und Künstler. Studien zur Genese und Entwicklung des Schaffensdranges [1932]. Hg. von Hans-Jürgen Wirth. Gießen (Psychosozial-Verlag).

Rapaport, David; Gill, Merton Max; Schafer, Roy & Holt, Robert R. (1945/46): Diagnostic psychological testing. Vol. I & II. Chicago (Year Book Publishers).

Reemtsma, Jan Philipp (2008): Vertrauen und Gewalt. Versuch über eine besondere Konstellation der Moderne. Hamburg (Hamburger Edition, Institut für Sozialforschung).

Reichholf, Josef H. (2010): Warum die Menschen sesshaft wurden. Das größte Rätsel unserer Geschichte. Frankfurt/M. (Fischer Taschenbuch Verlag).

Reffet, Michel (2005): Franz Kafka und der Mythos. In: Schmidt-Dengler, Wendelin & Winkler, Norbert (Hg.): Die Vielfalt in Kafkas Leben und Werk. Furth im Wald (Vitalis), S. 211–227.

Ricœur, Paul (1974): Die Interpretation. Ein Versuch über Freud. Frankfurt/M. (Suhrkamp).

Ricœur, Paul (1986): Die lebendige Metapher. München (Fink).

Rignall, John (1985): History and Consciousness in »Beim Bau der chinesischen Mauer«. In: Stern, Joseph Peter. (Hg.): Paths and Labyrinths. Nine Papers read at the Franz

Kafka Symposium held at the Institute of Germanic Studies on 20 and 21 October 1983. London (Univ. Press), S. 111–126.

Rilke, Rainer Maria (1966): Werke in drei Bänden. Frankfurt/M. (Insel).

Rilke, Rainer Maria (1996): Werke. Kommentierte Ausgabe in vier Bänden. Hg. von Manfred Engel, Ulrich Fülleborn, Horst Nalewski & August Stahl. Frankfurt/M. (Insel).

Rippel, Philipp (1991): Francis Bacons allegorische Revolution des Wissens. In: Bacon, Francis: Weisheit der Alten. Hg. und mit einem Essay von Philipp Rippel. Frankfurt/M. (Fischer), S. 93–127.

Ritzer, Monika (2006): Mythos versus Person. Kafka im Blick Brochs und Canettis. In: Engel, Manfred & Lamping, Dieter (Hg.): Franz Kafka und die Weltliteratur. Göttingen (Vandenhoeck & Ruprecht), S. 193–209.

Ruhs, August (2009): Mythos. In: Gehrig, Gerlinde & Pfarr, Ulrich (Hg.): Handbuch psychoanalytischer Grundbegriffe für die Kunstwissenschaft. Gießen (Psychosozial-Verlag), S. 229–240.

Schiffermüller, Isolde (2004): »Die Orgie beim Lesen«: »Schakale und Araber«. In: Locher, Elmar & Schiffermüller, Isolde (Hg.): Franz Kafka. »Ein Landarzt«. Interpretationen. Bozen (Studien Verlag), S. 93–104.

Schings, Hans-Jürgen (1999): Melancholie und Aufklärung: »Warnung vor dem Fanaticismus«. In: Walther, Lutz (Hg.): Melancholie. Leipzig (Reclam), S. 114–121.

Schirmer, Andreas (1990): Zum Beispiel »Die heilige Cäcilie«. Anmerkungen zur Rezeptionsstrategie der späten Novellen Heinrich von Kleists. Impulse 13, S. 214–246.

Schmidt, Jochen (1974): Heinrich von Kleist. Studien zu seiner poetischen Verfahrensweise. Tübingen (Niemeyer).

Schmidt, Jochen (Hg.) (1989): Aufklärung und Gegenaufklärung in der europäischen Literatur, Philosophie und Politik von der Antike bis zur Gegenwart. Darmstadt (Wiss. Buchgesellschaft).

Schmidt, Jochen (1985): Die Geschichte des Genie-Gedankens in der deutschen Literatur, Philosophie und Politik 1750–1945. Bd. 1: Von der Aufklärung bis zum Idealismus. Darmstadt (Wiss. Buchgesellschaft).

Schmidt, Jochen (2003): Heinrich von Kleist. Die Dramen und Erzählungen in ihrer Epoche. Darmstadt (Wiss. Buchgesellschaft).

Schmidt, Jochen (2004): »Beim Bau der chinesischen Mauer«. In: Müller, Michael (Hg.): Franz Kafka. Romane und Erzählungen. Interpretationen. München (Piper), S. 351–372.

Schmidt-Dengler, Wendelin & Winkler, Norbert (Hg.) (2005): Die Vielfalt in Kafkas Leben und Werk. Furth im Wald (Vitalis).

Schneider, Gerhard (2009): Container-Contained. In: Gehrig, Gerlinde & Pfarr, Ulrich (Hg.): Handbuch psychoanalytischer Grundbegriffe für die Kunstwissenschaft. Gießen (Psychosozial-Verlag), S. 85–93.

Scholem, Gershom (1973): Zur Kabbala und ihrer Symbolik. Frankfurt/M. (Suhrkamp).

Scholz, Anna-Lena (2010): Kleist/Kafka. Annäherung an ein Paradigma. Kleist-Jahrbuch 2010, S. 78–91.

Schuller, Marianne (2002): Gesang vom Tierleben. Kafkas Erzählung »Josefine, die Sängerin oder Das Volk der Mäuse«. In: Schuller, Marianne & Elisabeth Strowick (Hg.):

Singularitäten. Literatur – Wissenschaft – Verantwortung. Freiburg (Rombach), S. 219–234.

Schuller, Marianne & Elisabeth Strowick (Hg.) (2002): Singularitäten. Literatur – Wissenschaft – Verantwortung. Freiburg (Rombach).

Schwab, Gabriele (1982): Die Subjektgenese, das Imaginäre und die poetische Sprache. In: Lachmann, Renate (Hg.): Dialogizität. München (Fink), S. 63–84.

Schweckendiek, Adolf (1970): »Könnt ich Magie von meinem Pfad entfernen«. Neurosenkundliche Studien an Gestalten der Dichtung. Leimen (Hans Lungwitz-Stiftung).

Schweppenhäuser, Hermann (Hg.) (1981): Benjamin über Kafka. Texte, Briefzeugnisse, Aufzeichnungen. Frankfurt/M. (Suhrkamp).

Segal, Robert A. (2007): Mythos. Eine kleine Einführung. Stuttgart (Reclam).

Segal, Hanna (1955): A Psychoanalytic Approach to Aesthetics. In: Klein, Melanie et al. (Hg.): New Directions in Psychoanalysis. London (Tavistock).

Seidensticker, Bernd & Vöhler, Martin (Hg.) (2002): Mythen in nachmythischer Zeit. Die Antike in der deutschsprachigen Literatur der Gegenwart. Berlin (De Gruyter).

Sloterdijk, Peter (1993): Weltfremdheit. Frankfurt/M. (Suhrkamp).

Sloterdijk, Peter (1998): Sphären I. Blasen. Frankfurt/M. (Suhrkamp).

Sloterdijk, Peter (2011): Du mußt dein Leben ändern. Über Anthropotechnik. Frankfurt/M. (Suhrkamp).

Sokel, Walter (1983): Franz Kafka. Tragik und Ironie. Zur Struktur seiner Kunst. Frankfurt/M. (Fischer).

Sokel, Walter (2005): Symbol, Allegorie, Existenz, Zeichen. Drei Wege zu Kafka. In: Schmidt-Dengler, Wendelin & Winkler, Norbert (Hg.): Die Vielfalt in Kafkas Leben und Werk. Furth im Wald (Vitalis), S. 119–132.

Sontag, Susan (1982): Kunst und Antikunst. 24 literarische Analysen. Frankfurt/M. (Fischer Taschenbuch Verlag).

Spann, Meno (1955): Die beiden Zettel Kafkas. Monatshefte für deutschen Unterricht, deutsche Sprache und Literatur. Official Organ of the German Section of the Central States Modern Language Teachers Association 47(7), S. 321–328.

Spinoza, Baruch (2006): Werke in drei Bänden. Hamburg (Felix Meiner Verlag).

Spörl, Uwe M. (2000): Die literaturwissenschaftliche Interpretationspraxis als Modell kulturwissenschaftlichen Arbeitens. In: Kanon und Kanonisierung als Probleme der Literaturgeschichtsschreibung. Interpretationen und Interpretationsmethoden. Akten des X. Internationalen Germanistikkongresses, Wien. Jahrbuch für Internationale Germanistik. Reihe A. Band 60.

Stach, Reiner (2004): Kafka. Die Jahre der Entscheidungen. Frankfurt/M. (Fischer Taschenbuch Verlag).

Stach, Reiner (2008): Kafka. Die Jahre der Erkenntnis. Frankfurt/M. (S. Fischer)

Stadler, Ulrich (2007): Der Schlüssel als Schloss und das »System des Teilbaues«. Kafkas kleine Prosastücke »Beim Bau der chinesischen Mauer« und »Eine kaiserliche Botschaft«. In: Althaus, Thomas; Bunzel, Wolfgang & Göttsche, Dirk (Hg.): Kleine Prosa. Theorie und Geschichte eines Textfeldes im Literatursystem der Moderne. Tübingen (Niemeyer), S. 157–171.

Storr, Anthony (1972): The Dynamic of Creation. London (Secker und Warburg).

Sulzer, Johann Georg (1967): Allgemeine Theorie der Schönen Künste. Reprographischer Nachdruck der 2., verm. Auflage. Bd. 3. Hildesheim (Olms).

Tawada, Yoko (1998): Verwandlungen. Tübinger Poetik-Vorlesungen. Tübingen (Konkursbuch Verlag).

Thorlby, Anthony (1976): Anti-Mimesis: Kafka und Wittgenstein. In: Kuna, F. (Hg.): On Kafka: Semi-Centenary Perspectives. London (Elek), S. 59–82.

Tomasello, Michael (2003): Die kulturelle Entwicklung des menschlichen Denkens. Zur Evolution der Kognition. Frankfurt/M. (Suhrkamp).

Tomasello, Michael (2009): Die Ursprünge der menschlichen Kommunikation. Frankfurt/M. (Suhrkamp).

Urzidil, Johannes (1966): Da geht Kafka. Erweiterte Ausgabe. München (Langen Müller).

Vierzig, Siegfried (2009): Mythen der Steinzeit. Das religiöse Weltbild der frühen Menschen. Oldenburg (BIS Verlag der Carl von Ossietzky Universität Oldenburg).

Vogl, Joseph (1990): Ort der Gewalt. Kafkas literarische Ethik. München (Fink).

Vollmer, Hartmut (1998): Die Verzweiflung des Artisten. Franz Kafkas Erzählung »Erstes Leid« – eine Parabel künstlerischer Selbsterfahrungen. Deutsche Vierteljahresschrift für Literaturwissenschaft und Geistesgeschichte 72, S. 126–146.

Wagenbach, Klaus (1964): Kafka. Reinbek bei Hamburg (Rowohlt).

Wagenbach, Klaus (1983): Franz Kafka. Bilder aus seinem Leben. Berlin (Verlag Klaus Wagenbach).

Waldeck, Peter B. (1979): The Split Self from Goethe to Broch. London (Associated Univ. Press.).

Warburg, Aby Moritz (1920): Heidnisch-antike Weissagung in Wort und Bild zu Luthers Zeiten. Heidelberg (Universitätsverlag C. Winter).

Weber, Max (1995): Wissenschaft als Beruf. Stuttgart (Reclam).

Weber, Albrecht; Schlingmann, Carsten & Kleinschmidt, Gert (1968): Interpretationen zu Franz Kafka. München (Oldenburg).

Weinberg, Kurt (1963): Kafkas Dichtungen. Travestien des Mythos. Bern (Francke).

Weiyan, Meng (1986): Kafka und China. Studien Deutsch 4. München (Iudicium).

Wiese, Benno von (1956): Franz Kafka. »Ein Hungerkünstler«. In: Wiese, Benno von: Die deutsche Novelle von Goethe bis Kafka. Düsseldorf (Bagel), S. 325–342.

Winnicott, Donald W. (1971): Playing and Reality. London (Tavistock).

Winnicott, Donald W. (1976): Von der Kinderheilkunde zur Psychoanalyse. München (Kindler).

Winnicott, Donald W. (2002): Vom Spiel zur Kreativität [1971]. Stuttgart (Klett-Cotta).

Wittgenstein, Ludwig (2003): Tractatus logico-philosophicus. Logisch-philosophische Abhandlung. Frankfurt/M. (Suhrkamp).

Wittkowski, Wolfgang (2000): »Die Marquise von O...« und »Der Findling«. Zur ethischen Funktion von Erotik und Sexualität im Werk Kleists. In: Emig, Günther (Hg.): Erotik und Sexualität im Werk Heinrich von Kleists. Internationales Kolloquium des Kleist-Archivs Sembdner, 22.–24. April 1999. Heilbronn (Kleist Archiv Sembdner).

Wolf, Christa (2002): Von Kassandra zu Medea. Impulse und Motive für die Arbeit an zwei mythologischen Gestalten. In: Seidensticker, Bernd & Vöhler, Martin (Hg.): Mythen in nachmythischer Zeit. Die Antike in der deutschsprachigen Literatur der Gegenwart. Berlin (De Gruyter), S. 345–347.

🔲 Psychosozial-Verlag

Oberlin, Gerhard

Modernität und Bewusstsein

Die letzten Erzählungen Heinrich von Kleists

Oberlin, Gerhard

Goethe, Schiller und das Unbewusste

Eine literaturpsychologische Studie

2007 · 358 Seiten · Broschur
ISBN 978-3-89806-587-0

2007 · 300 Seiten · Broschur
ISBN 978-3-89806-572-6

Bis heute scheiden sich an Kleists Prosa die Geister. Handelt es sich bei den zahlreichen Brüchen und Leerstellen um erzähltechnische Raffinessen, Missgriffe oder übersehene Werkstattrelikte? Da sich in diesem Werk das ›Normale‹ mit dem ›Aberranten‹, das Konventionelle mit dem Unüblichen, das Realistische mit dem Fantastischen mischt, ist die Forschung mit Fragen der Relation, der Unterscheidung und der Einordnung beschäftigt. Fast immer geht es dabei um Widersprüchliches oder scheinbar Ungereimtes, das als Mittel der Kleist'schen Erzählsprache zu würdigen ist.

Diese Studie entdeckt in den Erzählungen der beiden letzten Lebensjahre Ausdrucksregister, die u.a. den Surrealismus André Bretons vorwegnehmen und somit auch die ›Modernität‹ dieses Autors in einem neuen Licht erscheinen lassen.

Das Unbewusste in Werken der Literatur nachzuweisen, scheint eine abenteuerliche Aufgabe. Zu Goethes 175. Todestag liefert Oberlin ein neues Instrumentarium zur ganzheitlichen Wahrnehmung verschiedener Bewusstseinsschichten der hier interpretierten Hauptwerke. Goethes Leiden des jungen Werthers, Faust, die sogenannte Marienbader Elegie und Schillers Räuber werden auf Formen und Inhalte untersucht.

Dieses Buch leistet einen wichtigen methodologischen und inhaltlichen Beitrag zur wissenschaftlichen Diskussion einer Hermeneutik und Ästhetik des Unbewussten. Es trägt damit zum Verstehen der mit am stärksten kanonisierten Werke deutscher Dichtkunst bei und erklärt, weshalb der Rezeptionsprozess auch ein Prozess der Tabuisierung ist, bei dem Tabu und psychische Katharsis einander sogar bedingen.

Walltorstr. 10 · 35390 Gießen · Tel. 06 41-96 99 78-18 · Fax 06 41-96 99 78-19
bestellung@psychosozial-verlag.de · www.psychosozial-verlag.de

Rolf Famulla

Joseph Beuys: Künstler, Krieger und Schamane

Die Bedeutung von Trauma und Mythos in seinem Werk

Maria Leonarda Castello

Und wenn sie nicht gestorben sind, dann leiden sie noch heute

Kindesmisshandlung und Rettung in Grimmschen Märchen

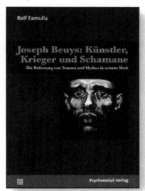

2008 · 222 Seiten · Broschur
ISBN 978-3-89806-835-2

2008 · 238 Seiten · Broschur
ISBN 978-3-89806-817-8

Rolf Famulla deckt auf, was andere Beuys-Biografen verbergen: dass Beuys sich als Sturzkampfflieger im Zweiten Weltkrieg mit der nationalsozialistischen Ideologie identifizierte; dass er sich in der Nachkriegszeit weigerte, sein in der Zeit des Dritten Reiches geprägtes Weltbild zu revidieren. Beuys sah sich selbst als Künstler, Krieger und Schamane, als Kämpfer gegen »Materialismus«, »Egoismus« und die moderne Zivilisation. Als Alternative bietet Beuys Mythen der Germanen und Kelten an.

Der Autor entschlüsselt die Bild- und Materialsprache von Beuys detailliert und zeigt deren Ursprung in der völkischen Ideologie und in den erlittenen Traumatisierungen im Zweiten Weltkrieg auf.

Was geschieht in bestimmten Augenblicken in den Grimmschen Märchen nicht? Wo wird die Verantwortung für eine Handlung weitergegeben? In »Und wenn sie nicht gestorben sind, dann leiden sie noch heute« betrachtet Maria Leonarda Castello genau das, was eben nicht geschieht, was aber besser geschehen sollte. So entlarvt sie mit ihrem gleichzeitigen Blick auf Sprach- und Kulturgeschichte, worum es tatsächlich geht:

Märchen prangern Grausamkeit gegenüber Kindern an, die elterlicher Beziehungslosigkeit entspringt und die in allen Zeiten existierte. Doch Märchen zeigen auch Lösungen auf, die es ebenfalls schon immer gab. Das Buch betont dabei die starke Rolle der Kinder und ihrer Helfer – beispielhaft gezeigt an »Frau Holle«, »Das Mädchen ohne Hände«, »Der Eisenhans«, »Allerleirauh« und »Sneewittchen«.

Walltorstr. 10 · 35390 Gießen · Tel. 0641-969978-18 · Fax 0641-969978-19
bestellung@psychosozial-verlag.de · www.psychosozial-verlag.de

Psychosozial-Verlag

David Lätsch

Schreiben als Therapie?

Eine psychologische Studie über das Heilsame in der literarischen Fiktion

Antonino Ferro

Psychoanalyse als Erzählkunst und Therapieform

2011 · 255 Seiten · Broschur
ISBN 978-3-8379-2082-6

2009 · 224 Seiten · Broschur
ISBN 978-3-89806-795-9

»Wer literarisch schreibt, therapiert sich selbst.« Dieses hartnäckige Gerücht befragt der Autor auf seinen Wahrheitsgehalt. Verhilft die Praxis fiktionalen Schreibens tatsächlich – und sei es im Kleinen und Unscheinbaren – zu erhöhtem Wohlbefinden, einem besseren Leben, einem aufgeklärteren Verhältnis zu sich selbst?

Vor dem Hintergrund des aktuellen psychologischen Forschungsstands legt der Autor eine empirische Studie zum kurativen Potenzial fiktionalen Schreibens vor und erläutert seine Befunde mithilfe der narrativen Psychologie, Literaturwissenschaft und Psychoanalyse. Als gründliche, systematische Einführung richtet sich das Buch an Leser, die sich für die therapeutische Dimension des literarischen Schreibens interessieren.

Der Autor betrachtet die Psychoanalyse aus zwei Blickwinkeln: als eine Form der Literatur, also als eine Reihe von Erzählungen, die zwischen Patient und Analytiker entstanden sind, und als eine Therapie oder auch Kur von seelischem Leid. Das Buch ergründet den Zusammenhang von Narrationen und Deutungen innerhalb der analytischen Sitzung sowie den Begriff des Charakters, wie er in der Literatur und in diversen psychoanalytischen Modellen gebraucht wird. Ein zentraler Teil ist den Möglichkeiten gewidmet, Sexualität zu verstehen – und Sexualität als Zugang zu den Funktionsweisen des Geistes zu begreifen. Ebenso wird ein Thema wieder aufgenommen, das Ferro besonders am Herzen liegt: die Kinderpsychoanalyse.

Walltorstr. 10 · 35390 Gießen · Tel. 0641-9699 78-18 · Fax 0641-9699 78-19
bestellung@psychosozial-verlag.de · www.psychosozial-verlag.de